Lucy Maud Montgomery
ANNE OF GREEN GABLES

1
만남
루시 모드 몽고메리/김유경 옮김

동서문화사

원제 : Anne of Green Gables(1908)
그림 : 계창훈
디자인 : 동서랑 미술팀

앤을 읽으며 모드를 생각하며

들어라, 울새의 지저귐을! 들어라, 마파람 소리를! 입맞춤처럼 달콤한 과수원 꽃이 포르르포르르 흩날린다. 아름다운 너도밤나무 골짜기에 신비한 안개가 드리우면 멀리 보이는 시냇가 동쪽은 희미한 엷은 자줏빛. 맑디맑은 시냇물은 한결같이 4월의 매력을 노래한다. 소나무 우거진 골짜기에는 지저귀는 새들의 노랫소리 가득하다. 함께 찾으러 가자. 수선화가 간직한 봄의 전설을. 상앗빛 자작나무 숲을 지나 살그머니 떠오르는 저 달은 우리의 것. 비로드 같은 발을 가진 밤의 신비한 치료의 힘은 우리의 것. 쪽빛 제비꽃 피어나는 하염없이 구부러진 오솔길도 우리의 것. 마법사가 찾고 있는 꿈의 나라도 마침내는 우리의 것.

모드의 시 · 봄노래

햇빛을 받아 눈부시게 빛나는 사파이어 같은 바다, 캐나다 세인트 로렌스 만에 반달형으로 뜬 프린스 에드워드 섬, 싱그러운 초록빛 나무들, 잘 익은 과일처럼 붉고 꼬불꼬불한 마을 오솔길, 탐스러운 열매가 주렁주렁 매달린 과수원, 사과꽃 흐드러지게 핀 환희의 길, 거칠게 물결치는 검푸른 바다를 훤히 비추는 포 윈즈 등대, 끝없이 펼쳐진 하얀 모래톱 해변, 아이들이 담방담방 뛰노는 무지개 골짜기, 이 세상 모든 여자들이 꿈꾸는 행복한 집 잉글사이드.

앤의 낭만적 인생 이야기들은 이 아름다운 섬을 무대로 소소하게 펼쳐진다. 소녀 시절부터 할머니에 이르는 앤 셜리의 소박한 삶은 한

프린스 에드워드 섬 등대

여성의 아름다운 이야기이다. 꿈과 사랑 속에서 자식을 키우는 앤의 일생은 평범하면서도 진솔하고, 삶의 따뜻한 의미가 우물처럼 깊게 담겨 있다. 그 이야기는 마치 한 폭의 수채화처럼 투명하기까지 하다. 여자로서 살아가며 겪게 되는 사랑의 갈등, 삶의 고뇌, 행복이 떠나간 자리에 남은 아픔과 고독이 섬세한 필치로 그려져 있다.

'고독'은 모드의 문학적 배경에 깊숙이 뿌리내리고 있었다.

루시 모드 몽고메리(Lucy Maud Montgomery)는 1874년 11월 30일 프린스 에드워드 섬 클리프턴에서 휴 존 몽고메리와 클라라 울너 맥닐의 외동딸로 태어났다. 1876년 어머니가 폐결핵으로 세상을 떠나자, 아버지는 어린 모드를 남겨두고 서부의 프린스 앨버트로 떠나 버린다. 두 살이 채 안 된 모드는 외갓집에서 자라게 되었다. 그녀에게는 외사촌들과 학교 친구들이 있었지만 친형제자매는 하나도 없었으

그린게이블즈 하우스 가을 풍경 서늘한 바람이 불어와 나무들은 황금빛, 심홍빛으로 물든다.

며, 여덟 살이 될 때까지 함께 놀아 줄 소꿉친구도 없었다. 그러나 그
녀는 감수성과 상상력이 풍부한 앤 셜리처럼 책과 친한 벗이 되었다.
그리고 역시 작품 속의 앤처럼 사랑스러운 나무와 파릇파릇 돋은 풀
에 이름을 붙여주고 그들과 이야기를 나누었다.

　모드는 수많은 편지를 남겼다. 그래서 1960년과 80년에는 이프레임
웨버에게 쓴《그린게이블즈의 편지》와 G.B. 맥밀란에게 보낸《나의 사
랑 맥밀란》이 발간되었다. 개인적인 편지 말고도 그녀는 10권에 이르
는 일기를 썼다.

　1889년 모드가 열네 살 되던 해에 쓴 일기의 첫머리는 앞으로 그녀
가 세계적인 작가가 되리라는 것을 예견할 수 있게 해 준다.

　'나는 책을 몹시 사랑한다. 그것들이 내 삶에 그 무엇보다 충실

한 벗이 되어 주기를 간절히 원한다.'

그해 9월 21일에는 이렇게 쓰고 있다.

'색다른 일기를 쓰고 싶다. 아홉 살 이후 나는 여러 해 동안 일기를 써왔다. 그러나 오늘 모조리 불태워 버렸다. 내용이 너무 유치하게 느껴졌고 나 자신이 부끄러웠기 때문이다. ……그러나 이제부터는 새로 써 나갈 것이며 쓸 만한 거리가 있을 때만 일기를 쓸 것이다.

11월 마지막 날은 나의 열다섯 번째 생일이다. 내 인생은 매우 흥미진진한 일들로 꿈틀댄다. 이번 일기장은 다른 사람이 볼 수 없도록 자물쇠를 단단히 채워 두리라.'

5천 쪽이 넘는 두꺼운 일기에는 마을 사람들의 평범한 일상에서부터 청혼, '숭고한 영혼의 아픔'이라 표현한 글쓰기의 어려움까지 모든 게 고스란히 담겨 있다. 모드가 나이 서른을 앞두고 있던 1904년 1월, 그녀는 일기장에 다음과 같이 쓰고 있다.

'고독한 사람만이 일기를 쓴다.'

아버지인 휴 존은 1881년 서스캐처원 주로 가 프린스 앨버트에서 여름을 보낸 뒤 서부에 정착했다. 《은빛 숲의 패트》(1932)에서 여주인공의 아버지 알렉 가디너는 서부로의 이주를 생각함으로써 어린 딸 '패트'를 비탄에 빠지게 한다. 패트는 은빛 숲이나 프린스 에드워드 섬을 떠나는 것을 견딜 수 없기 때문이다. 다행히 패트의 아버지는 서부로 이주하지 않지만 모드의 아버지는 서부로 이주한다. 휴 존 몽고메리는 토지 거래가 붐을 이룰 때 부동산업과 그 밖의 여러 가지 일에 종사했다.

늘 바쁜 아버지 때문에 모드는 고아 아닌 고아로 지냈다. 이는 어린 모드의 삶에 깊은 상처를 남겼지만, 모드는 상처를 헤집으려들지 않았다.

루시 모드 몽고메리는 가족과 친구들이 모드라고 다정하게 불러주는 것을 좋아했다. 모드는 상상의 날개를 펴며 루

몽고메리(1874~1942)

시 모드 이야기를 잘 지어냈고 '쓰는 것'을 매우 즐겨한 어린 문장가였다. 날마다 책을 읽고 자질구레한 사건 속에서 느낀 바를 한 줄 한 줄 써 내려갔다. 늘 가까이 있는 놀이터며 고양이까지 섬세한 묘사로 훌륭하게 표현할 줄 알았다.

그녀는 아홉 살 때부터 놀이를 하듯 즐겁게 시를 쓰기 시작했다. 때로는 19세기 스코틀랜드 시인 제임스 톰슨의 〈봄 여름 가을 겨울〉을 읽고 〈가을〉이라는 시를 흉내내어 짓기도 했으며, 열두 살 때는 〈저녁의 꿈〉을 미국 잡지 〈하우스홀드〉에 보내고 기대에 부푼 적도 있었다. 비록 그 시는 잡지에 실리지 못했지만 그녀의 생전에 첫 시집이 나왔고 오늘날에는 그녀의 모든 시가 한 권으로 묶여 출판되고 있다. 모드를 이토록 꿈꾸듯 이야기를 잘 지어내는 소녀로 만든 것일까? 그녀가 태어나고 자란 캐나다의 프린스 에드워드 섬은 그녀에게 문학에 대한 영감을 불어넣어 주었다. 1917년 출판된 《험난한 길, 몽고메리 자서전》에는 이렇게 쓰여 있다.

루시 모드 몽고
메리의 생가
캐나다 프린스
에드워드 섬 클
리프턴 소재.

그린게이블즈 우
체국
몽고메리의 외
조부모가 운영
하던 곳.

'아버지 이름은 휴 존 몽고메리, 어머니 이름은 클라라 울너 맥
닐. 그 이름만으로도 알 수 있듯 나의 선조는 스코틀랜드계로, 영
광스런 대영제국의 피가 내 안에 흐르고 있다.

각각의 민족은 저마다 오랜 전통과 예부터 이어내려온 이야기가
후손들에게 전해오고 있다. 어린 시절 나는 겨울밤 난롯가에 앉
아 말똥말똥한 눈으로 어른들이 들려주는 이야기에 가만히 귀 기

앤을 읽으며 모드를 생각하며 13

위 : 외할아버지 앨릭잰더 맥닐(1820~98)
아래 : 외할머니 루시 울너 맥닐(1824~1911)
조부모는 몽고메리가 자립할 때까지 학비를 대주는 등
뒷바라지를 해 주었다. 특히 외할머니는 그린게이블즈
집을 유산으로 남겨 몽고메리의 안정적인 주거 문제를
해결해 주었다.

울이곤 했다. 선조가 경험한 모험 이야기를 듣고 있으면 내 몸은 어느새 오싹오싹 소름이 돋곤 했다. 옛 선조들은 모국인 영국을 떠나 힘겹게 바다 건너 서쪽 나라 캐나다로 왔던 것이다.'

작품 속 주인공 '앤'과 '에밀리' 그리고 '세러'처럼 모드의 머릿속에는 언제나 이야깃거리가 가득 차 있었다.

모드는 다음과 같이 말한다.

"나는 아무것도 쓰고 있지 않는 내 모습을 생각해 본 적이 없었다. ……언제나 지칠 줄 모르고 무언가를 쓰고 있었다."

"내가 쓴 원고 10벌 가운데 9벌이 반송되어 왔지만, 나는 몇 번이고 되풀이해 원고를 써 보냈다."

앤을 읽으며 모드를 생각하며 15

그녀는 끈기 있는 노력과 고된 훈련을 통해 작가로서 한 걸음, 한 걸음 나아가려 했다. 그리고 마침내 그 꿈을 이루었다.

모드의 아버지는 1887년 재혼하고 1890년 딸을 불러 함께 살기로 한다.《랜턴 힐의 제인》(1937)에서 여주인공의 간절한 소망은 아버지와 딸이 다시 만나게 됨으로써 이루어진다. 그러나 루시 모드 몽고메리와 휴 존 몽고메리의 경우에는 그런 일이 이루어지지 않았다. 모드는 새어머니와 이복동생의 존재를 받아들여야 했기 때문이다.

재혼한 아버지와 새어머니와 함께 프린스 앨버트에서 살던 시절은 그녀의 삶에서 가장 혼란스런 시기였다. 그즈음 일기는 그녀에게 '가장 믿을 수 있는 소중한 친구' 역할을 해주었다.

위 : 아버지 휴 존 몽고메리(1841~1900)
아래 : 어머니 클레러 울너 맥닐(1835~1876)

모드는 나중에 "아버지 체면 때문에 다른 사람들 앞에서 새어머니라고 부른 것 말고는 언제나 '몽고메리 여사'로 불렀다"고 솔직히 털어놓았다.

모드는 아버지를 사랑했으므로 그래도 1년 남짓 머물렀다. 1890년 프린스 앨버트에서 열여섯 살 생일을 맞이할 무렵 그녀가 쓴 '루퍼스

모드 5세 때   모드 11세 때

어머니는 모드가 두 살 때 죽어, 외할머니 손에 자랐다. 작품 속의 앤과 마찬가지로 모드는 정서적으로 굶주린 유년 시절을 보냈다.

캐번디시 마을 언덕에 세워진 그린게이블즈 하우스

위 : 모드 14세 때
아래 : 모드 20세 때

곳에 대하여'라는 시가 샬럿타운
에서 발행되는 〈데일리 패트리어
트〉지에 처음으로 실렸다.

모드는 다음과 같이 쓰고
있다.

'투고란에 발표된 작품들 가운
데 하나는 분명 내가 쓴 것이다.
아마도 오늘이 내 생애에 가장
자랑스런 날이 될 것이다.'

프린스 앨버트에서의 삶은 마
음에 들지 않았다. 외사촌인 펜
지 맥닐에게 쓴 편지에서 모드
는 고향에 대한 향수를 토로하
고 많은 시간 아기를 돌봐야 하
는 어려움을 호소했다. 모드는 집
안일을 돕기 위해 몇 달씩 학교
수업에 빠질 때도 있었기에 제대
로 교육받지 못할까봐 걱정했다.
이럴 바에는 프린스 에드워드에
있는 그저 그런 학교라도 제대
로 다니는 것이 낫다고 생각했다.
1891년 여름, 모드는 프린스 에드
워드 섬으로 돌아가 그곳에서 살
아가기로 한다.

1900년 아버지가 삶을 마감하

모드
25세 때

모드
30세 때

이 시기(30세)에 《ANNE-만남》을 썼다.

프린스 오브 웨일즈 칼리지 모드는 이 대학에서 교사자격증을 땄다.

댈하우지 대학교 외국어와 훌륭한 교수의 문학수업은 모드에게 가장 값진 경험이었다.

자, 모드는 큰 충격을 받는다. 그해 5월 그녀는 아버지의 죽음을 생각하며 아버지에 대한 애틋한 정을 일기에 적는다.

'이제 내겐 가여운 외할머니밖에 없다. 아버지와 나는 늘 서로에게 더할 나위 없이 소중한 존재였는데……. 아버지는 매우 자상하고 친절했으며 다정했다. 우리는 여러 해를 멀리 떨어져 있어도 다른 사람들처럼 사이가 멀어지지 않았다. 아버지와 나는 언제나 정신적으로 가깝고 친했다.'

이제 모드는 진실로 고아가 됐다. 그러나 휴 존은 이미 여러 해 전부터 어린 모드를 홀로 남겨두었고, 그들은 서로 멀리 '떨어져' 있었다. 모드는 아버지가 정신적으로 그녀와 가까웠다고 생각함으로써 그들 부녀의 관계를 새롭게 설정해 나아가야 했다. 모드의 상상이 빚어낸 이 '가깝고 친한' 사이는 마침내 《ANNE─만남(Anne of Green Gables)》의 매슈를 통해 구현된다.

"매슈와 나는 정신적으로 매우 비슷해서 그가 아무 말을 하지 않을 때도 나는 그의 생각을 읽을 수 있어."

고향 프린스 에드워드 섬에서 외할머니 외할아버지와 함께하는 삶

몽고메리의 〈스크랩북스(Scrapbooks)〉 '사랑하는 고양이(My Dear Cats)'

◀ 타자기
그린 게이블즈
기념관

▼ 2층 침실
그린 게이블즈
기념관

이 평탄치만은 않다는 것을 알게 된다. 외조부모는 엄격한 옛날식 노인이었다. 그러나 그들이 얼마나 까탈스러웠든 그들은 모드에게 가정을 제공하고 고등학교를 마칠 때까지 학비를 지원해 주었다. 그즈음 여자아이들은 고등학교 교육을 받지 못하는 경우도 많았고, 모드의 아버지 휴 존도 만약 모드가 아들이었다면 아이돌보기와 집안일로 몇 달씩 학교를 빠지게 하지는 않았을 것이다. 엄격한 칼뱅주의자인 외조부모는 적어도 모드의 근면함과 지성을 인정한 것이다.

교육 문제와 관련하여 작품 속의 앤과 모드는 겹치는 부분이 많다. 외조부모가 모드의 학비를 지원했듯 머릴러와 매슈도 앤의 학비를 지원해 준다. 여러 교육법이 시행되고 있었음에도 그 시절에는 남녀 학생들이 장기간 학교에 다니지 못할 때가 많았으며, 집안에서 자녀의 학비를 대주는 게 당연시되지는 않았다. 앤과 모드는 교실이 하나뿐인 학교에서 (때로는 자질이 부족한) 젊은 교사들에게 배웠다. 모드는 해티 고든 선생님을 무척 좋아했는데, 이 고든 선생님은 나중에 이상적인 스승 미스 스테이시의 모델이 된다.

프린스 오브 웨일즈 칼리지(1893~94) 졸업과 함께 '1급 교사자격증'을 딴 모드 몽고메리는 생활비를 벌 준비가 되었다. 그녀의 외조부모는 아마도 그녀에게 생계를 이을 수단이 있어야 한다는 생각에서 학비를 지원했겠지만, 모드의 외할머니는 보다 특별한 데에다 재정 지원을 했다. 1895년 모드는 비더퍼드에서 교사로 일하며 번 돈 175달러 가운데에서 따로 모은 100달러에 외할머니가 마련해 준 80달러를 보태 댈하우지 대학교에서 1년 과정의 문학 수업을 듣기로 한다. 레드먼드에 진학하여 4년간 교육받은 뒤 학사학위를 받은 앤과 달리, 모드는 학위를 딸 수 없었으며, 이는 분명 그녀에게 매우 아쉬운 일이었을 것이다.

모드는 형편이 여의치 않아, 그즈음 여성들에게 새로운 기회로 여겨지던 고등교육을 받지 못했다. 그러나 대학에서 1년간 프랑스어, 라

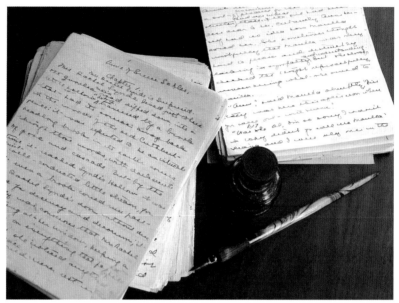

《ANNE-만남》 자필 원고　1904년부터 1년 6개월에 걸쳐서 썼다.

틴어, 영어 수업을 들음으로써 교사로서의 자질을 향상했을 뿐만 아니라, 보다 중요하게는 스스로에 대한 깊은 확신과 여러 부문에 걸친 폭넓은 지식을 얻게 되었다.

모드는 그 무렵 이름을 떨치던 아치볼드 맥미컨 박사 밑에서 배웠으며, 그녀에게는 다행스럽게도 박사가 모드의 첫 번째 평론인 〈캐나다 문학의 원류〉(1924)를 탐탁지 않게 여겼다는 사실을 알지 못했다. 맥미컨 또한 다행스럽게도 이 학생이 일기에서 그의 첫인상에 대해 '영어 교수인 맥미컨 박사는 매우 친절해 보이지만 줏대가 약한 사람인 듯하다'고 쓴 것을 알지 못했다.

댈하우지에서의 1년간은 매우 귀중한 경험이었으며, 모드의 외할머니는 손녀딸이 꿈을 이루도록 도움으로써 특별한 비전을 보여 주었다. 《빨강머리 앤》 시리즈에서 앤이 학사학위를 받게 된 것은 장학금을 탄 앤 자신과 머릴러 커스버트와 레이철 린드 그리고 1천 달러를 유산으로 남긴 미스 배리의 합작품이다. 조세핀 배리는 모드와 앤에게 매우 중요한 표현으로 말하자면 '요셉을 아는 사람'이다. 앤은 모드와 마찬가지로 교육과 관련한 주변의 부정적인 시선을 견뎌야 했다. 모드의 주변 사람들은 그녀의 댈하우지 프로젝트를 무의미한 것으로 여겼다. 어떤 이는 목사가 되려고 그러느냐 비웃었으며, 모드의 외할아버지 또한 '그 어떤 종류의 관심도 보이지 않았다.'

모드의 외할머니인 루시 울너 맥닐은 손녀의 꿈을 이루도록 도와준 것에 대해 칭찬받을 자격이 있다. 서로 떨어져 지내야 하는 고통을 참아내면서도 손녀를 댈하우지로 보냈기 때문이다. 《ANNE—만남》에서 머릴러도 앤이 퀸즈로 떠나가자 몹시 상심한다. 이 이야기는 1906년 작품인 〈제인 라비냐〉와 매우 닮은 데가 있다. 〈제인 라비냐〉에서는 여주인공이 뉴욕으로 떠난 직후 시계를 두고 온 것을 생각해내고 이를 찾으러 돌아갔다가 엄격한 이모 레베카의 슬퍼하는 모습을 보고 자신이 사랑받고 있음을 알게 된다.

모드와 외할머니인 루시 맥닐과의 관계는 복잡하면서도 긴장감이 드리워진 관계였으며, 1898년 외할아버지가 죽은 뒤에도 긴장은 사라지지 않았다. 외할아버지는 모드에게 아무런 유산도 남기지 않았으며, 외할머니에게는 그녀가 살아 있는 동안에 한한다는 전제 아래 농가를 남겨주었다. 모드는 외할머니와 함께 농가에 머물며 그녀가 자신의 집에서 삶을 마감할 수 있게 도와 주었다. 모드는 1901년 〈핼리팩스 에코〉에서 일하기 위해 핼리팩스로 갔다가 1902년 외삼촌 존과 외사촌 프리스콧이 집 문제로 외할머니를 힘들게 한다는 것을 알고 캐번디시로 돌아왔다. 모드가 아니었다면 남자 상속자들은 외할머니의 농가를 훨씬 더 일찍 손에 넣었을 것이다.

모드는 아무런 유산도 물려받지 못한 것에 분개했다. 그러나 외할아버지가 남자 상속자들에게 농장과 농가를 물려준 것은 그 무렵으로서는 일반적인 일이었다. 모드의 아버지와 새어머니가 십대 소녀에

게 학교를 빠지게 하면
서까지 아기를 돌보게
하거나 집안일을 거들
게 한 것이 일반적인 일
이었듯이. 모드는 외할
머니가 돌아가신 뒤 살
곳이 없어질까봐 두려워
했다.

이런 비참한 운명에
대한 유일한 대안이 결
혼이었다. 모드는 1897
년 사촌인 에드윈 심프
슨과 약혼한다. 그녀는
로어베디크 학교에서 교
편을 잡고 코넬리어스
리어드 댁에 하숙했다.

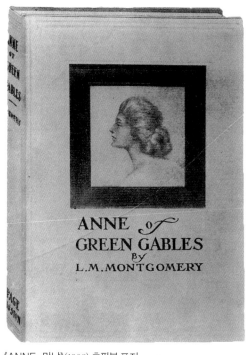

《ANNE-만남》(1908) 초판본 표지

그즈음 모드는 거미줄처럼 복잡한 애정관계에 얽혀들게 된다. 약혼
자인 사촌 에드윈 심프슨이 있었음에도 하숙집 아들 허먼에게 스스
로도 당혹스러울 만큼 낭만적인 사랑에 빠져들었다. 하지만 모드는
교육도 제대로 받지 못한 농부 허먼이 자신의 결혼 상대자로는 어울
리지 않는다고 생각했다. 약혼자 에드윈 심프슨을 사랑하지 않았지
만, 그 시절 파혼은 중대한 사건이었고, 그녀 또한 그와의 관계를 끝
낼 자신이 없었다. 모드는 두 남자 사이에서 몹시 괴로워했다.

크리스마스 때 에드윈 심프슨이 연락도 없이 갑자기 로어베디크로
찾아왔다. 모드는 그날의 심경을 일기에 다음과 같이 적고 있다.

'나는 두 남자와 한지붕 아래 있었다. 한 사람은 내가 사랑하지

만 결혼 상대자는 아니었고, 다른 한 사람은 약혼까지 했지만 결코 사랑할 수 없는 사람이었다. 그날 밤 두려움과 부끄러움으로 전율했던 괴로움은 말로 다 할 수 없다.'

이러한 혼란 속에서도 모드의 글쓰기는 계속되었다. 1897년에서 98년 사이 열두 달 동안 그녀는 19편의 단편소설과 14편의 시를 출판했다.

스물네 살 때인 1898년에 외할아버지가 세상을 떠나자, 모드는 프린스 에드워드 섬으로 다시 돌아온다. 외할아버지는 그곳에서 작은 우체국을 경영하고 있었는데, 외할머니 혼자 힘으로는 우체국 사무를 감당할 수 없어 도우러 간 것이었다. 그리하여 허먼과의 관계는 끝이 났고, 얼마 뒤 에드윈 심프슨과도 파혼했다.

그녀는 9년 동안 프린스 에드워드 섬에 머물면서 외할머니를 도와 우체국 일을 돌보고 곁에서 말벗이 되어 드렸다.

1906년 외할머니가 살아 계신 동안에는 결혼할 수 없다는 조건 아래, 모드는 이완 맥도널드 목사와 약혼한다. 열렬히 사랑하는 것은 아니었지만 내심 그를 존경하고 있었다. 그는 이제까지의 어떤 청혼자보다 모드와 잘 어울렸다. 그녀는 이렇게 마음먹고 있었다.

'당신께서 저를 지켜 주신다면 무엇이든 할 거예요. 당신이 바라는 좋은 사람이 되려고 노력할게요.'

이로써 그녀는 돈 한 푼 없는 노처녀로 늙어가게 될 걱정에서 놓여나 미래에 대한 새로운 희망을 가지고 《ANNE-만남》 집필에 박차를 가하게 된다.

호프타운의 고아 '앤'이 '그린게이블즈 빨강머리 앤'이 되기까지는 결코 순탄하지만은 않았다. 사내아이가 아니라는 이유만으로 생각지

도 못하게 고아원으로 다시 보내지거나 성질 고약한 블뤼엣 부인네로 들어가게 되는 위기를 간신히 모면한다.

'그린게이블즈 빨강머리 앤'이 된 주인공—즉 몽고메리는 이제까지와는 다른 소망을 간절히 품는다.

　"부탁이에요. 나를 다른 집으로 보내려는지 아니면 여기 있게 하려는지 가르쳐 주세요. 아침 내내 참아왔지만 이제 더 이상은 못 참겠어요. 너무 괴로워요. 제발 말해 주세요."
　더 이상 가르쳐 주지 않을 핑계가 없었으므로 머릴러는 말했다.
　"그럼, 이야기해 주마. 매슈 오라버니와 나는 너를 여기에 두기로 결정했다. 네가 착한 아이가 되고, 감사하는 마음을 갖는다면 말이다. 아니, 왜 그러니?"
　앤은 기뻐서 어찌할 바 몰랐다.
　"눈물이 나와요. 왜 그런지 알 수 없지만 눈물이 나와요. 너무나 기뻐서. 아, 기쁘다는 말로는 모자라요. '환희의 하얀 길'과 벚꽃나무를 보고도 무척 기뻤지만…… 이 기분은 말하자면 훨씬 더 멋져요! 아, 너무나 행복해요. 착한 아이가 되도록 열심히 노력하겠어요. 힘은 들겠지만요. 토머스 아주머니는 내가 감당할 수 없을 만큼 나쁜 아이라고 늘 말씀하셨거든요. 그런데 저는 왜 울고 있을까요?"

《ANNE—만남》을 쓰기 시작한 것은 서른 살 때인 1904년 따스한 봄이었다. 이듬해 10월 작품을 출판사로 보냈으나, 모두 외면하여 빛을 볼 수 없는 운명에 놓였다. 3년 뒤 우연히 다락방에서 그 원고를 발견한 모드는 시간 가는 줄 모르고 읽었다. 작품의 가치를 새삼 깨닫고 용기를 내어 미국 보스턴 페이지출판사로 보냈다. 얼마 뒤 모드

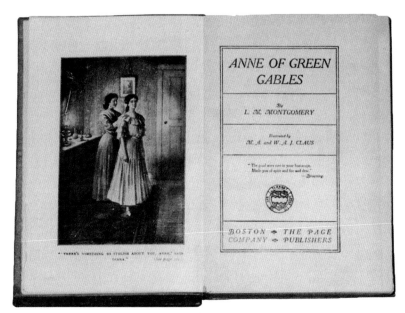

《ANNE-만남》(1908) 초판본 중간삽화와 속표지

는 5백 파운드에 원고를 사겠다는 회답을 받았다.

이렇게 해서 1908년에 출판된 《ANNE-만남》은 나오자마자 다섯 달 만에 1만 9천 부나 팔리는 큰 성공을 거두었다. 모드는 하루아침에 유명해졌다. 마크 트웨인, 키플링 등은 앤 셜리를 세계문학사상 보기 드물게 사람을 감동시키는 사랑스러운 인물이라며 극찬할 정도였다. 놀랍기도 하고 기쁘기도 한 모드는 그 뒤 작품을 계속 써 내려갔다. 그러나 1939년까지 《그린게이블즈 빨강머리 앤》 시리즈를 계속 쓰게 되리라고는 전혀 예상하지 못한 일이었다.

1911년 외할머니가 세상을 떠났다. 모드는 우체국 문을 닫고 약속대로 이완 맥도널드와 결혼한다. 신혼여행은 영국으로 떠났다. 모드의 나이 서른일곱 살, 맥도널드는 마흔한 살이었다. 그들은 온타리오에 있는 교회에서 생활하게 되었다. 결혼한 이듬해 큰아들이 태어났고, 3년 뒤 둘째 아들이 태어났다.

그러나 이완 맥도널드는 길버트 블라이스 같지는 않았다. 모드는 그 무렵의 일기에서 이완의 자질에 대해 다소 냉정하게 평한다. 모드는 이완에게 마음을 두고는 있었지만 그렇게 열정적으로 끌리지는 않았으며, 그가 괜찮은 결혼 상대라고 생각하면서도 그에 대해 매우 비판적이었다. 이완에 대한 그녀의 첫인상은, 그가 댈하우지 대학교의 학사 학위 소지자였음에도 '교양이 없다'는 것이었다. 모드는 목사 부인으로 살아가는 것의 어려움을 예견하면서도 바람직한 결혼을 통해 존경할 만한 가정과 안전감을 얻을 수 있으리라 여겼다. 그즈음 그녀는 신랑 될 사람이 종교적인 우울증으로 고생하고 있다는 것과 그가 저주받은 사람이라는 생각 때문에 오랜 세월 고통 받으리라는 것을 알지 못했다. 이완은 약혼 기간 동안 자신의 우울증에 대해 숨겼으며, 뒷날 모드는 여기에 대해 미리 알았더라면 그와 결혼하지 않았으리라 생각했다.

모드는 작가로서의 역할과 아내로서의 역할 사이에 갈등이 있으리라고 예견했다. 모드와 이완이 결혼할 무렵 그녀는 매우 왕성하게 창작활동을 했으므로 이완은 모드에게 글쓰기를 그만두라고 말하지 못했다. 이완이 칼뱅주의자 목사의 아내로서의 모드와 작품 속에 나타난 그녀의 견해를 어떻게 조화시킬 수 있었는지는 의문이다. 아마 그녀의 작품을 읽지 않았던 듯하다.

몽고메리의 많은 소설 속 여주인공들은 프린스 에드워드 섬을 떠날 좋은 기회를 마다한다. 모드의 약혼 기간에 출간된 〈제인 라비냐〉에서 여주인공은 뉴욕에 가는 대신 그녀를 사랑하는 연상의 여인과 함께 집에 남기로 한다. "네겐 특별한 재능이 있어. 그 재능을 발전시켜야 해"라고 말하는 남자에게 제인은 "레베카 이모를 발전시키려고요"라고 대답한다. 재능 있는 소녀와 겉보기에 감정이 메마르고 엄격한 연상의 여인 사이의 이 같은 관계는 몽고메리 소설에 자주 나오는 소재이다. 몽고메리는 외할머니인 루시 울너 맥닐의 예술적인 면을 발전시켰으며, 이 까다로운 연상의 여인과의 관계는 모드가 평생 애정을 쏟은 매우 중요한 관계였다.

외할머니의 죽음은 모드에게 '결혼할 자유'뿐만 아니라 '집의 상실'과 '영원한 유랑'을 의미했다. 몽고메리는 출판사에서 처음 받은 수표로 작은 농장이나 집을 두세 채 구입할 수 있을 정도였지만, 프린스 에드워드 섬에 집을 살 생각은 하지 못했다. 프린스 에드워드 섬에서 진정한 집은 유산으로 물려받아야 하는 것이기 때문이다.

《ANNE-만남》(1908) 초판본 삽화
"매슈 커스버트, 저 애는 누구죠?" 머릴러가 외쳤다.

《ANNE-만남》에서 아이가 없는 남매에게 입양된 고아 소녀는 집과 땅을 가정으로, 유산으로 바꿔 놓는다. 이 아이는 처음에는 집이 없는—고아원은 진정한 집이라 할 수 없다—떠돌이였으며, 많은 것이 결핍된 상태에서 자랐다. 《ANNE-만남》의 저자 모드는 상실과 결핍으로 점철된 자신의 개인사를 돌아보며 고독했던 유년 시절을 떠올린다.

'나는 나이 들어 갈수록 내 어린 시절이 정서적으로 얼마나 굶주려 있었는지를 깨달았다. 나는 공감 능력이 모자라고 자기만의 틀에 갇혀 있던 두 노인에 의해 양육되었다. 그분들은 열 살짜리 아이나 열다섯 살 먹은 소녀는 그분들만큼이나 나이가 많으면서도 아기처럼 어리다고 여기는, 즉 그 아이는 그분들과 같은 소망과 취향만을 가져야 하며 유아 이상으로 독립적인 존재가 되어서는 안 된다고 여기는 모순된 생각에 빠져 있는 것처럼 보였다. 외할아버지는 엄격하고 권위적이며 성마른 분이어서 나는 늘 외할아버지를 두려워했다. (……) 그러나 나와 외할머니만큼 모든 면에서 서로 다른 두 사람도 없을 것이다. 나는 충동적이고 감정적이고 정이 많은 데 비해 외할머니는 차갑고 거리감이 느껴지는 분이었다.'

몽고메리가 이 글을 쓴 때는 1905년 1월로, 아마도 《ANNE—만남》의 구상이 머릿속에 막 떠오르기 시작했을 무렵일 것이다. 그 무렵 그녀는 분명 소녀 시절의 일기를 다시 읽어보았을 것이고, 거기 나오는 내용들이 《ANNE—만남》에도 영향을 미쳤을 것이다.

앤과 모드는 둘 다 '정서적으로 굶주린 유년 시절'을 경험했다. 그러나 모드의 외할머니에 해당하는 소설 속 인물 머릴러 커스버트에게는 사람의 감정을 이해하는 지혜와 사랑의 능력이 잠재되어 있었다. 머릴러는 앤이 부모를 여의었으며, 토머스 아주머니와 하몬드 아주머니 집에서 아기를 돌보고 집안일을 해왔다는 소리를 듣고 앤을 동정하게 된다.

머릴러는 처음에는 일 잘하는 아이를 들이려 했으며, 고아의 가치는 그가 해낼 수 있는 일의 가치에 달렸다고 생각했다. 앤에 대해서도 처음에는 다소 거리를 두는 싸늘한 태도로 일관했다. 머릴러가 앤에 대해 묘사한 대목은 해리엇 비처 스토가 《마을 사람들》에서 엄격한 노처녀 애스픽시아 스미스에 대해 묘사한 대목과 아주 비슷한데, 애스픽시아 스미스는 고아인 에글랜틴 퍼시벌을 입양해서 가르치려 하

지만 마침내 실패하고 만다. 그러나 《ANNE-만남》에서는 다른 결말을 기대할 수 있다. 머릴러에게는 유머 감각이 있기 때문이다. 애스픽시아와 달리 머릴러는 엄격한 칼뱅주의 교의를 넘어서 공리주의적인 관점에서 사람과 사물을 볼 수 있는 내적인 능력이 있기 때문이다.

머릴러가 앤에게 내준 침실은 앤을 대하는 머릴러의 태도를 말해 주듯 춥고 황량했다. 소설의 화자는 앤이 머릴러의 집에서 보낸 첫날 울었다고 말한다.

"외롭고 마음 둘 데 없고 친구도 없는 아이가 울면서 잠이 들었다."

이때까지는 아직 소설의 화자만이 앤을 '아이'로 여기는 듯하다. 몽고메리는 소설의 앞부분에서 '아이'라는 말을 씀에 있어 신중을 기한다. 매슈는 앤을 '상냥한 어린 것'이라 불렀고, 머릴러는 '이상한 녀석'이라거나 '계집애' '떠돌이' 쯤으로 여겼다. 그러나 앤이 살아온 이야기를 듣고 난 뒤 머릴러의 시각은 화자나 독자의 시각에 가까워진다.

드디어 앤은 머릴러가 반응할 수 있는 대상이 된 것이다. 그러나 '그 아이'는 결핍 상태에 있는 아이일 뿐만 아니라 열렬한 소망과 창조력을 지닌 아이, 머릴러로서는 아직 받아들일 준비가 안 된 그런 아이이다. 소설은 머릴러의 변화를 따라 펼쳐진다. 앤과 머릴러의 관계는 소설에서 가장 중심적이고 복합적인 관계로, 이는 매슈나 다이애너와의 관계보다 더 중요하다.

《ANNE-만남》에는 모드와 외할아버지와의 관계를 직접적으로 나타내 주는 인물은 없다. 모드는 '그녀에게 아무것도 안 남겨주고, 외할머니를 탐욕스런 삼촌들의 자비에 맡겨둔 채 떠난 외할아버지의 유언에 아직 화가 나 있는' 상태였다. 외할아버지 맥닐은 유언을 통해 여자아이들은 쓸모없는 존재라는 견해를 드러내 보인 셈이다. 모드가 사내아이였다면 분명 그녀가 그토록 사랑한 그린게이블즈를 물려받았을 것이다. 앤 셜리도 저자인 모드처럼 여자아이로 태어나는 죄를 지었지만 그럼에도 그녀는 상속자가 되어 유산을 물려받는다.

▲영화 〈빨강머리 앤〉(1934)
다이아나(거트루드 메신
저 분)가 지켜보는 가운
데 앤(앤 셜리 분)을 만
나는 길버트(톰 브라운
분).

▶ 뮤지컬 〈빨강머리 앤〉
샬럿타운 축제 때 그린
게이블즈로 가는 마차
안에서 매슈(더글러스
챔벌레인 분)에게 '내가
다른 사람 아닌 바로 나
라서 다행이야'라는 노
래를 불러주는 앤(수전
쿠스버트 분).

자신이 권리가 있어서가 아니라 다른 사람들의 온정 덕에 사랑하는 집에 살 수 있다는 자각은 《ANNE-만남》 창작에 많은 영향을 미쳤다. 몽고메리의 소설 속 인물들은 모두들 어딘가에 속해 있다. 그곳은 마을이나 지역이라기보다는 '그린게이블즈'나 '뉴문' '은빛 숲' 같은 자그마한 사유지나 농가, 농장 등이다. 몽고메리의 세계에서는 누구나 땅과 집에 속해야 한다.

매슈는 외할아버지 맥닐과 닮은꼴이 아니라 그 반대이다. 외할아버지는 위압적이고 완고한 데 반해 매슈는 수줍음이 많고, 외할아버지는 독단적인 데 반해 매슈는 자상하다. 게다가 매슈는 여자아이인 앤을 다른 어떤 사내아이보다 더 높이 평가하고, 앤에게도 그렇게 말한다. 그런 다음에 매슈에게는 죽는 것 말고 더 이상 할 일이 없게 된다. 그리하여 그는 죽고 앤은 그의 유산 상속자가 된다. 앤은 자신과 머릴러를 위해 그린게이블즈를 지킨다. 재정적인 어려움을 포함한 어떤 어려움이 닥칠지라도. 그린게이블즈는 그녀에게 영원한 안식처이기 때문이다. 그녀에게서 그린게이블즈를 앗아갈 남자 상속자는 없다. 앤과 머릴러는 나중에 농장을 데이비에게 물려주지만, 데이비는 그들이 자발적으로 받아들인 고아이며 그들이 선택한 상속자이다.

몽고메리에 대한 최초의 진지한 연구서 《달콤한 풀 향기 : L.M. 몽고메리의 여주인공들과 로맨스의 추구》의 저자 엘리자베스 R. 에펄리는 몽고메리 소설에서 '로맨스'는 주로 결혼으로 향하는 이성간의 사랑으로 나타난다고 말한다. 이것은 확실히 몽고메리 작품의 커다란 주제이다. 그러나 그런 의미에서의 로맨스는 《ANNE-만남》에서 탐색이라든가 아이덴티티의 탐구, 화해라고 하는 보다 큰 로맨스 주제에 밀린다.

헬리오도루스의 《아이티오피카》에서부터 셰익스피어의 《겨울 이야기》, 월터 스콧의 《미들로디언의 심장》, 샬럿 브론테의 《제인 에어》에 이르기까지 많은 소설들이 진정한 연인을 찾는 데에만 관심을 두

는 게 아니라 가정을 복원하고 세대 간의 관계를 재정립하고 삶을 혁신적으로 변화시키는 데 관심을 쏟는다. 《ANNE-만남》 또한 아이덴티티의 추구와 탐색, 서로 반대되는 것들 사이의 화해라고 하는 보다 커다란 로맨스 주제를 다룬다.

《ANNE-만남》의 '사랑 이야기'에 대한 한 길버트 블라이스는 앤의 좋은 상대역이다. 그러나 이 소설의 진짜 '사랑 이야기'는 앤과 머릴러 사이의 진화하는 사랑이다. 리어 윌름셔스트가 《앤과 비슷한 인물들 *Akin to Anne*》에서 보여 주었듯 까다로운 후견인과 같이 사는 고아 그리고 소녀들의 이야기는 몽고메리의 초기 단편들에 공통적으로 나타난다. 장편에 있어서 앤 셜리와 머릴러, 에밀리 스타와 그녀의 엄격한 이모 엘리자베스, 매리골드 레슬리와 무섭지만 활기 넘치는 할머니의 관계가 이러한 일관된 주제의 변형을 이루고 있다. 그중에서도 서로 혈연관계에 있지 않은 앤과 머릴러의 관계가 가장 자유롭고 실험적이지 않을까.

'타는 저녁놀 속에 우리는 항구로 돌아온다. 동방의 별을 따라 세계를 일주한 너덜너덜한 이 돛에는 질풍의 냄새가 배어 있고 항구의 모래톱을 지나는 우리 마음은 더없이 설렌다. 저 멀리 황혼에 물든 소나무 사이로 드리워진 어슴푸레한 언덕과 그 밑의 우리 집 창문에서 새어나오는 다정한 불빛을 바다 위에서 긴 불침번을 서며 얼마나 그리워했던가! 이국의 하늘을 바라볼 때마다 언제나 우리의 등대가 되어주던 고향의 불빛이여! 우리를 맞으러 항구에서 바람이 불어오는구나. 그리운 해변에서 부르던 노래를 싣고 벗이여, 돛을 접어라 바다를 뒤로 하고 마침내 그리운 집으로 간다. 다시 그리운 사람들을 만나리!'

모드는 세계적인 작가가 되었다. 한편 아내이자 어머니, 그리고 지역 유지로서의 역할도 중요했다. 마치 요술을 부리듯 가정생활과 사회생활을 잘해 나갔으나, 두 가지 역할을 그녀가 만족할 만큼 소화하지 못하는 데서 오는 좌절감으로 때로는 힘겨워할 때도 있었다.

작품 속 등장인물들의 대화를 중얼거리며 장을 보러 가거나, 주일학교에 나가기 위해 거리를 걸어가는 그녀에게 마을 사람들은 '조그만 맥도널드 여사'라 부르며 친근하게 대했다.

1935년(61세) 대영제국 훈장을 받은 루시 모드 몽고메리

제1차 세계대전의 공포, 남편의 지독한 우울증, 첫 인연을 맺었던 출판업자와의 관계 악화 등 그녀에게 갑자기 한꺼번에 정신적 고통이 몰려왔다. 그 가운데서도 목사의 아내로서, 그리고 무엇보다 작가로서의 본분을 잃지 않으려 무던히도 애썼다. 하루도 거르지 않고 전세계에서 쇄도하는 팬레터에 답장을 썼던 것이다.

1923년 드디어 그녀가 온 세계 젊은이들에게 희망과 꿈을 심어준 영예의 대가가 안겨진다. 여성 최초 영국 왕립예술원 회원, 1935년 대영제국 훈장을 받았으며, 캐나다 프레스클럽 회원, 프랑스예술원 회원이 되고 프랑스예술원에서 주는 은메달을 수상한다.

또다시 전쟁이 일어났다. 제2차 세계대전은 모드에게 두려움을 불러일으켰다. 하루하루가 산 넘어 산이었다. 마침내 끊임없이 써온 일기조차 게을리하게 되었다. 슬픔과 괴로움에 빠져 허우적거리면서 친구들에게도 편지 한 장 쓰지 못했을 뿐 아니라, 몇 달 동안 일기에 자신의 속마음도 털어놓지 못한 채 지내다가 1942년 예순여덟 살의 나이로 영원히 잠들었다.

《빨강머리 앤》 시리즈는 수천만 부가 팔렸으며 17개 언어로 옮겨졌다. TV 시리즈, 영화와 연극은 물론 뮤지컬과 발레로도 공연되었다. 그러나 이 폭발적인 인기에도 많은 비평가들은 그녀를 의도적으로 무시했다.

1970년대에 이르러서야 캐나다의 주요 작가로 평가를 받았다. 그즈음 여성작가들에게 관심을 둔 비평가들은 사람들이 몽고메리의 작품을 즐겨 읽는 까닭을 검토하기 시작했다. 1947년 실시한 여론조사에서 몽고메리가 찰스 디킨스만큼 사랑받는 작가임이 입증되었다. 그리고 그녀의 일기를 통해 섬세하고도 상상력 풍부한 작중 인물들을 이해할 수 있게 되었다.

루시 모드 몽고메리는 한평생 청춘의 열정을 잃지 않았던 사람이었다. 그녀의 작품에는 '강렬한 열정과 부드러움의 화신'인 앤의 정신이 자리하고 있다. 꿋꿋한 자립정신과 빨강머리 앤의 밝고 명랑하면서도 순수함을 간직한 이 여주인공은 온 세계 젊은이들의 벗으로 사랑받는 사람이 된 것이다.

나는 소녀 시절 평생 출판일을 하신 아버지 김천운님이 옮긴 《빨강머리 앤》을 읽으며 인생의 아름다움과 행복 그리고 슬픔을 느끼고 배웠다. 몽고메리의 천부적 재능과 쉼없는 노력은 앤·매슈·머릴러 등이 끊임없이 내 마음에 살아 있게 했다. 나는 대학을 졸업하고 편집 생활을 하며 번역공부를 해왔다. 80년대에 들어서는 그림을 그리면서

루시 모드 몽고메리의 무덤 남편 이완 맥도널드(1870~1943)와 함께 묻혔다. 캐번디시 공동묘지.

한편으로 앤 이야기들을 우리글로 옮기기 시작했다. 막내를 대학에 보내느라 잠시 멈추었다가는 다시 작업을 시작하여 20년 동안 앤 셜리에게 내 모든 열정을 바쳤다.

우리나라 처음으로 앤 시리즈 전 10권을 완역해내며 〈과수원의 세레나데〉를 비롯, 잔잔한 정을 매우 따뜻하고 감동적으로 묘사한 몽고메리의 주옥 같은 짧은 이야기들을 더했다. 텍스트는 밴텀 북스판을 사용했다.

그해 봄날 앤 셜리와의 만남을 이루게 해주신 아버지 김천운님에 대한 추억을 그리워하면서 이 글을 쓴다.

옮긴이 김유경

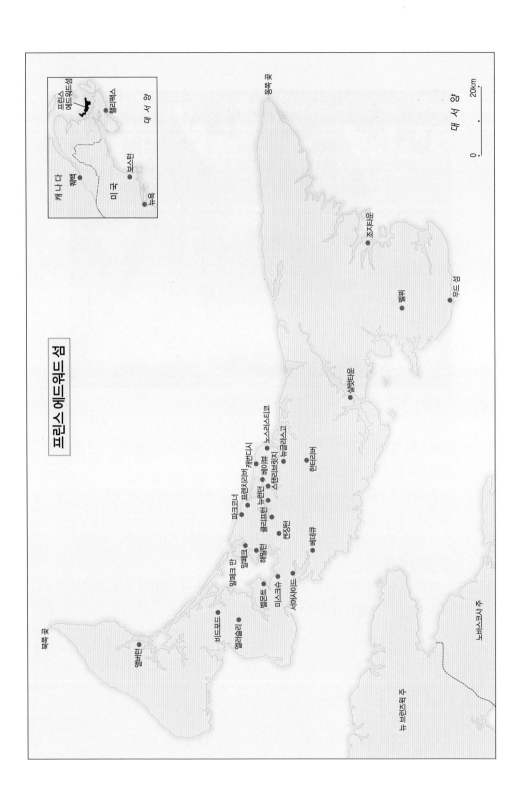

프린스 에드워드 섬

ANNE OF GREEN GABLES
1
만남/차례

앤을 읽으며 모드를 생각하며 … 7

린드 부인의 놀라움 … 51
매슈의 놀라움 … 64
머릴러의 놀라움 … 85
첫날 아침 … 96
지난 이야기 … 106
또 하나의 결심 … 116
기도 … 125
마음의 교육 … 131
린드 부인의 노여움 … 143
용서 … 154
주일학교 … 166
진실한 맹세 … 175
기다리는 즐거움 … 185
자수정 브로치 … 193
교실소동 … 206
티파티의 슬픈 끝 … 228

새로운 관심 ··· 244

애틋한 간호 ··· 254

콘서트 대사건 고백 ··· 269

지나친 상상 ··· 288

진통제 향료 ··· 299

초대받은 앤 ··· 316

명예를 건 사건 ··· 323

발표회 준비 ··· 333

매슈와 붕긋 부풀린 소매옷 ··· 342

이야기클럽 ··· 357

허영심 ··· 369

운나쁜 백합공주 ··· 380

잊을 수 없는 추억 ··· 394

수험준비 ··· 408

시내와 강이 만나는 곳 ··· 425

합격발표 ··· 436

호텔 콘서트 ··· 447

퀸즈아카데미 입학 ··· 462

꿈꾸는 겨울 ··· 473

영광과 꿈 ··· 481

죽음 ··· 490

길모퉁이 ··· 501

그대는 아름다운 별 아래 태어나
영혼과 불과 이슬로 이루어졌어라[*]

로버트 브라우닝

---

* 영국 빅토리아 왕조의 대표적 시인 로버트 브라우닝(1812–89)의 시 《이블린 호프》의
19–20행에서 인용. 몽고메리는 속표지에 이 시를 싣고 있음. '넋과 불과 이슬'이란 정신의
풍요로움, 불꽃 같은 정열과 활기, 그리고 기쁠 때나 슬플 때나 눈물을 흘리면서도 뒤가
없고 쾌활한 앤의 성격을 멋지게 표현하고 있다. 이 시의 원전(原典)에서는, 브라우닝이
16살에 죽은 아름다운 소녀 이블린을 가리켜 쓴 시의 한 구절임.★★★

저 세상에 계신 그리운 부모님께 이 책을 바칩니다

루시 모드 몽고메리

★는 《L.M. Montgomery's Use of Quotations and Allusions in the 'Anne' Books(by Rea Wilmshurst, 1989)》, ★★는 《The Annotated Anne of Green Gables(edited by Wendy E. Barry, Margaret Anne Doody, Mary E. Doody Jones, 1997)》, ★★★는 《The Fragrance of Sweet—Grass : L.M. Montgomery's Heroines and the Pursuit of Romance(by Elizabeth R. Epperly, 1992)》를 바탕으로, 서울대학교 성균관대학교 숙명여자대학교 도서관에서 시·소설 등의 작품 원문을 대조한 뒤, 위 세 가지 문헌의 오기(誤記)를 바로잡아 기재함..

린드 부인의 놀라움

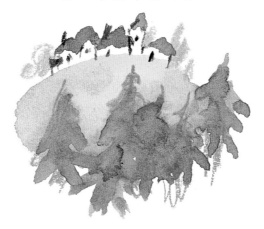

레이철 린드*¹ 부인은 애번리*² 마을 큰길이 느릿하게 비탈져 내려가는 작은 골짜기 언저리에 살고 있었다.

둘레에는 숙녀 귀걸이라고 불리는 자줏빛 꽃들이 핀 야생 푸셔*³와 오리나무*⁴가 우거지고, 오래된 커스버트네 집 뒤편 숲에서 흘러내려오는 시냇물이 그 사이를 가로질러 흐른다.

이 시냇물도 상류 쪽에서는 깊이를 알 수 없는 못이며 구불구불 폭포를 이루어 꽤 세차게 흐르는 듯하지만, 린드네 집이 자리한 골짜기에 이를 즈음에는 고요하게 잠잠히 흐른다.

그도 그럴 것이 린드 부인 집 앞을 지날 때는 시냇물조차 예의범절

---

*1 레이철은 성서와 관련된 이름. 구약성서 〈창세기〉에 등장하는 야곱의 아내이며 요셉의 어머니인 라헬에서 유래.

*2 이야기의 무대로 지은이가 만들어낸 마을이름. 영어의 올바른 발음은 에이번리. 실제로 캐나다 동해안 프린스 에드워드 섬 중부의 카벤디시가 무대이며, 몽고메리는 어린시절 이곳에서 자랐음. 윌리엄 셰익스피어(1564–1616)의 출생지 스트랫퍼드 어폰 에이번(에이번 호숫가의 스트랫퍼드)의 에이번 강에서 영감을 받은 게 아닐까 여겨짐.

*3 바늘꽃과 딸기나무, 아름다운 빨강·보라색 꽃이 늘어지듯 핌.

*4 자작나무과 낙엽 넓은 잎 큰키나무.

을 차리지 않을 수 없기 때문이다. 린드 부인이 창가에 앉아, 무심히 지나가는 모든 것들을 날카로운 눈초리로 지켜보고, 조금이라도 이 상하거나 미심쩍으면 끝까지 그 까닭을 캐내지 않고 못 배긴다는 사실을 흐르는 시냇물도 아는 듯했다.

자기 일 제쳐놓고 남의 일에 열중하는 사람은 애번리 마을뿐 아니라 다른 고장에서도 얼마든지 있지만, 린드 부인은 자기 일을 말끔히 다 해놓고 다른 사람 일에도 참견하는 부지런한 능력을 지녔다.

그녀는 집안일을 야무지게 해치우고, 솜씨가 좋아 바느질모임의 중심인물이 되었으며, 주일학교 운영에서부터 교회후원회며 해외전도후원회의 중요한 일까지 두루두루 맡았다. 그러면서도 몇 시간이나 부엌 창가에 앉아 무명실로 침대덮개를 짜는*5 여유까지 있었다.

애번리 마을 부인들은 감탄하며 나지막이 말을 주고받았다.

"열 여섯 장이나 짰대요."

더욱이 린드 부인은 침대덮개를 짜면서 내내 이 골짜기로부터 언덕 너머로 구불구불 이어진 황톳길 큰길로 끊임없이 눈길을 보내고 있으니 놀라운 일이었다.

애번리 마을은 세인트 로렌스 만*6으로 비죽이 튀어나온 조그만 세모꼴 반도에 자리잡고 있다. 양옆이 바다여서 오가는 사람은 모두 그 언덕을 지나야 하므로 린드 부인의 매와 같이 엄한 눈길을 피할 길이 없었다.

6월 첫 무렵 어느 날 오후, 그녀는 여느 때처럼 창가에 앉아 있었

---

*5 원문을 그대로 옮기면 '무명실로 퀼트를 짜고 있다'. 퀼트란 두 장의 헝겊 사이에 솜·털·깃털을 넣어 누빈 퀼팅이불을 뜻하지만, 여기서는 직물의 실로 쓰이는 흰 무명실로 침대덮개를 짜는 것. 19세기 끝무렵 프린스 에드워드 섬에서는, 흰 무명실로 네모지게 짠 모티브를 이어 붙인 침대덮개가 만들어져 패치워크 퀼트와 마찬가지로 널리 쓰였음. 제6권 《웨딩드레스》에서 앤이 결혼할 때, 린드 부인이 이 흰 무명 침대덮개를 두 장 선물로 줌.

*6 섬 북부에 있으며 뉴펀들랜드 섬과 대서양을 바라보고 있음.

다. 따뜻하고 밝은 햇볕이 창문으로 비쳐들고, 집 아래 비탈면에 펼쳐진 과수원에는 수줍은 새색시 볼과도 같은 발그레한 꽃이 가득 피어 수많은 꿀벌들이 윙윙거리며 날고 있었다.

애번리 마을 사람들이 '레이철 린드의 남편'이라 부르는 토머스 린드는 키 작고 소심한 남자로, 헛간너머 비탈진 밭에서 늦파종 순무씨를 뿌리고 있었다.

그리고 매슈 커스버트*[7]도 그린게이블즈*[8]라 불리는 집 옆을 흐르는 시냇물 따라 펼쳐진 넓은 황토밭에서 순무씨를 뿌리고 있을 것이다. 엊저녁 카모디의 윌리엄 J. 블레어네 가게에서 매슈가 피터 모리슨에게 내일 오후 순무씨를 뿌릴 예정이라고 말하는 것을 린드 부인이 들었으니 확실했다. 물론 물어본 이는 피터였다. 매슈 커스버트는 이제까지 단 한 번도 자기 편에서 먼저 말을 꺼낸 적이 없었으니까 말이다.

그런데 그 바쁜 오후 3시 30분쯤에 매슈 커스버트가 느긋하게 '이랴! 이랴!' 말채찍질하며 그녀 집 앞을 지나 언덕 쪽으로 마차를 달리는 게 아닌가. 흰 칼라가 달린 한 벌밖에 없는 나들이옷을 입은 것으로 보아 애번리 마을 밖으로 나가는 게 틀림없다. 더욱이 밤색 말이 끄는 사륜마차를 몰고 있으니 꽤 멀리 나가는 것이리라. 매슈 커스버트가 대체 어디로 가는지 그리고 무슨 볼일이 있는지 린드 부인은 몹시 궁금했다.

그가 만일 애번리 마을의 다른 남자였다면 린드 부인은 이리저리 궁리한 끝에 꼭 맞는 해답을 찾아냈겠지만 매슈는 좀처럼 외출하는

---

*7 매슈 또한 성서와 관련있는 이름으로, 예수의 열두 제자 가운데 하나인 마태오. 신약성서 첫머리 서(書)인 〈마태오복음〉은 마태오가 쓴 것으로 전해지며, 그의 이름을 붙인 것임.

*8 초록색 지붕. 집의 겉모습을 나타낼 뿐 아니라 프린스 에드워드 섬에는 같은 성을 가진 세대가 많아 집 이름으로도 쓰이고 있는 듯함. 이 책의 본디 제목은 《ANNE OF GREEN GABLES》로, 이 역시 누구네 집의 앤인지 나타내기 위한 것임.

일이 없는 사람이었다. 반드시 무슨 급한 용건이 생겨 저렇게 가는 것이리라.

매슈는 보기 드물게 부끄러움을 잘 타는 사람이어서 낯선 사람들 모임이나 누군가와 말해야 할 곳에 나가는 것을 굉장히 싫어했다. 그러므로 매슈가 흰 칼라를 단 나들이옷을 입고 멋진 사륜마차를 달리는 일은 좀처럼 없었다.

린드 부인은 아무리 생각해도 도무지 알 수 없었다. 그래서 이 기분 좋은 오후가 엉망이 되어버렸다.

린드 부인은 단념하지 않을 수 없었다.

"차를 마신 다음 그린게이블즈에 가서 머릴러*⁹에게 매슈가 무슨 일로 어디에 갔는지 물어봐야겠어. 지금 이 시기에 읍내로 나가는 것은 아닐 테고, 누군가의 집을 방문하는 것도 결코 아닐 거야. 만일 순무씨가 모자란다면 저렇게 차려입고 마차까지 타고 갈 리 없지. 그리고 의사를 부르러 가는 것치고는 마차 속도가 너무 느려. 엊저녁 가게에서 무슨 일이 생긴 게 분명해. 뭐가 뭔지 도무지 알 수가 없어. 매슈 커스버트가 오늘 어디로 갔는지 알아내기 전에는 도무지 일이 손에 잡힐 것 같지 않아."

차를 마시고 린드 부인은 집을 나섰다. 그리 먼 거리는 아니었다.

커스버트 남매가 사는, 사방이 탁 트인 넓고 큰 집은 과수원에 둘러싸여 있었다. '린드네 골짜기'에서 큰길을 따라 가면 4분의 1 마일도 채 안 되지만 집이 깊숙이 들어앉아 있어 긴 오솔길을 걸어가야 하므로 실제 거리보다 먼 느낌이 들었다.

매슈 커스버트의 아버지도 그 피를 이어받은 아들과 마찬가지로 부끄러움을 잘 타고 말이 없었다. 숲속 깊숙이 숨어 살았다고는 할 수 없지만 되도록 마을과 멀리 떨어진 곳에 터를 잡고, 토지 맨 끝

---

*9 성모 마리아의 변형으로 여겨짐. 마리아는 영어로 메리, 프랑스어로 마리, 독일어·이탈리아어로 마리아.

머리에 그린게이블즈를 지었다. 그러므로 애번리 마을의 다른 집들이 옹기종기 모여 있는 큰길가에서는 거의 보이지 않았다.

린드 부인은 늘 생각하고 있었다.

"그런 곳에서는 '산다'고 할 수가 없어. 그저 거기에 우두커니 있다고 할 수 있을 뿐이지."

집으로 이어진 오솔길은 새빨간 들장미가 흐드러지게 피어 있고 풀이 무성하게 우거진 가운데 마차바퀴자국이 깊게 패여져 있었다. 그 바퀴자국을 따라 걸음을 옮기며 린드 부인은 중얼거렸다.

"매슈도 머릴러도 좀 이상한 사람들이야. 이런 구석진 곳에 둘이서만 살고 있으니. 이 나무들이 말동무가 되어주는 것도 아닐 텐데. 어쩌면 상대가 될지도 모르지만, 그 두 사람은 나무로 충분할까? 그건 하느님만이 아시겠지. 나라면 말이 통하는 사람들이 더 좋아. 그런데도 그들은 이런 생활에 충분히 만족하고 있는 것인지, 아니면 익숙해져버린 것인지. 아일랜드 속담에도 있듯*10 사람은 무엇에나 길들여지는 법이어서 목매달리는 것도 익숙해지면 아무렇지 않다니까……"

오솔길이 끝나 린드 부인은 마침내 그린게이블즈 뒤뜰로 들어섰다.

잡초가 우거졌던 푸른 뜰은 구석구석 깨끗이 손질되어 있었다. 한쪽에는 오래된 버드나무 몇 그루가 당당하게 늘어서고 반대쪽에는 롬바르디 포플러가 가지런히 서 있다. 뜰에는 나뭇가지 하나, 돌멩이 하나 떨어져 있지 않았다. 만일 있었다면 마땅히 린드 부인 눈에 띄었을 것이다.

린드 부인은 머릴러 커스버트가 집안만큼이나 뜰도 열심히 청소를 했으리라 짐작했다. 음식을 땅에 떨어뜨려도 그대로 주워먹을 수 있

---

*10 프린스 에드워드 섬은 먼저 프랑스인이 탐험해 이주했고, 뒤에 영국(스코틀랜드·아일랜드를 포함)에서 온 이민들이 개척. 지은이 몽고메리는 스코틀랜드계로, 그린게이블즈의 매슈와 머릴러의 부모도 스코틀랜드에서 이주해 왔다는 것을 '죽음'에서 추측할 수 있음. 아일랜드인에 대한 민족 차별적인 농담과 속설이 있어, 여기에도 그러한 것으로 보임.

을 만큼 깨끗했다.

부엌문을 몇 차례 세게 두드리니 그제야 들어오라는 소리가 들려왔다. 그녀는 안으로 성큼성큼 들어갔다.

그린게이블즈 부엌은 반짝반짝 빛이 나 기분 좋은 곳이었다. 흠이라면 지나치게 깨끗이 정돈되어 여느 때는 사용되지 않는 응접실 같은 차가운 인상을 주었다.

동쪽과 서쪽에 창문이 마주보며 있었고 뒤뜰 쪽으로 난 서쪽 창문에서는 부드러운 6월 햇빛이 온 방안을 비춰주고 있었다. 그러나 동쪽 창문은 새파란 담쟁이덩굴로 뒤덮여 그 잎새들 사이로 과수원의 만발한 하얀 벚꽃과 움푹 파인 땅에 가느다란 가지를 뻗고 서 있는 자작나무가 보일 따름이었다.

머릴러 커스버트는 늘 동쪽 창가에 앉아 있었다. 모든 일을 진지하게 해나가는 그녀는 빛이 비치다 그늘이 지곤 하는 변덕스런 햇빛 아래 있으면 정신이 없었기 때문이다.

여전히 그녀는 거기에 앉아 뜨개질을 하고 있었다. 등 뒤 식탁에는 이미 저녁식사 준비가 다 되어 있었다.

문을 채 닫기도 전에 린드 부인은 그 식탁 위를 흘끗 보고 대강 알아차렸다.

접시가 세 개 놓인 것으로 보아 매슈가 손님을 데려오는 듯했다. 그러나 여느 때 쓰는 식기일 따름이었다. 설탕절임도 야생사과잼*11 뿐이고, 케익도 한 가지밖에 놓이지 않은 것을 보면 대단한 손님은 아닌 것 같았다.

그렇다면 어째서 매슈가 흰 칼라까지 달고 밤색 말이 *11*는 사륜마

---

*11 과일잼은 차와 간단한 식사에 나오는 보존식품으로, 집 과수원에서 나는 버찌·사과·야생사과·자두 같은 각 계절의 과일을 설탕 넣고 조린 것. 야생사과는 열매가 작고 시어 손님 접대용이 못되므로 머릴러가 준비한 식사가 중요한 손님을 위한 게 아님을 알 수 있음.

차를 타고 갔을까? 린드 부인은 언제나 조용하고 아무 일 없던 그린 게이블즈에 어떤 이상한 일이 일어나고 있음을 느끼고 더욱 영문을 알 수가 없었다.

그러나 머릴러는 쾌활하게 말했다.

"어서 와요, 레이철. 참으로 기분 좋은 저녁나절이군요. 어서 앉아요. 댁에는 별일 없지요?"

머릴러 커스버트와 레이철 린드는 서로 비슷한 데가 없었지만, 아니, 어쩌면 그 때문에 오히려 우정이라고밖에 달리 말할 수 없는 감정이 서로의 마음속에 오가고 있는지도 모른다.

머릴러는 키 크고 여윈 여자로, 어느 모로 보나 푸근한 데라곤 없었다. 흰 머리칼이 희끗희끗 보이기 시작한 검은 머리는 언제나 뒤로 둥글게 틀어올려 흩어지지 않도록 철사 머리핀을 단단히 두 개 꽂고 있었다. 소견이 좁고 융통성 없어 보이는 인상을 주었으며 실제로도 그러했다. 그러나 미소가 머문 입가에는 유머 감각이 희미하게 어려 보이는 표정이 감돌고 있었다.

린드 부인이 말했다.

"덕분에 잘 지내요. 그보다도 이 댁에 무슨 일이 있는 게 아닌가 염려했어요. 아까 매슈가 어디로 가기에 혹시 의사를 부르러 가는 게 아닌가 하고요."

그럴 테지, 짐짓 머릴러는 웃음을 꾹 참았다. 매슈가 뜻하지 않은 때 외출하는 것을 보면 이 호기심 많은 린드 부인이 가만히 있을 리 없으리라 이미 짐작하고 있었다.

"보다시피 나는 멀쩡해요. 어제는 머리가 몹시 아팠지만요. 매슈는 브라이트 리버*¹²에 갔어요. 노바 스코샤*¹³의 고아원에서 남자아

---

*12 프린스 에드워드 섬의 헌터 리버에 해당.
*13 캐나다 남동쪽 끄트머리에 자리한 주(州). 좋은 항구가 많고 어업이 성함. 중심도시는 핼리팩스.★★

이를 하나 데려오기로 했는데, 그 애가 오늘 저녁 기차로 오거든요."

매슈가 오스트레일리아에서 오는 캥거루를 맞으러 브라이트 리버에 갔다 해도 린드 부인은 이토록 놀라지 않았을 것이다. 너무 놀란 나머지 5초쯤 말문이 막혀 버렸다. 머릴러가 자기를 놀리려는 말은 아니겠지만, 믿을 수 없었다.

가까스로 말문이 열리자 부인은 눈을 껌벅거리며 물었다.

"정말인가요, 머릴러?"

"그럼요."

머릴러는 마치 노바 스코샤에 있는 한 고아원에서 남자아이를 데려오는 것은 애번리 마을의 어엿한 농가에서 으레 치르는 봄행사 하나에 지나지 않으며 결코 신기한 일이 아니라는 듯 태연한 말투였다.

린드 부인은 큰 충격을 받았다. 참으로 놀라운 일이었다. 남자아이라고! 하필이면 머릴러와 매슈가 남자아이를 데려오다니! 더욱이 고아원에서! 그렇다, 틀림없이 세상이 뒤집히려 하고 있어! 앞으로 무슨 일이 일어나도 이만큼 놀라지 않을 거야, 무슨 일이 벌어져도 말이야.

린드 부인은 비난하듯 쏘아붙였다.

"대체 왜 그런 생각을 하게 되었지요?"

그녀에게 단 한마디 의논없이 이루어진 일이니만큼 마땅히 인정할 수 없었다.

머릴러는 차분히 말했다.

"우리는 줄곧 생각해 왔던 일이에요. 크리스마스 전이었던가, 앨릭 잰더 스펜서 부인이 오셔서 봄이 되면 호프타운의 고아원에서 여자아이를 데려올 예정이라고 말씀하셨어요. 부인의 사촌이 호프타운에 살고 있어서 그곳 고아원에 대해 잘 알거든요. 그 뒤로 매슈 오라버니와 이 일에 대해 여러 번 의논한 끝에 결국 남자아이를 데려오기로 결정했어요.

매슈 오라버니도 이미 나이가 들었지요. 레이철도 알다시피 벌써

예순이에요. 예전처럼 건강하지 못하고, 심장 상태도 몹시 나쁘답니다. 게다가 일꾼을 구하기가 얼마나 어려운지. 그 머리가 나쁜 팔푼이 프랑스 소년*14들밖에 없잖아요. 그 애들이나마 애써 가르쳐 겨우 제 구실을 할 때쯤이면 제멋대로 새우통조림공장*15이며 미국으로 가버리지요.

처음에 매슈 오라버니는 고국인 영국의 고아원에서 데려오면 어떻겠느냐고 말했어요. 나는 싫다고 했지요. 그야 고국의 아이도 괜찮겠지만—나쁘다는 게 아니에요—런던 거리를 쏘다니던 부랑아 같은 아이는 질색이에요. 남의 아이니 누구를 데려오든 무언가 문제가 있겠지만, 캐나다 태생이면 속속들이 알 수 있고 밤에도 마음놓고 잠잘 수 있다고 했지요. 그래서 스펜서 부인이 여자아이를 데리러 갈 때 우리에게도 남자아이를 보내 달라고 부탁하게 된 거예요.

지난 주 그 친척되는 카모디의 리처드 스펜서 집안사람한테 부인이 가신다는 말을 듣고, 11살이나 12살쯤 되는 영리한 남자아이를 원했답니다. 그만한 나이면 농사일도 제법 도울 수 있고 예의범절을 가르치기에 그리 늦지도 않으니까요. 우리는 그 아이를 사랑해 주고 어엿한 가정교육을 시키며 학교에도 보낼 작정이에요. 오늘 앨릭잰더 스펜서 부인에게서 전보가 왔어요. 우편집배원이 역에서 배달해 주었지요. 오늘 저녁 5시 30분 기차로 온다고요. 그래서 매슈 오라버니가 브라이트 리버역으로 마중나간 거예요. 스펜서 부인은 도중에 그

---

*14 《앤》 시리즈에서 프랑스계는 거의 고용인으로 나옴. 섬 역사를 보면 7년 전쟁 때인 1758년 영국이 프랑스군 요새를 격파해 프린스 에드워드 섬은 영국령이 됨. 그때 프랑스계 주민은 대부분 섬을 떠났음. 그 뒤 섬 이름도 '일 생 장(성스러운 장 섬)'에서 '세인트 존 아일랜드(성스러운 존 섬)'로 바뀌고, 나중에 에드워드 왕자(빅토리아 여왕의 아버지)를 기념해 프린스 에드워드 섬으로 바뀜. 이런 사정으로 이 섬에는 영국계 주민이 프랑스계 주민을 얕보는 풍조가 있었음. '앤의 간호'에서 다이애너 집에 고용된 임시 가정부도 프랑스계 처녀로, 몽고메리는 그 무능함을 신랄하게 꼬집고 있음.
*15 새우(롭스터)는 프린스 에드워드 섬의 특산품. 그것을 삶아 통조림으로 만드는 공장이 지금도 있음. 롭스터와 섭조개를 간판으로 내건 레스토랑도 많음.

남자아이를 내려주고 그대로 화이트 샌즈*16 역까지 가신답니다."

린드 부인은 언제나 자기 생각을 솔직하게 말하는 것을 자랑으로 여겨왔다. 이 놀라운 소식에 대해 마음이 조금 가라앉자 곧 거침없이 이야기하기 시작했다.

"이봐요, 머릴러, 솔직히 말해 두 사람은 터무니없는 일을 저지르고 있어요. 정말이지 위험한 일이라고 단정해도 좋아요. 어떤 아이가 올지 알 수 없잖아요. 본 적도 없고 알지도 못하는 아이를 집안에 들여놓으려 하고 있어요. 그 아이 성격이 어떠하며 부모가 어떤 사람인지, 그리고 앞으로 어떻게 될지 아무것도 모르는 아이예요. 지난 주 섬 서쪽에 사는 어떤 부부가 고아원에서 남자아이를 데려왔는데, 그 애가 밤중에 집에다 일부러 불을 질렀대요. 하마터면 두 사람 모두 침대에서 타 죽을 뻔했다고 신문에 났더군요. 어떤 남자아이는 양자로 삼았더니 날달걀을 먹는 버릇이 있어 아무리 고쳐주려 해도 안 되었다는 이야기도 있어요. 이번 일에 대해 내게 한마디라도 의논해 주었다면 틀림없이 말렸을 거예요."

욥에게 마음에도 없는 위로의 말*17을 건네는 세 친구처럼 오히려 더 걱정스럽게 만드는, 이야기를 듣고도 머릴러는 화내거나 놀라는 기색이 없었다. 부지런히 뜨개질을 계속하며 차근차근 말했다.

"레이철 말에도 일리가 있는 것은 알아요. 나도 좀 불안하니까요. 하지만 이번 일에 매슈가 어찌나 열심인지. 나는 그 마음을 모르지 않아 조용히 따르기로 했답니다. 오라버니가 스스로 무언가 결정하는 일은 좀처럼 없으니까요. 그런 때는 내가 양보해야 된다고 늘 생각하고 있어요. 그리고 이 세상에서 사람이 하는 일에는 무엇이든 위

---

*16 프린스 에드워드 섬의 라스티코를 가리킴. 캐번디시에서 동쪽으로 8km 떨어진 어촌. 붉은 사암으로 덮인 섬에 하얀 모래사장이 있는 해안이 진기함.

*17 욥이 질병과 재해에 시달리고 있을 때, 세 친구가 위로하러 왔지만, 마음에 없는 말로 오히려 욥을 슬프게 했다는 구약성서 〈욥기〉에서.

험이 따르지요. 생각해 보면 자기 자식도 그리 마음놓을 수 없고, 반드시 착한 사람이 된다는 보장은 없으니까요. 게다가 노바 스코샤는 이 섬에서 가까우니, 영국이나 미국에서 데려오는 것과 달라요. 그 아이는 우리와 그리 동떨어진 사람이 아닐 거예요."

"어쨌든 잘 되기를 바라지만……"

그 점이 매우 의심스럽다는 투로 린드 부인은 말을 이었다.

"그 아이가 그린게이블즈에 불을 지르거나, 우물에 독성이 강한 스트리키닌을 뿌린다 해도, 뒤늦게 내가 주의를 주지 않았다는 원망은 말아요. 뉴브런즈윅에서 실제 있었던 일인데 고아원에서 데려온 아이가 우물에 이 약을 넣어 집안사람들이 몹시 고통받다가 죽었다는 이야기를 들었어요. 하긴 이 경우는 여자아이였지만요."

"우리는 여자아이를 데려오는 게 아니에요."

머릴러는 우물에 독약을 넣는 일은 주로 여자아이들 전문이며 남자아이는 결코 그런 짓을 할 리 없다는 투였다.

"여자아이를 데려다 기를 생각은 꿈에도 없어요. 나는 스펜서 부인의 마음을 모르겠더군요. 하긴 그 부인은 한번 마음먹으면 고아원 아이들을 모두 데려다 기르겠다고 할지도 모를 사람이지요."

린드 부인은 매슈가 섬 밖에서 오는 아이를 데려올 때까지 기다리고 싶었다. 그러나 아직 두 시간이나 남았음을 깨닫고 로버트 벨네 집에 가서 이 이야기를 들려줘야겠다고 마음먹었다. 소문이 자자하게 퍼질 것이라는 생각에 벌써 가슴이 두근거렸다. 린드 부인은 다른 사람을 놀라게 하는 일을 굉장히 좋아했다.

그녀가 돌아가자 머릴러는 좀 마음이 놓였다. 린드 부인의 비관적인 이야기를 듣고 있으면 불안과 걱정이 다시금 고개를 쳐들 것 같았기 때문이었다.

오솔길로 접어들자 린드 부인은 저도 모르게 소리내어 말했다.

"아, 이런 일이 일어나다니. 이런 일은 앞으로도 결코 다시 없을 거야! 아무래도 꿈을 꾸고 있는 것만 같아. 하지만 그 애도 참 가엾어. 머릴러와 매슈는 아이에 대해 아무것도 모르니 여느 할아버지만큼이나 영리하고 착실하리라 여기는 모양이야. 물론 그 애에게 할아버지가 있었다면 하는 말이지만, 그 점도 의심스럽다니까.

그린게이블즈에 아이가 살게 되다니, 아무래도 묘한 기분이 드는군. 그 집에서는 아이 그림자도 본 적 없었으니까. 그 집을 지었을 때는 매슈도 머릴러도 이미 어른이 되어 있었고, 지금의 그 두 사람을 보고 있으면 그들에게도 어린 시절이 있었다는 게 믿어지지 않아. 나라면 아무리 부탁받아도 그 고아처럼 되고 싶지 않을 거야. 아무튼 그 집에 오게 될 아이는 너무나 불쌍해."

린드 부인은 자기 생각에 빠져서 저도 모르게 들장미 덤불을 향해 걸으면서 중얼거리고 있었다. 만일 그때 브라이트 리버 역에서 참을성 있게 기다리는 그 아이를 보았다면 그 동정은 한층 더 깊어졌을 것이다.

매슈의 놀라움

매슈 커스버트와 밤색 말은 브라이트 리버로 가는 8마일 거리를 여유롭게 즐기며 나아갔다.

아담한 농장 사이로 훤히 뚫린 길을 지나 발삼*1 향기가 코끝에서 감도는 전나무숲을 빠져나와 자두나무에 안개 같은 하얀 꽃이 흐드러지게 핀 저지대를 달렸다. 참으로 아름다운 길이었다.

과수원에서 바람결에 풍겨오는 사과꽃 향기가 온누리에 은은히 퍼지고, 나지막이 비탈진 목장은 진줏빛과 보랏빛 아지랑이가 저 먼 지평선까지 나풀대며 펼쳐져 있었다.

　새들은 소리높이 지저귀네
　찬란한 여름날을*2

---

*1 침엽수에서 분비되는 반유동성 액체.

*2 미국 시인·비평가인 제임스 러셀 로웰(1810~91)의 시 《롬펠 경의 몽상(1848)》의 제1부, 제2단락의 3, 4행에서의 인용. 시 내용은 다음과 같다. 아서왕 원탁의 기사 롬펠 경이 성배를 찾아다니던 도중 잠들었는데, 꿈에 거지를 만나 그리스도를 위하는 마음으로 금화와 빵을 주자, 그 거지는 자신이 그리스도이며 '내 것을 남에게 주는 자는 세 사람을 먹인다. 내 자신, 굶주린 이웃, 그리고 나 그리스도'라고 말한다. 그리고 거지와 식사

매슈는 길에서 여자들과 만나 인사해야 할 때만은 그렇지 못했지만 나름대로 드라이브를 즐기고 있었다. 이 프린스 에드워드 섬*3에서는 아는 사람이건 모르는 사람이건 길에서 마주치면 인사하게 되어 있었다.

매슈는 머릴러와 린드 부인 말고는 여자들이 무서웠다. 여자의 마음은 참으로 알 수가 없고 은근히 자기를 웃음거리로 만드는 듯하여 거북스러웠다.

그의 이러한 생각은 어느 만큼 맞다고 할 수 있었다. 듬직한 몸가짐에 구부정한 어깨 위로 회색 머리카락이 드리워지고 20살 때부터 텁수룩한 갈색 턱수염을 길러온 그의 모습은 어딘지 남다른 데가 있었다. 사실 그는 머리가 허옇게 된 점을 빼고는 20살 때나 60살인 지금이나 크게 다름이 없었다.

브라이트 리버에 닿아보니 기차는 그림자도 보이지 않았다. 좀 일찍 왔다고 생각하며 그는 브라이트 리버의 작은 여관 앞에 말을 매놓고 역까지 뚜벅뚜벅 걸어갔다. 기다란 플랫폼은 한산했다. 사람이라곤 그 플랫폼 끄트머리에 쌓인 지붕널 더미 위에 여자아이가 하나 앉아 있을 뿐이었다.

를 함께 나눈 그 그릇이 바로 성배임을 알고 성배 찾는 일을 그만 둔다는 내용. 시는 롬펠이 비장한 결의로 성배 탐험에 나서는 데서 시작되어, 그가 잠들어 꿈꾸기 시작하면 곧 이 구절이 나옴. 매슈가 앤을 데리러 갈 때의 화창한 날씨 묘사로 사용된 이 글은, 성배 탐험의 꿈에서 유래함. 곧 앤을 데리러 가는 매슈는 그리스도의 성스러운 잔을 찾으러 가는 기사로 그려져 있음. 또 성배는 이 지상에 모습을 드러낸 앤이라는 시사도 있음. 성배란 그리스도가 최후의 만찬에 사용한 잔으로, 그리스도가 십자가에 못박힌 뒤 십자가 밑에서 아리마태의 요셉이 그리스도의 피를 받은 것으로 전해지는 귀중한 것. 중세의 아서왕 전설에서 원탁의 기사들은 성배를 찾겠다는 비장한 소원을 품음. 아서왕 전설은 이 책의 '운나쁜 백합공주'에 나옴.★

*3 캐나다 동부 대서양 세인트 로렌스 만에 있는 섬. 캐나다 연방의 한 주. 동서 230km, 면적 5660km. 아름다운 경관으로 유명. 섬모양이 요람과 비슷하며, 캐나다 연방 성립의 발단이 된 회의가 열린 곳이어서 '연방의 요람'으로도 불림.

매슈는 여자아이가 있다는 것은 알았지만 그쪽으로는 눈길을 주지 않으며 빠른 걸음으로 그 옆을 지나갔다. 만일 얼핏 보았다면 그 아이의 얼굴이 잔뜩 긴장하면서도 기대에 찬 들뜬 모습으로 앉아 있는 것을 눈치챘을 것이다.

여자아이는 거기에 앉아서 무슨 일이 일어날 것인지, 또는 누가 올 것인지, 곰곰이 생각하고 있었다. 그것 말고는 아무 할 일도 없어 오로지 다소곳이 앉아 기다릴 수밖에 없었다.

어느새 역장이 저녁식사하러 집으로 돌아가려고 매표구 문을 닫고 있었다. 5시 30분 기차가 곧 도착하는지 매슈는 물었다.

역장은 시원스럽게 대답했다.

"5시 30분 기차는 30분 전에 도착해 이미 떠났습니다. 하지만 당신을 만나려고 한 사람이 내렸지요. 조그만 여자아이였습니다. 아, 저기 앉아 있네요. 부인대합실에서 기다리라고 했더니 밖이 더 좋다고 고집스레 말하더군요. '상상을 펼치기에는*⁴ 밖이 더 좋아요'라고 했던가. 좀 색다른 아이예요."

매슈는 어리둥절했다.

"여자아이가 아닌데…… 내가 데리러 온 건 남자아이로, 그 애가 여기 있어야 하는데. 스펜서 부인이 노바 스코샤에서 데려다주기로 한 아이가……"

역장은 휙 휘파람을 불었다.

"무슨 착오가 생겼군요. 스펜서 부인은 기차에서 내려 저 아이를 내게 맡기고 가셨습니다. 댁의 부탁으로 고아원에서 데려왔으니 곧 마중 나올 거라고요. 내가 아는 것은 그뿐입니다. 다른 아이는 없어요."

"알 수 없는 일이군."

매슈는 난처했다. 이럴 때 머릴러가 옆에 있어서 잘 처리해 주면 얼

---

*4 영국 목사·작가 로렌스 스턴(1713긴– 68)의 기행문 《프랑스에서 영국으로 가는 센티멘털 여행(1768)》에서 목사 요크가 한 말 '나는 마음껏 상상을 펼쳤다'에서 따온 것.★★

마나 좋을까 생각했다.

역장은 대수롭지 않게 말했다.

"그럼, 저 아이에게 물어보는 게 어떻겠습니까. 아마도 잘 설명해 줄 겁니다. 말을 꽤 잘하는 아이더군요. 어쩌면 댁에서 바라던 남자아이가 없었는지도 모르죠."

몹시 시장한 역장은 서둘러 가버렸다.

매슈는 가엾게도 잠든 사자의 수염을 잡아당기기*5보다 더 어려운 일 여자아이, 더욱이 낯선 고아 여자아이에게 다가가 어째서 남자아이가 오지 않았는지 물어보아야 했다.

매슈는 마음속으로 끙끙 앓으며 몸을 돌려 플랫폼 끝에 있는 여자아이 쪽으로 무거운 걸음을 천천히 옮겼다.

여자아이는 매슈가 아까 옆을 지나갈 때부터 줄곧 그를 쳐다보고 있더니 지금은 뚫어지게 바라보았다. 매슈는 눈길을 애써 다른 데로 돌리고 있었다. 비록 보았다 해도 그 아이가 어떤 모습을 하고 있는지 알지 못했을 것이다.

그러나 여느 사람이라면 다음과 같이 묘사했으리라.

나이는 11살쯤으로 키가 작으며 볼품없이 꽉 끼는 옷을 입고 있었다. 본디 희었으나 이제는 누렇게 바랜, 면과 모가 섞인 교직(交織) 옷이었다. 낡은 갈색 모자를 썼으며, 그 밑으로 눈에 띄게 빨간 머리를 양쪽으로 갈라 굵게 땋아 등까지 늘어뜨리고 있었다.

---

*5 스코틀랜드의 국민적 시인 월터 스콧 경(1771–1832)의 시 《마미언(1808)》 제6편 제14절 '그러나 그대는 과감하게도, 잠자는 사자의 수염을 잡아당기듯, 이 더글러스의 저택에서 나에게 덤벼든단 말인가'에서. 매슈가 여자아이에게 말을 건네는 것은, 상대방의 본거지에 쳐들어가 적과 대결하는 것만큼 용기가 필요하다는 뜻. 《마미언》에는 '플로덴 전장이야기'라는 부제가 붙어 있음. 헨리 8세의 총신 마미언은 연인인 수녀 콘스탄스에게 질려, 랜돌프 드 월튼 경의 약혼녀 레이디 클레어를 차지하기 위해 갖은 수단을 다 동원하지만, 끝내 플로덴 전투에서 죽고, 드 월튼은 레이디 클레어와 행복하게 결혼한다는 내용.

작은 얼굴은 파리하고 야위었으며 주근깨투성이였다. 입도 크고 눈도 컸다. 눈동자는 그때그때의 빛이나 기분에 따라 얼핏 초록색 또는 회색으로 보였다.

하지만, 통찰력있는 사람이라면 이 아이의 턱이 매우 뾰족하고 커다란 눈은 별처럼 생기있게 빛나며 도톰한 입술은 사랑스럽고 끝이 올라간 입매는 표정이 풍부하며 이마는 넓고 시원하다는 것을 알아차리리라. 더군다나 날카로운 눈을 지닌 사람이라면 매슈 커스버트가 두려워하는 이 여자아이에게는 뛰어난 영혼이 깃들어 있음을 꿰뚫어 보았을 것이다.

매슈는 자기 편에서 말을 건네는 성가신 일을 하지 않아도 되었다. 그가 자기 쪽으로 다가오고 있음을 알자 여자아이가 햇볕에 그을린 손으로 낡아빠진 옛날식 가방 손잡이를 꽉 움켜잡고 벌떡 일어서며 다른 한 손을 그에게 쑥 내밀었기 때문이다.

아이는 귀여운 목소리로 말했다.

"그린게이블즈의 매슈 커스버트 씨죠? 이렇게 만나뵙게 되어 정말 반가워요. 오시지 않을지도 몰라 어떻게 해야 좋을지 걱정하고 있던 참이었어요. 하지만 만일 오늘 저녁에 오시지 않는다면 철길을 따라 내려가 저 모퉁이의 큰 벚나무 위에서 밤을 지내야겠다고 마음먹었어요.

조금도 무섭지 않아요. 하얀 꽃이 흐드러지게 가득 핀 벚나무 위에서 달빛을 받으며 잠자다니, 멋지겠지요? 마치 대리석 깔린 넓은 방에 사는*⁶ 기분이 들지 않을까요? 게다가 오늘 밤 안 오시면 내일

---

*6 앨프리 밴이 가사를 지은 오페라 《더 보헤미안 걸》에서 따온 말. 앨프리 밴은 영국의 극장지배인·각본가로, 하버드대학 음악도서관에 악보 딸린 원본이 소장되어 있음. 제2막 제1장 '집시소녀의 꿈'이라는 노래에 등장. 1839년 프랑스 발레 '집시'에서 소재를 따온 오페라. 이 '대리석깔린 넓은 방에 산다'는 구절은 아일랜드 가수 엔야의 노래에도 나옴.★★★

아침에는 꼭 오실 거라고 생각했거든요."

매슈는 여자아이의 앙상한 작은 손을 어색하게 잡았다. 그리고 그 순간 결심했다―기쁨으로 눈을 반짝반짝 빛내는 이 아이에게 무언가 착오가 생겼다는 말을 차마 할 수는 없다, 일단 집으로 데려가 머릴러에게 맡기자, 아무튼 무슨 문제가 있었다 해도 이 아이를 브라이트 리버에 그냥 두고 갈 수 없다, 모든 이야기는 그린게이블즈에 가서 하기로 하자.

그는 부끄러워하며 말했다.

"늦어서 미안하구나. 이리 오너라. 저쪽 뜰에 말을 매놓았다. 그 가방을 이리 다오."

여자아이는 기운차게 말했다.

"괜찮아요, 내가 들겠어요. 조금도 무겁지 않아요. 이 세상에서의 내 전재산*7이 들어 있지만 무겁지 않아요. 그리고 조심해 들지 않으면 손잡이가 빠져버려요. 꽤 낡은 가방이거든요.

아, 아저씨가 와주셔서 정말 감사해요. 꽃이 활짝 핀 벚나무 위에서 자는 게 아무리 멋진 일이라 할지라도요. 집까지는 먼가요? 스펜서 아주머니는 8마일쯤 될 거라고 하셨어요. 참으로 기뻐요, 나는 마차 타는 것을 무척 좋아하거든요.

아, 이제부터 아저씨와 한집에 살며 가족이 되다니 정말 멋져요. 지금까지는 이렇다 할 가족이 없었거든요. 고아원은 너무 싫었어요. 넉 달밖에 안 있었지만 진절머리나요. 아저씨는 고아원에 있어 본 일이 없어 어떤 곳인지 잘 모르실 거예요. 상상도 할 수 없을 만큼 지독한 곳이에요. 그런 식으로 말하면 못쓴다고 스펜서 아주머니에게 꾸중 들었지만 나쁜 뜻은 없었어요. 나쁜 말은 자신도 모르게 툭 튀어나오는 건가봐요.

───────────
*7 영국국교회 기도서 《성공회 기도서》 '결혼식 기도'의 한 구절 '이 세상에서의 내 전 재산을 그대에게 바친다'에서 인용.★★

고아원에 있는 친구들은 모두들 저에게 잘해 주었어요. 하지만 거기는 머릿속으로 좋게 그려지지가 않아요. 기껏해야 다른 고아를 상상해 볼 따름이에요. 그 아이들에 대해 여러모로 공상해 보는 것도 퍽 재미있었어요. 이를테면 옆에 앉은 여자아이는 본디 백작의 딸로 어릴 때 나쁜 유모에게 유괴되었는데 그 유모가 자기 죄를 고백하지 않고 죽어버렸다고, 밤새도록 잠자지 않고 상상하는 거예요. 낮에는 그럴 틈이 없거든요. 그래서 이렇게 말랐나봐요.

나는 너무 말랐지요? 뼈와 가죽뿐이에요. 그래서 곧잘 상상하곤 해요. 나는 예쁘고 포동포동하며 보조개가 쏙 들어간 귀여운 여자아이라고 말이에요.”

여기까지 말하고 여자아이는 입을 꾹 다물었다. 숨이 차기도 했지만 마차가 있는 곳까지 다 왔기 때문이었다.

한참동안 여자아이는 잠자코 있었다. 이윽고 두 사람이 탄 마차는 마을을 뒤로 하고 좀 높은 언덕을 내려가기 시작했다. 길은 언덕의 부드러운 흙을 파내면서 나 있었다. 그 때문에 언덕길 양옆은 그들 머리보다 몇 피트 높은 둑이 되어, 흐드러지게 꽃핀 벚나무와 흰 자작나무가 가지런히 늘어서 있었다.

마차 옆을 스치는 야생자두 꽃을 보고 여자아이는 손을 쭉 뻗어 나뭇가지를 꺾었다.

“예쁘죠! 둑에 늘어져 있는 이 꽃나무는 꼭 새하얀 레이스 같아요. 아저씨는 이것을 보면 무엇이 떠오르세요?”

매슈는 무표정한 얼굴로 말했다.

“글쎄다, 잘 모르겠구나.”

“어머나, 안개 같은 아름다운 베일을 쓴 신부예요. 나는 아직 본 적은 없지만 충분히 상상할 수 있어요.

하지만 저는 신부가 될 수 없을 것 같아요. 이렇게 못생겼으니 아무도 나와 결혼하고 싶어하지 않겠죠. 외국으로 가는 선교사 말고는요.

선교사라면 그리 까다롭게 굴지 않을 거예요.

언젠가는 꼭 흰 옷을 한 번 입어보고 싶어요. 그게 이 세상에서 꿈 꾸는 가장 큰 행복이에요. 나는 예쁜 옷이 참 좋아요. 하지만 기억하는 한 지금까지는 한 번도 그런 옷을 입어본 적 없어요. 오히려 그편이 더 즐거울지도 모르죠. 호화스러운 옷을 입은 자신의 모습을 상상할 수 있으니까요.

오늘 아침 고아원에서 나올 때 이 보기 흉한 낡은 옷을 입고 있는 내 자신이 몹시 부끄러웠어요. 고아는 모두 이런 옷을 입어요. 지난해 겨울, 호프타운의 상인이 교직 옷감 3백 야드*8를 고아원에 기부했어요. 팔고 남은 거라고 말하는 이들도 있었지만 친절한 마음에서 기부했다고 믿고 싶어요.

사람들은 나를 가엾이 여기는 것 같았어요. 하지만 나는 엷은 하늘색 비단 드레스를 입고 있다고 상상해 보았어요. 어차피 내멋대로 공상할 바에는 멋있게 하는 편이 한결 좋지 않겠어요? 알록달록한 꽃과 하늘하늘한 깃털 장식이 달린 커다란 모자를 쓰고 금시계를 차고 산양가죽구두를 신었다고 상상했어요. 그러자 기분이 좋아지며 섬에 닿을 때까지 무척 즐거웠어요. 배에서 멀미도 하지 않았지요.

스펜서 아주머니는 다른 때라면 늘 멀미를 했는데 내가 바다에 빠질까봐 걱정하느라 그럴 틈이 없었다고 했어요. 나처럼 가만히 있지 못하는 아이는 처음 보았다고요. 덕분에 아주머니가 배멀미를 하지 않았다면 내가 가만히 있지 못한 것도 그리 나쁘지는 않았죠? 나는 배 안에 있는 것들을 모두 봐두고 싶었어요. 배를 탈 기회가 다시는 없을지도 모르니까요.

어머나, 저기에도 벚꽃이 가득 피어 있네요! 이 섬이 무척 마음에 들어요. 앞으로 여기서 산다고 생각하니 너무너무 기뻐요. 나는 프린

---

*8 1야드는 91㎝쯤.

스 에드워드 섬이 이 세상에서 가장 아름다운 고장이라는 말을 소문으로만 들었거든요. 늘 내가 여기서 사는 모습을 상상했었어요. 하지만 정말로 살게 되리라고는 꿈에도 생각지 못했는데 이렇게 이루어지다니 꿈만 같아요.

이곳의 길은 참 붉고 색다르네요. 샬럿타운*⁹에서 기차를 타니까 창 밖으로 황톳길이 한눈에 들어왔어요. 그래서 스펜서 아주머니에게 어째서 저토록 붉으냐고 여쭤봤어요. 그러자 모른다며 제발 이제 더이상 묻지 말아다오, 벌써 천백번 가지도 넘게 더 물었으니, 라고 하시더군요. 어쩌면 그만큼 귀찮게 물어보았는지도 모르지만, 누구에게 물어보지 않으면 어떻게 여러 가지 일들을 알 수 있겠어요? 아저씨, 저 길은 왜 붉지요?"*¹⁰

당황한 매슈가 눈만 껌벅거리며 말했다.

"글쎄다, 나는 모르겠구나."

"그럼, 이것도 언젠가는 알아내야 할 일 가운데 하나가 됐어요. 앞으로 알아볼 일이 잔뜩 있다는 것은 참 멋진 일이에요. 살아 있다는 기쁨을 느껴요. 세상에는 재미난 일들이 얼마든지 있으니까요. 모든 것을 다 알고 나면 즐거움이 반으로 줄지 않을까요? 그렇게 되면 그만큼 상상할 것들이 없어지겠지요?

아저씨, 나는 너무 말이 많죠? 모두들 그렇게 말해요. 조용히 있는 편이 좋다면 그렇게 할게요. 어려운 일이긴 하지만 마음만 먹으면 잠

---

*9 프린스 에드워드 아일랜드 주의 주도(州都). 영국왕 조지 3세의 왕비 샬럿에서 유래해 1765년 이름붙음. 샬럿타운에서 캐나다 각주가 연방을 결성해 캐나다 국가를 결성하기 위한 회의가 1864년 개최. 현재도 그 회의장이 보존·공개되고 있음. 지금의 샬럿타운은 본토에서 떨어진 시골이지만, 그즈음은 영국과 미국 동해안에 가까워 교통요지로 유럽·미국의 최신 문물이 보급되었음. 19세기 끝무렵에는 철도도 개통. 섬의 정치·경제·상업 중심지로, 교육이 활발하고 신문도 발행되는 문화적인 도시였음.

*10 토양에 산화제이철이 함유되어, 프린스 에드워드 섬의 흙은 산화한 철의 녹빛처럼 붉게 보임. 섬의 원주민 믹 맥 족의 전설에, 민족의 신 글루스캡이 석양으로 물든 하늘에 붓을 적셔 섬을 물들였다고 함.

자코 있을 수 있어요."

놀랍게도 매슈는 그 아이와 있다 보니 기분이 좋아졌다. 말없는 사람들이 흔히 그렇듯 매슈 또한 상대가 혼자 계속 쫑알쫑알 이야기하고, 게다가 굳이 맞장구칠 필요가 없을 때면 말 잘하는 사람이 제멋대로 이야기하는 것을 잠자코 듣는 게 좋았다.

그러나 설마 자기가 이런 어린 여자아이를 상대로 유쾌해지리라고는 생각조차 한 일이 없었다. 그는 여자라는 것만으로도 질색이고, 소녀는 더더욱 그러했다. 소녀들이 그를 곁눈질하며 무서워서 슬슬 피하는 것을 그는 참을 수가 없었다. 그 애들은 마치 매슈가 한마디라도 하면 입을 크게 벌리고 덤벼들리라 여기는 것 같았다. 애번리의 점잖은 집안 딸들은 모두 그러했다.

하지만 이 주근깨투성이 소녀는 달랐다. 매슈의 둔한 머리로 이 아이의 좋은 머리를 따라가는 게 쉬운 일은 아니었지만, 이 아이의 말이 그럴 듯하게 여겨졌다.

그는 언제나처럼 수줍어하며 말했다.

"마음 내키는 대로 이야기해도 좋아. 나는 상관없으니까."

"어머나, 정말 기뻐요. 나는 아저씨와 마음이 잘 맞을 것 같아요. 이야기하고 싶을 때 얼마든지 할 수 있으니까요. 아이들이 좋긴 하지만 시끄러워 견딜 수 없다*¹¹는 꾸지람을 듣지 않아도 된다고 생각하니 마음놓여요. 이제까지 그런 말을 얼마나 많이 들었는지 몰라요. 내가 너무 야단스럽게 조잘댄다고 비웃거든요. 하지만 굉장한 생각을 재미있게 전하려면 어느 정도 과장이 섞이지 않을 수 없잖아요?"

매슈는 감탄하며 말했다.

"그럴 테지. 네 말이 맞는 것 같구나."

"스펜서 아주머니는 내 혀가 풍선처럼 공중에 둥둥 떠 있는 것 같

*11 빅토리아 왕조시대까지 지배적이었던 어린이에 대한 사고방식. 즉 어린이는 어른을 번거롭게 하는 존재여서는 안 된다는 아동관.

다고 했지만 그렇지 않아요. 제대로 목구멍에 딱 붙어 있어요.

스펜서 아주머니는 아저씨네 집을 그린게이블즈라고 부른다고 했어요. 그래서 나는 여러 가지 그 주변을 물어보았어요. 집 둘레에 나무가 빙 둘러 있다고 하더군요. 그 말을 듣고 나는 더욱 기뻤어요. 나무를 무척 좋아하는데 고아원에는 나무가 한 그루도 없었거든요. 낮은 하얀 울타리 안에 작은 나무 두세 그루만 있을 뿐이었어요. 마치 나무들마저 고아들 같아서 보고 있으면 자꾸만 울고 싶어졌지요.

가끔 '아, 가엾은 나무들! 만일 너희들이 다른 나무들과 함께 울창한 숲속에 살면서 뿌리에 이끼가 자라고 쥰 벨*12이 피어 있으며 가까이에 시냇물이 흐르고 새들이 가지에서 노래를 부른다면 좀더 잘 자랄 수 있지 않겠니? 하지만 여기서는 그럴 수가 없어. 작은 나무들아, 너희들 마음을 가슴 저리도록 잘 알겠다' 늘 말해 주었어요.

오늘 아침, 그 나무들을 고아원에 남겨두고 오기가 마음 아팠어요. 아저씨도 너무나 정들어 헤어지기 싫을 때가 있었겠지요? 그린게이블즈 옆에도 시냇물이 있나요? 스펜서 아주머니에게 물어보는 것을 깜박 잊었어요."

"그래, 있지. 집 바로 아래에 흐르고 있단다."

"어머나, 멋져요! 시냇가 곁에 사는 게 내 꿈이었어요. 이것도 이루어질 줄은 정말 몰랐어요. 꿈은 그리 간단히 실현되는 게 아니잖아요. 꿈이 이루어지다니 정말 근사해요. 나는 지금 더할 나위 없이 행복해요. 완전하다고는 할 수 없지만요…… 왜냐하면 아저씨, 이게 무

---

*12 6월에 피는 종모양의 꽃으로 추정됨. 프린스 에드워드 섬 그린게이블즈 언저리 숲에 서있는 표지판에 의하면, 이것은 몽고메리가 이름붙인 것으로 정식이름은 clintonia(제비옥잠)인 듯함. 침엽수림대의 그늘에서 자라며, 높이 20−30㎝로 초여름에 노란색·흰색 꽃이 핌. '린드 부인의 노여움'에서도 작은 꽃으로 나옴. 몽고메리가 즐겨 읽은 월터 스콧의 서사시 《호수 위의 미인(1810)》에 나오는 꽃 '블루벨'을 염두에 두고 이름지은 게 아닐까 여겨짐. 몽고메리는 자서전 《험난한 길》에 투로색스의 캐틀린 호수 등을 찾아가 '블루벨'을 땄다고 쓰고 있음.

슨 색이라고 생각하세요?"

여자아이는 땋아 늘인 한쪽 머리털을 어깨에서 앞으로 잡아당겨 매슈의 눈앞에 들어올렸다. 매슈는 여자의 머리 빛깔을 알아맞추는 일이 서툴렀지만 이 경우만은 그리 힘들지 않았다.

"빨강 아니냐?"

소녀는 머리털을 다시 뒤로 늘어뜨리며 깊은 한숨을 쉬었다. 그 한숨은 발 끝에서부터 복받쳐 올라와 오랜 세월 동안 쌓이고 쌓인 슬픔을 모두 토해내는 듯했다.

소녀는 체념하듯 말했다.

"네, 지독한 빨강이에요. 이제 제가 어째서 완전히 행복해질 수 없는지 아셨죠. 빨강머리를 가진 사람은 모두 그래요.[13]

다른 점은 그리 마음에 걸리지 않아요. 마른 몸이며 주근깨 투성이 얼굴, 초록빛 눈, 그런 것은 아무렇지도 않아요. 상상으로 얼마든지 잊을 수 있으니까요. 얼굴은 예쁜 장밋빛이고 눈은 별처럼 반짝이는 제비꽃 빛깔의 사랑스러운 눈동자라고 생각할 수 있어요.

하지만 이 빨강머리만은 아무래도 잊을 수가 없어요. 내 머리는 반짝반짝 빛나는 검은색이다, 까마귀 날개처럼 새카맣다, 마음속으로 열심히 주문을 걸어도 여전히 빨간색임을 알기 때문에 가슴이 터질 것만 같아요. 이것이 생애의 슬픔이라는 것이겠지요. 언젠가 소설에서 생애의 슬픔을 안고 살아가는 소녀 이야기를 읽은 적 있어요. 하지만 빨강머리 때문만은 아니었어요. 그 소녀는 눈부신 금빛 머리가 눈꽃처럼 흰 이마[14]에서 등으로 한 올 한 올 물결치고 있었대요. 설화석고

---

[13] 앤이 빨강머리를 싫어한 까닭은 금발·흑발을 가장 아름다운 머리로 쳤던 문화적 배경과 더불어, 빨강머리를 한 사람은 믿을 수 없다는 종교적 이미지가 있었기 때문임. 예를 들어 그리스도 열두 제자의 하나로 배반자인 유다, 구약성서에서 동생 아벨을 질투해 죽인 카인(아담과 이브의 장남) 등이 빨강머리였음. 대체로 빨강머리는 스코틀랜드, 아일랜드인에 많다는 속설이 있음. 앤도 스코틀랜드계.

[14] 앨러배스터(alabaster). 석고의 한 가지. 작고 흰 알갱이가 썩 곱고 빽빽한 덩어리로 암

같은 이마란 어떻게 생긴 것인지 모르겠어요. 아저씨는 아세요?"

"글쎄다, 나도 잘 모르겠구나."

매슈는 좀 얼떨떨해짐을 느꼈다. 소년시절 소풍가서 다른 아이에게 이끌려 회전목마를 탔을 때에도 이런 기분이었다.

"어쨌든 예쁠 게 틀림없어요. 그 소녀는 성스러울 만큼 아름다웠거든요. 성스러울 만큼 아름답다는 건 어떤 느낌인지 상상해 본 일 있으세요?"

"아니, 전혀 없는 걸."

매슈는 아무것도 생각할 수 없게 되어 솔직하게 털어놓았다.

"나는 여러 번 해 봤어요. 만일 성스러운 아름다움과 눈부시게 똑똑한 머리와 천사같은 착한 마음 가운데 하나를 고르라면 어느 것이 좋을까요?"

"글쎄다, 나는 모르겠구나."

"나도 모르겠어요. 도무지 고를 수가 없어요. 하지만 나는 그 가운데 어느 것도 가질 수 없을 테니 무엇을 고르든 결국 마찬가지예요. 아무튼 나는 천사같이 착한 아이가 못되는 것만은 틀림없어요. 스펜서 아주머니가 말씀하시기를─어머나, 커스버트 씨! 어머나, 커스버트 씨! 어머나, 커스버트 씨!"

이것은 스펜서 부인이 한 말은 아니었다. 또한 그 소녀가 마차에서 굴러떨어진 것도 아니고, 매슈가 깜짝 놀랄 만한 일을 한 것도 아니었다. 다만 마차가 길모퉁이를 돌아 '가로수길'에 이르렀을 뿐이었다.

뉴브리지 사람들이 '가로수길'이라고 부르는 이곳은 4, 5백 야드 되

염·석회암 등에 붙어 층을 이룸. 오닉스마블(줄무늬 대리석)이라고도 함. 희고 반투명하며 매끄러운 앨러배스터는 수많은 영문학 작품에서 완벽한 미와 부를 표현할 때 쓰임. 예를 들어 셰익스피어 희곡 리처드 3세에서 살해되는 왕자는 '앨러배스터 같은 팔'을 가졌고, 《오셀로》의 아내 데스데모나도 '앨러배스터 같은 피부'를 하고 있음. 구약성서에도 향유와 향료를 넣는 항아리는 앨러배스터로 만들어져 있음.

는 한 줄기 도로로, 몇 년 전 좀 괴짜인 어떤 늙은 농부가 길 양쪽에 심은 큰 사과나무가 가지를 뻗어 멋진 아치를 이루고 있었다.

올려다보면 머리 위로 눈처럼 흰 향기로운 꽃이 하늘을 덮는 지붕이 되어 멀리까지 뻗어 있었다. 우듬지 아래에는 보랏빛 땅거미가 자욱하게 깔려 있었다. 저 멀리 앞쪽에 바라보이는 갖가지 빛깔로 물든 저녁놀은 대성당의 통로 맨 끝에 걸린 스테인드글라스 장미창처럼 빛나고 있었다.

너무나 아름다운 광경에 취해버린 소녀는 아무 말도 하지 못했다. 마차에 기대어 두 손을 꼬옥 마주잡고 머리 위에서 흩날리는 하얀 꽃잎들을 황홀하게 올려다보고 있었다.

마차는 그곳을 지나 뉴브리지로 가는 긴 언덕을 내려가고 있었지만 소녀는 꼼짝도 하지 않고 입도 열지 않았다. 여전히 황홀한 표정으로 저 멀리 저녁놀이 지고 있는 서쪽 하늘을 바라보고 있었다. 타오르는 듯한 저녁하늘을 배경으로 흘러가는 화려한 환상을 보고 있는 것 같았다.

마차는 뉴브리지로 들어섰다. 이곳은 작지만 시끄러운 마을로, 개들이 컹컹 짖어대고 남자아이들이 마구 떠들어댔으며 호기심 많은 사람들이 창 밖으로 얼굴을 빼꼼히 내밀고 있었지만 여자아이는 잠자코 있었다.

3마일이나 더 가는 동안 소녀는 아무 말도 하지 않았다. 쉴 새 없이 재잘거리기도 하지만 한번 입을 다물면 그에 못지않게 조용히 있을 수 있는 모양이었다.

매슈는 소녀가 그토록 한참동안 말하지 않는 까닭을 짐작할 수 없어 초조한 마음에 용기를 내어 먼저 물어보았다.

"무척 고단하고 배도 고프지? 하지만 이제 거의 다 왔어. 겨우 1마일만 더 가면 되니까."

소녀는 한숨을 쉬며 몽상에서 깨어났다. 그리고 영혼이 멀리 하늘

나라에서 헤매다니다 돌아온 사람처럼 꿈꾸는 듯한 눈으로 매슈를 물끄러미 쳐다보았다.

소녀는 속삭였다.

"아, 커스버트 씨, 우리들이 지나온 그 새하얀 길, 그곳을 뭐라고 불러요?"

어디를 말하는 걸까. 매슈는 잠시 생각했다.

"아, 그 '가로수길' 말이냐? 아주 예쁜 곳이지."

"예쁘다고요? '예쁘다'는 말만으로는 부족해요. '아름답다'로도 모자라요. 그 어떤 말도 다 어림없어요. 아, 마치 꿈을 꾸는 듯했어요! 상상의 세계보다도 멋진 곳을 처음으로 봤거든요. 여기가 뿌듯해지는 것 같았어요."

소녀는 조그만 손을 가슴에 갖다댔다.

"이상하게 이 언저리가 콕콕 쑤시는 듯했지만 기분나쁜 느낌은 아니었어요. 아저씨도 그런 아픔을 느껴본 적 있으세요?"

"글쎄다, 그런 일이 있었는지 어떤지 기억나지 않는구나."

"나는 여러 번 있었어요. 멋지고 아름다운 것을 보면 반드시 그래요. 그토록 아름다운 곳을 그저 '가로수길'이라고만 부르는 것은 옳지 않아요. 그런 이름은 아무 뜻이 없어요. 뭐라고 하면 좋을까……그래, '환희의 하얀 길'. 상상이 펼쳐지는 듯한 이름이지요?

장소나 사람의 이름이 마음에 들지 않으면 언제나 새로운 이름을 지어 마음속으로 조용히 불러요. 고아원에 헵지바 젠킨스*15라는 이름의 여자아이가 있었는데, 나는 늘 그 애를 로절리어 드 비어*16라

---

*15 구약성서 《열왕기 하》에 나오는 예루살렘의 유대왕 므나쎄의 어머니에서 유래한 이름. 이 책이 발행된 5년 뒤 1913년에 나온 《소녀 폴리애너》의 주인공 폴리애너는, 낸시라는 평범한 이름을 탄식하는 소녀에게 헵지바라는 이상한 이름이 아닌 게 얼마나 다행이냐며 위로하고 있음. 이것은 이 책에서 앤이 이상한 이름이라고 한 것을 염두에 두고 쓴 것인 듯함.

*16 로절리어는 장미, 즉 로즈에서 유래한 이름.《빨강머리 앤》에는 장미와 관련된 이름이

고 불렀어요. 다른 사람들은 그곳을 '가로수길'이라고 해도 나는 '환희의 하얀 길'이라고 하겠어요.

1마일만 더 가면 정말 집에 닿나요? 기쁘기도 하고 슬프기도 해요. 이 드라이브가 아주 마음에 들거든요. 즐거운 일이 끝나면 나는 어김없이 슬퍼져요. 앞날의 일은 알 수 없고, 게다가 좋은 일은 계속되지 않잖아요. 내 경우는 언제나 그랬어요.

하지만 이제부터 집에 갈 생각을 하면 기뻐요. 철든 뒤로 내겐 집이라는 게 없었어요. 집으로 간다고 생각하니 너무너무 좋아서 가슴이 저려 와요. 아, 이것도 아름답군요!"

마차가 언덕 꼭대기를 넘어서자 두 사람의 눈 아래 연못이 보였다. 그것은 길고 구불구불하여 마치 강처럼 보였다. 못 중간쯤에 다리가 걸려 있었다. 거기서 못 끝까지 노란 모래언덕이 길게 이어지고, 그 끝은 짙푸른 강어귀였다.

못의 물은 갖가지 색으로 빛나고 있었다. 노랑, 장밋빛, 맑은 초록 등의 빛깔 말고도 무어라 이름지을 수 없을 만큼 미묘한 색채가 수면에 떠올랐다 가라앉았다 넘실대고 있었다. 다리 저편의 기슭에는 못 둘레까지 전나무와 단풍나무 숲이 우거져 그림자가 물 위에 깃들어 있었다. 물가에서 야생자두나무가 가지를 드리운 모습은, 발돋움하여 자기 모습을 비춰보려는 하얀 옷을 입은 소녀와도 같았다. 못 위쪽의 늪에서는 맑고 구슬픈 가락의 개구리 합창이 나직이 들려왔다.

여러 개 등장함. 로절리어 외에 다이애너의 사촌 로다, 앤의 필명인 로자몬드도 장미에서 파생한 이름. 또 장밋빛 햇살, 장밋빛 저녁놀, 장밋빛 뺨, 들장미의 핑크빛 드레스, 티파티의 식탁을 장식한 장미꽃 등 이 이야기에는 장미꽃이 넘치고 있음. 드 비어는 여러 대에 걸쳐 옥스퍼드 백작을 배출한 영국귀족 집안이름. 제17대 백작 에드워드 드 비어(1550–1604)는 셰익스피어가 살았던 엘리자베스 왕조의 신하이자 시인으로, 셰익스피어 희곡을 실제로는 그가 집필한 게 아닌가 하는 설도 있음. 이 드 비어라는 이름은 앤이 창작하는 이야기의 주인공 성(姓)으로 '이야기클럽'에도 나옴.

그 너머 언덕의 사과나무 과수원에 조그만 회색 집이 언뜻 보였다. 아직 날이 저물지도 않았는데 그 창문 하나에 불이 켜져 반짝반짝 빛나고 있었다.

매슈가 말했다.

"저것은 '배리 못'이란다."

"어머나, 그 이름도 어울리지 않아요. 나라면 뭐라고 할까…… '빛나는 호수'라고 부르겠어요. 네, 참 잘 어울려요. 가슴이 두근거리는 것을 보면 알 수 있어요. 나는 잘 어울리는 이름을 찾아내면 가슴이 두근거리거든요. 아저씨도 그런 기분이 들 때가 있어요?"

매슈는 생각해 보았다.

"글쎄다, 아, 오이 묘판을 뒤집을 때 나오는 징그러운 구더기를 보면 언제나 그런 기분이 들더구나. 그 모양이 아주 보기싫거든."

"어머나, 그런 것하고는 전혀 다르다고 생각되는데, 아저씨에게는 같나요? 나는 구더기와 '빛나는 호수'는 너무 동떨어지게 여겨져요. 그런데 왜 '배리 못'이라고 하지요?"

"배리 씨가 저 과수원집에 살고 있기 때문이겠지. 저 집 이름은 '언덕의 과수원'이란다. 뒤에 숲이 없으면 여기서도 그린게이블즈가 보일 텐데. 하지만 다리를 건너 길을 돌아가야 하니 아직 반 마일은 더 달려야겠구나."

"배리 씨 댁에 여자아이가 있나요? 너무 어리지 않은, 나만한 아이 말예요."

"11살쯤 된 여자아이가 있지. 다이애너[17]라고 해."

"어머나!"

---

[17] 이 바로 뒤에 매슈가 '어쩐지 그리스도교도답지 않은' 이름이라고 한 것은, 다이애너가 본디 로마신화에 나오는 달의 여신 다이아나에서 유래했기 때문임. 로마신화의 다신교는 그리스도교에 있어 이교(異教). 셰익스피어의 희곡 《끝이 좋으면 모두 좋다》에서 고아인 여주인공 헬레나의 결혼을 돕는 아가씨 이름도 다이애너.

앤은 숨을 깊이 들이마셨다.

"어쩌면 그렇게 사랑스러운 이름일까요!"

"글쎄다, 내게는 그리스도교도답지 않은 이름처럼 들리는구나. 제인이나 메리 같은 점잖은 이름이 더 좋을 듯한데. 다이애너가 태어났을 때 마침, 그 집에 학교선생님이 하숙하고 있었는데, 그 선생님에게 부탁해서 지었지."

"내가 태어났을 때에도 그런 선생님이 가까이 있었더라면 좋았을 텐데요. 어머나, 벌써 다리에 이르렀어요. 눈을 꼭 감아야겠어요. 다리를 건널 때는 늘 무서워요. 한가운데쯤 갔을 때 다리가 잭나이프처럼 접혀 그 사이에 끼여버리지 않을까 상상되거든요. 그래도 한가운데쯤에 이르면 살짝 눈을 떠보지요. 다리가 정말로 접힌다면 그 모습을 보고 싶으니까요.

마차바퀴 소리가 이토록 시끄럽게 덜컹덜컹 울리지요! 나는 이 소리도 아주 좋아해요. 이 세상에 이렇듯 좋아하는 게 많으니 참 멋지지? 아, 다 건넜어요. 이제 뒤돌아 다리를 봐야지. 잘자거라, '빛나는 호수'야. 나는 좋아하는 것에게 사람에게 하듯이 언제나 잘 자라는 인사를 해요. 그들도 기쁠 거예요. 저 호수가 내게 미소짓는 것 같아요."

마차가 다시 언덕을 올라가 길모퉁이를 돌자 수채화처럼 멋진 풍경이 펼쳐졌다. 매슈는 말했다.

"자, 이제 집에 거의 다 왔다. 그린게이블즈는 저기—"

"제발 말하지 마세요."

소녀는 당황하며 얼른 가로막았다. 손가락으로 가리키려고 매슈가 들어올린 팔을 붙잡고 눈을 감았다.

"내가 알아맞춰보겠어요. 틀림없이 맞출 거예요."

소녀는 눈을 뜨고 그 언저리를 둘러보았다. 마차는 언덕꼭대기에 있었다. 해가 넘어간 지 얼마 안 되어 아직 남은 부드러운 빛을 받아

풍경이 아직 선명하게 보였다.

서쪽에 거무스름한 교회의 뾰족탑이 금잔화빛 저녁하늘*18을 배경으로 솟아 있었다. 언덕 아래쪽은 작은 골짜기였고 거기서 느릿하게 기어오르는 비탈면에 여기저기 아담한 농장들이 보였다.

소녀는 깊은 생각에 잠기어 그 농장 하나하나에 찬찬히 눈길을 주었다. 그리고 마침내 길에서 좀 들어간 왼편에 있는 집에 눈길이 멈췄다. 집을 둘러싼 숲은 저녁 어스름 속에 가라앉고 꽃이 한창 핀 나무들로 희뿌옇게 보이는 곳이었다. 그 위의 맑게 갠 남서쪽 하늘에 커다란 수정 같은 흰별이 길잡이처럼, 그리고 앞날의 행복을 약속해 주듯 반짝이고 있었다.

"저 집이죠?"

소녀는 손 끝으로 가리켜 보였다.

매슈는 기쁜 듯 밤색 말등을 고삐로 찰싹 때렸다.

"그래, 맞았다! 스펜서 부인에게서 들었겠지?"

"아니오, 아무것도 가르쳐주지 않았어요. 아주머니가 하신 말씀은 어느 집에나 해당되는 시시한 것뿐이었어요. 어떤 곳인지 전혀 짐작할 수 없었지요. 그런데 저 집을 보는 순간 우리집이라는 생각이 들었어요.

아, 꿈만 같아요. 아저씨, 아마 내 팔에는 온통 멍이 들어 있을 거예요. 오늘 팔을 몇 번이나 꼬집어 보았는지 몰라요. 불안한 마음이 들면서 모든 게 산산조각날 것만 같은 두려운 마음이 들어서요. 그래서 정말인지 아닌지 자꾸만 꼬집어 봤어요. 그러다가 이것이 꿈이라도 좋으니 되도록 오래오래 꾸어야겠다고 생각하게 되었어요. 그래

---

*18 금잔화는 해뜰 때 피어나 낮에 해바라기처럼 태양을 따라 돌다가 저녁이면 오므라드는 성질이 있음. 그래서 수많은 영국 문학작품에서 태양과 관련지어 노래되고, 셰익스피어의 《겨울이야기》에서 '금잔화는 해님과 함께 잠자리에 들고,(태양과 헤어진 슬픔에) 해님과 함께 이슬눈물을 지으며 일어난다' 등이 있음.

서 꼬집는 걸 그만두었죠. 그런데 꿈이 아니라 정말이군요. 이제 집에 다 왔으니까요."

가슴이 벅찬 여자아이는 행복한 숨을 내쉬고 다시 입을 다물었다. 매슈는 불안스럽게 자꾸 몸을 옴지락거렸다. 이 집 없는 아이가 이토록 바라는 곳에서 살 수 없다는 말을 해야 할 사람이 자기가 아닌 머릴러인 것을 그나마 다행으로 여겼다.

마차는 '린드네 골짜기'를 유유히 지나갔다. 이미 어둑어둑했지만 밖이 잘 내다보이는 창문에서 레이철 린드 부인이 그들을 바라보지 못할 만큼 어둡지는 않았다.

그들은 다시 언덕을 올라가 그린게이블즈로 난 긴 오솔길에 접어들었다. 집이 가까와짐에 따라 모든 게 드러날 순간이 점점 다가오고 있음을 생각하자 매슈는 견딜 수 없었다. 그의 머리에는 머릴러와 자기가 이 착오로 겪을 피해보다 이 아이가 얼마나 낙심할까 하는 걱정뿐이었다.

소녀의 꿈꾸는 듯한 눈에서 반짝임이 사라질 것을 생각하면 자기가 마치 살아 있는 무언가를 죽이는 듯한 기분이 들어 마음이 언짢았다. 어린양이나 송아지나 그밖의 가엾은 조그만 벌레를 죽여야 할 때 느끼는 먹먹한 기분이었다.

두 사람이 뜰에 들어섰을 때 주위는 캄캄했고, 포플러잎이 바람에 살랑살랑 흔들리고 있었다.

매슈가 안아서 마차에서 내려주자 소녀는 귓가에 속삭였다.

"쉿! 나무가 잠꼬대를 하고 있어요. 귀기울여 보세요. 아마 멋진 꿈을 꾸고 있나봐요."

작은 가방을 꼭 쥐고 소녀는 매슈의 뒤를 따라 집안으로 들어갔다.

머릴러의 놀라움

매슈가 문을 열자 머릴러가 급히 나와 맞았다. 그러나 눈앞에 빨강 머리를 땋아 내린 답답한 옷을 입은 여자아이가 눈을 초롱초롱 빛내며 서 있는 것을 보고 깜짝 놀라며 멈춰섰다.

그녀는 저도 모르게 쏘아붙였다.

"매슈 커스버트, 저 애는 누구죠? 남자아이는 어디 있어요?"

매슈는 우물쭈물 얼버무렸다.

"남자아이는 오지 않았어. 이 아이밖에 없었지."

아직 이름도 묻지 않은 것을 생각하며 그는 소녀 쪽으로 고개를 돌렸다.

"남자아이가 오지 않았다고요! 그럴 리가 있나요. 스펜서 부인에게 분명 남자아이를 데려와 달라고 부탁드렸는데요."

"어쨌든 스펜서 부인이 데려온 것은 이 아이뿐이었어. 역장에게 몇 번이나 확인했지. 하는 수 없이 이 아이와 집으로 왔어. 무슨 사정이 생겼는지 모르지만, 역에 그대로 둘 수는 없으니까."

그녀는 부들부들 떨며 외쳤다.

"맙소사, 이 일을 어쩌지!"

이런 이야기가 오가는 동안 소녀는 잠자코 듣고만 있었다. 눈길이 두 사람 사이를 왔다갔다하며 얼굴에서 핏기가 가셨다.

갑자기 소녀는 두 사람의 말뜻을 알아차린 듯했다. 소중한 가방을 내동댕이치고 한 발자국 앞으로 뛰어나가 두 손을 꼭 마주잡았다.

놀란 소녀는 소리를 질렀다.

"나를 원치 않으신다고요! 남자아이가 아니어서 바라지 않는단 말씀이죠! 이런 일이 생기리라는 것쯤 예상했어야 했는데. 이제까지 나를 원한 사람은 아무도 없었으니까요. 모든 일이 너무 순조로워서 오래 가지 않으리라는 것쯤 생각했어야 했는데! 나를 진정 바라는 사람은 한 명도 없다는 것도! 아, 나는 어떻게 하면 좋지?"

소녀는 눈에 눈물을 가득 담고 말하더니 이윽고 훌쩍거리기 시작했다. 식탁 옆 의자에 앉아 두 팔을 탁자 위로 내던져 얼굴을 묻고 서럽게 엉엉 울었다.

머릴러와 매슈는 어쩔 줄 몰라하며 난로를 사이에 두고 서로 얼굴을 마주보며 서 있었다. 상대를 나무라면서 자신은 어떻게든 이 상황을 피하고 싶은 심정이었다. 두 사람 다 무슨 말을 해야 할지, 또 어떻게 해야 할지 알 수 없었다.

결국 머릴러가 당황한 표정으로 이 난국을 수습하러 나섰다.

"애야, 너무 그렇게 울지 마라."

"아니에요, 그럴 수 없어요!"

소녀는 번쩍 얼굴을 쳐들었다. 얼굴에 눈물자국이 번져 있고 입술이 파르르 떨렸다.

"만약 아주머니가 고아인데 자기를 길러주리라 여긴 집에서 남자아이가 아니니 필요없다고 한다면 울지 않겠어요? 아, 내 인생 최대의 비극이에요!"

오랜 세월 묻혀 있던 어색한 미소 비슷한 것이 머릴러의 입가에 떠올라 그녀의 딱딱한 표정을 한결 부드럽게 했다.

"자, 이젠 그만 울어라. 오늘 밤은 쫓아보내지 않을 테니. 어떻게 된 일인지 알아볼 때까지 여기 있어야 하니까. 이름이 뭐지?"

소녀는 잠시 망설이더니 이윽고 진지한 목소리로 말했다.

"코딜리어*1라고 불러주겠어요?"

"코딜리어라고 '불러' 달라고! 그게 네 이름이냐?"

"아니에요. 엄밀히 말하면 내 이름이 아니지만 코딜리어로 불러주시면 좋겠어요. 멋지고 우아한 이름이거든요."

"무슨 말을 하는지 알 수 없구나. 코딜리어가 아니면 뭐란 말이냐?"

"앤 셜리……"*2

소녀는 내키지 않는 듯 더듬거렸다.

"하지만 부탁이에요. 코딜리어라고 불러주세요. 나는 여기에 잠시 동안만 있게 될 테니 뭐라고 부르든 상관없잖아요. 앤은 전혀 낭만적이지 못한 이름이에요."

머릴러는 인정사정없이 매섭게 말했다.

"낭만적이지 못하다고? 바보 같은 소리! 앤이란 참으로 알기 쉽고 의젓한 이름이야. 부끄러워할 것 하나도 없어."

앤이 변명했다.

"어머나, 부끄러워하는 게 아니에요. 코딜리어라는 이름이 더 좋을 뿐이에요. 적어도 지난 몇 년 동안은 늘 내 이름을 코딜리어라고 여

---

*1 코딜리어라면 영미인은 우선 셰익스피어 희곡 《리어왕》에 나오는 비극의 셋째딸이 연상됨. 이 이름에는 자못 공주님다운 이미지가 있어, 남루한 옷을 입은 고아가 자신의 이름을 코딜리어라고 했으니 머릴러가 깜짝 놀랄 수밖에. 앤은 자신을 흔히 비극의 주인공에 비유하며 상상하는데, 이 코딜리어는 말수가 지나치게 적고 좀 빼딱하여 아버지 리어왕의 오해를 받아 죽음을 맞게 되는 공주임. 그린게이블즈까지 마차를 타고 가는 도중 쉴새없이 재잘거렸던 앤이 말수 적은 코딜리어라니, 읽는 사람으로 하여금 웃음짓게 만드는 장면.

*2 그리스도교 성모 마리아의 어머니 이름이 앤(안나). 또 셰익스피어의 아내와 7살 아래 여동생 이름도 앤.

겨왔어요. 어릴 때는 제럴딘*³이라고 상상했었지만 지금은 코딜리어가 훨씬 더 좋아요. 하지만 앤이라고 부르려면 끝에 e자를 붙여 불러 주세요."

또다시 멋쩍은 듯한 미소를 띠고 머릴러는 찻주전자를 집어들며 물었다.

"e자를 붙이건 안 붙이건 부를 때는 똑같이 들리지 않니?"

"어머나, 전혀 달라요. e가 붙어 있으면 훨씬 멋있게 들려요. 아주머니는 사람 이름을 들을 때 그 이름이 인쇄된 글씨로 눈앞에 떠오른 적 없으세요? 나는 늘 그래요. 그리고 Ann은 왜 그런지 싫고 불쾌하지만 Anne은 훨씬 품위가 있어요.*⁴ e자가 붙은 앤으로 불러주시면 코딜리어라고 부르지 않아도 얼마든지 참겠어요."

"알았다. 그럼, e자가 붙은 앤, 어째서 이런 일이 생겼는지 말해줄 수 있겠니? 우리는 스펜서 부인에게 남자아이를 데려다달라고 부탁드렸는데, 고아원에 남자아이가 없었니?"

"아뇨, 얼마든지 있었어요. 하지만 스펜서 아주머니는 분명 11살쯤 된 여자아이를 바란다고 말씀하셨어요. 그래서 보모선생님은 내가 좋을 거라고 말씀해 주셨지요. 얼마나 기뻐했는지 어젯밤은 너무 설레서 한잠도 못 잤어요. 그런데······"

소녀는 매슈에게로 비난의 눈길을 돌리며 덧붙였다.

"왜 역에서 내가 필요없다고 말하지 않으셨어요. '환희의 하얀 길'이며 '빛나는 호수'를 보지 않았다면 이토록 괴롭지는 않을 텐데."

---

*3 영국의 무인(武人)·시인이었던 서리 백작(1517?–47)의 유명한 연애시 '아름다운 제럴딘'에 노래된 여성에서 따온 이름인 듯. 이 시에 나오는 여성의 본디이름은 엘리자베스 피츠제럴드로, 앤의 상상 속 이름 코딜리어 및 제럴딘 피츠제럴드와 성이 같음. 또 서리 백작이 영문으로 번역한 것으로 알려진 고대로마 시인 베르길리우스(기원전 70–19)가 《만남》의 '퀸즈아카데미 입학'과 《처녀시절》의 '아름다움 가꾸는 일'에 나옴.
*4 e를 붙인 앤으로 헨리 8세의 두 번째 왕녀, 엘리자베스 1세의 어머니, 성모 마리아의 이름 등이 있음. '멋있다'는 건 이 때문으로 여겨짐.

머릴러는 수상쩍다는 듯이 매슈에게 되물었다.

"이 아이가 대체 무슨 말을 하고 있는 거예요?"

매슈는 당황하며 말했다.

"이 아이는…… 이 아이는 오면서 우리가 주고받은 이야기에 대해 말하고 있어. 헛간에 말을 넣고 올 테니 돌아오면 곧 식사를 할 수 있게 해다오."

매슈가 나가자 머릴러는 한숨을 내쉰 뒤 말을 이었다.

"스펜서 부인은 너 말고 또 누구를 데려왔지?"

"아주머니는 릴리 존스를 데려가셨어요. 릴리는 5살로 아주 귀여워요. 머리빛은 밤색이고요. 만일 내가 예쁘고 밤색 머리였다면 이 집에 있게 해주시겠어요?"

"아니야. 우리는 매슈의 밭일을 도울 남자아이가 필요해. 여자아이는 그런 일을 못하니까. 자, 어서 모자를 벗어라. 모자와 가방을 거실 탁자 위에 놓고 오마."

앤은 얌전하게 모자를 벗었다.

매슈가 돌아오자 세 사람은 식탁 앞에 앉았다.

하지만 앤은 먹을 수가 없었다. 버터바른 빵을 조금 입에 넣고 그저 우물거릴 따름이었다. 작은 부채 모양 유리단지에 든 사과잼을 접시에 덜었지만, 포크로 깨적거릴 뿐 조금도 줄어들지 않았다.

아이에 대해 잘 모르는 머릴러는 흡사 그것이 큰 잘못이라도 되는 듯이 엄한 목소리로 물었다.

"왜 먹지 않니?"

앤은 땅이 꺼질 듯 한숨을 쉬었다.

"먹을 수가 없어요. 나는 지금 절망의 구렁텅이에 빠져 있거든요. 아주머니는 그럴 때도 먹을 수 있으세요?"

머릴러는 어깨를 으쓱하며 무뚝뚝하게 말했다.

"절망의 구렁텅이에 빠져본 일이 없어서 모르겠구나."

"정말이세요? 그럼, 절망의 구렁텅이에 빠졌다고 상상해 본 적은 있으세요?"

"아니, 없어."

"그렇다면 어떤 기분인지 모르겠네요. 아주 지독한 느낌이에요. 먹으려 해도 목이 꽉 메어 아무것도 넘어가지 않거든요. 달콤한 초콜릿캐러멜조차 먹을 수가 없어요. 2년 전에 초콜릿캐러멜을 하나 먹어 본 적 있었는데 입안에서 사르르 녹아 정말 맛있었어요. 그 다음부터 초콜릿캐러멜을 많이 가진 꿈을 자주 꾸었지만 언제나 먹으려 하면 금방 깨어났어요. 내가 잘 먹지 않는다고 나쁘게 생각하지 마세요. 모두 맛있어 보이지만 목에 넘어가지가 않아요."

헛간에서 돌아온 뒤 한마디도 하지 않던 매슈가 입을 열었다.

"이 아이는 몹시 지쳐 있는 모양이다. 그만 재우는 게 좋겠어, 머릴러."

머릴러는 앤을 어디에 재워야 하나 고민했다. 부엌 옆방에 남자아이가 쓸 만한 침대의자를 준비해 두어 깨끗하지만 여자아이를 재우기에는 알맞지 않은 듯했다. 저런 집 없는 떠돌이를 위해 손님방을 내줄 수도 없으니, 그렇다면 동쪽 지붕밑 다락방에 재우는 수밖에 없었다.

머릴러는 촛불을 켜 들고 앤에게 따라오라고 말했다. 앤은 풀이 죽어 힘없이 따라갔다. 지나는 길에 탁자 위에 놓여 있는 모자와 가방을 집어들었다. 거실은 깨끗했고 그녀가 들어간 방은 그보다 더 깨끗했다.

머릴러는 세 발 달린 조그만 탁자 위에 촛불을 내려놓고 잠자리를 마련했다.

"잠옷은 있겠지?"

앤은 고개를 끄덕였다.

"네, 두 벌 있어요. 고아원 선생님이 만들어주셨는데 너무 꽉 껴요.

아이들에게 고루 만들어줘야 했기 때문에 여유가 없어서 고아원 옷은 모두 꽉 껴요. 특히 내가 있던 가난한 고아원은 더욱 그랬어요. 나는 이런 잠옷이 싫지만, 옷자락이 끌릴 만큼 길고 목 둘레에 레이스가 달린 예쁜 잠옷을 꿈 꿀 수 있어요. 공주처럼 입고 잘 때 말이에요. 그나마 그것이 큰 위안이 되지요."

"곧 촛불을 가지러 올 테니까 그만 재잘거리고 어서 옷벗고 자거라."

머릴러는 문득 린드 부인의 말을 떠올리며 덧붙였다.

"아니다. 촛불을 너에게 맡길 수는 없지. 불이라도 나면 큰일이거든."

머릴러가 나가자 앤은 슬픈 얼굴로 방안을 둘러보았다. 새하얀 벽에는 텅 비어 있어 찬바람이 휑 부는 듯했다. 앤은 저 벽도 아무것도 걸치지 않은 벌거숭이 모습으로 마음 아파할 거라 생각했다.

바닥도 차가운 마루 한가운데 앤이 이제껏 본 적도 없는 둥근 깔개*5가 덩그러니 깔려 있을 따름이었다. 방 한구석에 선반으로 둥글게 깎아내어 만든 거무스름한 네 개의 기둥으로 받쳐진 오래된 침대가 놓여 있었다.

그 맞은편 구석에 세모난 탁자가 놓이고, 아무리 단단한 바늘 끝도 휘어질 만큼 딱딱하고 불룩한 빨간 벨벳 바늘꽂이가 장식되어 있었다. 그 위에는 작은 거울이 걸렸다.

창문에는 얼음처럼 새하얀 모슬린 커튼이 드리워지고, 그 반대쪽에는 조그마한 세면대*6가 있었다. 온 방안에 무어라 말할 수 없는 차가운 공기가 감돌아 앤의 뼛속까지 스며들었다.

훌쩍훌쩍 울며 급히 옷을 벗은 앤은 꽉 끼는 잠옷으로 갈아입고 침대 속에 들어갔다. 그리고 베개에 얼굴을 묻고 머리까지 이불을 뒤

---

*5 버리지 않고 모아둔 헌 천을 잘라 끈을 만들어, 그것을 세 가닥으로 땋아 중심에서부터 빙글빙글 둥글게 이어붙인 것. 검소한 머릴러의 성격을 엿볼 수 있음.

*6 집안에 수도·화장실이 없었던 시대의 침실에는 받침대 위에 세수하기 위한 세면기와 물병, 경우에 따라 그 아래에 오물을 넣는 항아리가 놓여 있었음.

집어썼다.

머릴러가 촛불을 가지러 올라가자 낡아 보이는 옷들이 바닥 위에 여기저기 흩어져 놓여 있었다. 앤의 모습은 보이지 않았지만, 침대가 파도치듯 들썩이고 있어 그 속에 누군가가 있음을 나타내 주었다.

머릴러는 무언가 생각에 잠기며 천천히 앤의 옷을 주워 노란 의자 위에 단정하게 개켜 놓았다. 그리고 촛불을 집어들고 침대로 다가갔다.

그녀는 나직이 말을 걸었다.

"잘 자거라."

어색하긴 해도 불친절한 말투는 아니었다.

앤의 핼쑥한 얼굴과 커다란 눈이 이불을 헤치고 불쑥 나왔다.

"내게 오늘 밤만큼 불행한 밤이 없다는 것을 뻔히 아시면서 어떻게 '잘 자라'는 말을 할 수 있으세요?"

소녀는 나무라듯 말하고 다시 이불 속으로 숨어 버렸다.

머릴러는 어깨를 들썩이고는 천천히 부엌으로 내려가 설거지를 하기 시작했다.

매슈는 마음이 어수선하여 담배를 뻐끔뻐끔 피고 있었다. 불결하고 나쁜 습관이라고 머릴러가 이마를 찌푸렸기 때문에 그는 좀처럼 담배를 물지 않았다. 그러나 때로 남자란 못 견디게 피우고 싶어질 때가 있으며, 그럴 때 어떤 감정의 돌파구가 필요하리라 여기며 머릴러는 짐짓 못 본 척했다.

머릴러는 화를 참지 못하고 말했다.

"일이 성가시게 되었어요. 직접 가지 않고 사람을 가운데 두고 전해 이런 일이 생긴 거예요. 로버트 스펜서 집안사람 누군가가 잘못 전한 게 틀림없어요. 저 애를 고아원으로 돌려보내야 할 테니 오라버니나 내가 스펜서 부인에게 다녀와야겠어요."

매슈는 마지못해 중얼거렸다.

"꼭 그렇게 해야 할까."

"'그렇게 해야 할까'라니요! 그렇게 생각하지 않는단 말인가요?"

"글쎄다. 마음씨 고운 귀여운 아이더라, 머릴러. 저렇게 우리집에 있고 싶어하는데 돌려보낸다는 것은 어쩐지 몹시 가엾구나."

매슈가 평생 물구나무서기로 사는 게 좋다고 말해도 머릴러는 이토록 놀라지 않았을 것이다.

"매슈 커스버트! 지금 저 애를 집에 있게 하자는 얘긴가요?"

말뜻을 추궁당하자 매슈는 당황하며 더듬거렸다.

"글쎄, 아니야, 그렇지 않아. 그런 뜻으로 한 말은 아니다. 아무튼…… 저 애를 우리집에 있게 하는 건 어려운 일이겠지."

"그럼요, 저 여자아이가 무슨 쓸모가 있단 말이에요?"

"도리어 우리들이 저 불쌍한 아이에게 쓸모있을지도 모르지."

매슈의 말은 참으로 뜻밖이었다.

"매슈 커스버트, 저 애에게 완전히 홀려버렸군요! 이 집에 두고 싶다고 버젓이 얼굴에 씌어 있어요."

"글쎄다, 참 재미있는 아이야."

매슈는 물러서지 않았다.

"역에서 여기까지 오는 동안 저 애가 새처럼 재잘댄 이야기를 네게도 들려주고 싶었어."

"그래요, 참으로 말을 잘하더군요. 금방 알 수 있었어요. 하지만 그런 건 좋은 점이 못돼요. 그리고 나는 말 많은 아이를 아주 싫어해요. 고아 여자아이는 필요없어요. 비록 쓸모가 있다 해도 내가 좋아하는 타입이 아니에요. 저 애는 어딘지 이상한 데가 있어요. 안 돼요, 당장 돌려보내야 해요."

매슈가 타이르듯 말했다.

"내 밭일을 위해서는 프랑스 소년을 고용하면 돼. 저 애는 너의 좋은 말동무가 될 거야."

머릴러는 코웃음을 치며 퉁명스럽게 말했다.

"나는 말동무 같은 건 조금도 아쉽지 않아요. 그리고 저 애를 두고 싶은 마음도 없구요."

"그럴 게다. 결국 네 말대로 해야겠지, 머릴러."

매슈는 엉거주춤 일어나 느릿느릿 파이프를 집어넣었다.

"나는 이만 자러 가야겠다."

매슈는 잠자리에 들었다.

머릴러도 설거지를 끝내고, 결코 받아들일 수 없다는 듯 꼿꼿이 허리를 세우고 고집스런 얼굴로 자기 방에 올라갔다.

2층 지붕밑 다락방에서는 사랑에 굶주린 아이가 울다 지쳐 쓸쓸히 잠들어 있었다.

첫날 아침

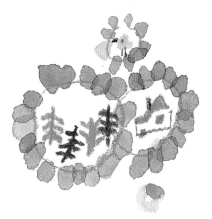

앤이 잠에서 깨어나자 해는 이미 하늘 높이 솟아 있었다. 앤은 벌떡 일어나 침대 위에 앉아 잠이 덜 깬 눈을 창가로 돌렸다. 방안 가득히 밝은 햇빛이 들이비치고, 창밖에 무언가 하얀 것이 하늘하늘거리고 그 너머로 푸른 하늘이 보였다.

앤은 잠시 자신이 어디 있는지 생각나지 않았다. 밝은 아침 햇살을 보고 처음에는 왠지 즐겁고 가슴 뛰는 기분이 들었지만, 곧 어젯밤의 무서운 기억이 불현듯 되살아났다.

'여기는 그린게이블즈, 이 집 사람들은 남자아이가 아닌 나를 바라지 않아!'

그러나 지금은 상쾌한 아침이다. 더욱이 창 밖에서 훌훌 날리고 있는 활짝 핀 벚꽃이 눈부시게 빛났다.

앤은 침대에서 바닥으로 폴짝 뛰어내려 창가로 달려갔다. 들어올려야 열리는 창문은 좀처럼 올려지지 않고 삐걱거리기만 했다. 오랫동안 굳게 닫혀 있어서인지 뻑뻑하여 받침대로 굳이 받쳐두지 않아도 떨어질 염려는 없었다.

앤은 무릎을 꿇고 창문에 기대어 6월의 아침풍경을 바라보았다. 앤의 눈동자가 기쁨으로 빛났다.

'아, 너무 아름다워. 이렇게 아름다운 곳이 또 있을까. 그런데도 나는 여기에 살 수 없다니!

아니, 머무를 수 있다고 꿈꾸어 보자. 여기에서는 상상의 날개를 한껏 펼 수 있어.'

창 밖에는 거대한 벚나무가 손을 내밀듯 가지를 뻗고 있었다. 온통 꽃으로 뒤덮여 잎은 거의 보이지 않았다.

집 양옆은 넓은 과수원이었다. 한쪽은 사과나무, 또 다른 한쪽은 벚나무가 우거져 꽃이 하늘에서 춤추며 눈처럼 내려와 소복하게 쌓인 듯 가지가 휘어질 만큼 하얀 꽃이 만발해 있었다. 나무 밑은 풀밭으로 노란 민들레꽃이 흐드러지게 피고, 뜰에 핀 보랏빛 라일락 꽃에서는 그윽하게 달콤한 향기가 바람결에 실려 방안으로 풍겨왔다.

클로버로 뒤덮인 푸른 목초지와 골짜기에는 노래하듯 시냇물이 흐르고 비탈져 있는 자작나무숲이 하늘로 기지개를 켜듯 가지를 뻗고 있었다. 그 아래에는 고비며 이끼 등 풀들이 다보록하게 돋아나 있으리라.

골짜기 건너편에는 가문비나무며 전나무 등의 싱그러운 초록빛으로 펼쳐진 언덕 위에는 '빛나는 호수'에서 보았던 작은 집의 회색 지붕이 나무들 사이로 보였다.

큰 헛간 너머로 들판 저 멀리 반짝반짝 물결치는 봄의 바다가 보였다.

아름다운 것을 사랑하는 앤은 경치 하나하나를 놓치지 않으려고 온 정신을 쏟아 바라보았다. 가엾게도 앤은 이토록 아름다운 곳을 본 적이 없었다. 이곳은 앤이 늘 꿈꾸던 세계와 다름없었다.

앤은 그 아름다움에 이끌려 다른 일을 모두 잊고 그 자리에 가만히 무릎 꿇고 있었는데, 누군가의 손이 어깨에 놓여져 문득 제정신으로 돌아왔다. 어느새 머릴러가 이 어린 몽상가의 옆에 다가와 있었던 것이다.

머릴러는 쌀쌀맞게 말했다.

"아직 옷도 입지 않았구나."

아이에게 어떤 식으로 말을 걸면 좋을지 머릴러는 알 수 없었다. 그 때문에 마음과 달리 쌀쌀맞고 불친절한 태도로 대하게 되었다.

앤은 일어서서 깊이 숨을 들이마셨다.

"아, 어쩌면 이렇게도 멋있을까요."

앤은 창 밖의 세상을 손 끝으로 가리켜 보였다.

"저 커다란 벚나무는 꽃은 많이 피지만 열매는 그리 열리지 않는단다. 그저 작고 벌레먹은 것들뿐이야."

"어머나, 내가 말한 것은 벚나무뿐만이 아니에요. 물론 벚나무도 정말 눈부시게 아름다워요. 그 나무도 그것을 알고 꽃망울을 터뜨리는 것 같아요.

하지만 내가 멋있다는 건 이 모든 걸 말하는 거예요. 뜰도, 과수원도, 시냇물도, 숲도, 이 드넓은 세상의 모든 것이 사랑스러워요.

이런 화창한 아침에는 세상이 온통 사랑스럽지 않으세요? 까르르 터지는 웃음소리가 여기까지 들려와요. 시냇물이 얼마나 명랑한지 늘 웃고 있어요. 겨울에도 얼음 밑에서 시냇물이 졸졸 흐르며 웃는 소리가 들려와요. 그린게이블즈 옆에 시냇물이 있어서 얼마나 기쁜지 몰라요.

나를 이 집에 두지 않을 테니 그런 건 아무래도 상관 없지 않냐 하시겠지만 그렇지 않아요. 두 번 다시 이곳을 볼 수 없다 해도, 그린게이블즈에 시냇물이 있다는 사실을 늘 기억하고 싶어요. 만일 시냇물이 없었다면 있는 게 좋을 텐데 하면서 늘 가시처럼 마음에 걸릴 거예요.

어제는 '절망의 구렁텅이'에 빠져 허우적댔지만 지금은 그렇지 않아요. 아침에는 그런 기분이 들 수 없거든요. 새로운 하루를 맞이할 수

있다는 건 참으로 멋진 일이에요. 아주머니가 바라는 아이가 나였다면, 언제까지나 여기서 행복하게 살게 될거라 상상하고 있던 참이었거든요. 상상하는 동안은 즐거웠어요. 하지만 갑자기 모든 게 슬퍼져요. 언젠가는 현실로 반드시 되돌아와야 하다니 몹시 괴로워요."

가까스로 말할 틈을 얻은 머릴러는 재빠르게 말했다.

"상상 같은 건 이제 그만, 어서 옷을 입고 아래층으로 내려오너라. 아침식사 준비가 다 되었으니 얼른 세수하고 머리를 빗어야지. 창문은 열어놓은 채 두고 이불은 개켜서 침대 발치에 놓아라. 되도록 빨리 해."

앤의 몸놀림이 제법 재빠르다는 것을 머릴러는 알 수 있었다. 10분도 채 못되어 단정하게 옷을 갈아입고 말끔히 세수한 뒤 머리도 곱게 빗질하여 아래층으로 내려왔기 때문이다. 머릴러가 시키는 대로 다 했다는 만족감에 앤은 뿌듯해 있었다. 그러나 사실은 이불을 개켜야 하는 것을 까맣게 잊고 있었다.

머릴러가 가리키는 의자에 미끄러지듯 앉으며 앤은 말했다.

"오늘 아침은 배가 무척 고파요. 어젯밤에는 세상이 온통 바람이 쌩쌩 몰아쳐 짐승이 울부짖는 허허벌판*1 같았지만 오늘 아침은 그렇지 않아요. 햇빛이 밝아서 즐거워요.

아! 나는 비오는 아침도 무척 좋아해요. 아무튼 아침이란 즐겁다고 생각지 않으세요? 그날 하루 동안 무슨 일이 일어날지 얼마든지 상상할 수 있거든요. 그렇지만 오늘은 비가 오지 않아서 다행이에요. 먼지처럼 쌓인 고민거리를 털어버리려면 역시 맑은 날씨가 좋거든요.

내게는 힘껏 참고 버텨나가야 할 일이 너무 많아요. 소설 속 슬픈

---

*1 구약성서 〈신명기〉 제32장 10절에 있는 '짐승이 울부짖는 불모의 땅'에서 인용. '주는 그를 황야에서/짐승이 울부짖는 광야에서 만나시고/호위하시며 보호하시며/자기 눈동자같이 지키셨도다' 그린게이블즈에서의 첫밤이 앤에게는 짐승이 울부짖는 듯한 황량한 황야에 내버려진 것 같은 기분이었다는 뜻.★★

주인공처럼 어려움을 견뎌내는 장면이 떠오를 때는 기특하기도 하고 재미있지만, 그런 일을 정말로 당하면 가슴이 찢어지듯 아파 와요.”

머릴러가 말했다.

“제발 그만 떠들어라. 너는 어린아이가 너무 말이 많구나.”

화들짝 놀란 앤은 얼른 말을 그쳤다. 입을 꼭 다물고 잠자코 있는 아이를 보니 그 또한 부자연스러워 머릴러는 오히려 초조해졌다.

매슈도 말이 없었다. 그러나 그가 말이 없는 것은 적어도 자연스러운 일이었다. 그리하여 아침식사는 아주 조용하게 이루어졌다.

이윽고 앤은 상념에 젖어 들었다. 입을 기계적으로 움직이며 식사했다. 눈은 말똥말똥 크게 뜨고서 창밖의 하늘을 바라보고 있지만, 아무것도 보지 않는 듯했다.

머릴러는 더욱 애가 타서 조마조마해졌다. 이 남다른 아이는 눈앞의 식탁에 앉아 있어도 마음은 상상의 날개를 펴고 먼 구름나라로 올라가 있는 게 아닐까 하는 불안한 기분에 사로잡혔다. 누가 이런 아이를 집에 두려 할 것인가.

그러나 매슈는, 아무 쓸모도 없는 이런 여자아이를 집에 두고 싶어하고 있다! 어젯밤과 마찬가지로 그것을 간절히 원하고 있고 또 앞으로도 그럴 것이라 머릴러는 짐작했다. 매슈는 그런 사람이었다. 한번 마음먹으면 입을 꾹 다물고 놀라울 만큼 끈질기게 밀고나간다. 그 고집스러움은 말을 하지 않는 만큼 열 배나 더 효과가 있었다.

식사가 끝나자 앤은 몽상에서 깨어나 설거지를 하겠다고 당차게 말했다.

머릴러는 의심스러운 듯 물었다.

“깨끗이 할 수 있겠니?”

“잘할 수 있어요. 아기보는 일이라면 더 잘할 수 있지만요. 늘 해왔으니까요. 이 댁에 내가 돌봐줄 만한 아기가 없어 유감이에요.”

“더 이상 손이 가는 아이는 필요없어. 너 하나만으로도 충분히 힘

겨우니까. 너를 도대체 어떻게 봤는지 알 수가 없구나. 오라버니도 참 이상한 사람이야."

앤은 입을 뾰족이 내밀었다.

"아저씨는 좋은 분이에요. 인정많고, 아무리 내가 옆에서 재잘거려도 아저씨는 귀찮아하지 않았어요. 오히려 기뻐하며 들어주셨어요. 처음 만난 순간부터 우리는 마음이 잘 맞을 것 같은 느낌이 들었어요."

머릴러는 콧방귀를 뀌었다.

"마음이 잘 맞는다는 게 그런 일이라면 둘 다 좀 이상한 데가 있구먼. 그럼, 설거지를 해보아라. 뜨거운 물을 써서 깨끗이 씻은 다음 잘 말려야 한다. 오늘은 무척 바쁠 것 같구나. 오후에 화이트 샌즈의 스펜서 부인한테 가서 네 일을 결정지어야겠다. 너도 함께 데려가야 할지 어떨지 모르겠다만 먼저 그 일이 다 끝나면 2층에 올라가 이불을 개켜라."

설거지하는 동안 날카로운 눈으로 지켜보고 있던 머릴러는 앤이 야무지게 제법 잘한다는 것을 알았다. 그러나 이불을 포개어 접는 단계에 이르러서는 생각처럼 쉽지 않았다. 깃털이불을 처음 써서 다룰 줄 몰랐던 것이다. 앤은 그럭저럭 이불을 반듯이 개켜 놓았다.

그 일이 끝나자 머릴러는 앤이 성가시게 굴까봐 점심 때까지 밖에 나가 놀다오라고 말했다.

앤은 눈을 반짝이며 문쪽으로 쪼르르 달려갔다. 그러나 문가에서 우뚝 멈춰서더니 몸을 돌려 돌아와 탁자 앞에 앉았다. 마치 앤의 머리에 누가 촛불 끄는 덮개라도 씌운 듯*2 기쁨의 빛이 사라지고 없었다.

당황한 머릴러가 물었다.

---

*2 영국 작가 찰스 디킨스(1812–70)의 소설 《크리스마스 캐럴(1843)》 제2장 '세 정령 중 첫 번째 정령'에서 촛불 끄는 덮개를 모자처럼 쓴 크리스마스 정령이 나옴.★★

"이번에는 또 왜 그러니?"

이 세상의 모든 즐거움을 단념한 순교자와도 같은 투로 앤은 말했다.

"도저히 밖으로 나갈 용기가 나지 않아요. 여기서 살 수 없게 된다면 그린게이블즈가 아무리 좋아진들 소용없을 테니까요. 나무와 꽃이 있는 과수원이며 시냇물과 친해진다면 틀림없이 그린게이블즈를 사랑하게 될 거예요. 지금도 괴로운데 더 이상 가슴 아픈 일은 만들고 싶지 않아요.

물론 밖으로 나가보고 싶어요. 모두들 나를 부르고 있는 것 같아요.

'앤, 앤, 이리 나와. 앤, 앤, 함께 놀자.'

하지만 여기 있는 편이 좋겠어요. 아무래도 이별해야 할 텐데 좋아지면 서로 난처하잖아요. 그리고 좋아지려는 마음을 누른다는 것은 너무 어려운 일이잖아요?

나는 여기서 살게 된다 했을 때 기뻐서 어쩔 줄 몰랐어요. 누구의 방해도 받지 않고 이토록 많은 것을 듬뿍듬뿍 사랑할 수 있으리라 여겼으니까요. 하지만 그 달콤한 꿈은 끝났어요. 이제는 운명을 받아들일 작정이니 마음이 흔들리지 않도록 여기 앉아 있겠어요. 그런데 저 창가에 놓인 제라늄은 이름이 뭐예요?"

"애플제라늄*³이란다."

"그것은 품종(品種)이잖아요. 나는 아주머니가 저 꽃을 뭐라고 부르는지 알고 싶어요. 이름을 지어주지 않으셨어요? 그럼, 내가 지어줘도 괜찮겠죠? 음, 보니는 어떨까요? 여기 있는 동안 저 꽃을 보니라 해도 상관없겠죠? 제발 그렇게 부르게 해주세요!"

"그래, 좋을 대로 하렴. 하지만 제라늄에 이름을 붙여 뭘 하니?"

---

*3 앞에서 사과와 비슷한 달콤한 향기가 남. 제라늄에는 그밖에 장미향기 나는 것, 생강향기 나는 것 등이 있으며 요리를 할 때 향료로 쓰임.

"어머나, 제라늄이라도 이름이 있으니 친구처럼 다정한 느낌이 들 잖아요. 그저 제라늄이라고만 부르고 다른 이름이 없으면 기분이 상할 것 같아요. 아주머니도 그냥 여자라고만 불려진다면 얼마나 싫겠어요?

그래요, 보니라고 부르겠어요. 오늘 아침 이층 창 밖의 벚나무에도 이름을 지어주었어요. 온통 하얀 꽃으로 뒤덮여 있어 '눈의 여왕'으로 지었죠. 물론 일년 내내 꽃이 피어 있는 건 아니지만, 다른 계절에도 충분히 상상할 수 있잖아요?"

머릴러는 그 자리를 떠나 지하실로 감자를 가지러 내려가며 중얼거렸다.

"저런 아이는 여지껏 본 일도 들은 일도 없어. 오라버니 말대로 확실히 재미있는 아이야. 이제는 나도 저 아이가 다음에는 무슨 말을 할까 은근히 기다려지거든.

이러다간 나마저 저 아이의 마법에 걸려버리겠어. 오라버니는 벌써 걸려 있지. 아침에 밭으로 나갈 때 어제 했던 말이 얼굴에 그대로 씌어 있었는 걸. 다른 남자들처럼 분명하게 말을 해줬으면 좋으련만. 그래야 이쪽에서도 하고 싶은 말을 하고 설득시킬 수 있지. 그저 표정으로만 마음을 내비치는 사람에게 어떻게 대응할 수 있겠어."

머릴러가 지하실에서 돌아오니 앤은 팔꿈치를 세워 턱을 괴고 하늘을 올려다보며 다시 몽상에 잠겨 있었다. 머릴러는 좀 이른 점심식사를 차리는 동안 앤을 그대로 내버려두었다.

"매슈, 오늘 오후 마차를 써도 좋겠지요?"

머릴러가 묻자 매슈는 말없이 고개를 끄덕였다. 그리고 근심스러운 눈으로 앤을 지그시 보았다. 머릴러는 그 눈길을 가로막으며 딱 잘라 말했다.

"화이트 샌즈에 가서 이 문제를 처리해야지요. 앤도 데려가겠어요. 스펜서 부인이 이 애를 노바 스코샤로 되돌려보내도록 손써줄 거예요. 오라버니가 마실 차는 식탁에 준비해 놓았어요. 우유짜는 시간 안에 돌아올게요."

매슈는 여전히 아무 말이 없었다. 머릴러는 어쩐지 손해보는 기분이 들었다. 대답하지 않는 여자도 마찬가지지만 말없는 남자만큼 눈에 거슬리는 것은 없다..

떠날 시간이 되자 매슈는 마차에 밤색 말을 매주었다. 머릴러와 앤은 훌쩍 올라탔다.

매슈가 뜰의 나무문을 열어주자 마차는 천천히 그린게이블즈를 떠나갔다. 그때 매슈는 혼잣말로 웅얼거렸다.

"크리크에서 제리 부트 녀석이 오늘 아침에 왔기에 여름 동안 일을 도와달라고 말해 두었지."

머릴러는 못 들은 척하며 말에 힘껏 채찍질을 했다. 그런 대우를 받아본 적 없는 살찐 암말은 화들짝 놀라서 무서운 속도로 오솔길을 쏜살같이 달려 내려갔다.

심하게 흔들리는 마차에서 머릴러는 뒤돌아 매슈를 보았다.

나무문에 기대서서 멀어져가는 두 사람을 쓸쓸하게 바라보는 그의 모습이 눈에 들어왔다.

지난 이야기

"나는 이 드라이브를 즐기기로 결심했어요."

앤은 비밀을 털어놓듯이 말했다.

"지금까지의 경험으로 미루어 마음만 먹으면 금세 즐거워질 수 있어요. 물론 굳게 결심하는 일이 중요하지요. 도착할 때까지 고아원으로 돌아가야 한다는 생각은 하지 않고 이 풍경을 충분히 즐기겠어요.

어머나, 저것 보세요. 조그만 들장미 한 송이가 예쁘게 피어 있네요! 마치 자신이 장미로 태어나기를 잘했다며 뽐내는 거 같아요. 만일 저 꽃이 말을 할 수 있다면 재미있겠죠? 틀림없이 아름다운 이야기를 들려줄 거예요.

핑크빛은 이 세상에서 가장 매력적인 빛깔이에요. 나는 핑크빛을 아주 좋아해요. 하지만 아무래도 그런 옷을 입을 수는 없어요. 빨강머리를 한 사람이 핑크빛 옷을 입다니, 무리한 일이지요. 어릴 땐 빨강머리였는데, 어른이 되어 빛깔이 달라졌다는 이야기를 들어본 적 있으세요?"

머릴러는 쌀쌀맞게 말했다.

"내가 아는 한 없고, 네 머리빛깔도 결코 달라지지 않을 거야."

앤은 한숨을 푹 내쉬었다.

"아, 내 희망이 또 하나 사라졌어요. 내 인생은 그야말로 '희망이 묻힌 싸늘한 무덤' 같아요. 이것은 책에서 읽은 말인데, 절망할 때마다 되풀이하며 스스로 위로해요."

"그 말이 어떻게 위로가 되는지 나는 전혀 모르겠구나."

"굉장히 멋있고 로맨틱하게 들리잖아요. 소설의 여주인공이 된 기분이에요. 나는 로맨틱한 것을 무척 좋아해요. '희망이 묻힌 무덤'만큼 낭만적인 게 있을까요? 비록 실망하는 일이 있어도 이 말을 알고 있어서 오히려 기쁠 정도예요. 오늘도 '빛나는 호수'를 지나가나요?"

"배리 못은 지나가지 않는다. 그것이 네가 말하는 '빛나는 호수'라면 말이야. 오늘은 바닷가길로 간단다."

앤은 꿈꾸듯 말했다.

"바닷가길이라는 말도 근사해요. 이름에서 느껴지는 울림처럼 정말 멋진 곳일까요? 아주머니가 바닷가길이라고 말한 순간 아름다운 광경이 마음속에 떠올랐어요. 화이트 샌즈(흰 모래밭)도 예쁜 이름이죠, 애번리만큼은 아니지만 말이에요. 음악처럼 노래하듯 들려요. 화이트 샌즈까지는 얼마나 멀어요?"

"5마일쯤 되겠지. 너는 이야기하는 것을 좋아하는 모양이니 이왕이면 너에 대해 이야기해 보렴."

앤은 강한 투로 얼굴을 찌푸리며 말했다.

"나에 대한 이야기는 그리 말할 가치가 없어요. 상상하면서 이야기를 하는 것이 훨씬 더 재미있을 거예요."

"만들어낸 이야기 따윈 흥미없어. 있는 그대로의 사실을 처음부터 이야기해 보렴. 어디서 태어났으며 나이는 몇 살이냐?"

앤은 한숨을 쉬고 하는 수 없이 사실대로 말하기 시작했다.

"지난 3월로 11살이 되었어요. 태어난 곳은 노바 스코샤주의 볼링

브로크. 아버지 이름은 월터*¹ 셜리로 볼링브로크 고등학교 선생님이었어요. 어머니 이름은 버서*² 셜리였구요. 월터도 버서도 모두 아름다운 이름이죠? 부모님 이름이 멋있어서 다행이에요. 만일 아버지 이름이 제디다이어*³였다면 한평생 무거운 짐이 되었을 거예요."

여기서 유익한 교훈을 하나 가르쳐줘야겠다고 생각한 머릴러는 말을 가로챘다.

"그 사람의 행동이 올바르기만 하면 이름 같은 건 아무래도 상관없단다."

그러자 앤은 고민에 잠긴 얼굴이 되었다.

"과연 그럴까요? 잘 모르겠어요. 장미는 다른 이름을 가졌다 해도 좋은 향기를 풍길 거라고*⁴ 어느 책에 씌어 있는 것을 보았지만, 나는 결코 믿어지지 않아요. 만일 장미가 엉겅퀴니 미나리아재비니 하는 이름이라면 그런 좋은 향기가 날 것 같지 않거든요. 아버지가 제디다이어라는 이름이었더라도 역시 좋은 분이었겠지만 그래도 어쩐지 싫어요.

어머니도 같은 선생님이었는데 아버지와 결혼한 뒤 학교 일을 그만뒀대요. 아버지 뒷바라지를 해드리기 위해서요.

---

*1 앤은 나중에 길버트 블라이스와 결혼해, 둘째아들에게 죽은 아버지 이름을 따서 월터라고 이름지어줌.

*2 앤의 막내딸은 앤의 친어머니 버서와 길러준 어머니 머릴러를 기념해 버서 머릴러 블라이스라고 이름붙여짐.

*3 남자의 이름으로 솔로몬의 별명. 헤브라이어로 '신은 내 친구'라는 뜻. 솔로몬은 기원전 10세기 이스라엘의 슬기로운 왕 다윗의 아들. 다만 어감이 좋지 않아 앤과 몽고메리가 좋아하지 않은 듯함. 몽고메리는 단편소설 《솔로몬의 로맨스(《애프터 메니 데이즈(1912)》에 수록)》에서 '제디다이어라는 이름에는 사랑의 향기가 나지 않는다'고 썼음.

*4 셰익스피어 희곡 《로미오와 줄리엣》 제2막 제2장에서 줄리엣이 똑같은 말을 했음. 본디 장미 이름에 유래하는 라틴어 속담 '처음부터 장미는 그 이름과 함께 있으며, 남는 것은 그 이름뿐'에서 따온 것임. 참고로 이탈리아 작가 움베르토 에코의 《장미의 이름 (1980)》은 이 속담으로 막을 내림.

토머스 아주머니 말로는 부모님은 볼링브로크의 노랗게 칠을 한 작은 집에서 살림을 시작했는데, 두 분 모두 순수한 아이 같았고 교회의 쥐처럼 가난했대요. 나는 그 집을 본 적 없지만 몇천 번이나 상상해 봤어요. 응접실 창문 위로 인동덩굴이 기어오르고, 앞뜰에는 라일락이 피고, 대문 바로 옆에는 은방울꽃이 늘어져 있을 거예요. 물론 창문마다 모슬린 커튼이 드리워져 있고요. 모슬린 커튼을 치면 집이 더욱 돋보여요.

나는 그 아담한 집에서 태어났지요. 토머스 아주머니는 나처럼 못생긴 갓난아기는 처음 봤다고 했어요. 나는 깡마르고 작은 대신에 눈만 초롱초롱했대요. 하지만 어머니는 내가 굉장히 예쁜 아기라고 생각했대요. 가난한 청소부 아주머니보다 어머니 판단이 올바르지 않았을까요?

어쨌든 어머니가 나를 만족하셨다니 기뻐요. 만일 어머니를 실망시켰다면 슬퍼서 견딜 수 없을 것 같아요. 어머니는 내가 태어난 지 석달 만에 열병으로 돌아가셨으니까요.*5 '어머니' 부를 수 있을 만큼 자랄 때까지 살아 계셨더라면 좋았을 텐데. '어머니'라는 말은 가만히 불러보면 아주 다정한 느낌이 드는 걸요. 아버지도 나흘 뒤 열병으로 돌아가셨어요. 그래서 나는 고아가 되어버렸지요.

토머스 아주머니 말로는 이웃사람들이 나를 어떻게 해야 좋을지 몰라 당황했대요. 그때도 나를 원하는 사람은 없었어요. 그게 내 운명인가봐요. 아버지와 어머니 고향은 멀었고 친척도 없었대요. 집은 가난하고 남편은 심한 술주정꾼이었지만 결국 토머스 아주머니가 나를 맡아 키워주었어요. 우유를 먹고 자란 아이는 다른 아이들보다 반드시 착한 아이가 되나요? 내가 장난칠 때마다 토머스 아주머니는, 우유를

---

*5 몽고메리의 어머니도 그녀가 두 살이 되기 전 결핵으로 20대에 세상을 떠남. 아버지는 몽고메리를 아내의 친정에 맡기고 캐나다 본토로 건너가 재혼했음. 매슈와 머릴러의 집에서 자라는 고아 앤은 조부모 슬하에서 자란 몽고메리와 어딘지 닮았음.

먹여 키웠는데 어째서 그렇게 나쁜 짓을 하냐고 꾸짖었거든요.

토머스 씨네가 볼링브로크에서 메리스빌로 이사하자 함께 갔어요. 8살 때까지 그 집 아이들을 돌봐주며 살았지요. 나보다 어린 아이들이 넷이나 있어 손이 많이 갔어요.

그런데 어느 날 토머스 아저씨가 기차에 치어 세상을 떠났지요. 아저씨의 어머니가 아주머니와 아이들을 맡게 되었지만 나는 남의 아이니 더이상 필요없다고 말했어요. 그래서 토마스 아주머니는 어찌할 바 몰라 했어요.

그때 강 상류에 살던 해먼드 아주머니가 나를 맡겠다고 했어요. 내가 아이들을 잘 돌보는 것을 알고 있었거든요. 나무 그루터기밖에 없는 무척 쓸쓸한 곳에서 해먼드 아주머니와 함께 살았어요. 상상력이 없으면 도저히 살 수 없는 삭막한 곳이에요. 해먼드 아저씨는 그곳의 작은 제재소에서 일했고, 아주머니는 쌍둥이를 세 번이나 낳아 아이가 여덟이나 되었어요. 마지막 쌍둥이가 태어났을 때 나는 아주머니에게 아기가 하나둘쯤이라면 괜찮지만 계속해 세 번이나 쌍둥이를 낳으니 견딜 수 없다고 똑똑히 말씀드렸어요. 이 아기도 안아줘야 하고, 저 아이도 안아줘야 했기 때문에 녹초가 되도록 지쳐버렸거든요.

2년 넘도록 해먼드 아주머니 댁에서 계속 살았는데, 아저씨가 돌아가시자 아주머니는 아이들을 여기저기 친척들에게 나눠 맡기고 미국으로 가버리셨어요.

아무도 나를 데려가겠다는 사람이 없어 하는 수 없이 호프타운의 고아원에 가게 되었지요. 고아원도 아이들로 가득차 있었지만, 어쩔 수 없이 나를 맡아주었어요. 스펜서 아주머니가 오실 때까지 넉 달 동안 그 고아원에 있었어요."

이야기를 마치자, 앤은 다시 한 번 한숨을 쉬었다. 이번에는 이야기를 끝냈다는 안도의 한숨이었다. 자기를 반가워하지 않았던 지난 일들을 이야기하는 게 마음 내키지 않는 듯했다.

마차 방향을 바닷가길 쪽으로 바꾸며 머릴러는 물었다.

"학교에 다닌 적은 있니?"

"얼마 다니지 못했어요. 토머스 아주머니 댁에서 지낸 마지막 해에 잠시 다녔지요. 해먼드 아주머니 댁에 살 때는 학교가 너무 멀어 겨울에 눈이 내리면 걸어다닐 수 없었고, 여름에는 방학이라 봄 가을에만 다녔어요. 하지만 고아원에서는 날마다 학교에 다녔어요.

나는 책을 읽을 줄 알고 시도 많이 외우고 있어요. 《호헨린덴의 전투》,*⁶ 《플로덴 뒤의 에든버러》,*⁷ 《라인 강변의 빙겐》*⁸ 그밖에 《호수 위의 미인》*⁹도 제임스 톰슨의 《봄 여름 가을 겨울》*¹⁰도 모두 줄줄

---

*6 호헨린덴은 독일 남부 바이에른 지방 뮌헨 동쪽에 있는 마을. 1800년 12월, 나폴레옹 전쟁 때 프랑스 혁명군이 이곳에서 오스트리아군을 격파. 여기에서는 스코틀랜드 시인·저널리스트 토머스 캠벨(1777–1844)의 전쟁시 《호헨린덴》을 가리킴. 이 시는 캠벨의 《시집(1803)》에 수록. 기병들의 유혈전과 장렬한 사투를 그린 작품.

*7 플로덴은 스코틀랜드와의 국경에 가까운 유명한 옛 싸움터. 1513년 영국왕 헨리 8세가 프랑스 여기저기를 다니며 전쟁하는 동안, 스코틀랜드왕 제임스 4세가 국경을 넘어 잉글랜드에 침입했지만 토머스 하워드가 이끄는 잉글랜드군에 크게 패해 왕도 전사. 월터 스콧 경의 《마미언》에도 《플로덴 싸움터》라는 시가 있음. 《마미언》은 '허영심'과 '잊을 수 없는 추억'에서도 인용. 몽고메리는 1911년 신혼여행 때 영국으로 건너가 이 플로덴 옛 싸움터와 벨리크 등 《마미언》과 관련있는 곳을 찾아갔음. 그러나 앤이 외고 있는 시는, 스코틀랜드 작가 윌리엄 에드먼스턴 에이턴(1813–65)의 대표적인 작품임. 플로덴 싸움터에서 스코틀랜드군 대장 랜돌프가 오직 혼자 피투성이가 된 채 에든버러에 전황을 알리러 돌아와, 아들을 싸움터로 내보낸 사람들이 그를 에워싸고 비극적인 전사와 전멸 소식을 듣고 한탄하는 내용임. 에이턴은 유머풍자문학, 패러디 외에 스코틀랜드 민요와 전승 이야기시(발라드) 편집으로 명성을 떨쳤으며 에든버러 대학에서 교수도 지냈음. 《만남》의 '호텔 콘서트'에서 스코틀랜드의 발라드를 암송하는 장면이 있음.

*8 영국 시인 캐럴라인 엘리자베스 노튼(1808–77)이 쓴 이야기시(1883). '콘서트 대사건 고백'에서 길버트가 이 시를 암송하는 장면이 있음. 시 내용은 '콘서트 대사건 고백'의 14 참조.

*9 월터 스콧 경의 서사시(1810). 스코틀랜드에 있는 캐틀린 호수의 작은 섬에 몸을 숨긴 영주의 딸 엘런을 둘러싸고 세 기사가 결투한다는 내용. 몽고메리는 1911년 신혼여행에서 캐틀린 호수를 방문, 상상과는 달랐다며 앤과 같은 감상을 자서전 《험난한 길》에 쓰고 있음.

*10 스코틀랜드 시인 제임스 톰슨(1700–48)의 시. 봄 여름 가을 겨울의 네 계절 4부작을

이 외워요.

 아주머니, 등골이 오싹해지는 시를 좋아하시나요? 《로열 리더》*11 제5권에 《폴란드 함락》*12이라는 시가 실려 있는데, 소름끼치는 말이 잔뜩 씌어 있어요. 나는 아직 제5권을 배우지 않았어요. 제4권을 배우고 있거든요. 하지만 상급생 언니들이 늘 빌려줘서 봤어요."

 곁눈질로 앤을 훔쳐보며 머릴러는 물었다.

 "토머스 아주머니와 해먼드 아주머니는 너에게 잘해주셨니?"

 "네, 네……"

 앤은 머뭇거리며 말했으나 감수성 예민한 작은 얼굴이 홍당무처럼 빨개지며 당황하는 표정이었다.

 "두 분 다 그럴 마음은 있었어요. 되도록 친절하게 대해주려고 노력했지요. 따뜻한 마음이 있었다면 행동이 반드시 그러지 못했더라도 괜찮아요. 두 분 다 살아가는 데 걱정거리가 많았어요. 남편이 심한 술주정꾼인데다가, 세 번이나 쌍둥이를 낳는다면 힘들겠지요? 하지만 나에게 잘 해주려는 마음이 있었던 것만은 분명해요."

 머릴러는 더 이상 묻지 않았다. 앤은 입을 다물고 바닷가길을 황홀하게 바라보고 있었다. 머릴러는 밤색 말을 건성으로 몰며 깊은 생각에 잠겼다.

 이 아이에 대한 연민의 정이 갑자기 머릴러의 마음에 울컥 솟아올

합쳐 1730년에 출판. 11살의 앤이 이것을 거의 암송할 수 있었다는 것이 참으로 깜찍하지만, 자서전에 의하면 몽고메리는 9살 때 이미 읽었다고 함.

*11 런던의 넬슨사가 1876년에 시리즈로 출판. 프린스 에드워드 섬에서 학교 교과서로 채용되었음. 앤이 암송할 수 있다고 한 여섯 편의 시 중, 다섯 편이 스코틀랜드 출신 작가와 시인의 작품인 것에 주목하기 바람.

*12 《호헨린덴 전투》의 지은이 캠벨의 시. 시 내용은 유럽 각 나라로부터 침략당하고 있던 폴란드에서 최초로 독립을 목표로 한 영웅 코시치우슈코의 싸움을 그린 것. 하지만 러시아에 의해 독립을 잃음. 유럽 여러 곳을 여행한 캠벨의 작품은 《호헨린덴 전투》와 이 《폴란드 함락》처럼 뉴스 보도적인 의미가 있음. 이 시는 로열 리더의 제5권에 실려 있다고 앤은 이야기하고 있음.

랐다. 어쩌면 이다지도 사랑에 굶주리며 메마르게 살아왔을까. 가난해서 아무도 관심을 가져주지 않는 고독한 삶을……

머릴러는 진실을 헤아릴 줄 아는 속 깊은 여자였다. 이 아이가 정말로 집을 갖게 되었다며 그토록 좋아한 것도 무리가 아니었다. 되돌려보내는 것은 마음 아픈 일이다.

만일 자기가 매슈 오라버니의 변덕스러움을 받아들여 이 아이를 집에 있게 한다면? 물론 매슈는 그렇게 하고 싶어한다.

'이 아이는 성품이 좋고 예의도 바른 듯해. 말은 좀 많은 것 같지만 주의를 주면 되겠지. 게다가 말씨도 예절에 벗어나거나 거친 데 없고, 어딘지 모르게 기품마저 있어. 부모들이 착실한 사람이었던 것 같아.'

바닷가길은 '나무가 무성하고 인적없는'*13 곳이었다. 오른쪽 전나무숲은 오랜 세월 몰아치는 바람과 맞서 싸워 왔음에도 불구하고 끄떡없이 울창하게 우거져 있었다. 왼쪽에는 가파른 붉은 사암 절벽이 거의 길까지 우뚝 솟아 있어, 이 밤색 말처럼 침착한 암말이 아니었다면 마차에 탄 사람의 간을 서늘하게 했을 것이다. 절벽 밑에는 파도에 깎인 큰 바위며 보석 같은 잔돌이 깔린 모래밭 강어귀가 군데군데 있었다. 희미하게 반짝이는 새파란 바다 위로, 갈매기들이 햇빛에 날개를 은빛으로 반짝이며 하늘 높이 날아오르고 있었다.

눈을 크게 뜨고 황홀하게 바다를 바라보고 있던 앤이 입을 열었다.

---

*13 미국 농민출신 시인 존 그린립 휘티어(1807-92)의 시 《구두장이 키자의 공상》 제6절·제8절에 나오는 문장. '나무가 무성하고 황폐하며 인적이 없다/계곡물이 구불구불 흘러간다/자작나무와 불타는 듯한 단풍나무숲을./수면에는 거품이 일고, 물보라를 뿜으며'(제6절). '나무가 무성하고 황폐하며 인적이 없다/여기서 동쪽을 보아도 서쪽을 보아도, 그리고 북쪽 끝도 남쪽 끝도./다만 어촌이/강어귀에 모여 있을 뿐'(제8절). 식민 첫무렵 아직 원시림이 무성한 신대륙에서, 아마도 독일에서 이민온 듯한 키자가 라인강을 그리워하며 개척생활을 보내는 모습이 느껴짐. 앤과 머릴러가 지나간 해안도로는, 개척 첫무렵처럼 원시림이 무성하고 한산하여 인기척이 전혀 없었다는 의미.★

"바다는 근사해요. 전에 메리스빌에 살 때, 토머스 아저씨가 짐마차를 빌려 10마일이나 떨어진 바닷가로 데려가 준 적 있었어요. 그날도 하루 종일 아이들을 돌봐야 했지만 즐거웠어요. 그 뒤 몇 해 동안 행복한 날이 이어졌어요. 이곳은 메리스빌 바닷가보다 더 아름다워요.

갈매기도 멋져요. 갈매기가 되고 싶은 생각은 없으세요? 나는 한 번쯤 되어보고 싶어요. 만일 여자아이가 되지 않았다면 말예요. 해가 솟을 때 일어나 물 위로 춤추듯 와서 하루 종일 아름다운 푸른 바다 위를 멀리 날아다니다 밤에는 둥지로 돌아와 날개를 쉬는 거예요. 아, 나의 그런 모습이 눈에 보이는 것 같아요. 저 건너편의 큰 집은 뭐예요?"

"화이트 샌즈 호텔이야. 커크 씨가 경영하고 있지. 아직 관광철이 아니어서 손님들 모습이 보이지 않지만 여름이 되면 미국 사람들이 많이 오지. 이 바닷가는 좋은 피서지인가 봐."*14

앤은 슬픈 듯 말했다.

"스펜서 아주머니댁인가 했어요. 이대로 그냥 가지 않았으면 좋을 텐데. 모든 일이 끝나버릴 것 같아요."

---

*14 캐나다 동해안은 19세기부터 미국인이 좋아하는 피서지였음. 미국 시인 헨리 워즈워스 롱펠로(1807–82)가 캐나다 동해안을 무대로 그린 유명한 시 《에반젤린 아카디아 이야기(1847)》의 인기 때문이기도 함. 이 시의 유행은 미국인들에게 동부 캐나다에 대한 동경을 품게 했음. 이 섬은 여름에 시원하고 한가롭고 아름다워 미국에서 오는 피서객이 많음. 화이트샌즈 호텔의 모델은 노스 라스티코에 있는 호텔. 이러한 호텔에 미국인들이 오랫동안 머물며 콘서트와 파티를 열었던 듯함.

또 하나의 결심

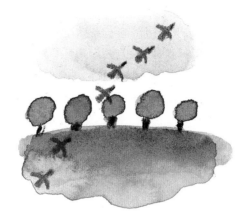

이윽고 두 사람은 스펜서 부인 집에 도착했다. 화이트 샌즈의 후미에 세워진 크고 노란 저택이었다. 부인은 상냥한 얼굴에 놀라움과 반가움이 뒤섞인 표정을 띠며 현관으로 나왔다.

부인이 외쳤다.

"어머나! 설마 오늘 오실 줄은 생각지도 못했어요. 하지만 잘 오셨어요. 말을 마구간에 넣으라고 할까요? 앤, 너도 잘 있었니?"

"고맙습니다. 덕분에 잘 있었어요."

앤은 미소도 짓지 않았다. 마치 먹구름이 앤을 온통 뒤덮고 있는 듯한 인상이었다.

머릴러가 말했다.

"말이 쉬는 동안 잠시 실례하겠어요. 빨리 돌아가겠다고 매슈 오라버니와 약속했답니다. 실은 스펜서 부인, 좀 착오가 생긴 것 같아 어디서부터 잘못되었는지 확인해 보려고 찾아왔어요. 우리는 고아원에서 남자아이를 데려다주십사 전했었거든요. 오라버니 되시는 로버트 씨에게 10살이나 11살쯤 되는 남자아이를 바란다고 말씀드렸습니다."

스펜서 부인은 당황하며 말했다.

"머릴러 커스버트, 그럴 리가! 로버트는 딸 낸시를 시켜 전갈을 보냈는데, 그 애가 두 분께서 여자아이를 바란다고 말했거든요. 그렇지 않니, 플로러 제인?"

부인은 현관 층계 위에 모습을 나타낸 딸에게 도움을 청했다. 플로러 제인은 진지한 얼굴로 맞장구쳤다.

"확실히 낸시는 여자아이라고 했어요."

스펜서 부인이 말했다.

"이 일을 어떻게 하죠? 큰일났군요. 하지만 이렇게 된 건 내 탓이 아니에요, 미스 커스버트. 나는 부탁하신 일을 성의껏 해냈다고 생각하고 있었어요. 낸시는 덜렁거려서 늘 조심하라고 단단히 이르고 있답니다."

머릴러는 체념한 듯 말했다.

"아니, 우리가 부주의했어요. 직접 찾아뵙고 말씀드렸다면 이런 일이 없었을 텐데요. 중요한 용건을 그런 식으로 했으니 잘못이었지요. 어쨌든 이런 문제가 생긴 이상 어떻게든 해결해야겠어요. 저 애를 고아원으로 돌려보낼 수 있을까요? 다시 받아줄까요?"

스펜서 부인은 생각에 잠기며 말했다.

"아마도 가능하겠지만…… 굳이 돌려보낼 필요는 없다고 생각해요. 마침 피터 블뤼엣 부인이 어제 오셔서 집안일을 도와줄 여자아이가 있으면 좋겠다고 말씀하셨거든요. 아시다시피 피터 댁은 대가족이어서 일하는 사람을 구하기 힘들지요. 앤이 아주 딱 맞겠네요. 하느님 뜻이로군요."

머릴러는 하느님 뜻이 이 일과 무슨 상관 있을까 생각했다. 이 귀찮은 고아를 쫓아버릴 좋은 기회가 뜻밖에 찾아왔는데도 머릴러는 전혀 고마운 생각이 들지 않았다.

머릴러는 피터 블뤼엣 부인의 얼굴을 본 적은 없지만, 키 작고 살이라고는 1온스도 없는 날카롭게 생긴 여자로 알고 있었다. 부인에 대한 소문은 온 마을에 자자하여 머릴러의 귀에도 들려왔다. '일을 무섭게 해내며 남도 심하게 부린다'는 나쁜 평판이었다.

그 집에서 쫓겨난 하녀들은 저마다 부인이 툭하면 화를 내고 인색하며 뻔뻔스럽고 아이들은 티격태격 싸운다는 좋지 못한 소문을 퍼뜨렸다. 그런 집에서 앤이 어떤 일을 당할지 알 수 없다*¹는 생각이 들자 머릴러는 마음이 아팠다.

"어쨌든 안으로 들어가 의논하지요."

그때 스펜서 부인이 큰 소리로 말했다.

"아니, 저 오솔길을 걸어오고 있는 게 블뤼엣 부인이잖아! 이 무슨 우연일까요."

스펜서 부인은 세 사람을 응접실로 안내했다. 응접실은 몸이 떨릴 만큼 싸늘했다.*² 짙은 녹색 블라인드를 오랫동안 닫아두어 방안은 온기를 잃어버린 것 같았다.

"마침 잘 됐어요. 이 자리에서 문제를 바로 해결할 수 있으니까요. 편안한 의자에 앉으세요, 미스 커스버트. 앤은 이 보조의자에 앉으렴. 얌전히 굴어야 한다. 모자는 여기 놓으세요. 플로러 제인, 주전자를 불에 올려다오.

어서 오세요, 블뤼엣 부인. 이야기할 게 있는데, 잘 오셨어요. 서로

---

*1 handing Anne over to her tender mercies 구약성서 '잠언' 제12장 10절에서 따온 용법. '의인은 그 육축의 생명을 돌아보나 악인의 긍휼은 잔인이니라' 영문으로는 "The righteous man regardeth the life of his beast : but the tender mercies of wicked are cruel."

*2 응접실은 중요한 손님을 맞는 방으로, 좀처럼 사용되지 않음. 어느 때는 차양을 철저하게 쳐서, 고급 가구와 양탄자가 햇볕에 바래지 않도록 주의를 기울임. 그래서 햇빛이 들어오지 않아 떨릴 정도로 추웠던 것임. '티파티의 슬픈 끝'에서, 앤이 다이애너를 불러 둘만의 티파티를 열 때, 응접실을 사용해도 되느냐고 머릴러에게 묻자 안 된다고 허락하지 않은 것도 고급스러운 방이기 때문이었음. 응접실에서는 가족의 특별한 행사(결혼식·장례식)도 거행되었음. 이를테면 '죽음'에서 매슈의 유해는 응접실에 안치되어 조문을 받음.

인사하세요. 이분은 블뤼엣 부인, 이분은 미스 커스버트예요. 아, 잠시 실례하겠어요. 플로러 제인에게 오븐에서 과자를 내놓으라고 말하는 것을 깜박 잊었어요."

스펜서 부인은 블라인드를 올리고 서둘러 방을 나갔다. 앤은 말없이 의자에 앉아 두 손을 무릎 위에 꼭 쥐고 뚫어져라 블뤼엣 부인을 바라보았다. 정말 이 심술궂은 얼굴과 매서운 눈초리를 한 부인 집으로 가야 하는 것일까?

그렇게 생각하자 앤은 목구멍으로 무언가 치밀어오르면서 눈물이 핑 돌았다. 더 이상 눈물을 억누를 수 없던 찰나에 스펜서 부인이 돌아왔다. 얼굴을 발갛게 상기시키고 환한 웃음을 입가에 머금고 있는 그 모습은 어떤 난관도 헤치고 나아가 그 자리에서 곧바로 해결하려는 기세였다.

"이 아이 때문에 조금 말썽이 생겼답니다, 블뤼엣 부인. 나는 커스버트 남매분께서 여자아이를 바란다는 전갈을 받았는데, 실은 남자아이를 원하셨다는군요. 부인이 어제 말씀하신 대로 일손이 필요하다면 이 아이가 안성맞춤이라고 생각하는데요."

블뤼엣 부인은 날카로운 눈으로 머리부터 발끝까지 앤을 훑어보았다.

그녀는 물었다.

"몇 살이냐? 그리고 이름은?"

앤은 겁에 질려 더듬거렸다.

"앤 셜리."

이름의 철자 끝에 e자를 붙여달라고 할 용기는 없었다.

"나이는 11살이에요."

"흠! 볼품없는 아이로군. 하지만 참을성은 있어 보이는구나. 뭐니뭐니해도 잘 참고 견디는 게 제일이니까. 어쨌든 우리집에 있게 되면 얌전히 굴면서 영리하고 예의바른 아이가 되어야 해. 그리고 자기가 먹는 몫만큼 일해야 하지, 알겠니? 그럼, 이 아이를 데려가게 해주시겠어요, 미스 커스버트? 갓난아기가 어찌나 보채는지 힘들어 견딜 수 없어요. 댁만 좋다면 곧바로 데려가겠습니다."

앤은 핼쑥한 얼굴로 고개를 떨군 채 말없이 있었다. 그 비참한 모습에 머릴러는 마음이 흔들렸다. 가까스로 벗어난 덫에 다시 걸린 힘없는 작은 사슴 같은 모습이었다.

머릴러는 양심의 가책을 느꼈는지 이 가엾은 아이를 내친다면 평생 동안 뇌리에서 떠나지 않을 거 같았다. 게다가 머릴러는 블뤼엣 부인이 못마땅했다. 이 여리고 '감수성 강한' 아이를 저런 여자에게 넘겨주다니! 안 된다. 그런 몹쓸짓은 도저히 할 수 없다!

머릴러는 천천히 말했다.

"글쎄요, 어떻게 하면 좋을지…… 오라버니와 나는 이 아이를 꼭 돌려보내야겠다고 결정지은 건 아니에요. 오라버니는 오히려 이 아이를 집에 두고 싶어하지요. 나는 다만 어째서 이런 착오가 생겼는지 알아보려고 왔습니다.

이 아이를 데리고 돌아가 오라버니와 다시 잘 의논해 보겠어요. 오라버니 말을 들어보지 않고 결정짓기는 좀 뭣해서요. 우리집에 두지 않게 되면 내일 밤 이 아이를 댁으로 데려가든가 누구 편에 보내도록 하겠어요. 내일 안으로 아무 소식 없으면 이 아이는 우리집에 살게 된 것으로 여겨주세요. 괜찮겠지요, 블뤼엣 부인?"

그러자 블뤼엣 부인은 퉁명스럽게 말했다.

"하는 수 없지요."

머릴러의 이야기를 듣고 있는 동안 앤의 얼굴은 마치 아침해가 솟아오르듯 밝아져 왔다. 절망어린 눈에서, 희망의 빛이 비추기 시작했다. 눈빛이 짙어지며 샛별처럼 반짝반짝 빛이 났다. 전혀 다른 사람이 된 듯 싶었다.

블뤼엣 부인은 새로운 요리책을 빌리러 왔기에 스펜서 부인과 함

Chang, Kye

께 응접실로 나갔다. 그러자 앤은 일어나 머릴러에게 달려갔다.

앤은 숨을 죽이며 속삭였다―큰소리로 말하면 자기의 행운이 어디로 날아가버릴 듯이.

"아, 나를 그린게이블즈에 있게 할지도 모른다는 게 정말이세요? 분명 그렇게 말씀하셨죠? 아니면 내가 잘못 들었나요?"

머릴러는 비꼬듯 말했다.

"현실과 공상도 구별 못할 정도라면 상상 같은 건 그만두는 게 좋겠다, 앤. 그래, 네가 들은 대로야. 하지만 결정지은 것은 아직 아니고, 어쩌면 블뤼엣 부인에게 너를 데려가게 할지도 몰라. 나보다 그 부인에게 훨씬 더 네가 필요한 것은 사실이니까."

앤은 흥분하여 말했다.

"그 집에 갈 바에는 고아원으로 돌아가는 편이 낫겠어요. 그 사람은 마치 송곳 같아요."

앤의 이런 말투를 지금 잘 타일러두지 않으면 안 되겠다고 생각한 머릴러는 웃음이 풋 나오려는 것을 꾹 참았다.

그녀는 엄격하게 말했다.

"너 같은 조그만 여자아이가 처음 보는 어른을 그런 식으로 흉보다니 부끄러운 일인 줄 알아. 네 자리에 가서 얌전히 앉아 있거라. 재잘대지 말고 착한 아이답게 굴어야 해."

"나를 데리고 있어주기만 한다면 아주머니 말씀은 무엇이든지 듣겠어요."

앤은 순순히 제자리로 돌아갔다.

그날 저녁 두 사람이 그린게이블즈로 돌아갔을 때 매슈는 집 앞 오솔길까지 마중나와 있었다. 머릴러는 매슈가 오솔길에서 서성거리고 있는 것을 이미 멀리서 보았고 그 까닭도 짐작했다.

머릴러가 앤을 데리고 돌아온 것을 본 매슈는 아니나다를까 마음 놓은 듯 가슴을 쓸어내리고 있었다. 그러나 머릴러는 그 일에 대해 아무 이야기도 하지 않았다.

헛간 뒤뜰에서 우유를 짜며 그때야 비로소 머릴러는 앤의 지난 이야기와 스펜서 부인 집에서 있었던 일을 오라버니에게 대강 이야기했다.

매슈는 여느 때와 달리 험악한 표정을 지으며 말했다.

"블뤼엣 부인 같은 사람에게는 비록 개나 고양이라 하더라도 줄 수 없어."

머릴러도 인정했다.

"그런 사람은 나도 좋아하지 않아요. 어쨌든 그 집에 보내든지 우리가 키우든지 결정해야 해요. 하지만 오라버니가 저 애를 좋아하는 것 같고, 나도 기꺼이—라기보다 집에 있게 하는 수밖에 도리가 없잖아요? 이것저것 고심하는 동안 차츰 마음이 그쪽으로 기울어졌어요. 나도 모르게 어떤 의무감 같은 것을 느꼈어요.

나는 어린아이, 특히 여자아이를 길러본 적이 없어서 실수를 저지를지도 모르지만 열심히 해보겠어요. 저 아이와 같이 살아도 나는 상관없어요."

매슈의 소심한 얼굴이 기쁨으로 빛났다.

"그럴 테지. 네가 그렇게 말해주리라 믿고 있었다. 아주 재미있는 아이야."

"쓸모있는 아이라고 말할 수 있다면 더욱 좋겠지요. 어떻게든 잘 가르쳐야겠어요. 내가 하는 일에 결코 참견하지 말아주세요. 혼자 사는 여자는 아이 기르는 방법을 잘 모르지만, 결혼도 못하고 늙은 남자보다는 나을 테니까요. 저 아이 교육은 내게 맡겨주세요. 그저 오라버니는 내가 잘못했을 때만 조용히 참견하세요."

매슈는 안심하며 말했다.

"그래, 좋고말고, 머릴러, 네가 하고 싶은 대로 하거라. 지나치게 응석을 받아주지 않는 선에서 상냥하고 친절히 해줘야 할 게다. 저 아이가 너를 좋아하게 되면 그 다음은 큰 문제없이 네가 바라는 대로 쉽게 다룰 수 있을 거야."

오라버니가 여자에 대해 뭘 아느냐고 말하듯 머릴러는 대꾸도 하지 않고 우유통을 들고 버터 제조실로 갔다. 그리고 우유를 크림 분리기에 넣으면서 중얼거렸다.

'여기서 살아도 좋다는 이야기를 저 아이에게 하는 것은 내일로 미루자. 오늘 이야기하면 너무 흥분해서 잠도 못 자겠지. 머릴러 커스버트, 너는 이제 꼼짝 못하게 됐어. 설마 부모없는 여자아이를 데려다 기르게 되리라고 생각이나 해본 적 있어야지.

이 일만으로도 어이없는데, 여자아이라면 그토록 늘 두려워하던 매슈 오라버니가 엉뚱한 일을 만들어 놓았으니 벌어진 입이 다물어지지 않을 정도야. 아무튼 우리는 결정했으니, 나머지는 하느님이 알아서 해주시겠지.'

기도

그날 밤 머릴러는 앤을 침실로 데려가 엄숙한 얼굴로 말했다.

"애야, 어제는 옷을 벗어 마룻바닥에 내동댕이쳤더구나. 나는 그런 칠칠치 못한 짓을 하도록 내버려둘 수 없다. 옷을 벗으면 차곡차곡 개켜서 의자 위에 놓도록 해라. 깔끔하지 못한 여자아이는 싫어."

앤은 말했다.

"어젯밤에는 너무 슬퍼서 옷까지 신경 쓸 여유가 없었어요. 오늘 밤에는 차곡차곡 접어 놓겠어요. 고아원에서도 늘 그렇게 했거든요. 하지만 때로는 잊어버리기도 했죠. 빨리 잠자리에 들어 조용히 많은 상상을 하고 싶어서요."

"여기서 살게 된다면 꼭 기억해야 해."

머릴러는 앤의 손놀림을 지켜보았다.

"옳지, 잘 개켰다. 그럼, 이제 기도드린 다음 잠자리에 들거라."

앤은 태연히 말했다.

"기도드려본 적이 없는데요."

머릴러는 소스라치게 놀랐다.

"어머나, 그게 무슨 말이냐, 앤? 기도를 배운 적 없니? 하느님은 언제나 어린 소녀가 기도하기를 기다리고 계신단다. 하느님이 어떤 분인지 모르니, 앤?"

앤은 줄줄 막힘없이 말했다.

"하느님은 무한하시고 영원히 변치 않는 성스러운 분이시다. 지혜와 힘, 거룩함과 의로움, 선과 진실의 근원이시다."*1

머릴러는 얼마쯤 마음이 놓였다.

"조금은 알고 있구나. 그나마 다행이야! 완전한 이교도는 아니니 말이다. 어디서 배웠지?"

"고아원 주일학교에서요. 교리문답집*2을 모두 배워야 했거든요. 이따금 멋있는 구절이 나와서 조금은 좋아했어요. '무한하시고 영원히 변치 않는' 이 표현은 참으로 장엄해요. 마치 크나큰 오르간 소리처럼 당당하게 들려요. 시라고는 할 수 없어도 듣고 있노라면 꼭 시 같은 느낌이 들어요."

"지금은 시 이야기를 하고 있는 게 아니야. 기도에 대해 말하고 있잖니. 밤마다 기도하지 않는 것이 얼마나 나쁜 일인지 모르니? 너는 나쁜 아이로구나."

앤은 입을 뾰로통하니 내밀었다.

"아주머니도 빨강머리였다면, 좋은 아이가 되기보다 나쁜 아이가 되기 쉽다는 걸 아실 거예요. 빨강머리가 아닌 사람은 그 괴로움을 모르죠. 토머스 아주머니로부터 하느님이 일부러 내 머리를 빨갛게 만드셨다는 이야기를 듣고 그날부터 하느님에 대해 좋은 마음이 들지 않았어요. 게다가 밤에는 몹시 지쳐서 기도드릴 기운도 없었거든

---

*1 신을 이렇게 정의하고 있는 것은 장로파 교회 '소교리문답집'의 질문4. 이 문답집은 웨스트민스터 회의(1647)에서 만들어진 두 가지 교리문답 중 하나임. 인터넷의 '장로파 교회 바이블 온라인'에 전문이 실려 있음. 그것을 읽으면, 각종 성서에서 여러 가지 말을 뽑아 하나로 정리한 것이, 이 '하느님은 무한하시고……'임을 알 수 있음.★★

*2 catechism. 그리스어의 katechien(구두로 가르치다)에서 유래. 그리스도교 포교와 신앙교육을 위해 교의를 알기 쉽게 쓴 책.

요. 쌍둥이를 돌봐야 하는 아이에게 기도까지 하라는 것은 무리예요. 그렇게 생각지 않으세요?"

머릴러는 앤에게 곧 종교교육을 시작해야겠다고 굳게 마음먹었다. 마냥 머뭇거리고 있을 수 없었다.

"우리집에 있는 동안은 반드시 기도해야 한단다."

앤은 기꺼이 받아들였다.

"아주머니가 바라신다면 물론 할게요. 아주머니를 위해서라면 무엇이든 하겠어요. 자, 오늘밤은 뭐라고 기도할까요? 내일부터 할 기도는 잠자리에 들어서 멋진 말을 생각해내겠어요. 가슴이 두근거려요. 그러고보니 기도란 제법 재미있을 것 같아요."

이 아이는 하느님이며 기도에 대해 정말로 이해하고 있는 것일까 머릴러는 당혹감을 느끼며 말했다.

"먼저 무릎을 꿇어야지."

앤은 머릴러의 발 아래 무릎 꿇고 진지한 얼굴로 올려다보았다.

"어째서 기도드릴 때는 무릎을 꿇죠? 내가 진심으로 기도드리고 싶을 때 어떻게 하는지 가르쳐드릴까요? 나 혼자 넓은 들판이나 깊은 숲속에 들어가 끝없이 새파래보이는 저 아름다운 하늘을 높이높이 올려다봐요. 그러면 마음에 기도의 문이 열리는 것처럼 느껴져요. 네, 무릎을 꿇었어요. 뭐라고 기도드릴까요?"

머릴러는 더욱 더 난처해졌다. 머릴러는 아이들이 흔히 '하느님, 이제부터 누워서 쿨쿨 자겠습니다*3라는, 예로부터 잘 알려져 있는 기도를 앤에게 가르치려고 했었다. 그러나 모든 일에는 그에 맞는 격이

---

*3 영국 전승동요집 《마더 구즈》에 있는 기도의 말. 유아용이므로, 머릴러가 느낀 대로 조숙한 앤에게는 분명 어울리지 않음. 처음 나온 게 1683년 보스턴에서 출판된 학교 독본이므로, 미국 기원의 노래가 《마더 구즈》에 들어간 예로 추정됨. 이것은 지금도 미국 어린이에게 잘 알려져 가사만 바꾼 노래도 있음. 《마더 구즈》이야기는 영국 출판업자 뉴버리가 18세기에 출판한 동요집 《Mother Goose's Melodies(어미오리의 노래)》에서 유래된 것으로, 영미에 널리 퍼져 있음.

있음을 머릴러는 알고 있었다.

하얀 잠옷을 입은 천사 같은 아이가 어머니 무릎을 베며 짧은 혀로 옹알거리 듯 말하는 그처럼 단순한 기도는 이 조숙한 주근깨투성이 여자아이에게는 도무지 어울리지 않아 그녀는 생각을 바꾸었다. 애정을 받아본 적 없는 앤이 사람을 통해 느낄 수 있는 하느님의 사랑을 깨닫지 못하여 기도를 가벼이 여기는 것도 무리가 아니었다.

그래서 머릴러는 말했다.

"너는 혼자 기도드릴 수 있을 만큼 큰 아이니까 스스로 생각해 보렴. 하느님의 은총에 감사하고 네 소망을 이루어주십사 진심으로 기도드려라."

"그럼, 열심히 해보겠어요."

머릴러의 무릎에 얼굴을 묻고 앤은 기도했다.

"하늘에 계신 은총이 가득하신 하느님…… 교회에서 목사님이 그렇게 말씀하셨으니 혼자 기도드릴 때도 이렇게 하면 되겠죠?"

앤은 잠시 고개를 들고 머릴러를 본 다음 다시 숙였다.

"하늘에 계신 은총이 가득하신 하느님, '환희의 하얀 길'이며 '빛나는 호수'며 '보니'며 '눈의 여왕'을 알게 해주셔서 감사를 드립니다. 진심으로 감사드립니다. 지금으로서는 감사드릴 게 이것뿐입니다. 소원에 대해서는 너무 많아 모두 말씀드리려면 시간이 걸리니까 가장 중요한 두 가지만 말씀드리겠습니다. 부디 그린게이블즈에 살게 해주세요. 또 하나는 자라서 아름다워지게 해주세요. 제발 부탁입니다. 이만 그치겠습니다. 앤 셜리. 이만하면 될까요?"

앤은 일어서며 진지한 얼굴로 물었다.

"좀더 생각할 시간이 있었다면 꽃처럼 아름다운 말을 할 수 있었을 거예요."

머릴러는 깜짝 놀랐다. 그러나 앤의 이런 터무니없는 기도는 하느님을 공경하는 마음이 부족해서가 아니라, 다만 종교에 대해 잘 알지

못하기 때문임을 알 수 있었다. 머릴러는 앤을 잠자리에 들게 하고 이불을 덮어주면서 내일은 무슨 일이 있어도 기도하는 법을 가르쳐 줘야겠다고 마음속으로 생각했다.

머릴러가 촛불을 들고 방을 나가려는데 앤이 뒤에서 불렀다.

"지금 막 생각났어요. 기도 마지막에 '이만 그치겠습니다' 대신 '아멘'을 해야 했는데 목사님들이 하시듯 말예요. 그것을 깜박 잊고 어서 끝맺음을 해야 한다는 생각에 그렇게 말해버렸어요. 그 때문에 효과가 다를까요?"

"글쎄, 그리 나쁘다고 할 수는 없을 것 같구나. 자, 착하지. 어서 자거라."

"오늘 밤은 마음놓고 '안녕히 주무세요' 할 수 있어요."

앤은 행복한 미소를 지으며 얼굴을 베개에 묻었다.

머릴러는 부엌으로 돌아가 식탁 위에 촛불을 단단히 세운 다음 눈을 똑바로 뜨고 매슈를 바라보며 말했다.

"저 아이는 역시 누군가가 잘 가르쳐야 해요. 어쩜 이교도와 다를 바 없어요. 오늘 밤 처음으로 기도해봤다니, 믿을 수 있겠어요? 내일은 목사관에 가서 《새벽녘》*4을 모두 빌려와야겠어요. 그리고 사람들 앞에 내보내도 좋을 알맞은 옷을 만들어 입혀 곧 주일학교에 보내겠어요.

이제부터 무척 바빠질 거예요. 아무튼 세상이란 어려운 일을 함께 나누어 겪도록 되어 있나봐요. 지금까지 나는 한가롭게 살아왔지만, 이제 내게도 차례가 돌아온 셈이에요. 힘껏 해볼 테니 두고 보세요."

---

*4 피브 오브 데이. 감리교계 일요학교 부독본으로, 1830년부터 보스턴에서 출판된 어린이용 이야기. 시리즈가 여럿 나와 있으며 쉬운 문장으로 되어 있음. 19세기 아프리카 콩고의 선교용으로 현지말로 씌어진 《피브 오브 데이》도 있었음. 신에 대해 무지한 앤의 교육용으로 머릴러가 선택하기에 어울리는 텍스트임.

마음의 교육

머릴러는 앤이 그린게이블즈에 살도록 결정했다는 사실을 이튿날 오후까지 이야기해 주지 않았다.

오전 동안 이것저것 심부름을 시키며 앤이 바쁘게 일하는 모습을 머릴러는 주의깊게 지켜보았다. 점심때가 될 즈음 앤이 몸놀림이 재빠르고 정직하며 이해력도 좋은 아이임을 알게 되었다.

앤의 가장 큰 결점은 일하는 도중 상상에 젖어버리면 꾸지람을 듣거나 큰 실수를 저질러 제정신이 들 때까지 모든 것을 완전히 잊어버린다는 점이었다.

설거지를 끝낸 뒤 앤은 최악의 사태가 되더라도 겁내지 않겠다는 굳은 결의를 얼굴에 드러내며 머릴러 앞에 우뚝 섰다.

조그맣고 여윈 몸은 머리 꼭대기부터 발끝까지 바르르 떨렸고, 얼굴은 발개졌으며, 눈동자가 톡 튀어나올 만큼 크게 뜨여져 있었다.

앤은 두 손을 마주잡고 애원하듯 말했다.

"부탁이에요. 나를 다른 집으로 보내려는지 아니면 여기 머물게 하려는지 가르쳐주세요. 아침 내내 참아왔지만 이제 더 이상은 참을 수 없어요. 괴로워요. 제발 알려주세요."

앤의 간절한 부탁에도 귀기울이지 않고 머릴러는 덤덤하게 말했다.

"내가 시킨 대로 행주를 뜨거운 물에 헹구지 않았구나. 그 일을 끝낸 다음 뭐든 물어보려무나."

앤은 부엌으로 가서 행주를 깨끗이 헹구었다. 그리고 다시 돌아와 애원하는 눈길로 머릴러를 바라보았다.

더 이상 가르쳐주지 않을 핑계가 없었으므로 머릴러는 말했다.

"그럼, 이야기해 주마. 매슈 오라버니와 나는 너를 여기에 두기로 결정했다. 네가 착한 아이가 되고, 감사하는 마음을 갖는다면 말이다. 아니, 왜 그러니?"

앤은 어찌할 바 몰랐다.

"왜 그런지 알 수 없지만 자꾸 눈물이 나와요. 너무나 좋아서. 아, 그 말로는 모자라요. '환희의 하얀 길'과 벚꽃나무를 보고 무척 기뻤지만…… 이 기분은 훨씬 멋져요! 아, 너무나 행복해요. 착한 아이가 되도록 열심히 노력하겠어요. 힘은 들겠지만요. 토머스 아주머니는 내가 감당할 수 없을 만큼 부패한 아이[1]라고 늘 말씀하셨거든요. 그런데 저는 왜 울고 있을까요?"

머릴러는 타이르듯 말했다.

"흥분해서 그렇겠지. 의자에 앉아 마음을 가라앉혀라. 너는 툭하면 울고 잘 웃는구나. 그래, 앞으로 여기서 편히 살도록 해라. 우리는 네게 필요한 것을 모두 제대로 해줄 작정이야. 물론 학교에도 보내겠지만 이제 2주일 뒤면 방학이니 9월 새학기부터 다니도록 해라."

앤이 물었다.

"이제부터 뭐라고 부르지요? 미스 커스버트라고 할까요? 머릴러 아주머니라고 부를까요?"

"그냥 머릴러라고 부르면 돼. 미스 커스버트라고 하는 건 이상하게

---

[1] 구약성서 〈예레미야서〉 제17장 9절 '만물보다 거짓되고 심히 부패한 것은 마음이라 누가 능히 이를 알리요마는'에서.★★

들리는구나."

"그냥 머릴러라고 부르면 실례가 될 것 같아요."

"존경하는 마음을 가지고 부르면 실례될 것 없어. 애번리에서는 목사님 말고는 모두 그냥 머릴러라 하지. 목사님은 미스 커스버트로 부르지만, 그것도 생각날 때뿐이야."

"머릴러 아주머니, 이렇게 부르고 싶어요."

앤은 조르 듯이 말했다.

"나는 아주머니도 다른 친척도 없거든요. 할머니까지도요. 머릴러 아주머니라고 부른다면 정말 가족이 된 듯한 기분일 거예요. 그러면 안 될까요?"

"안 되지. 나는 네 아주머니도 아니고, 거짓되게 불리는 것은 내키지 않아."

"제 아주머니라고 상상하면 되잖아요?"

"나는 그럴 수 없어."

머릴러는 엄한 표정을 지어보였다.

앤은 눈을 크게 뜨고 고개를 갸우뚱거리며 물었다.

"현실과 다른 일은 결코 상상할 수 없나요?"

"안 돼."

"어머나!"

놀란 앤은 숨을 깊이 들이마셨다.

"미스…… 아니, 머릴러, 그럼, 무척 재미 없겠네요!"

그러자 머릴러는 반박했다.

"사물을 실제와 다르게 상상하는 것은 좋은 일이 아니란다. 하느님이 우리를 어떤 환경에 놓아두신 것은 상상으로 그것을 바꾸게 하기 위해서가 아니야. 그리고 보니 생각나는구나. 거실에 가서—앤, 발을 깨끗이하고 파리가 들어가지 않도록 조심히 벽난로 선반에 그림이 든 카드를 가져오너라. 카드에 주기도문이 씌어 있으니 오후 동안 그것을 외우도록 해. 어젯밤처럼 허황된 기도는 두 번 다시 듣고 싶지 않구나."

앤은 변명했다.

"어젯밤은 분명 서툴렀어요. 하지만 연습할 틈도 없이 너무 갑작스러웠거든요. 처음 기도드리는 사람이 잘할 리 없지 않겠어요? 하지만 어젯밤 머릴러에게 말했듯 잠자리에 들어 멋있는 기도를 생각해냈어요. 목사님 기도만큼 길고 훌륭하며 시적인 것이었죠. 그런데 오늘 아침에 일어나니 하나도 생각나지 않았어요. 그런 훌륭한 기도는 두 번 다시 떠오를 것 같지 않아요. 두 번째로 떠오르는 것은 언제나 첫번째보다 좋지 않으니까요. 그렇게 생각지 않으세요?"

"앤, 네게 주의를 주겠는데, 그렇게 우뚝 서서 쓸데없는 말만 지껄이지 말고 무슨 일을 시키면 곧바로 해주었으면 좋겠다. 자, 어서 내가 시키는 일을 해라."

앤은 곧 현관을 지나 그 건너편에 있는 거실로 갔으나 돌아오지 않았다. 10분 동안 기다리다가 머릴러는 뜨개질감을 놓고 무서운 얼굴로 거실에 가보았다.

거실에서 앤은 두 개의 창문 사이 벽에 걸린 그림을 올려다보며 꼼짝도 하지 않고 서 있었다. 두 손을 뒤로 잡고, 꿈꾸는 듯 눈이 별처럼 반짝이고 있었다. 창 밖 담쟁이덩굴 사이를 통해 비쳐들어오는 희고 푸른 햇빛이 황홀하게 올려다보는 그녀의 작은 몸을 비추어 성스럽게 했다.

머릴러는 엄한 목소리로 물었다.

"앤, 대체 무슨 생각을 하고 있니?"

앤은 문득 제정신으로 돌아왔다.

"저걸 보고 있었어요."

앤은 '어린이를 축복하는 그리스도'[2]라는 제목의 아름다운 천연색 석판화를 가리켰다.

"나도 저 아이들 가운데 있다고 상상하고 있었어요. 혼자 떨어져

구석에 서 있는 파란 옷을 입은 저 여자아이가 나라고 여겼어요. 외톨이로 쓸쓸해 보이지요? 저 아이도 분명 부모님이 없을 거예요.

그래도 다른 아이들과 마찬가지로 축복받고 싶어, 아이들이 모여 선 끄트머리에 부끄러운 듯 살며시 다가섰어요. 예수님 말고는 아무도 몰랐으면 좋겠다고 생각하면서요. 저 아이의 기분을 나는 잘 알 수 있어요. 나를 이 집에 살게 해주겠느냐고 머릴러에게 물어보았을 때처럼, 저 아이 가슴도 두근거리고 작은 손에 땀이 배어 있을 거예요. 예수님이 자기를 못볼지도 모른다고 걱정하면서요.

하지만 예수님은 그 아이를 보았겠지요. 어떻게 될까요? 저 여자아이는 조금씩 조금씩 예수님에게로 다가가 바로 옆까지 갈 거예요. 그러면 예수님은 저 아이를 보시고 머리에 손을 얹어주실 거예요. 아, 너무나 기뻐서 가슴이 뛸 거예요. 하지만 저 그림을 그린 화가가 예수님 얼굴을 저렇듯 슬프게 그리지 않았더라면 더 좋았을 텐데요. 잘 들여다보면 예수님 그림은 다 그래요. 나는 예수님 얼굴이 저렇게 슬프지 않았으리라고 여겨요, 그렇지 않다면 아이들이 예수님을 무서워했을 테니까요."

어째서 좀더 빨리 앤의 입을 다물게 하지 못했을까 후회하며 머릴러는 냉큼 말했다.

"앤, 그런 말 하면 못써. 하느님을 공경하지 않는 불손한 태도야."

앤은 눈을 크게 떴다.

"어머나, 나는 진심으로 예수님을 공경하고 있어요. 하느님을 공경

---

*2 예수가 어린이들을 축복하는 장면은 수많은 화가들에 의해 그려졌음. 그즈음의 응접실과 객실에는 이러한 종교적 회화와 조상의 초상화가 장식되고, 그린게이블즈의 이 채색석판화는 잡지부록으로 인기있었음. 이 그림은 신약성서 '마태복음' 제19장 13절-15절에서 유래. '때에 사람들이 예수의 안수하고 기도하심을 바라고 어린아이들을 데리고 오매 제자들이 꾸짖거늘 예수께서 가라사대 어린아이들을 용납하고 내게 오는 것을 금하지 말라. 천국이 저들의 것이니라 하시고 저희 위에 안수하시고 거기서 떠나시니라'. 앤은 자신이 예수님에게 조심스럽게 다가가 축복받는 장면을 상상하고 있었던 것임.

하지 않은 일은 한 번도 없어요."

"물론 그렇겠지. 아무튼 하느님에 대해 그런 식으로 함부로 말하면 못써. 그리고 또 하나, 내가 무엇을 가져오라고 하면 빨리 가지고 와야지 그림 앞에서 그렇게 공상에 젖어 있으면 안 돼. 잘 듣거라. 그 카드를 가지고 곧장 부엌으로 가서 그 기도문을 외우도록 해."

앤은 사과꽃이 가득 꽂힌 꽃병에 카드를 세우고 마주앉아—앤이 식탁을 꾸미기 위해 꽃을 꺾어가지고 들어왔을 때 머릴러는 흘끗 곁눈질해 보았지만 아무 말 하지 않았다—두 손으로 턱을 괴고 잠시 동안 열심히 기도문을 외우기 시작했다.

그러나 또다시 떠들기 시작했다.

"나는 이 아름다운 기도문이 참 좋아요. 전에도 들은 적 있어요. 고아원 주일학교 선생님이 기도드리는 것을 들었거든요. 하지만 그때는 그리 좋지 않았어요. 선생님은 쉰 목소리로 음침하게 읽어서 기도는 괴로운 의무인 줄 알았어요. 이것은 시가 아닌데도 시를 읽는 기분이 들어요. '하늘에 계신 우리 아버지, 아버지의 이름이 거룩히 빛나시며*³—마치 천국의 소리 같아요. 아, 내게 이것을 외우라고 해주셔서 감사해요. 미스……아니, 머릴러."

머릴러는 퉁명스럽게 말했다.

"그렇게 생각한다면 어서 입을 다물고 외우도록 해."

앤은 사과꽃이 꽂힌 꽃병을 기울여 핑크빛 봉오리에 살짝 입맞춘 다음 다시 얼마 동안 기도문을 열심히 외웠다.

잠시 뒤 앤이 또 물었다.

"머릴러, 애번리에서 마음의 벗*⁴을 만날 수 있을까요?"

---

*3 신약성서 〈마태복음〉 제6장 9절과 〈누가복음〉 제11장 2절에 같은 구절이 있음. '너희는 기도할 때 이렇게 하라, 아버지의 이름이 거룩히 빛나시며'라고.
*4 영국 시인 존 키츠(1795–1821)의 시 〈가을에〉의 첫 1, 2행 '안개와 달콤한 성숙의 계절이여/풍요로운 태양의 진정한 친구여(마음의 벗)'에 같은 표현이 있음. 가을(여성으로 의인

"무슨 벗이라고?"

"마음의 벗…… 저, 친한 친구 말이에요. 속마음을 터놓고 이야기할 수 있는 뜻이 맞는 친구요. 나는 그런 친구를 사귀고 싶어 오래전부터 꿈꾸고 있었어요. 실제로 만날 수 있을지는 모르겠지만, 여기에 와서 소원이 몇 가지나 이루어졌으니 이것도 혹시 이루어지지 않을까 여겨져요. 만날 수 있을 거라고 생각하세요?"

"다이애너 배리라는 아이가 '언덕의 과수원'에 살고 있지. 너와 나이가 비슷하고 아주 착하단다. 마침 지금 카모디의 큰댁에 가고 없지만 너의 좋은 친구가 될지도 모르겠다. 네가 얌전히 굴지 않으면 예의 바르지 못한 아이라고 배리 부인이 다이애너와 놀지 못하게 할지도 몰라. 아주 까다로운 분이거든."

앤은 호기심으로 눈을 반짝이며 사과꽃 너머로 머릴러를 보았다.

"다이애너는 어떤 아이에요? 설마 빨강머리는 아니겠죠? 나만으로도 지긋지긋한데 마음의 벗마저 빨강머리라면 견딜 수 없을 거예요."

"다이애너는 아주 예쁜 아이란다. 눈도 머리털도 까맣고 뺨은 장밋빛이지. 마음씨도 착하고 영리해. 이것은 겉모습보다 더 중요한 일이야."

머릴러는 《이상한 나라의 앨리스》에 나오는 공작부인처럼 교훈을 좋아했다.[5] 자기가 키우는 아이에게 무슨 말을 할 때 반드시 한 마디 교훈을 덧붙여야만 한다고 굳게 믿고 있었다.

그러나 앤은 교훈은 귀담아듣지도 않고 머릴러의 굳은 신념도 소용없어 즐거운 이야기 쪽으로만 빨려들었다.

"그 아이가 예쁘다니 기뻐요. 내가 예뻐지기는 어려운 일이니 마음

화)은 태양의 마음의 벗이라는 의미.★★

[5] 《이상한 나라의 앨리스》에 나오는 공작부인은 입만 열면 앨리스에게 교훈을 늘어놓았음. "어떤 일에 대해서나 교훈을 포함한 속담이 있는 법이다"라고 공작부인은 앨리스에게 말했는데, 머릴러도 종종 앤에게 속담을 사용해 훈계했음.

의 벗만이라도 어여뻐야죠. 토머스 아주머니 댁에 있을 때 투명한 유리문이 달린 책장이 있었어요. 책은 한 권도 없었지만 아주머니가 소중히 여기는 사기그릇과 설탕절임이 그 속에 들어 있었어요. 넣어둘 만한 설탕절임이 남아 있는 경우에 말이지만요. 한쪽 유리문은 깨져 있었어요. 토머스 아저씨가 어느 날 밤 술에 취해 산산이 때려 부수었거든요. 그래서 남아 있는 한쪽 유리문에 비치는 내 모습을, 책장 속에 살고 있는 다른 아이라고 상상하곤 했어요. 나는 그 소녀에게 케이티 모리스라는 이름을 지어 주었어요. 우리는 무척 사이가 좋았어요. 특히 일요일에는 몇 시간이나 케이티에게 말을 걸었어요. 나는 모조리 털어놓고 말했어요. 케이티와 이야기하는 게 즐겁고 위로가 되었어요. 책장에 마술이 걸려 있어 주문을 외면 책장문이 열리고, 아주머니가 사기그릇이나 설탕절임을 넣어둔 책장이 아니라 케이티 모리스가 사는 세계로 들어간다고 생각했어요. 내가 들어가면 케이티 모리스는 내 손을 잡고 일년 내내 따스한 햇빛이 비치고 꽃이 피어 있는 이상한 요정의 나라로 데려갔어요. 우리는 언제까지나 그곳에서 행복하게 살았어요.

해먼드 아주머니 댁으로 가게 되었을 때 케이티 모리스를 남겨두고 가는 게 무척 슬펐어요. 그 아이도 나와 똑같은 기분이었죠. 책장문 안쪽에서 내게 작별의 키스를 할 때 그 애도 울었거든요.

해먼드 아주머니 댁에는 책장이 없었지만, 집에서 가까운 강을 따라 조금 거슬러올라가면 기다랗고 좁은 초록빛 골짜기가 메아리쳐 울렸어요. 그리 크게 말하지 않아도 이쪽에서 한 말이 고스란히 되돌아왔지요. 나는 그 산울림을 비올레타*6라는 이름의 작은 소녀로 상상했어요. 우리는 서로 사이좋은 친구가 되었죠. 나는 케이티 모리

---

*6 앤이 산울림에 붙인 이름. 셰익스피어 희곡 《끝이 좋으면 모두 좋다》에 등장하는 비올레타에서 따온 게 아닐까? 이 인물은 연극을 통해 한 마디도 하지 않는 점에서 일반적으로 말수 적은 사람을 뜻함. 나무요정 비올레타도 사람이 말한 것을 되풀이할 뿐임.

스만큼 비올레타를 좋아했어요.

그런데 고아원으로 가게 된 마지막날 밤 비올레타에게 작별인사를 했더니 그 애도 슬픈 목소리로 잘 가라고 했어요. 나는 비올레타를 잊을 수 없어 고아원에서는 마음의 벗을 사귀려 하지 않았어요. 그런 상상을 할 여유도 없었지만, 그보다 그럴 마음이 들지 않았어요."

머릴러는 무뚝뚝하게 말했다.

"다행이었구나. 그런 이상한 행동은 좋지 않단다. 너는 네 상상이 절반쯤은 정말 일어난 일이라고 여기는 듯하구나. 살아 있는 진짜 친구를 사귀고 그런 허황된 생각은 하지 말도록 해라. 그리고 배리 부인에게 케이티 모리스니 비올레타의 이야기를 해선 안 된다. 너를 이상한 아이라고 여길 테니까."

"어머나, 그런 말은 안해요. 아무에게나 할 수 있는 이야기가 아니거든요. 소중한 추억이어서 함부로 보일 수 없어요. 하지만 머릴러에게는 말하고 싶었어요.

어머나, 사과꽃 속에서 커다란 꿀벌이 튀어나왔어요. 사과꽃 속에 살다니, 멋져요! 바람에 하늘거리며 잠든다면 꿈 같겠지요. 나는 사람, 아니 여자아이가 아니라면 꿀벌이 되어 꽃 속에 살고 싶어요."

머릴러는 빈정거렸다.

"어제는 갈매기가 되고 싶다고 했지. 마음이 잘도 바뀌는구나. 이제 그만 잠자코 기도문을 외우거라. 너는 옆에 누군가 있으면 말하지 않고는 못 견디는가 보다. 네 방에 올라가 외우도록 해."

"이제 한 줄 남았어요."

"시키는 대로 해. 이층으로 올라가서 마지막까지 완전히 외워. 저녁식사준비를 도와달라고 부를 때까지 있거라."

"사과꽃을 가져가도 좋아요?"

"안 돼. 방안에 꽃잎이 떨어지면 너저분해지니까. 꽃나무는 꺾는 게 아니야."

"나도 그런 생각이 들긴 했어요. 꽃을 꺾으면 아름다운 생명을 죽이는 것 같았거든요. 내가 이 사과꽃이었다면 꺾이는 게 싫었을 테니까요. 하지만 이겨낼 수 없었어요. 도저히 뿌리칠 수 없는 유혹을 받았을 때 머릴러는 어떻게 하나요?"

"앤, 네 방으로 가라는 말을 들었겠지?"

앤은 한숨을 포옥 쉬고 지붕밑 다락방으로 올라가 창가에 앉았다.

"자, 이 기도문의 마지막 한 줄은 층계를 올라오며 다 외웠으니까 이제부터 이 방에 있으면 좋겠다고 여겨지는 물건들을 상상해야지.

바닥에는 온통 장미무늬가 있는 하얀 벨벳 카펫이 깔리고, 창문에 핑크빛 비단 커튼이 드리워졌다고 생각해야지. 가구는 마호가니야. 본 일은 없지만 무척 호화롭게 들리거든. 이것은 긴 의자로 파란빛, 빨간빛, 황금빛의 화려한 비단 쿠션이 잔뜩 쌓여 있어.

내가 이 긴 의자에 우아하게 기대앉으면 그 모습이 벽에 걸린 커다란 거울에 비칠 거야. 나는 키가 크고 의젓하며, 하얗고 긴 레이스 가운을 입은 채로 가슴에는 십자가를 달고 진주로 된 머리핀을 꽂고 있어. 내 머리털은 한밤중의 칠흑처럼 새까맣고 피부는 투명한 상아처럼 하얗지.

내 이름은 코딜리어 피츠제럴드 공주—아니야, 안 돼, 이런 상상은 나 자신도 믿어지지 않아."

앤은 춤추듯이 작은 거울 앞으로 다가가 들여다보았다. 턱이 뾰족한 주근깨투성이 얼굴과 진지한 잿빛 눈이 앤을 마주보고 있었다.

"너는 그냥 그린게이블즈의 앤에 지나지 않아. 내가 코딜리어 공주로 상상하면 반드시 이 주근깨 얼굴이 지금처럼 나타난단 말이야. 하지만 어디의 누구인지 모르는 앤보다 그린게이블즈의 앤이 훨씬 좋아."

앤은 허리를 굽혀 거울에 비친 자기 얼굴에 다정하게 입을 맞추고 활짝 열려 있는 창가로 되돌아갔다.

"'눈의 여왕'님, 안녕하세요. 골짜기의 자작나무님과 언덕 위의 회색 집도 안녕하세요. 다이애너가 내 마음의 벗이 되어줄까. 그렇게 된다면 얼마나 좋을까. 그러면 나는 다이애너를 진심으로 사랑하겠어. 하지만 케이티 모리스며 비올레타도 잊지 않을 거야. 만일 잊어버린다면 그 애들 마음이 무척 상할 테고, 누구 마음도 아프게 하고 싶지 않으니까. 상대가 비록 책장 유리문에 비치는 소녀, 산울림 소녀라 할지라도 말이야. 그 애들을 잊지 않도록 날마다 입맞춤을 보내줘야겠어."

앤은 입술에 손가락을 대어 벚꽃 저편을 향해 두 번 입맞춤을 보냈다. 그리고는 손으로 턱을 괴고 끝없는 상상의 바닷속으로 잠겨들어갔다.

린드 부인의 노여움

레이철 린드 부인이 앤을 보러 온 것은, 앤이 그린게이블즈에 살기 시작한 지 두 주일이나 지난 뒤였다.

이토록 늦어진 까닭은 린드 부인이 게을러서가 아니라 때 아닌 심한 감기에 걸려 지난번 그린게이블즈를 방문한 뒤 내내 집안에서 누워 지내야 했기 때문이었다. 린드 부인은 좀처럼 병에 걸리는 일이 없어 앓는 사람을 경멸했지만, 감기만은 예외로 여겼으며 하느님의 특별한 은총으로 이 병에 잠시 걸리는 듯하다고 했다.

밖으로 나다녀도 좋다는 의사의 허락이 떨어지자마자 부인은 그린게이블즈로 달려갔다. 머릴러와 매슈가 맡아 기른다는 고아가 보고 싶어 견딜 수 없었기 때문이다. 그 아이에 대한 갖가지 소문과 억측이 애번리 마을에 두루 퍼져 있었다.

앤은 그 두 주일 동안 잠자는 시간만 빼고 한순간도 헛되이 보내지 않으며 하루하루를 즐기고 있었다. 언저리의 모든 나무며 덤불들을 하나하나 기억하고 완전히 친해졌다. 사과나무 과수원 아래에서 좁고도 긴 오솔길이 시작되어 숲속으로 이어진 것도 발견했다. 그 길 끝까지 마음 내키는 대로 느릿느릿 걸어가면 시냇물이 흐르고, 통나무 다리를 건너고, 전나무숲을 빠져나가, 산벚나무를 지나게 되었다. 우거진 덤불도 있고, 갈라져 나간 옆길에는 단풍나무와 마가목이 손을 잡듯 가지를 뻗고 있었다.

앤은 골짜기의 샘과도 친하게 되었다―깊고 맑으며 얼음처럼 차가운 물이 퐁퐁 솟아나는 샘이었다. 미끈미끈한 붉은 사암으로 둘러싸이고, 둘레에 커다란 손바닥 모양의 풀고사리가 돋아 있었다.

샘 건너편에는 시냇물이 흐르고, 통나무다리가 걸려 있었다.

춤추듯 통나무다리를 사뿐사뿐 건너가면 언덕이 나왔다. 그곳에는 전나무와 가문비나무가 하늘을 찌를 듯 우거져 땅거미가 내려앉은 듯 낮에도 컴컴했다.

숲속에는 귀엽고 소박한 준 벨이 가녀린 모습으로 수없이 꽃을 피우고 있었고, 지난해 핀 파리한 별꽃이 바람에 나부끼고 있었다.

나뭇가지 사이에 집을 지은 거미줄은 은실처럼 반짝이고, 전나무 가지와 드리워진 잎들은 정답게 서로 이야기를 주고받는 듯 살랑살랑 울렸다.

앤이 열중한 이런 산책은 일하는 사이에 이따금 머릴러가 30분쯤 놀고 오라고 허락해 주어 이루어졌다.

돌아오면 앤은 자기가 보고 들은 것을 매슈와 머릴러의 귀가 아플 만큼 재잘거렸다.

매슈는 번거로워하는 기색없이 오히려 즐거운 미소를 띠며 처음부터 끝까지 귀기울였다. 머릴러는 그 수다를 들으면서 어느새 넋을 잃고 있었음을 깨닫고 곧 앤에게 '그만' 퉁명스럽게 명령하곤 했다.

린드 부인이 왔을 때 앤은 과수원에 있었다. 붉게 타오르는 새빨간 저녁놀을 받아 바람에 나부끼는 파릇파릇한 풀밭을 발길닿는 대로 마음껏 걷고 있었다. 앤이 없었으므로 부인은 자기가 앓은 감기에 대해 마음껏 이야기할 수 있어 기분이 좋았다.

얼마나 아팠으며 맥박은 어떻게 뛰었는지 아주 세밀한 부분까지 빼놓지 않고 소소하게 이야기했으므로 머릴러는 유행성감기에도 얼마쯤 매력이 있는 모양이라고 여길 정도였다. 이야기를 모두 끝내자 부인은 자기가 찾아온 진짜 목적을 나직이 털어놓았다.

"이 댁에 놀라운 일이 생겼다는 소문을 들었어요."

머릴러는 말했다.

"놀란 것은 바로 나랍니다. 하긴 지금은 마음이 가라앉았지만요."

린드 부인은 안됐다는 듯이 말했다.

"그런 일이 생겼으니 얼마나 난처했겠어요. 그 아이를 돌려보낼 수는 없었나요?"

"돌려보낼 수는 있었지만 그냥 두기로 했죠. 매슈 오라버니가 퍽 마음에 들어했거든요."

머릴러는 린드 부인이 불만스러운 표정을 지었으므로, 처음에는 이야기할 생각이 없던 것까지 그만 입 밖에 내고 말았다.

"실은 나도 그 아이를 좋아하게 되었어요. 물론 결점이 없는 것은 아니지만, 온 지 얼마 안 되는데도 그 아이 덕분에 집안이 떠들썩해졌답니다. 아주 명랑하고 귀여운 아이예요."

린드 부인은 얼굴을 찌푸려보였다.

"무거운 짐을 지게 됐군요. 특히 머릴러는 아이를 길러본 경험이 없으니까요. 그 아이에 대해, 더러 성격조차 아무것도 모르잖아요? 그 아이가 자라서 어떤 사람이 될지도 알 수 없고요. 나는 머릴러를 절망시키기 위해 이런 말을 하는 건 아니에요."

머릴러는 담담하게 대꾸했다.

"낙담하지 않아요. 나는 일단 결정지으면 바꾸지 않는 성미죠. 앤을 보고 싶겠지요? 불러올게요."

앤은 곧 뛰어들어왔다. 과수원의 즐거운 산책을 마음껏 즐기고 돌아온 참이어서 얼굴에 생기가 넘쳐흐르고 있었다. 뜻밖의 낯선 손님을 보고 앤은 수줍은 듯 문가에 주춤거리며 섰다.

앤의 모습은 기묘하기 이를 데 없었다.

고아원에서 입고 온 꽉 끼는 껑충한 옷 밑으로 삐져나온 가냘픈 다리는 보기흉할 만큼 말라 있었다. 까뭇까뭇 깨알 같은 주근깨는 여느 때보다 더 많고 두드러져 보였다. 모자를 쓰지 않아 바람에 제멋대로 날려 헝클어진 머리털은 타오르는 불길처럼 새빨갰다. 이때만큼 앤의 머리가 빨갛게 보인 적은 없었다.

린드 부인은 힘주어 말했다.

"정말이지 얼굴이 예뻐서 기르게 된 아이는 아니군요."

세상에는 상대방이야 어떻게 생각하든 내키는 대로 거침없이 말하는 것을 자랑으로 여기고, 그것이 또한 재미있어 주변 이들에게 인기 있는 사람들이 있는데, 린드 부인도 그 가운데 하나였다.

"빼빼마른 못생긴 아이로군요, 머릴러. 애, 좀더 가까이 와봐라. 네 얼굴을 자세히 보여주렴. 아이구, 맙소사! 주근깨가 이렇게 많을 수 있담. 머리털은 꼭 당근같이 새빨갛구나. 어서 이리 가까이 오라니까."

앤은 가까이 가긴 했으나 린드 부인이 기대했던 것과는 좀 달랐다. 앤은 한달음에 부엌을 가로질러 린드 부인 앞으로 가서 우뚝 섰다. 얼굴에 분노가 가득하고 입술은 파르르 떨렸으며 그 가냘픈 몸도 머리 꼭대기에서 발끝까지 바들바들 떨고 있었다.

앤은 발을 쾅쾅 구르며 소리를 질렀다.

"당신 같은 사람은 싫어요! 싫어, 싫어—정말 싫어—"

싫다는 말을 할 때마다 발구르는 소리가 더욱 커졌다.

"어떻게 내게 빼빼마르고 못생겼다고 말할 수 있어요. 주근깨 투성이에다가 빨강머리라니 참으로 볼품없겠죠. 당신은 정말이지 예의없고 뻔뻔스러우며 인정이라고는 손톱만큼도 없는 사람이에요!"

머릴러가 놀라 외쳤다.

"앤!"

그러나 앤은 조금도 굽히지 않고 여전히 린드 부인을 쏘아보고 있었다. 머리를 치켜들고 눈을 번뜩이며 주먹을 움켜쥐고 마치 뜨거운 증기처럼 격렬한 분노를 푹푹 내뿜었다.

앤은 되풀이했다.

"어쩌면 그럴 수 있어요! 만일 당신이 이런 말을 들으면 어떤 기분이 들겠어요? 뚱보에 꼴사납게 생기고 상상력이라곤 조금도 없는 사람이라는 말을 듣는다면 말예요. 어때요? 내가 그렇게 말해서 기분 상하죠? 나는 아무렇지도 않아요! 오히려 기분이 좋아요. 당신의 마음을 아프게 해주고 싶네요. 술주정꾼 토머스 아저씨도 나에게 심한 말을 했지만, 당신 만큼 상처 입히지는 않았어요. 당신 같은 사람은 결코 용서할 수 없어요, 절대로!"

콰당! 콰당!

겁먹은 린드 부인이 소리를 질렀다.

"세상에 이런 아이가 또 있을까?"

가까스로 머릴러가 엄하게 말했다.

"앤, 네 방으로 가거라. 내가 올라갈 때까지 방에서 나오면 안 된다."

앤은 울음을 터뜨리며 현관 홀로 나가는 문으로 돌진한 다음 문을 쾅 닫았다. 얼마나 세게 닫았는지 바깥벽에 걸린 양철통이 덜컹거릴 정도였다.

앤은 회오리바람이 몰아치듯 층계를 뛰어올라갔다. 아까보다 나직하기는 해도 역시 2층에서 쾅 하는 소리가 들려와 지붕밑 다락방문도 세게 닫쳤음을 짐작할 수 있었다.

레이첼 린드 부인이 엄숙한 목소리로 말했다.

"저런 아이를 기르다니 찬성할 수 없어요, 머릴러."

머릴러는 뭐라고 사과의 말을 할 작정이었다. 그러나 실제로 입 밖으로 나온 것은, 그 무렵뿐만 아니라 나중에 다시 떠올려 봐도 머릴러 자신 또한 깜짝 놀랄 만한 말이었다.

"생김새에 대해 이러니저러니 흉보는 것은 좋지 않다고 생각해요,

레이철."

린드 부인은 머리끝까지 화가 나서 말했다.

"머릴러 커스버트, 지금 눈앞에서 그 아이의 지독한 짓을 보고도 설마 그 애 편을 드는 건 아니겠지요?"

머릴러는 천천히 말했다.

"나는 그 아이의 역성을 드는 게 아니에요. 그런 나쁜 태도를 보였으니 잘 타이를 필요가 있겠지요. 하지만 좀 더 너그럽게 봐주어야 해요. 제대로 교육받지 못했으니까요. 게다가 레이철도 그 아이에게 너무 심한 말을 했어요."

머릴러는 이런 이야기를 하는 자기 자신에게 또다시 놀라면서도 마지막 말을 덧붙이지 않을 수 없었다.

린드 부인은 모욕당한 듯 불쾌한 얼굴로 일어섰다.

"맙소사, 이제부터는 조심해서 말해야 한다는 것을 잘 알았어요, 머릴러. 어디서든 어떤 사람의 자식인지도 모르는 불쌍한 고아를 먼저 배려해야 하니까요. 화가 나서 이러는 건 아니에요. 염려 마세요. 머릴러가 가엾어 화낼 기분도 들지 않아요. 앞으로 저 아이 때문에 애를 많이 써야 할 테니까요. 들을 것 같지도 않지만 내 충고를 받아준다면 아이들을 열 명 길러 둘을 잃은 내 경험으로는 적당히 매질을 해야 한다는 거예요. 저 아이에게는 그 방법이 가장 효과가 있을 것 같군요. 저 아이 성질은 보통이 아니에요. 그 불같은 성미는 머리 색깔과 똑같지요. 그럼, 안녕히 계세요, 머릴러. 앞으로도 자주 놀러오세요. 나는 얼마 동안 오지 못하겠어요. 이토록 봉변을 당하고 바보 취급 받기는 난생 처음이네요."

말을 마친 린드 부인은 다른 때 같았으면 그 뚱뚱한 몸 때문에 언제나 뒤룩뒤룩 걸었을테지만, 고개를 홱 돌리고 재빠르게 나가버렸다.

머릴러는 심각한 표정으로 앤의 방에 올라갔다. 층계를 올라가며

Chang.kye

머릴러는 어떻게 하면 좋을까 궁리했다. 아까 벌어졌던 광경에 매우 당황하여 가슴이 방망이질하듯 뛰었다. '하필이면 린드 부인 앞에서 화를 터뜨리다니 참으로 운이 나빴어!'

이때 갑자기 머릴러는 자기가 아이의 지독한 결점을 발견하고 낙담하기보다, 하필이면 앤이 린드 부인 눈에 띄인 걸 부끄러워하는 마음이 더 강한 것을 알고 스스로를 나무랐다.

그럼, 어떤 방법으로 앤에게 벌을 주어야 할 것인가. 매질의 효력은 린드 부인의 아이들을 보아 분명했지만 머릴러는 내키지 않았다. 어린아이를 때리다니, 결코 그럴 수 없다. 어떤 다른 방법으로 앤이 스스로 뉘우치도록 해야 한다.

앤은 침대에 엎드려 엉엉 울고 있었다. 깨끗한 이불 위에 흙투성이 구두를 신고 올라갔다는 사실도 염두에 없는 것 같았다.

머릴러는 되도록 부드러운 목소리로 불렀다.

"앤."

대답이 없었다.

목소리를 한층 더 높여 머릴러는 말했다.

"앤, 침대에서 내려와 내 말을 잘 들거라."

앤은 침대에서 느릿느릿 내려와 의자에 몸을 꼿꼿이 세우고 앉았다. 눈물에 젖은 얼굴은 통통 부어 있었고 그렁그렁한 눈은 고집스럽게 바닥을 내려다보고 있었다.

"정말 어이없는 행동이었어, 앤. 부끄럽지 않니?"

"그 사람이 내게 못생긴 빨강머리라고 말할 권리는 없어요."

앤은 말대꾸했다. 도저히 받아들일 수 없다는 반항적인 태도였다.

"너도 그렇게 화를 내며 대들 권리는 없다, 앤. 나는 부끄러워 혼났어. 차마 보고 있을 수가 없었지. 특히 린드 부인 앞에서는 얌전하게 행동해 주기를 바라고 있었는데 오히려 망신을 시켰으니 말이다. 린드 부인이 못생긴 빨강머리라고 한 말에 어째서 그렇게 화냈는지 도

무지 알 수 없구나. 너 자신도 늘 그렇게 말하지 않았니."

앤은 또다시 울며 말했다.

"나 자신이 말하는 것과 남에게 듣는 것은 크게 달라요. 스스로는 그렇게 알고 있어도 남들은 그렇게 생각하지 않기를 바라죠. 머릴러는 내 성질이 고약하다고 여기겠지만 참을 수 없었어요. 그런 말을 듣는 순간 무언가가 치밀어 오르고 숨이 콱 막히는 듯해서 잠자코 있을 수 없었어요."

"어쨌든 좋은 망신거리가 되었다. 앞으로 린드 부인은 네 소문을 마구 퍼뜨리고 다닐 거야. 그래, 틀림없이 그럴 테지. 그런 식으로 화내는 게 아니었어, 앤."

앤은 눈물을 흘리며 호소했다.

"만일 누가 머릴러에게 대놓고, 빼빼마르고 못생겼다고 하면 어떤 기분이 들지 생각 좀 해보세요."

별안간 오래된 기억이 머릴러의 뇌리에 스쳤다. 어릴 때 어떤 숙모가 "가엾어라, 어쩌면 저렇게도 얼굴빛이 검고 못생겼을까" 자신에 대해 말하는 소리를 들었기 때문이다. 그때 입은 마음의 상처는 쉰 살이 될 때까지 단 하루도 잊은 적이 없었다.

조금 누그러진 머릴러는 부드러운 목소리로 말했다.

"린드 부인이 그런 말을 한 건 나도 좋게 여기지 않아, 앤. 레이철은 생각없이 너무 함부로 말하는 편이지만, 그렇다 해도 네가 그런 태도를 보여서는 안 되지. 처음 만난 이웃사람인데다 우리집에 온 손님 아니냐? 이 세 가지 가운데 하나만 해당되어도 공손하게 대해야 해. 너는 예의없고 건방지며 또……"

이때 문득 머릴러의 머리에 알맞은 벌이 떠올랐다.

"린드 부인댁에 가서, '화를 내어 잘못했습니다, 부디 용서해 주세요' 이렇게 빌고 오너라."

그러자 앤은 고집스럽게 말했다.

"결코 그럴 수 없어요. 어떤 벌이라도 달게 받겠어요, 뱀과 도마뱀이 잔뜩 모여 사는 어둡고 질척질척한 땅굴에 가두고 빵과 물만 줘도 좋아요. 불평하지 않겠어요. 하지만 린드 부인에게 용서해 달라고 비는 것만은 못하겠어요."

머릴러는 퉁명스럽게 대꾸했다.

"질척질척한 땅굴에 사람을 가두는 일은 하지 않아. 더욱이 애번리에 땅굴 같은 건 없어. 린드 부인에게는 반드시 용서를 빌어야 하고, 또 그렇게 하도록 시킬 테다. 용서를 빌 결심이 설 때까지 이 방에서 한 발짝도 나오면 안 된다."

앤은 고개를 푹 숙였다.

"그렇다면 이 방에서 언제까지나 나갈 수 없겠네요. 린드 부인에게 잘못했다는 말을 할 수는 없어요. 어떻게 그럴 수 있겠어요. 잘못했다는 생각이 들지 않는 걸요. 머릴러를 난처하게 한 건 죄송스럽게 여기고 있어요.

하지만 그 부인에게는 그 정도의 말을 해도 좋다고 생각해요. 속이 후련했어요. 잘못했다는 생각도 들지 않는데 용서를 빌 수 있겠어요? 그런 일은 상상도 못하겠어요."

"아마 하룻밤 자고 나면 너의 그 상상력이 잘 돌아가게 될 게다."

머릴러는 이만 나가려고 일어섰다.

"오늘 밤 잘 생각해서 마음을 고쳐먹도록 해. 그린게이블즈에 있게 해주면 착한 아이가 되겠다고 너는 약속했는데, 지금 같아서는 그 말과 꽤 거리가 먼 것 같구나."

태풍처럼 성이 잔뜩 난 앤의 가슴에 파르티아인의 일격과도 같은 말*[1]을 던져놓고 머릴러는 부엌으로 내려갔다. 마음이 뒤숭숭하여 갈

---

*[1] 고대 서아시아 파르티아 왕국의 기병이 달아나면서 또는 달아나는 척하면서 뒤를 향해 활을 쏜 습관에서, 최후의 일격 또는 신랄한 말이라는 뜻. 파르티아인은 성서에서 성령 강림 때 그 자리에 있었던 사람들로, 신약성서 〈사도행전〉 제2장 9절에 나옴.

피를 잡을 수 없었다. 머릴러는 앤뿐만 아니라 자신에게도 화가 났다. 린드 부인의 그 아연실색하던 표정을 생각하면 걷잡을 수 없이 웃음이 터져나와, 나쁜 줄 알면서도 큰 소리로 웃고 싶어 견딜 수 없었다.

용서

머릴러는 그날 밤 낮에 일어난 일에 대해 매슈에게 아무 말도 하지 않았다. 그러나 다음날 아침에도 앤이 식사하러 내려오지 않자 답답한 마음에 그 까닭을 말하지 않을 수 없었다.

머릴러는 앤의 행동이 얼마나 무례했는지 매슈에게 납득시키려고 애를 쓰며 다 털어놓았다.

"레이철 린드에게는 그렇게 해줘도 괜찮아. 남의 일에 참견 잘하고 말도 너무 많은 할멈이니까."

매슈는 그래도 괜찮다는 말투였다.

"어머. 오라버니에게는 두 손 두 발 다 들었어요. 앤이 몹쓸 짓을 했는데도 그 아이 편을 들다니! 이번에도 벌이 필요없겠군요."

매슈는 우물우물 대꾸했다.

"글쎄다…… 아니, 꼭 그렇다는 건 아니야. 조금은 벌을 줘야겠지. 하지만 아이에게 너무 엄하게 하지 말아다오, 머릴러. 아무도 제대로 교육시키지 않았다는 사실을 잊어선 안 돼. 어쨌든 먹을 건 갖다줬겠지?"

머릴러는 화가 나서 말했다.

"내가 아이 버릇을 고치려고 굶기기라도 한다는 거예요? 식사는 꼬박꼬박 갖다주고 있어요. 하지만 저 아이가 린드 부인에게 용서를 빌겠다고 할 때까지는 방에서 내보내지 않겠어요. 이미 결정한 일이니 바꿀 수 없어요."

앤이 계속 고집부렸으므로 한 의자는 계속해서 텅 비어 있었고 아침, 점심, 저녁 식사는 모두 조용히 끝났다. 머릴러는 식사 때마다 쟁반에 이것저것 맛있는 음식을 방으로 날라다주었다. 그리고 한참 뒤 다시 가지러 갔으나 음식은 전혀 손대지 않은 채였다.

머릴러가 쟁반을 들고 내려오면 매슈는 앤이 조금이라도 먹었을지 근심스러운 눈길로 바라보았다.

그날 저녁 머릴러가 소들을 데리러 목초지로 나가자, 헛간 언저리를 서성거리며 기회를 엿보던 매슈는 도둑처럼 몰래 집안으로 들어가 살금살금 2층으로 올라갔다.

여느 때 매슈는 부엌과 현관 옆에 있는 좁은 자기 침실 사이만 오가며, 이따금 목사님이 차를 마시러 오면 용기를 내어 주춤주춤 응접실이나 거실로 들어가는 일이 있을 뿐이었다. 봄에 머릴러가 손님용 침실의 벽지를 바를 때 도와주기 위해 들어갔을 뿐 자기집인데도 2층에는 별로 올라가 본 적이 없었다. 그것도 4년 전 일이었다.

매슈는 방문 앞에 멈춰서서 몇 분 동안 망설였다. 그리고 심호흡을 한 번 하고는 문을 똑똑 두드린 다음, 살그머니 방문을 열고 안을 들여다보았다.

앤은 창가의 노란 의자에 앉아 슬픈 표정으로 뜰을 내려다보고 있었다. 그 조그마한 애처로운 모습을 보자 매슈는 가슴이 미어지는 것 같았다.

문을 조용히 닫고 앤 곁으로 서서히 다가갔다.

"앤."

마치 누가 들을까 겁내듯 그는 속삭였다.

"어떠냐, 앤?"

앤은 힘없이 미소지었다.

"그저 그래요. 여러 모로 상상을 하고 있어요. 그러면 시간가는 줄 모르거든요. 물론 외롭기는 해요. 하지만 그것에도 곧 익숙해져야 겠죠."

앤은 다시 미소지었다. 아무리 오랫동안 갇혀 있어도 결코 굽히지 않겠다는 태도였다.

매슈는 여기로 올라온 용건을 빨리 말해야 한다는 사실이 머리에 떠올랐다. 머릴러가 여느 때보다 서둘러 돌아올지도 모르기 때문이다.

그는 나직이 속삭였다.

"그런데 말이다, 앤, 차라리 머릴러가 시키는 대로 얼른 해치우는 편이 낫지 않겠니? 어차피 언젠가는 해야 할 테니까. 머릴러는 한번 말을 꺼내면 어떻게든 해내고야마는 사람이란다. 지독한 고집쟁이거든. 앤, 이제 그만 포기하렴."

"린드 부인에게 사과하란 말인가요?"

매슈는 힘주어 말했다.

"그래, 사과해야지. 아무리 언짢아도 네가 참아내야 하지 않겠니. 그게 가장 좋아. 그래야 모든 일이 술술 풀리니까. 내가 하고 싶은 말은 바로 이거였어."

앤은 생각에 잠기며 천천히 말했다.

"아저씨를 위해서라면 할 수 있을 것 같아요. 내가 사과를 해도 거짓말이 되지는 않아요. 지금은 내가 잘못했다는 생각이 드니까요. 하지만 어젯밤에는 그렇지 않았어요. 밤새도록 화가 났어요. 밤중에 세 번이나 눈을 떴는데, 그때마다 화가 나서 견딜 수 없었어요. 오늘 아침에서야 마음이 좀 가라앉았어요. 이제는 화도 나지 않아요. 맥이 쏙 빠져버린 것 같고, 다만 부끄러운 생각이 들어요. 여태껏 린드 부인에게 절대로 사과할 수 없다고 생각했어요. 그런 일을 할 바에는 차라리 이대로 언제까지나 갇혀 있는 편이 낫다고 여겼지요. 하지만 아저씨를 위해서라면 무엇이든 하겠어요. 아저씨가 그것을 바라신다면……"

"그야 물론이지. 그렇게 해주기를 기다리고 있었단다. 아래층에 네가 없으니 불이 꺼진 것 같더구나. 어쨌든 원만하게 해결하고 오너라. 자, 착하지."

앤은 체념하며 말했다.

"알겠어요. 머릴러가 돌아오면 뉘우치고 있다고 말하겠어요."

"그게 좋겠다. 그래야지, 앤. 내가 이런 말을 했다는 소리는 머릴러에게 결코 하지 말아라. 내가 쓸데없이 간섭했다고 여길지도 모르니까. 참견하지 않기로 약속했거든."

앤은 엄숙하게 약속했다.

"아무리 으름장을 놓아도 내 비밀을 파헤칠 수 없어요. 그런데 으름장은 어떻게 사람의 비밀을 알아낼까요?"[1]

그러나 매슈는 이미 없었다. 일이 너무 쉽게 되어 스스로도 믿을 수 없을 정도였다. 자기가 한 일을 머릴러가 알아차리면 큰일이다 싶어 말을 놓아 먹이는 목초지 끄트머리까지 쏜살같이 달아났다.

머릴러가 집으로 돌아오자 층계 난간 위에서 "머릴러!"라는 가냘픈 목소리가 들려왔다. 머릴러는 깜짝 놀라기도 하고 기쁘기도 했다.

머릴러는 현관 홀로 들어서며 짐짓 아무렇지 않은 척 물었다.

"왜 그러니?"

---

[1] 중세시대 두 마리 또는 네 마리의 사나운 말에 사람의 팔다리를 묶어 능지처참하는 형벌이 있었음(프랑스에서 18세기에 루이 15세의 암살을 기도한 로베르 다미앵이 이 형에 처해짐). 그래서 사나운 말에 능지처참당하는 끔찍한 형벌을 받는 한이 있더라도 비밀을 지킨다는 의미의 '사나운 말이라도 비밀을 파헤칠 수 없다'는 표현이 생겼음. 앤은 이 표현은 알고 있었지만 그 내용을 정확히 몰라 이런 질문을 한 것임.

"생각없이 화내고 예의에 어긋나는 행동을 해서 죄송했어요. 린드 부인에게 가서 용서를 빌겠어요."

"알았다."

머릴러의 쌀쌀맞은 대답에 안도의 빛 같은 것은 보이지 않았다. 그러나 마음속으로는 만일 앤이 이대로 굽히지 않는다면 어떻게 하나 걱정하고 있던 참이었다.

"우유를 짜고 난 뒤 데려다주마."

우유를 다 짠 다음 머릴러와 앤은 오솔길을 나란히 걸어갔다. 머릴러는 가슴을 펴고 의기양양하게 앞서 걸어갔지만, 앤은 고개를 숙인 채 기운이 없었다.

그러나 한걸음 한걸음 내딛으면서 앤은 마치 마법에 걸린 듯 활기를 되찾았다. 고개를 들어 붉게 물든 저녁하늘을 바라보며 들뜬 기분을 애써 참고 있는 듯 가뿐한 걸음으로 걸었다.

머릴러는 못마땅한 듯 눈썹을 찡그리며 그 변화를 지켜보았다. 기분이 상해 있는 린드 부인 앞에 데려갈 만한, 죄를 뉘우친 모습으로 보이지는 않았기 때문이다.

머릴러는 퉁명스럽게 물었다.

"대체 무슨 꿍꿍이니, 앤?"

앤은 꿈꾸듯 말했다.

"린드 부인에게 뭐라고 하면 좋을까 생각하고 있어요."

머릴러는 할 말이 없었다. 아니, 할 수가 없었다. 그러나 머릴러는 어쩐지 앤에게 벌을 주려 했던 일이 엉뚱하게 되어나가는 듯한 예감이 자꾸만 들었다. 앤이 이렇듯 밝고 황홀한 표정을 짓는 까닭이 선뜻 이해되지 않았다.

앤의 그런 표정은 린드 부인댁 앞으로 갈 때까지 계속되었다.

그때 부인은 부엌 창가에 앉아 뜨개질을 하고 있었다. 그런데 부인의 얼굴을 보는 순간 앤의 얼굴이 서서히 어두워졌다.

후회하는 표정이 침울한 얼굴에 스며나왔다. 앤은 레이철 린드 부인 앞에 무릎을 꿇으며 부디 용서해 달라는 듯 조용히 두 손을 내밀었다.

그리고 앤은 떨리는 목소리로 말했다.

"아, 린드 아주머니, 정말 잘못했습니다. 내 깊은 슬픔은 결코 말로 나타낼 수 없답니다. 그래요. 이를테면 사전 한 권에 담긴 말을 모두 써도 모자랄 겁니다.

지난 일은 아주머니에게 몹시 실례되는 행동이었지요. 그리고 신세 지고 있는 매슈와 머릴러에게도 본의 아니게 폐를 끼쳐 드렸습니다. 친절한 두 분은 남자아이가 아닌 나를 그린게이블즈에 살게 해주었는데 그 은혜를 저버리는 나쁜 아이였습니다. 벌을 받고, 훌륭한 마을사람들로부터 따돌림을 당해도 마땅합니다.

아주머니가 있는 그대로 진실을 말했는데 다짜고짜 화부터 냈으니 너무도 불량한 아이였습니다. 아주머니 말씀은 모두 사실입니다. 나는 빨강머리에 주근깨 투성이고 빼빼말랐으며 참으로 못생겼지요. 내가 아주머니에게 한 말도 사실이긴 하지만 그런 말을 해선 안됐던 겁니다.

아, 린드 아주머니, 부디 나를 용서해 주세요. 그렇지 않으면 평생 슬픔에 잠겨 살아가야 할 것입니다. 아무리 내 성격이 고약하더라도 가엾은 고아를 일생 동안 고통 속에 살게 하고 싶지는 않으시겠죠. 결코 그렇지 않으리라 믿어요. 너그러이 사과를 받아주겠다고 말씀해 주세요, 린드 아주머니."

앤은 두 손을 가슴 앞에 모아쥐고 고개를 수그린 채 판결을 기다렸다. 앤이 진심으로 뉘우치고 있음은 의심할 여지가 없었다. 말 한 마디 한 마디에 그것이 느껴졌다. 머릴러도 린드 부인도 앤의 말이 진정임을 인정했다.

그러나 머릴러는 앤이 '굴욕의 골짜기'*²에 놓인 주인공처럼 이 상황을 즐기고 있어서 몹시 당황했다. 자기가 생각해 낸 사과의 말에 취한 듯 빠져들어 학대받는 자기 자신을 도리어 즐기는 듯하였다.

머릴러가 자랑스럽게 생각했던 건전한 처벌을 앤은 완전히 쾌락으로 바꾸어버리고 말았다.

그러나 사람 좋은 린드 부인은 본디 통찰력이 그리 뛰어나지 못해서 거기까지는 꿰뚫어보지 못했다. 그저 앤이 진심으로 용서를 비는 것으로만 여겼고, 얼마쯤 남의 일에 참견 잘하는 결점이 있긴 해도 근본은 착한 사람이므로 말끔히 노여움을 풀었다.

부인은 다정하게 말했다.

"자, 애야, 어서 일어나거라. 물론 용서해 주고말고. 나도 너에게 너무 심한 말을 했다고 생각해. 하지만 나는 그런 식으로 마구 말하는 사람이니 이해해다오. 사실 네 머리는 너무 빨갛거든. 하지만 내가 어릴 때 학교에 함께 다니던 친구는 너처럼 빨강머리였는데 자라서 아름다운 금갈색이 되었단다. 그러니 네가 그렇게 된다 해도 나는 결코 놀라지 않을 게다."

앤은 벌떡 일어서며 숨을 깊이 들이마셨다.

"어머나, 린드 아주머니! 아주머니는 내게 희망의 불을 밝혀 주셨어요. 앞으로 늘 아주머니를 은인으로 여기겠어요. 아, 어른이 되어 내 머리털이 아름다운 금갈색이 된다면 나는 어떤 일이라도 참을 수 있을 거 같아요. 머리털이 아름다운 금갈색이라면 착한 아이가 되는 것도 그리 어렵지 않다고 생각지 않으세요?

저, 두 분이 이야기하는 동안 뜰에 나가 사과나무 그늘 아래에 앉아 있어도 괜찮을까요? 거기서는 마음껏 상상을 할 수가 있거든요."

"암, 좋고말고. 어서 가보아라. 그리고 갖고 싶으면 모퉁이에 피어 있

---

*2 17세기 영국 종교가 존 버니언의 《천로역정》에 나옴.

는 흰 수선화를 꺾어 꽃다발을 만들어도 괜찮아."

함박웃음을 지으며 앤이 신나서 나가자 린드 부인은 기운차게 일어나 램프에 불을 켰다.

"정말 남다른 아이로군요. 이쪽 의자에 앉아요, 머릴러. 지금 앉아 있는 의자보다 편할 거예요. 그것은 일꾼 남자아이용이니까요.

저 아이는 확실히 다른 아이들과 달라요. 마음을 끄는 힘이 있다고나 할까? 나는 이제 머릴러와 매슈가 저 아이를 기르는 데 대해 전처럼 놀라거나 안됐다는 생각을 버리게 됐어요. 좋은 아이로 잘 자랄 것 같아요. 물론 저 아이의 말투며 몸짓이 남다르기는 하죠. 어딘지 좀 과장하는 경향이 있어요. 하지만 사리 판단을 잘하는 차분한 사람들과 함께 살게 되었으니 언젠가 조금씩 고쳐지겠지요. 그리고 성품이 매우 급한 것 같은데, 그런 아이들은 오히려 교활하게 남을 속이는 짓은 하지 않지요. 간사하고 꾀 많은 아이는 정말 질색이에요. 어쨌든 저 아이가 마음에 들어요, 머릴러."

머릴러가 린드 부인 집을 나오자 앤은 흰 수선화 한 다발을 들고 그윽한 향기가 감도는 저녁놀진 과수원에서 모습을 나타냈다.

오솔길을 걸어가며 앤은 자랑스럽게 말했다.

"아까 썩 잘 했죠? 이왕 사과할 바에는 제대로 싹싹 빌어야겠다고 생각했어요."

"그래, 확실히 그렇긴 하더구나, 지나칠 만큼 말이다."

그 연극과도 같던 용서를 비는 말을 생각하면 웃음이 터져나올 것 같아 머릴러는 난처했다.

더구나 지나치게 사과를 잘한 앤을 도리어 꾸짖어야 한다고 생각하니 불안감마저 밀려왔다. 그러나 굳이 그렇게까지 할 필요는 없으리라! 결국 이번 일에 대해 엄격하게 주의를 주는 것으로 자신의 양심과 타협을 했다.

"앤, 그렇게 사과해야 할 일은 두 번 다시 저지르지 않기 바란다. 공연히 버럭버럭 화내는 것은 좋지 않아."

앤은 한숨을 쉬며 말했다.

"사람들이 내 모습에 대해 이러쿵저러쿵하지만 않으면 아무 일 없을 텐데요. 다른 일이라면 몰라도 머리색에 대해서는 너무 말을 많이 들어서 그만 울컥 화가 치밀어요. 내가 더 자라면 머리털이 정말 아름다운 금갈색으로 바뀔까요?"

"겉모습에 대해 너무 신경쓰면 못써, 앤. 너는 지나친 허영덩어리 같구나."

앤은 뾰로통해서 말했다.

"자신이 못생긴 것을 아는데 어떻게 허영덩어리가 될 수 있겠어요? 나는 예쁜 것을 좋아하는데 거울에 아름답지 못한 내 얼굴이 비치면 절망 속에 빠져 너무 서글퍼져요. 어떤 흉한 벌레를 보았을 때와 같은 기분이 들어요. 한편으로는 애처로운 생각도 들고요."

"겉모습보다는 마음*3이야."

머릴러는 격언을 인용했다.

그러자 의심많은 앤은 수선화 향기를 맡으며*4 말했다.

"그런 말을 전에도 들은 일 있지만 믿지 않아요. 수선화는 참 사랑스러운 꽃이에요. 이것을 주시다니. 나는 이제 친절한 린드 아주머니를 미워하지 않아요. 사과하고 용서받는다는 건 무척 기분 좋은 일 같아요. 오늘 밤은 별이 총총 빛나고 있어요. 만일 별에서 살 수 있다면 머릴러는 어느 별이 좋아요? 나는 저 언덕 위에서 반짝이는 크고

---

*3 그대로 옮기면 '바른(핸섬) 행동을 하는 사람이 아름답다(핸섬)'는 뜻의 속담. 머릴러는 즉각 속담을 사용해 훈계한 것임. 이 명구는 16세기 무렵 문헌에도 있으며, 18세기 시인·소설가인 올리버 골드스미스의 《웨이크필드의 교사》에도 나오는 등 그 뒤 수많은 작가가 작품에 인용함.

*4 "sniffing at narcissus"에는 '수선화 향기를 맡는다' 외에 '자만심 강한 사람을 비웃는다'는 의미도 있음. 즉 허영심 강한 앤을 비꼬는 의미도 들어 있음. 수선화의 어원은 그리스 신화에 나오는 자기애가 강한 미소년 나르시스임.

환한 별이 좋겠어요."

쉴새없이 떠드는 앤의 말을 귀담아 듣다가 지쳐버린 머릴러는 얼른 말했다.

"앤, 이제 그만 입 좀 다물어라."

두 사람이 집 앞 오솔길로 들어설 때까지 앤은 아무 말도 하지 않았다. 산들바람이 불어와 이슬에 젖은 알싸한 고사리 향기가 두 사람을 감쌌다. 언덕 위쪽 그린게이블즈의 부엌에서 새어나오는 따스한 불빛이 나뭇가지 사이로 깜빡이고 있었다.

앤은 갑자기 머릴러에게 몸을 바싹 갖다대며 그녀의 차가운 손 안에 조그만 손을 밀어넣었다.

그리고 앤은 얼굴 가득히 미소를 띤 채 말했다.

"저 집이 우리집이다 생각하며 돌아가니 참으로 즐거워요. 나는 그린게이블즈가 몹시 마음에 들어요. 이제까지는 아무데도 좋아한 적 없고, 우리집이라고 여긴 곳도 없었어요. 아, 머릴러, 난 너무나 행복해요. 지금 같은 기분이라면 기꺼이 감사기도를 드리고 싶고, 어렵게 느껴지지도 않아요."

앤의 가냘픈 손이 자기 손에 닿았을 때 어떤 따뜻한 정이 머릴러의 가슴에 솟아올랐다. 아마도 여지껏 느껴보지 못했던 모성애 같은 것인지도 모른다. 그런 감정에 익숙지 못한 머릴러는 그것이 더할 나위 없이 달콤하여 순간 당황했다.

여느 때의 평온한 마음으로 돌아가기 위해 머릴러는 교훈을 끌어냈다.

"앤, 착한 아이가 되면 언제나 행복해질 수 있단다. 그때는 기도문 외는 것도 전혀 어렵지 않지."

앤은 골똘히 생각에 잠기며 말했다.

"기도문을 외는 것과 기도하는 것은 좀 다른 것 같아요. 이제 나는 바람이라고 상상하고 싶어요. 저 나무 위를 빙빙 돌며 후후 불다가,

싫증나면 여기 이 작은 고사리 위로 춤추듯 살며시 내려와 샹들리에처럼 매달려 있는 잎사귀를 흔들죠. 그러다가 린드 아주머니네 뜰로 날아가 꽃들을 하늘하늘 춤추게 하고, 클로버 말처럼 들판을 휩쓸고 달려가요. 그리고 '빛나는 호수'로 다가가 살살 다독이듯 잔물결을 일으키는 거예요.

  아, 바람에는 상상의 나래를 한껏 펼칠 수 있는 여지가 얼마든지 있어요! 지금은 더 이상 이야기하지 않겠어요, 머릴러."

  머릴러는 안도의 한숨을 내쉬었다.

  '아, 고마워라, 참 다행이야. 하느님에게 감사해야지.'

주일학교

"어떠냐, 마음에 드니?"

머릴러가 물었다. 앤은 침대 위에 펼쳐 놓은 세 벌의 새옷을 야릇한 표정으로 바라보며 서 있었다.

하나는 갈색 깅엄*1 천으로, 여름에 행상인이 가져왔을 때 매우 튼튼해 보여 머릴러가 미리 사둔 것이었다. 또 하나는 검은색과 흰색이 교차하는 바둑판무늬 새틴 천으로 지난 겨울 가장 쌀 때 사온 것이다. 나머지 하나는 아무리 요모조모 살펴보아도 예쁘다고 할 수 없는, 푸르스름하니 뻣뻣한 천으로, 며칠 전 카모디의 가게에서 사왔다.

머릴러가 손수 만들어 세 벌 모두 비슷비슷해 보였다. 아무 장식 없는 스커트와 마찬가지로 윗옷은 단순하고 팔이 겨우 들어갈 정도로 좁았다.

앤은 무표정한 얼굴로 말했다.

"상상의 도움을 빌어 마음에 들었다고 해둘게요."

예상치 못한 반응에 머릴러는 화가 났다.

---

*1 굵은 세로줄 무늬나 큼직한 격자무늬 면직물. 본디 말레이산 값싼 무명을 가리킴.

"들었다고 해두다니, 옳아, 마음에 들지 않는단 말이지! 어디가 나빠 그러니? 산뜻하고 깨끗한 새옷인데!"

"그래요."

"그럼, 어째서 마음에 들지 않는단 말이냐?"

앤은 마지못해 입을 열었다.

"그야…… 그야…… 예쁘지 않으니까요."

"예쁜 옷?"

머릴러는 "흥!" 하고 코웃음을 쳤다.

"너에게 예쁜 옷을 만들어 줄 생각은 조금도 없어. 똑똑히 말해두지만 그것은 네 허영심을 길러줄 뿐이야. 이 옷들은 모두 질기고 쓸데없는 주름이나 장식없이 아주 실용적이야.

이번 여름은 이 세 벌로 지내도록 해라. 갈색 깅엄 옷과 파란 옷은 학교에 다닐 때 입으면 좋을 테고, 새틴 옷은 교회에 갈 때 입도록 해. 옷은 언제나 단정하고 깨끗하게 입도록 해라. 옷이 찢기지 않도록 조심하고. 고아원에서 입고 온 교직 옷에 비하면 무슨 옷이든 고맙게 여겨야 될 텐데."

앤은 뾰로통해졌다.

"물론 고맙게 생각하고 있어요. 하지만 이 가운데 만일 봉긋 부풀린 소매가 달린 옷이 한 벌이라도 있다면 더욱 고맙게 생각했을 거예요. 요즘은 부풀린 소매가 유행하고 있잖아요?[2] 그런 옷을 입으면 가슴이 두근거릴 것 같아요."

"안타깝게도 그런 소매를 만들 만한 헝겊이 없어 안됐구나. 내 눈

---

*2 유럽에서는 1880년대부터 세기말까지 북미에서는 1893년에서 96년까지 크게 유행했고, 그 뒤에도 인기가 계속되었음. 천을 듬뿍 사용해 소매를 부풀린 옷이 신대륙 서민들 사이에도 유명한 배경에는, 영국에서 18세기 끝무렵부터 시작된 산업혁명이 아메리카 대륙에까지 파급되어 방적기와 직기의 보급으로 옷감 가격이 값싸졌기 때문임. 몽고메리가 어린 시절에도 유행해 학교친구들이 입었지만, 검소하고 엄격했던 그녀의 조부모는 그런 옷을 입히려 하지 않았다고 일기에 적혀 있음.

에는 부풀린 소매가 우스꽝스러워 보이더라. 깔끔하고 얌전한 소매가 최고지."

앤은 슬픈 표정으로 호소했다.

"하지만 나 혼자만 이런 옷을 입느니 차라리 다른 사람들과 마찬가지로 우스꽝스러워보이는 편이 훨씬 더 나아요."

"정말 한심한 말을 하는구나! 어서 옷을 차곡차곡 개켜 옷장 속에 넣어라. 그런 다음 앉아서 주일학교 공부를 해. 벨 씨에게서 네게 맞는 책을 빌려왔으니까. 내일은 교회에 가야 한다."

머릴러는 몹시 화가 나서 쿵쿵거리며 아래층으로 내려갔다.

앤은 두 손을 마주잡고 서서 물끄러미 옷을 바라보았다. 그리고 실망하여 중얼거렸다.

"부풀린 소매가 달린 흰옷을 입고 싶은데…… 그런 옷을 달라고 기도를 드렸지만, 그리 기대하지는 않았어. 하느님은 하찮은 고아의 옷 걱정까지 하실 틈이 없을 테니까. 머릴러의 처분만 기다리는 수밖에 없었지. 하지만 다행히도 내게는 상상력이 있으니까, 이 가운데 한 벌은 아름다운 레이스 장식이 달리고 세 단 겹쳐진 부풀린 소매가 달린 새하얀 모슬린 옷이라 생각하면 돼."

다음날 아침, 머릴러는 두통이 나서 점점 심해졌으므로 앤을 주일학교에 데려다 주지 못하게 되었다.

머릴러는 말했다.

"린드 부인댁에 들러서 가거라, 앤. 아주머니가 너를 알맞은 반에 넣어줄 게다. 예절바르게 다소곳이 행동해야 한다. 공부가 끝나면 린드 부인에게 우리 자리를 가르쳐 달라 해서 얌전히 앉아 목사님 설교를 잘 들어야 한단다. 이것은 헌금으로 바칠 1센트야. 사람들을 물끄러미 쳐다보거나 덤벙대며 침착하지 못한 태도를 보여선 안 된다. 집에 돌아오면 설교할 때 목사님이 성서에 있는 어떤 구절을 인용하셨는지 나에게 이야기해 다오."

앤은 검은색과 흰색 바둑판무늬의 빳빳한 새틴으로 몸을 감싼, 조금도 나무랄 데 없는 차림새로 나갔다. 옷길이는 충분히 여분을 두어 천을 절약했다는 말을 들을 염려는 없었지만, 품은 꼭 맞아 앤의 앙상한 몸을 한층 두드러져 보이게 했다.

새로 산 모자는 작고 평평하며 반들거려, 역시 지나치게 단순했다. 앤은 절망했다. 마음속으로 리본이나 꽃이 달린 모자를 은근히 기대하고 있었던 것이다.

그러나 아쉽게도 리본은 구할 수 없었지만 꽃은 큰길에 다다르기 전에 얼마든지 있었다. 오솔길을 걸어가다가 앤은 황금색 미나리아재비가 바람결에 나부끼고 들장미가 한창 다글다글 피어 있는 것을 보고 잔뜩 꺾어 얼른 화환을 만들어 모자에 얹었다.

사람들이 보고 어떻게 생각하든 앤은 매우 만족스러웠다. 연분홍과 노란 꽃으로 어지럽게 꾸민 빨강머리를 자랑스럽게 쳐들고 가벼운 발걸음으로 큰길을 걸어갔다.

린드 부인 집으로 가니 부인은 이미 나간 뒤여서 앤은 머뭇거리지 않고 혼자 교회에 갔다. 교회에 닿으니 문 앞에 공작새처럼 하양, 파랑, 핑크 등 갖가지 화려한 빛깔의 옷으로 몸단장한 여자아이들이 삼삼오오 모여 머리에 묘한 화환을 얹고 자기들 무리 속으로 뛰어들어온 낯선 소녀를 호기심에 잔뜩 찬 눈으로 바라보았다.

애번리의 여자아이들은 이미 앤에 대한 떠도는 소문을 듣고 있었다. 린드 부인은 앤이 화를 잘 내는 아이라고 했고, 그린게이블즈에서 일하는 소년 제리 부트는 늘 혼자 중얼거리며 나무나 꽃들에게 말을 건네는 머리가 이상한 여자아이라고 말했다.

여자아이들은 앤을 보자 책으로 입을 가리고 서로 소곤거렸다. 앤에게 먼저 친절하게 말을 걸어오는 사람은 아무도 없었다. 개회예배가 끝나고 미스 로저슨의 성경공부반에 들어갔을 때도 마찬가지였다.

미스 로저슨은 주일학교에서 20년 동안 줄곧 가르쳐온 나이 많은 여자였다. 그녀의 수업 방식은, 책에 씌어진 질문을 읽은 뒤 대답을 시켜야겠다고 생각한 여자아이를 책 너머로 매섭게 쏘아보는 것이었다.

그녀는 여러 번 앤 쪽을 쏘아보았으며 앤은 머릴러의 특별한 가르침 덕분에 쉽사리 말할 수 있었다. 그러나 질문도 대답도 모두 그 참뜻을 이해하고 있었는지는 의심스러웠다.

앤은 미스 로저슨이 마음에 들지 않았다. 그리고 다른 여자아이들은 모두 부풀린 소매가 달린 옷을 입고 있는데 자기만 그렇지 못해 무척 비참했다. 부풀린 소매가 달린 옷조차 입지 못한 인생은 살 가치가 없다고 앤은 생각했다.

앤이 돌아오자 머릴러는 물었다.

"주일학교는 괜찮았니?"

모자에 꽂았던 화환은 시들어 오솔길에 버리고 왔으므로 머릴러는 당분간 그 일을 모른 채 지내게 되었다.

"주일학교란 참 재미없는 곳이에요. 너무 따분해서 가기 싫어요."

머릴러는 꾸짖었다.

"앤 셜리!"

앤은 후유 긴 한숨을 쉬고 흔들의자에 앉아 제라늄 '보니'의 잎에 입을 맞추고 푸셔 꽃을 향해 손을 흔들었다.

그리고 이 몸짓과 주일학교에 대해 말했다.

"내가 없는 동안 보니도 푸셔도 쓸쓸했겠죠. ……음, 주일학교에서는 말씀하신 대로 얌전히 있었어요. 린드 아주머니는 벌써 떠난 뒤여서 나 혼자 갔어요. 다른 여자아이들과 함께 들어가 예배드리는 동안 창가에 자리잡고 앉았어요.

벨 씨의 기도는 정말 지독하게 길었어요. 그나마 창가에 앉아서 다행이었어요. 그렇지 않았다면 몹시 지루해서 도중에 도망쳤을 거예

요. 마침 창문으로 '빛나는 호수'가 내다보여 밖을 바라보면서 온갖 멋진 상상을 할 수 있었어요."

"그러면 못써. 벨 씨의 기도를 잘 들어야지."

"하지만 벨 씨는 내게 이야기한 게 아니라 하느님에게 했으니까요. 게다가 그리 열심히 하는 것 같지 않았어요. 하느님이 너무 멀리 계시니까 기도드릴 보람이 없다고 생각했나봐요. 대신 혼자서 짧은 기도를 드렸어요.

호숫가에 늘어선 흰 자작나무가 찰랑찰랑한 물 위에 가지를 드리우고 빛이 그 사이로 비쳐 물 속까지 스며들고 있었어요. 아, 머릴러, 마치 아름다운 꿈을 꾸고 있는 것 같았어요! 나는 가슴이 마구 뛰어 저도 모르게 '고맙습니다, 하느님' 두세 번 되풀이해서 말했어요."

머릴러는 걱정스러운 눈길로 물었다.

"설마 큰 소리로 말하지는 않았겠지?"

"네, 작은 목소리로 말했어요. 한참만에 벨 씨의 기도가 끝나고 나는 미스 로저슨의 성경공부반으로 들어가라는 말을 들었어요. 그 반에는 여자아이가 아홉 명 있었는데 모두 부풀린 소매가 달린 옷을 입고 있었어요. 내 소매도 부풀어 있다고 상상하려 했지만 잘 안됐어요. 어째서일까요? 방에 혼자 있을 때는 쉽사리 내 소매가 부풀어 있다고 생각할 수 있었는데, 진짜로 그런 소매가 달린 옷을 입은 아이들이 주위에 앉아 있으니까 무척 어려웠어요."

"주일학교에서 겨우 옷소매에 대한 생각이나 하면 못써. 공부에 집중해야지. 그런 것쯤은 알고 있는 줄 알았는데."

"어머나, 알고 있어요. 그리고 많은 질문에 또박또박 대답도 잘했어요. 미스 로저슨 선생님은 내게 산더미처럼 많은 질문을 했어요. 그건 불공평하다고 생각해요. 나도 물어볼 말이 많았지만 내키지 않아 그만두었어요. 나와 마음이 통할 거 같지 않았거든요.

다른 아이들은 모두 성경 구절을 운문으로 된 종교시를 암송했어요. 선생님은 내게 아는 종교시가 있느냐고 물었어요. 하지만 나는 모른다고 솔직하게 말했죠. 하지만 '무덤 앞의 충실한 개'*³라도 좋다면 암송할 수 있다고 했어요. 《로열 리더》 제3권에 실려 있죠. 이것은 종교시는 아니지만 무척 슬프고 쓸쓸한 시여서 괜찮을지도 모른다고 생각했어요. 선생님은 그 시는 안 되니까 다음 주까지 제19번 종교시를 암송해 오라고 하셨어요. 교회에 있는 동안 그것을 읽어보았는데 참으로 멋진 시였어요. 특히 다음 두 줄은 가슴이 콩닥콩닥 뛸 만큼 훌륭했어요.

미디언*⁴이 저주받은 날
학살당하는 기병대가 순식간에 쓰러지듯*⁵

'기병대'도 '미디언'도 무슨 뜻인지는 모르지만 무척 비극적으로 들려요. 그 시를 암송할 다음주 일요일이 기다려져요. 일주일 내내 언

---

*3 미국 시인 리디아 시거니(1791-1865)의 시. 시거니는 코네티컷 주 출신, 19세기 미국에서 가장 인기 있었던 시인으로, 미국에서 직업작가로 성공한(곧 문학으로 생계를 유지한) 첫 여성. 참고로 캐나다 여성 최초의 직업작가는 몽고메리라고 전해짐. 시거니는 죽음과 신앙을 테마로 고상하고 감상적인 작품을 썼음. 이 시를 의역하면, '주인을 잃은 개가 주인을 그리워하면서/언젠가 돌아오기를 기대하며 무덤을 지키고 있다/무더운 여름에도/또 가을이 와도 줄곧 기다리고 있다/불쌍하게 여긴 아이가 집으로 데려 가려 하지만 끝내 주인의 무덤에서 떠나지 않는다/마침내 겨울이 찾아와 추위와 굶주림에 지친 개는/마지막 순간 주인을 그리며 한번 짖은 뒤 숨을 거둔다'라는 앤이 좋아할 만한 슬픈 내용.★

*4 구약성서 〈출애굽기〉 제2장에서 모세가 이집트에서 탈출해 정착한 곳.

*5 성서에 근거해 지어진, 장로파 교회 찬송가의 한 구절. 구약성서 〈판관기〉 제8장에 미디언이 이스라엘에 정복당하는 모습이 묘사되어 있음. 또 구약성서 〈이사야서〉 제9장 3절부터 4절에서도 '그 압제자의 막대기를 꺾으시되 미디언의 날과 같이 하셨음이시니이다. 어지러이 싸우는 군인의 갑옷과 피묻은 복장 이불에 섶같이 살라지리니'라고 하며 미디언 전투의 참상을 전하고 있음. 이 종교시를 몽고메리는 9살 때 주일학교에서 암송한 뒤 영혼이 뒤흔들리는 걸 느꼈다고 자서전에 쓰고 있음.

습해 두겠어요.

　주일학교가 끝난 뒤 설교를 들으러 갔어요. 미스 로저슨에게 머릴 러 자리를 가르쳐달라고 부탁드렸지요. 린드 아주머니는 멀리 떨어진 곳에 앉아 계셨거든요. 나는 조용히 앉아 있었어요.

　설교에 인용된 성경구절은 《요한 묵시록》 제3장 2절과 3절*6이었어 요. 굉장히 길었지요. 내가 목사님이라면 좀더 짧고 시원스러운 것을 골랐을 거예요. 설교도 지루하게 길었어요. 성경구절이 길어 거기에 맞춰야 했나봐요. 목사님 말씀은 하나도 재미없었어요. 상상력이 모 자란 탓이 아닌가 싶어요. 결국 설교를 잘 귀담아 듣지 않았어요. 참 으로 가슴 설레게 하는 놀라운 상상이 잇달아 마음속에 떠올랐거 든요.”

　머릴러는 앤의 이야기를 듣고 엄하게 꾸짖어야겠다고 생각했지만 아무래도 그럴 수 없었다. 뭐니뭐니해도 앤의 말 가운데 일부는 부정 할 수 없는 사실이었기 때문이다.

　특히 목사님의 설교며 벨 씨의 기도에 대한 앤의 의견은 입 밖에 내지는 않았지만, 머릴러가 여러 해 동안 마음속 깊이 생각해 오던 그대로였다. 여태까지 희미하게 간직해 두었던 비판의 소리가 이 순 진무구하고 솔직한 아이의 입을 빌어 눈에 보이는 뚜렷한 비난의 화 살로 형태를 바꾸어 나타난 듯한 느낌이 들었다.

---

*6 이 두 절만 읽으면 몹시 지루하게 느껴짐. 앤이 “내가 목사님이라면 좀더 짧고 시원스러 운 것을 골랐을 거예요”라고 말한 대로, 그리 감동을 주지 않는 구절을 목사님이 인용 한 것임.

진실한 맹세

다음 금요일에야 비로소 머릴러는 화환으로 꾸민 앤의 모자에 대한 이야기를 들었다.

린드 부인 집에서 돌아온 머릴러는 앤을 불렀다.

"앤, 린드 부인에게 들었는데 지난 일요일 미나리아재비며 장미로 모자를 더덕더덕 꾸미고 교회에 갔었다면서? 대체 왜 그런 어이없는 짓을 했니? 좋은 구경거리가 되었겠구나."

"연분홍과 노랑이 내게 어울리지 않는다는 건 잘 알고 있어요."

"어울리지 않는다고! 한심하구나. 내가 나쁘게 여기는 건 색깔이 아니라 모자를 꽃으로 꾸몄다는 점이야. 정말 엉뚱한 아이구나!"

앤은 반박했다.

"옷에는 꽃장식을 달면서 모자에는 왜 안 되는지 모르겠어요. 옷에 핀으로 꽃을 단 아이는 얼마든지 있는데, 어떻게 다르지요?"

그러나 머릴러는 이런 아리송한 말에는 휩쓸리지 않고 어디까지나 확실하고도 호되게 꾸중하며 말했다.

"그렇게 말대답하는 게 아니야, 앤. 앞으로 두 번 다시 그런 짓 하지 말아라.

네가 들어오는 걸 보고 린드 부인은 쥐구멍이라도 있으면 어디든 숨어버리고 싶은 심정이었다고 하더라. 부인은 화환을 떼어버리도록 주의를 주고 싶었지만 자리가 너무 멀리 떨어져 있어 그럴 수 없었다고 했어. 모두들 심하게 흉봤다지 뭐냐. 네가 그런 우스꽝스러운 모습을 하고 간 건 아마 내가 상식이 없기 때문이라고들 생각할 게다."

"어머나, 정말 미안해요."

앤의 눈에서 눈물이 또르르 흘러내렸다. 이내 울면서 말했다.

"폐가 될 줄은 미처 깨닫지 못했어요. 장미와 미나리아재비가 너무 예쁘고 향기로워서 모자에 장식하면 멋지겠다는 생각만 했어요. 모자에 조화를 꽂은 아이들은 많이 있잖아요.

머릴러를 자꾸 성가시게 하는 것만 같아요. 이럴 바에는 고아원으로 다시 돌아가는 편이 나을지도 모르겠어요. 아마 그렇게 되면 평생 괴로워 견딜 수 없을 거예요. 지금도 이렇게 야위었는데, 틀림없이 폐병에 걸리고 말 거예요. 하지만 머릴러를 귀찮게 하는 것보다 그편이 나을지도 모르죠."

머릴러는 화가 났다. 아니, 그보다도 고작 어린아이를 울게 만든 자기 자신이 한심스러웠다.

"어리석은 소리 그만 하거라. 너를 고아원으로 돌려보낼 생각은 조금도 없어. 다른 아이들처럼 행동하고 비웃음거리가 되지 않으면 된 거야. 이젠 그만 뚝 그쳐라.

참, 너에게 알려줄 일이 있다. 다이애너 배리가 오늘 오후 돌아왔단다. 때마침 스커트 옷본을 빌리러 그 댁에 가야 하는데 가고 싶으면 함께 가도 좋아. 다이애너와 친구가 될 수 있을 거야."

뺨에 아직 눈물이 마르지 않은 채 앤은 벌떡 일어나 두 손을 마주 잡았다. 가장자리선을 두르고 있던 냅킨이 무릎에서 떨어졌지만 알아차리지 못했다.

"아, 머릴러, 두려워요. 드디어 때가 되었군요. 그 아이가 나를 좋아하지 않으면 어쩌지요! 그건 내 일생에서 가장 비극적인 결말이 될 거예요.”

“소란피우지 말아라. 그리고 부디 장황하게 말하지 말아다오. 어린 아이가 그런 식으로 이야기하면 아주 이상해. 다이애너는 아마 너를 좋아할 거야. 걱정할 것 없어.

조심해야 할 사람은 다이애너 어머니지. 그 부인 마음에 들지 않으면 다이애너가 아무리 너를 좋아해도 소용없단다. 린드 부인에게 대들었던 일이며 미나리아재비를 두른 모자를 쓰고 교회에 갔던 이야기를 그 어머니가 들었다면 너를 어떻게 생각하겠니. 공손하게 굴어야 한다. 그분을 깜짝 놀라게 하는 말은 삼가야 해. 아니, 너 정말로 떨고 있구나!”

앤은 얼굴이 하얗게 굳어져 사시나무 떨 듯 온몸을 바들바들 떨고 있었다.

모자를 가지러 달려가며 앤은 말했다.

“아, 머릴러, 마음의 벗이 되어주기 바라는 아이를 만나러 간다면 저처럼 머릴러도 흥분할 거예요. 더욱이 그 아이 어머니 마음에 들지 않을지도 모르니까요.”

두 사람은 시냇물을 건너 전나무 언덕을 올라가 지름길로 ‘언덕의 과수원’에 갔다.

머릴러가 부엌문을 똑똑 두드리자 배리 부인이 나왔다. 키가 큰 부인은 까만 눈과 검은 머리에다가 강한 의지가 보이는 입매를 하고 있었다. 부인은 자기 아이들을 엄하게 다룬다는 평판이 자자했다.

부인은 손님을 따뜻하게 맞았다.

“어서 오세요. 머릴러, 맡아 기른다는 여자아이가 바로 이 아이인가요?”

머릴러는 소개했다.

“네, 앤 셜리라고 한답니다.”

앤은 숨을 헐떡이며 덧붙였다.

"끝에 e자가 두 개 있어요."

긴장하여 목소리가 덜덜 떨렸지만 이토록 중요한 일을 잘못 알게 해서는 안 된다고 굳게 마음먹은 듯했다. 배리 부인은 앤의 말이 들리지 않았는지, 아니면 무슨 뜻인지 몰랐는지 악수하고는 상냥하게 물었다.

"지내기는 어떠니?"

앤은 진지한 투로 말했다.

"마음은 좀 어수선하지만 몸은 건강해요. 감사합니다, 아주머니."

그리고 주위에 들릴 듯 말 듯한 목소리로 머릴러에게 속삭였다.

"그리 잘못 말한 건 없죠, 머릴러?"

다이애너는 소파에 앉아 책을 읽고 있다가 두 손님이 들어오자 가만히 내려놓았다. 어머니를 닮은 까만 눈동자와 머리 그리고 장밋빛 뺨을 한 예쁜 소녀였다. 그리고 입꼬리가 올라가 명랑해 보이는 표정은 아버지를 쏙 빼닮았다.

배리 부인이 딸을 소개했다.

"다이애너란다. 다이애너, 앤과 함께 뜰에 나가 네 꽃밭을 보여주렴. 그렇게 책만 보고 있으니 눈이 나빠져 큰일이야."

그리고 두 아이가 뜰로 나가자 머릴러에게 말했다.

"저 아이는 책을 너무 많이 읽는답니다. 게다가 말릴 수가 없어요. 애들 아빠가 저 애를 편들어 주니까요. 눈만 뜨면 책에 몰두해 있으니 그래도 친구가 생겨 잘됐어요. 밖에서 노는 시간이 좀더 많아질 테니까요."

뜰에서는 거무스름한 고목 전나무 사이로 비쳐드는 따사로운 저녁해를 가득 받으며 앤과 다이애너가 몽긋몽긋한 참나리 덤불을 두고 멋쩍은 미소를 지으며 마주보고 있었다.

배리 씨네 정원은 온통 꽃으로 뒤덮여 마치 들판 같았다. 이같이 중요한 때가 아니었다면 앤을 얼마나 기쁘게 했을까.

뜰은 커다란 늙은 버드나무와 키 큰 전나무로 둘러싸이고, 그 아래에 나무 그늘을 좋아하는 꽃들이 아기자기하게 피어 있었다. 조개 껍데기로 단정하게 가장자리를 두른 오솔길이 선물 꾸러미들을 묶는 빨간 리본처럼 정원을 직각으로 정연하게 나누고, 그 사이 꽃밭에는 고풍스러운 꽃들이 어우러져 피어 있었다.

장밋빛 하트 모양을 한 수줍은 금낭화,*¹ 크고 소담한 진홍색 작약, 단아한 하얀 수선화, 가시 많은 스코틀랜드 장미, 핑크·파랑·하양 색색의 매발톱꽃, 은은한 비누패랭이꽃*² 그리고 서전우드,*³ 쑥이며 댕기풀이며 박하풀덤불, 보랏빛 난초인 아담과 이브, 나팔수선화가 아옹다옹 서로 뽐내듯 피어 있었다. 그밖에 깃털처럼 섬세한 하얀 줄기가 달콤한 향기를 뿜는 한 무더기의 클로버, 새침한 느낌의 사향초 위에 불타듯 피어오른 새빨간 꽃들이 있었다.

뜰의 아름다움에 석양은 가기 아쉬운 듯 서성거리고, 꿀벌이 윙윙 날아다녔으며, 바람도 차마 떠나지 못한 채 나뭇잎 사이를 오가며 살랑살랑 불고 있었다.

앤은 두 손을 마주잡고 소곤대는 목소리로 말했다.

"저, 다이애너, 너는…… 저, 나를 조금이라도 좋아할 수 있을 것 같니? 내 마음의 벗이 될 수 있을 만큼?"

다이애너는 빙그레 웃었다. 다이애너는 말하기 전에 언제나 웃는

---

*1 양꽃주머니과 여러해살이풀. 5-6월에 담홍색 꽃이 핌. 며느리주머니.

*2 패랭이과로, 청초한 분홍색·흰색 꽃이 핌. 화단용으로도 재배되지만, 잎에 사포닌이 함유되어 물에 담궈 비비면 거품이 생기므로, 예로부터 비누로 사용되었음. 다이애너의 집에서는 관상용·실용 두 가지 목적에서 키우고 있었을 것임.

*3 국화과 허브. 우리나라 이름은 서양개사철쑥. 벌레를 퇴치하는 냄새가 있어, 화학약품 방충제가 나오기 전까지 프랑스에서는 '가르드로브(의복의 파수꾼)'라 불리며 방충제로 사용. 영국에서도 박하와 로즈마리 등과 함께 기름에 담근 향유를 타박상에 발랐음. 다이애너의 집에서도 실생활에 도움되는 허브로 재배했을 것임.《약속》에서도 마당에 자라고 있음.

버릇이 있었다. 다이애너는 솔직하게 말했다.

"응, 좋아할 수 있지. 네가 그린게이블즈에 살게 되어 참 기뻐. 함께 놀 친구가 있다는 건 유쾌한 일일 거야. 지금까지는 함께 놀 친구가 가까이에 없었어. 내 동생은 너무 어리고."

앤은 열띤 목소리로 물었다.

"영원히, 영원히 내 친구가 되겠다고 '맹세(swear)'할 수 있니?"

다이애너는 흠칫 놀라 나무라듯 물었다.

"어머나, '저주'라니, 그게 무슨 말이니?"

"아니야, 내가 말하는 건 그런 뜻이 아니야. 그 말에는 두 가지 뜻이 있어."*4

다이애너는 의심스러운 듯 고개를 갸우뚱거리며 말했다.

"나는 한 가지밖에 몰라."

"또 한 가지 다른 뜻이 있어. 조금도 나쁜 뜻이 아니야. 엄숙한 맹세를 약속한다는 뜻이지."

다이애너는 마음 놓으며 승낙했다.

"그렇다면 좋아. 어떻게 맹세하니?"

"먼저 손을 서로 잡아야 해."

앤은 엄숙하게 말했다.

"흐르는 물 위에서 손을 서로 잡고 맹세해야 하지만, 이 오솔길을 흐르는 물이라고 상상하자. 내가 먼저 맹세의 말을 할게. 해와 달이 없어지지 않는 한 내 마음의 벗, 다이애너 배리에게 충실할 것을 엄숙하게 맹세합니다. 자, 이번에는 네 차례야. 내 이름을 넣어서 하면 돼."

다이애너는 먼저 귀엽게 샐쭉 웃고 나서 맹세를 되풀이한 다음 까르르 방울소리처럼 또 웃었다.

---

*4 swear. 맹세한다는 뜻과 같은 빈도로 신을 저주한다는 뜻으로도 쓰임. 다이애너는 신을 저주한다는 의미밖에 몰랐기 때문에 앤이 swear라는 말을 사용하자 놀란 것임.

"너는 정말 별나구나. 네가 남다르다는 말은 이미 들었어. 하지만 나는 너를 무척 좋아하게 될 것 같아."

돌아갈 때 다이애너는 머릴러와 앤을 통나무 다리까지 바래다주었다. 두 소녀는 어깨동무를 하고 걸었다. 그리고 시냇가에서 내일 오후 무엇을 하며 함께 놀 것인지 이것저것 산더미만큼 약속하고 헤어졌다.

그린게이블즈 뜰을 걸어가며 머릴러가 물었다.

"어떠냐, 다이애너와 마음이 맞을 것 같니?"

"네, 물론이에요."

가슴이 벅찬 앤은 머릴러의 비꼬는 뜻을 알아차리지 못하고 만족스러운 듯 숨을 크게 내쉬었다.

"아, 머릴러, 나는 지금 프린스 에드워드 섬에서 가장 행복한 소녀예요. 오늘 밤에는 꼭 열심히 기도를 드리겠어요. 다이애너와 나는 내일 윌리엄 벨 씨네 자작나무숲에서 소꿉장난을 할 집을 짓기로 했어요. 장작오두막에 있는 깨어진 사기그릇을 가져가도 괜찮겠죠? 다이애너 생일은 2월이고 내 생일은 3월이에요. 그저 우연의 일치겠지만 운명이라는 생각이 들지 않으세요?

다이애너는 기꺼이 내게 책을 빌려준다고 했어요. 굉장히 재미있고 몸이 떨릴 만큼 흥미진진한 책이래요. 그리고 숲속의 야생 백합이 피어 있는 곳을 가르쳐주겠대요. 다이애너는 감정이 풍부한 눈을 하고 있어요. 내 눈도 그랬으면 좋을 텐데.

또 '개암나무 골짜기의 넬리'*5라는 노래를 가르쳐준다고 했어요. 참, 내 방에 걸어놓을 그림도 준대요. 아주 아름다운 그림이래요. 하늘색 비단 드레스를 입은 어여쁜 여인을 그린 그림인데 재봉틀회사

---

*5 노래. 미국 작곡가 조지 프레데릭 루트(1820~95)가 작곡한 대히트곡. 넬리라는 아가씨가 죽은 날, 밤새 그 죽음을 슬퍼하는 노래.

사원*6이 줬대요.

나도 다이애너에게 뭔가 줄 것이 있으면 좋겠어요. 나는 다이애너는 1인치나 키가 크지만 그 애는 나보다 통통해요. 또 날씬한 게 훨씬 우아해 보이니 살이 빠졌으면 좋겠다고 말했지만, 바짝 마른 나를 위로해 주기 위해서인 것 같아요.

우리는 조개껍데기를 주우러 언젠가는 바닷가에 갈 거예요. 통나무다리 밑 샘을 '드라이어드*7 샘'이라 부르기로 했어요. 아주 고상한 이름이죠? 전에 그런 이름의 샘이 나오는 이야기를 읽은 적 있어요. '드라이어드'는 말하자면 얌전한 요정이라 할 수 있어요."

머릴러는 가까스로 한마디 끼어들었다.

"어쨌든 말을 너무 많이 해서 다이애너가 지겨워하지 않도록 해라. 그리고 무슨 계획을 세우든 하루 종일 놀아선 안 돼. 네 할 일을 하고 난 다음에 놀아야 한다는 것을 잊어선 안 된다, 앤."

앤의 가슴은 즐거움으로 부풀어올랐는데 매슈가 더욱 흘러넘치게 해주었다.

매슈는 카모디에 물건을 사러 갔다가 막 돌아온 참이었다. 그는 변명하는 듯한 쑥스러운 표정으로 머릴러의 얼굴빛을 살피며 주머니에서 주춤주춤 조그만 꾸러미를 꺼내 앤에게 주었다.

"네가 초콜릿 캐러멜을 좋아한다고 말한 게 기억나 좀 사왔다."

머릴러는 콧방귀를 뀌었다.

"흥, 그런 것은 이와 위장에 나빠요. 앤, 그런 슬픈 얼굴은 하지 말아라. 매슈 오라버니가 모처럼 사다준 것이니 먹어도 좋아. 하지만 박

---

*6 재봉틀은 1790년 영국의 세인트가 한 가닥의 실로 박는 재봉틀을 발명한 뒤, 미국에서 하우가 현재와 같은 상하 두 가닥 실의 재봉틀을 완성. 그 뒤 1851년 설립된 싱어사에 의해 1860년부터 미국에서 널리 실용화. 《빨강머리 앤》의 배경이 되는 시대에도 재봉틀이 일반적으로 보급되고 있었음.다이애너의 집에 있던 재봉틀회사 사원이 준 그림은 판매촉진경품.

*7 그리스신화에 나오는 나무의 요정, 숲의 요정. 드뤼아스라고도 함.

하사탕이라면 더 좋았을 텐데. 그 쪽이 몸에 더 좋으니까 말이야. 한 꺼번에 모두 먹어버리면 안 돼, 내 기분이 언짢아질 게다."

앤은 힘찬 목소리로 말했다.

"그런 일은 없을 거예요. 오늘 밤에는 하나만 먹겠어요, 머릴러. 그 리고 절반은 다이애너에게 주면 안 될까요? 나눠주면 나머지 절반이 두 배는 더 맛있을 거예요. 그 아이에게 줄 것이 생겨서 정말 기뻐요."

앤이 자기 방으로 올라가자 머릴러는 말했다.

"저 아이의 좋은 점은 인색하지 않다는 거예요. 여러 결점 가운데 에서도 아이들이 자기밖에 모른 채 행동하는 것은 참을 수 없이 보 기 싫거든요.

정말 놀라워요. 저 아이가 온 지 두 주일밖에 안 되었는데 마치 옛 날부터 우리와 함께 살아온 듯한 느낌이 들어요. 이제 저 아이가 없 는 우리집은 꿈꿀 수도 없어요.

그렇다고 해서 의기양양한 표정은 짓지 마세요, 매슈. 여자가 그런 얼굴을 해도 싫은데 남자가 그러면 더더욱 참을 수 없어요. 어쨌든 깨끗이 손들고 인정할게요. 찬성하길 잘했다고 생각해요. 저 아이가 차츰 좋아져요. 하지만 매슈 커스버트, 너무 으스대지는 마세요."

기다리는 즐거움

'앤이 들어와 바느질해야 할 시간이 지났는데.'

머릴러는 시계를 흘끗 보고 창밖으로 눈을 돌렸다. 더위 속에서 모든 것들이 꾸벅꾸벅 졸고 있었다. 온통 노오란 햇빛에 에워싸인 8월 오후였다.

'들어오라고 한 시간보다 30분이나 더 다이애너와 놀고도 이번에는 또 장작더미 위에 앉아 오라버니와 재잘거리고 있단 말이야. 일해야 할 시간인 줄 뻔히 알면서. 오라버니도 오라버니지, 저 아이의 수다에 마치 바보처럼 멍하게 있으니 한심하기 짝이 없어. 저렇게 넋을 놓고 있는 사람은 처음 본다니까. 저 아이가 재잘거릴수록, 그리고 이상한 말을 하면 할수록 오라버니는 더욱 더 기뻐하거든.'

"앤 셜리, 당장 들어오너라. 안 들리니?"

머릴러가 창문을 똑똑 두드리자 앤이 뜰에서 뛰어들어왔다. 눈이 반짝반짝 빛나고 얼굴은 발그레하니 앵두처럼 물들었으며, 풀어헤친 빨강머리는 등 뒤에서 물결처럼 나부끼고 있었다.

앤은 숨을 헐떡이며 말했다.

"머릴러, 다음주 주일학교에서 소풍을 간대요. '빛나는 호수' 바로 옆 하면 앤드루스 씨네 들판으로요. 그리고 주일학교 교장선생님인 벨 씨 부인과 린드 아주머니가 아이스크림*1을 만들어주신대요. 생각해 봐요, 머릴러. '아이스크림'이란 말예요! 머릴러, 소풍에 가도 좋을까요?"

"앤, 시계를 보렴. 몇 시까지 집에 들어오라고 했지?"

"2시요. 하지만 소풍은 신나잖아요, 머릴러? 제발 가게 해주세요. 나는 아직 소풍을 한번도 가본 적 없어요. 꿈은 꾸었지만, 진짜 소풍은 여태까지……"

"그래, 나는 너에게 2시까지 돌아오라고 말했다. 그런데 벌써 3시 15분 전이 아니냐? 어째서 내 말을 안 들었는지 알고 싶구나, 앤."

"난 되도록 지키려고 했어요. 하지만 '아이들 와일드'가 얼마나 매력적인 곳인지 몰라서 그러는 거예요. 그리고 매슈에게 소풍 이야기를 해야 했거든요. 얼마나 기뻐하며 내 이야기를 들어줬는지 몰라요. 부탁이에요, 가도 좋지요?"

"아이들와…… 뭔지 하는 곳의 유혹에 쉽게 빠지지 않도록 조심해야 해. 내가 시간을 정해 주는 것은 제대로 지키라는 뜻이지 30분이나 늦으라는 게 아니야. 그리고 돌아오는 도중에 이야기를 잘 들어주더라도 너무 오래 얘기할 필요도 없어.

소풍이라면 물론 가도 좋아. 너는 주일학교 학생이고 다른 아이들이 모두 가는데 너만 못가게 하는 것은 도리가 아니니까."

"그런데…… 그런데……"

앤은 말을 더듬었다.

"다이애너가 말했는데, 모두들 바구니에 먹을 것을 잔뜩 담아 가야 한대요. 하지만 나는 요리를 못하잖아요. 게다가…… 게다가……

---

*1 냉장고가 없던 시대에 아이스크림은 귀한 것이었음. 나무통에 생크림·달걀·설탕을 넣고, 겨울부터 보존해 둔 얼음과 소금으로 통을 식혀 만들었음. 지금도 가을에 같은 원리로 아이스크림을 만드는 도구가 팔리고 있음.

나는 부풀린 소매가 달린 옷을 못 입고 소풍가는 것은 상관없지만 바구니를 안 가지고 간다면 무척 부끄러울 거예요. 다이애너의 말을 들으니 그 점이 자꾸만 마음에 걸려요."

"그런 일이라면 걱정할 것 없어. 내가 과자를 구워 바구니에 담아 줄 테니까."

"아, 친절한 머릴러! 아, 어쩌면 이토록 다정할까! 아, 진심으로 고마워요!"

잇따른 '아'의 감탄이 끝나자 앤은 머릴러를 꼬옥 끌어안고 파리한 볼에 열렬하게 입맞춤을 했다. 어린아이의 부드러운 입술이 얼굴 여기저기에 마구 닿는 것은 머릴러가 태어나 처음으로 경험하는 일이었다. 갑자기 일어난 놀라운 쾌감을 맛보며 머릴러의 가슴은 뛰었다. 앤의 충동적인 입맞춤을 받고 매우 기뻤지만 속마음과는 다르게 입에서는 무뚝뚝한 목소리가 튀어나왔다.

"자, 자, 이제 그만. 그보다 시킨 일이나 빨리 해주었으면 좋겠구나. 요리 이야기가 나왔으니 말인데, 그렇잖아도 너에게 슬슬 가르쳐주려던 참이었다. 하지만 너는 너무 덤벙거려서 좀더 침착해진 다음에 시작해야겠다고 생각했었지. 요리할 때에는 주의를 집중해야 하거든. 만들면서 도중에 손을 멈추거나 멍하니 다른 생각을 할 틈이 없으니까. 그럼, 차마시는 시간이 될 때까지 조각보 만들기를 해라."

"그건 정말 싫은 일이에요."

앤은 우울한 얼굴로 한숨을 쉬며 바느질그릇을 찾아다가 빨간색과 흰색 마름모꼴 헝겊을 꺼내놓고 그 앞에 앉았다.

"바느질에는 재미있는 점도 있어요. 하지만 조각보 만들기에는 공상을 잠시도 할 수 없거든요. 연달아 바늘을 놀려 꿰매나가야 하는데 정말 끝이 없는 것 같아요.

노는 것밖에 할 일이 없는 다른 어떤 곳의 앤보다 조각보를 만들고 있는 그린게이블즈의 앤이 물론 낫죠. 하지만 조각보 만들 때도 다이애너와 놀 때처럼 눈 깜짝할 사이에 지나갔으면 좋을 텐데.

우리는 매우 재미있게 놀았어요. 상상은 대개 내가 해요, 그게 내 특기잖아요? 다이애너는 그밖의 다른 일을 하지요. 정말 나무랄 데가 없어요.

시냇물 저쪽의 우리 밭과 배리 씨네 밭 사이에 좁은 빈터가 있잖아요? 윌리엄 벨 씨네 땅 말예요. 그 구석에 흰 자작나무가 둥글게 심어져 있어요. 아주 낭만적인 곳이에요. 거기에 '아이들 와일드'라는 소꿉장난집을 만들었어요.

시적인 이름이죠? 그 이름을 생각해 내려고 밤새도록 잠도 자지 못했어요. 마침 꾸벅꾸벅 잠들려는 순간 그 이름이 머리에 떠올랐어요. 그 이름을 듣고 다이애너는 굉장히 기뻐했어요.

멋지게 꾸민 우리 집을 보러 오지 않겠어요, 머릴러? 이끼 낀 커다란 돌이 의자고 나무와 나무 사이에 걸친 판자는 선반이에요. 접시는 모두 그 선반 위에 얹어 놓았어요. 물론 이빠진 그릇들뿐이지만 새 그릇이라고 상상하는 것은 아무 문제없어요. 빨강과 노랑 담쟁이 덩굴이 그려진 접시는 특히 예뻐요. 응접실에는 그 접시와 요정 거울이 가지런히 놓여 있어요.

요정의 거울은 꿈처럼 아름다워요. 다이애너가 닭장 뒤 숲속에서 우연히 찾아냈어요. 알록달록 무지개 같은 일곱 가지 색으로, 아직 다 자라지 않은 어린 무지개예요. 다이애너 어머니가 전에 집에 걸려 있던 램프 조각이라고 했대요. 하지만 어느 날 밤 요정이 무도회에 갔다가 잊어버리고 간 거울이라고 상상하는 편이 멋있어서 우리는 요정의 거울이라고 불러요. 매슈는 우리에게 식탁을 만들어주겠다고 했어요.

그리고 배리 씨네 밭에 있는 동그란 작은 샘을 '윌로미어*2로 이름

---

*2 몽고메리의 자서전에는 '윌튼미어'라고 되어 있으며, 이것과 '환희의 하얀 길' '제비꽃 골짜기'는 스페인의 성과 정원에서 따온 것이라고 씌어 있음.

지었어요. 다이애너가 빌려준 책에서 딴 거예요. 그 책은 가슴이 설레게 하는 사랑 이야기였어요, 나라면 단 한 사람으로 충분할 테지만 여주인공에게는 연인이 다섯이나 있어요. 여주인공은 무척 아름다운데, 온갖 시련을 겪어요. 그리고 기절을 참 잘해요.

나도 쓰러질 수 있다면 좋을 텐데. 그건 참 낭만적이잖아요? 몸이 비쩍 마르긴 했어도 아주 튼튼하거든요. 그래도 요즘은 살이 좀 찌는 것 같아요. 그렇지 않아요? 날마다 아침에 일어나 팔꿈치에 보조개 같이 움푹 팬 곳이 있는지 없는지 살펴봐요.

이번에 다이애너는 어머니가 소풍 때 입고 갈 반소매옷을 새로 만들어준대요. 아, 다음 수요일은 날씨가 좋아야 할 텐데. 무언가 일이 생겨 갈 수 없게 되면 몹시 낙심할 거예요. 아마도 그럭저럭 살아가겠지만 그 슬픔이 평생 응어리로 맺혀 있을 거예요. 이번 소풍에 못 가면 다음에 소풍을 백 번 간다 해도 풀 수는 없을 거 같아요.

아이들은 '빛나는 호수'에서 보트를 탈 거래요. 그리고 아까도 말했듯 아이스크림이 있어요. 먹어본 적이 없어서 아이스크림이 어떤 맛인지 다이애너가 말해 주려 했지만 그 맛은 상상으로는 도무지 알 수 없는 것 같아요."

"앤, 시간을 재보니 너는 10분 동안이나 쉼 없이 재잘댔어. 말한 시간만큼 입을 다물고 있을 수 있는지 시험삼아 한번 해보렴."

앤은 머릴러가 시키는 대로 입을 꾹 다물었다. 그러나 그 주일 내내 자나깨나 소풍에 대한 이야기, 소풍에 대한 생각, 소풍에 대한 꿈으로 지냈다.

토요일은 비가 주룩주룩 내렸다. 앤은 비가 계속 내려 수요일에도 그치지 않으면 어쩌나 반쯤 정신이 나간 듯하여 머릴러는 조각보 만들기를 더 시켜 앤의 흥분을 차분히 가라앉혀주어야만 했다.

일요일, 앤은 교회에서 돌아오며 머릴러에게 목사님이 설교단에서 소풍에 대한 이야기를 할 때 자기는 너무 흥분한 나머지 온몸이 싸늘해졌다고 말했다.

"등골이 오싹했어요, 머릴러! 그 말을 하기 전까지는 정말 소풍을 가게 될 것인지 믿을 수 없었거든요. 그저 내 상상에 지나지 않는지도 모른다는 생각이 자꾸만 들었어요. 하지만 목사님이 설교단에서 하신 말씀은 반드시 믿어야죠."

머릴러는 한숨을 쉬며 말했다.

"너는 무슨 일이건 너무 집착하는 버릇이 있어. 그런 식으로 산다면 평생 절망의 연속일 게다."

앤은 큰 소리로 말했다.

"어머나, 머릴러. 어떤 일을 손꼽아 기다리는 데는 희망과 절망이 절반씩 있는 거예요. 비록 기대했던 일이 이루어지지 않는다 해도 기다리는 즐거움을 그 사람에게서 몽땅 뺏을 수는 없어요. 린드 아주머니는 '아무것도 원하지 않는 사람은 행복하다, 왜냐하면 실망하는 일이 없기 때문이다'*³ 이렇게 말했지만, 아무것도 바라지 않기보다는 차라리 실망하는 편이 더 나아요."

머릴러는 그날 자수정 브로치를 달고 교회에 갔다. 교회에 갈 때는 늘 그렇게 하는 게 습관이었다. 머릴러는 브로치를 집에 두고 교회에 가는 건 모독행위며, 성경이나 헌금할 돈을 잊고 가는 것과 마찬가지로 나쁘다고 생각했다.

이 자수정 브로치는 머릴러가 가장 소중하게 여기는 물건이었다. 뱃사람이었던 삼촌이 머릴러의 어머니에게 선물한 것으로, 어머니가 머릴러에게 마지막으로 남겨준 것이었다. 고풍스러운 달걀 모양 브로

---

*3 신약성서 〈마태복음〉 제5장 3절에서 10절의 '산상수훈'에서, 그리스도는 '여덟 가지 천복(신이 주는 행복)'에 대해 설교함. 이를테면 '긍휼히 여기는 자는 복이 있나니 저희가 긍휼히 여김을 받을 것이요' '온유한 자는 복이 있나니 저희가 땅을 이어받을 것임이요' 등 여덟 가지 하늘의 복을 주었는데, 린드 부인의 대사 '아무것도 기대하지 않는 사람은 행복하다'란 그 패러디.

치로, 가장자리를 자수정으로 꾸몄으며 속에는 머릴러 어머니의 머리털이 고이 들어 있었다.[*4]

머릴러는 보석에 대해 그리 아는 바가 없어 그 자수정이 실제로 얼마나 귀한지는 잘 알지 못했으나 무척 아름답다고 생각했다. 자기 눈에는 보이지 않아도 갈색 새틴 옷 가슴 언저리에서 보랏빛으로 반짝이는 자수정을 늘 기분 좋게 느꼈다.

그것을 처음 보았을 때 앤은 감탄의 소리를 질렀다.

"어머나, 머릴러, 정말 우아한 브로치예요. 이런 브로치를 달고 설교나 기도에 귀를 기울일 수 있을까요? 나는 못할 거예요. 자수정이란 정말 아름다운 것이네요. 전에 내가 마음속으로 그리던 다이아몬드와 비슷해요.

다이아몬드가 어떤 것인지 보지 못했을 때 다만 책에서 읽고 상상했었어요. 다이아몬드는 반짝반짝 빛나는 아름다운 보랏빛 돌이라고 여겼었거든요. 그런데 어떤 부인이 진짜 다이아몬드 반지를 낀 것을 보았을 때 너무 실망해 눈물이 핑 돌아 울어버렸어요. 물론 무척 아름답기는 했지만 생각하고 있던 것과는 달랐거든요.

브로치를 만져보아도 좋을까요? 자수정이란 멋진 제비꽃의 영혼이라고 생각지 않으세요?"

[*4] 세상을 떠난 가족의 머리털을 소중한 물건 속에 넣어 기념하는 관습이 19세기 끝무렵까지 있었음.

자수정 브로치

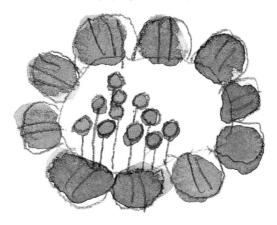

소풍 이틀 전인 월요일 밤, 머릴러는 당황한 얼굴로 자기 방에서 내려왔다.

"앤."

머릴러는 깨끗한 식탁에 앉아 완두 콩깍지를 까며 종달새가 지저 귀듯 '개암나무 골짜기의 넬리'라는 노래를 하고 있는 앤을 불렀다. 감정을 듬뿍 담아 부르는 노래 솜씨로 보아 다이애너가 얼마나 성의 껏 잘 가르쳤는지 알 수 있었다.

"혹시 내 자수정 브로치를 못 봤니? 엊저녁 교회에서 돌아와 바늘 꽂이에 꽂아둔 것으로 기억하는데, 아무리 찾아봐도 없구나."

앤은 시간을 되돌리듯 천천히 말했다.

"나는…… 오늘 오후 머릴러가 후원회에 간 뒤 살짝 봤어요. 때마 침 방문 앞을 지나다가 바늘꽂이에 꽂혀 있어서 자세히 보고 싶었거 든요. 안으로 들어갔죠."

머릴러는 순간 무서운 표정을 지으며 다그쳐 물었다.

"브로치를 만졌니?"

"네."

앤은 순순히 인정했다.

"브로치를 가슴에 꽂아보았어요. 어떤 느낌이 들까 하고요."

"너에게 그럴 권리가 없잖니. 아이들은 남의 물건을 함부로 만지는 게 아니야. 첫째, 내 방에 들어가면 못써. 둘째, 자기 것도 아닌 남의 브로치를 만져선 안 돼. 그 브로치를 어디에 두었지?"

"다시 제자리에 두었어요. 딱 1분 동안 가슴에 달았을 뿐이에요. 정말 손댈 생각은 없었거든요. 방안에 들어가 브로치를 달아보는 게 나쁜 짓인 줄은 미처 몰랐어요. 이제 알았으니 다시는 그러지 않겠어요. 똑같은 잘못을 두 번 다시 저지르지 않는 게 내 장점이죠."

"너는 브로치를 제자리에 두지 않았어. 분명 장롱 위에 없거든. 들고 나갔든지, 아니면 어떻게든 했을 거야, 앤."

"틀림없이 제자리에 두었어요."

앤은 재빠르게 말했는데 머릴러에게는 그것이 매우 건방져 보였다.

"바늘꽂이에 꽂았는지 작은 도자기 접시 위에 놓았는지는 잘 생각나지 않지만 틀림없이 제자리에 두었어요."

"그럼, 다시 한번 보고 오마."

머릴러는 흥분을 가라앉히고 공정한 태도를 취하기로 결심했다.

"네가 브로치를 제자리에 두었다면 아직 거기 있겠지. 없다면 네가 제대로 놓지 않은 거야."

머릴러는 자기 방으로 가서 샅샅이 찾아보았다. 장롱 위뿐만 아니라 브로치가 있을 만한 장소는 모조리 살폈지만 보이지 않아 다시 부엌으로 돌아왔다.

"앤, 아무데도 없어. 어서 말해 봐. 브로치를 어떻게 했지? 너 자신이 말했듯 브로치를 마지막으로 본 사람은 너야. 자, 바른 대로 말해. 밖으로 가지고 나갔다가 잃어버렸니?"

"아니에요. 들고 나가지 않았어요."

앤은 진지한 표정으로 말하며 화가 잔뜩 나서 노려보고 있는 머릴러를 물끄러미 쳐다보았다.

"브로치를 가지고 나오지 않았어요. 정말이에요. 이 일 때문에 단두대에 올라가야 한다 해도 그 말은 변하지 않아요. 나는 단두대가 어떤 것인지는 잘 모르지만요. 그러니 마음대로 하세요."

앤의 '마음대로 하세요' 이 말은 자기 주장을 강조하기 위한 것이었는데, 머릴러에게는 반항적인 태도로 받아들여졌다.

머릴러는 날카로운 목소리로 말했다.

"너는 분명 거짓말하고 있어, 앤. 나는 알 수 있어. 스스로 사실대로 말할 생각이 없다면 더 이상 듣고 싶지 않다. 네 방에 가 있거라. 진실을 털어놓을 때까지 그 방에서 나오면 안 돼."

앤은 조용히 물었다.

"이 완두콩을 가져갈까요?"

"아니다. 콩깍지는 내가 까겠다. 그대로 놔두고 내가 시키는 대로 해."

앤이 나가자 머릴러는 폭풍이 몰아치듯 격렬한 마음의 동요를 느끼며 저녁식사 준비를 해야 했다. 이내 소중한 브로치가 걱정되었다.

초조한 마음으로 콩깍지를 까며 머릴러는 생각했다.

'만일 앤이 잃어버렸다면 어떻게 하지? 밖으로 들고 나가고도 시치미를 뚝 떼다니 정말 나쁜 아이야. 그런데도 저토록 태연한 얼굴을 하다니!

설마 이런 일이 생길 줄은 몰랐어. 그야 브로치를 훔칠 생각은 없었겠지. 그저 장난감으로 삼거나 언제나 공상을 충족시키기 위해 한 짓일 거야. 그래, 틀림없이 저 아이가 가져갔어. 그 애가 방에 들어갔다 나온 다음 내가 들어갈 때까지 아무도 가지 않았거든. 이보다 확실한 증거가 어디 있담.

아마도 브로치를 잃어버리고 벌받을까봐 겁나서 털어놓지 못하는 거겠지. 저 아이가 새빨간 거짓말을 하다니 소름이 끼치는군. 이 일은 화를 내는 것보다 더욱 난처한 일이야. 믿을 수 없는 아이를 이미 집안에 들여놓았으니 큰일이군.

교활하고 정직하지 못한 것—그 두 가지 못된 점을 앤이 지녔다는 건 브로치를 잃은 것보다 더욱 나쁜 일이야. 저 아이가 정직하게 말했다면 이토록 기분이 상하지는 않을 텐데.'

머릴러는 그날 밤, 여러 번 자기 방에 가서 브로치를 찾았으나 끝내 보이지 않았다.

자기 전 앤의 방으로 가보았지만 아무 성과도 없었다. 앤은 끝까지 브로치를 모른다고 주장했으며, 그럴수록 머릴러는 앤이 저지른 일이라는 확신을 더욱 굳힐 뿐이었다.

다음날 아침 머릴러는 매슈에게 그 이야기를 했다. 매슈는 당황하여 무어라 말할 수가 없었다. 그저 앤을 믿었다. 하지만, 사태가 앤에게 불리하다는 사실을 인정하지 않을 수 없었다.

매슈는 이런 말을 하는 게 고작이었다.

"혹시 장롱 뒤로 떨어진 게 아닐까?"

머릴러는 단호하게 말했다.

"장롱을 움직여보고 서랍도 빼보았어요. 틈이란 틈은 모두 찾아봤어요. 브로치는 아무데도 없어요. 저 아이가 가져갔는데 거짓말하는 거예요. 정말 끔찍한 일이에요. 오라버니, 이 사실을 받아들여야만 해요."

매슈는 풀이 죽어 물었다.

"글쎄다, 어떻게 할 작정이냐?"

마음속으로는 이 문제를 처리할 사람이 자기가 아니라서 다행스럽게 생각했다. 이번 일은 간섭하고 싶지 않았다.

"털어놓을 때까지 방에서 나오지 못하게 하겠어요."

머릴러는 지난번에 이 방법으로 성공한 사실을 되새기며 다부진 표정을 지었다.

"저 아이가 브로치를 어디에 두었는지 털어놓기만 하면 찾을 수 있겠죠. 어쨌든 엄한 벌을 줘야겠어요."

196 만남

"글쎄다, 벌은 줘야겠지."

매슈는 엉거주춤하며 모자를 집어들었다.

"나는 이 문제에서 빠져 있겠다. 참견하지 말라고 한 건 너니까."

머릴러는 모두에게 버림받은 기분이었다. 린드 부인을 찾아가 의견을 물어볼 수도 없었다.

머릴러는 쓸쓸한 표정으로 앤의 방에 들어갔으며, 나올 때는 더욱 심각한 얼굴이 되어 있었다. 앤은 끝까지 브로치를 가져가지 않았다고 주장했다.

앤은 그때까지 내내 울고 있었던 모양이었다. 머릴러는 앤이 가엾어 가슴이 아팠지만 마음을 굳게 먹고 꾹 참았다.

머릴러는 딱 잘라 말했다.

"털어놓을 때까지 이 방에서 나오면 안 된다. 각오하고 있어."

앤이 외쳤다.

"하지만 내일은 소풍날이잖아요, 머릴러! 설마 소풍에 못 가게 하지는 않겠죠? 오후만이라도 밖으로 나가게 해줘요. 그 다음부터는 머릴러가 하라는 대로 얼마든지 이 방에 있을게요. 무슨 일이 있어도 소풍은 꼭 가고 싶어요."

"아니, 아무데도 못 간다, 앤."

앤은 울먹이며 말했다.

"어쩌면, 머릴러!"

그러나 쌀쌀맞게도 머릴러는 문을 쾅 닫고 이미 나가버렸다.

수요일 아침이 되었다. 소풍가기에 안성맞춤인 화창한 날씨였다.

그린게이블즈 언저리에서 새들이 지저귀고 있었다. 뜰의 백합*1에

---

*1 마돈나릴리. 백합은 성모 마리아, 곧 마돈나의 순결한 영혼을 나타내는 꽃으로 여겨져 중세 이후 다빈치·보티첼리 등에 의한 수태고지 그림에서, 대천사 가브리엘이 반드시 성모에게 백합을 바치고 있음. 백합 향기가 마치 '축복의 요정'처럼 스쳐지나갔다고 한 데서, 앤이 누명을 벗고 소풍에 갈 수 있음이 암시되어 있음.

서 풍겨오는 향기로운 내음이 바람*2결에 실려 창문마다 안으로 물씬 흘러들어, 마치 축복의 요정처럼 실내에 감돌았다.

저지대의 자작나무는 기쁜 듯 가지를 살살 흔들었다. 앤이 여느 때처럼 인사하기를 기다리고 있는 것 같았다. 그러나 앤은 창가에 다가가지 않았다.

머릴러가 아침식사를 들고 올라가자 앤은 침대 위에 단정히 앉아 있었다. 얼굴은 핼쑥했지만 결연한 태도였다. 앤은 입술을 꼭 다물고 눈을 똥그랗게 뜨고 있었다.

"머릴러, 모두 털어놓겠어요."

"그러냐!"

머릴러는 그러면 그렇지 하는 얼굴로 쟁반을 내려놓았다. 다시금 머릴러의 방법이 성공을 거둔 것이다. 그러나 이것은 머릴러에게 너무나 씁쓸했다.

"그럼, 어디 네 말을 들어보자, 앤."

"내가 자수정 브로치를 가졌어요."

앤은 무심히 말하기 시작했다. 마치 학과공부를 암송하는 듯한 말투였다.

"머릴러가 말한 대로 내가 가졌어요. 방안에 들어갈 때는 그럴 생각이 없었어요. 하지만 가슴에 꽂은 순간 너무 예뻐서 갖고 싶은 유혹을 이길 수 없었어요. 브로치를 달고 '아이들 와일드'에 가서 코딜리어 공주가 되어 놀면 정말 멋있을 거라고 여겼어요. 진짜 자수정 브로치를 달고 있으면 나를 코딜리어 공주로 생각하기가 훨씬 쉬울

---

*2 세익스피어 희곡 《자에는 자로》의 제3막 1장 '감옥의 한 방'이라는 장면의 124행 '눈에 보이지 않는 바람에 휩쓸려'에서 따온 것. '자에는 자로'에서 죄 아닌 죄로 감옥에 갇힌 클로디오의 대사. 앤 역시 누명을 쓰고 2층에 갇혀 있음. 클로디오는 누명을 벗고 감옥에서 나와 연인과 결혼한다는 해피엔드. 앤도 오해가 풀려 2층에서 내려와 소풍에 갈 수 있다는 것이, 이 인용에서 암시되고 있음.★★

것 같았거든요.

다이애너와 함께 장미열매로 목걸이를 만들었지만 자수정에 비하면 아무것도 아니지요. 그래서 브로치를 가져갔어요. 머릴러가 돌아오기 전에 제자리에 갖다둘 작정이었죠.

조금이라도 더 오래 브로치를 달고 싶어 돌아가는 길에 큰길을 걸었어요. '빛나는 호수'의 다리를 건너갈 때 다시 한번 브로치를 보려고 가슴에서 떼었어요. 아, 햇빛을 받아 그 브로치는 아름답게 반짝였어요! 그리고 다리 위로 몸을 내민 바로 그때 그만 손에서 미끄러져 브로치를 떨어뜨리고 말았어요.

네, 그래요. 퐁당 물속에 빠지고 말았어요. 보랏빛으로 반짝이며 깊이깊이 물속으로, '빛나는 호수' 속으로 영원히 가라앉고 말았어요. 이것이 모든 고백이에요, 머릴러."

머릴러의 가슴 속에 또다시 격렬한 노여움이 끓어올랐다.

이 아이는 내 소중한 브로치를 잃어버리고도 지금 여기 앉아 조금도 뉘우치거나 미안해 하는 낯빛 없이 넉살좋게 이야기하고 있다.

머릴러는 흥분하지 않으려고 애를 쓰며 말했다.

"앤, 너무하구나. 너같이 나쁜 아이는 처음 봤어."

앤은 침착하게 말했다.

"네, 나도 그렇게 생각해요. 그러니 기꺼이 벌을 받겠어요. 내게 벌 주는 것은 머릴러의 의무예요. 그것을 지금 당장 해주겠어요? 홀가분한 기분으로 소풍에 가고 싶으니까요."

"소풍이라고! 어쩌면! 소풍 갈 일은 결코 없을 게다, 앤 셜리! 그것이 네가 받을 벌이다. 네가 한 짓에 비하면 너무 가벼운 처사지!"

"소풍에 보내주지 않겠다고요?"

앤은 벌떡 일어나 머릴러의 손을 잡았다.

"가도 좋다고 분명히 약속했잖아요! 제발, 머릴러, 보내주세요. 그래서 모두 털어놓았잖아요. 어떤 벌이라도 받을 테니 소풍만은 가게 해주세요. 머릴러, 부탁이에요, 부디 보내주세요. 아이스크림을 생각해 보세요! 내게는 아이스크림을 먹을 기회가 두 번 다시 오지 않을지도 몰라요."

머릴러는 매달리는 앤의 손을 무자비하게 뿌리쳤다.

"아무리 울어도 소용없어, 앤. 무슨 일이 있어도 보내지 않을 테니 더 이상 아무 말 하지 마."

머릴러의 마음을 움직일 수 없음을 알아차린 앤은 두 손을 마주잡고 외마디 소리를 지르며 침대 위에 쓰러졌다. 그리고 실망과 절망이 뒤섞인 구렁텅이 속에서 몸부림치며 울부짖었다.

"이럴 수가!"

방에서 도망치듯 빠져나오며 머릴러는 숨을 헐떡거렸다.

"저 아이는 머리가 이상해진 게 틀림없어. 제정신이라면 저럴 수 없지. 만일 제정신이라면 정말 나쁜 아이야. 아, 아무래도 레이철이 처음부터 옳았던 것 같아. 하지만 이미 쟁기를 잡았으니 이제 뒤돌아보지 않을 거야."[3]

비참한 아침이었다. 머릴러는 잊기 위해 맹렬히 일했다. 마침내 아무것도 할 일이 없어 현관바닥과 우유짜는 곳의 선반까지 벅벅 문질렀다. 선반도 현관도 굳이 그럴 필요가 없었지만 그래도 머릴러는 닦고 또 닦았다. 그리고 밖에 나가 뜰을 쓸었다.

점심식사 준비가 다 되어 머릴러는 층계에 올라서서 앤을 불렀다. 앤은 눈물에 젖은 얼굴로 슬픈 듯 힘없이이 아래를 내려다보았다.

"내려와 식사해, 앤."

---

*3 신약성서 〈누가복음〉 제9장 62절에 '예수께서 이르시되 이 손에 쟁기를 잡고 뒤를 돌아보는 자는 하느님 나라에 합당치 아니하니라'. 머릴러의 대사는 여기서 인용한 것으로, 한번 시작한 일은 망설이지 말라고 스스로 훈계하는 내용. 머릴러는 하느님의 왕국에 합당한 사람이 되기 위해, 앤의 교육이 아무리 힘들더라도 더 이상 뒤돌아보지 않겠다고 말한 것임.

앤은 훌쩍이며 말했다.

"먹고 싶지 않아요. 아무것도 먹을 수 없어요. 가슴이 터질 것 같은 걸요. 나를 이처럼 슬프게 만들었으니 머릴러는 언젠가 양심의 가책을 받을 거예요. 하지만 용서하겠어요. 그때 내가 용서했다는 것을 잊지 말아주세요. 그러니 제발 식사하라는 말은 하지 마세요. 특히 돼지고기 넣은 야채 스프는 질색이에요.*4 이렇듯 비탄에 빠진 사람에게 돼지고기 넣은 야채 스프는 몹시 어울리지 않아요."

머릴러는 머리 끝까지 화가 나서 부엌으로 돌아와 매슈에게 불평을 퍼부었다. 매슈는 자신에게 지닌 정의감과 앤에 대한 그릇된 동정이 마음속에 엇갈려 어찌할 바 몰랐다.

"글쎄다, 그 아이는 브로치를 만지거나 거짓말을 해선 안 되었는데."

매슈는 우울한 표정으로 접시에 담긴 돼지고기 넣은 야채 스프를 탄식하듯 바라보았다. 앤과 마찬가지로 도통 입맛이 돌지 않는 것 같았다.

"하지만 저 아이는 아직 어리고…… 무척 가여운 소녀가 아니냐. 저토록 소풍에 가고 싶어하는데 안 보내는 것은 좀 너무하지 않을까?"

"매슈 커스버트, 정말 한심하군요. 오히려 나는 너무 쉽게 용서해주었다고 생각해요. 더욱이 저 아이는 자기가 얼마나 나쁜 짓을 했는지 조금도 모르는 것 같아요. 나는 그 점이 가장 걱정스러워요.

진심으로 자기가 나쁘다는 것을 뉘우친다면 이토록 심란하지 않을 거예요. 오라버니는 앤이 잘못했다고 나무라지 않네요. 오라버니는 늘 저 아이를 편들고 있어요. 내가 모르는 줄 알아요?"

"글쎄다, 저 아이는 아직 어리거든."

매슈는 웅얼거리는 목소리로 되풀이했다.

---

*4 삶은 돼지와 푸른 채소는 그즈음 섬 농가의 가장 흔한 점심. 소금에 절여 보존해 둔 돼지고기를 삶고, 밭에서 난 계절채소를 넣어 끓인 것. 비극으로 번민하는 앤에게는 분명 로맨틱하지 않은 일상적인 식사일 것임.

"그리고 얼마쯤은 너그럽게 봐주어야 하지 않겠니, 머릴러. 저 아이는 제대로 교육을 받지 못했으니까."

그러자 머릴러는 반박했다.

"지금 그래서 받고 있는 중이잖아요."

매슈는 공격을 당하여 말문이 막혔지만 진심으로 머릴러의 말에 동의한 것은 아니었다.

침울한 점심식사였다. 명랑한 사람은 고용인 제리 부트뿐이었다. 머릴러는 제리의 천진난만함도 자기를 놀리는 듯싶어 울컥울컥 부아가 치밀었다.

설거지를 하고 빵을 반죽한 뒤에 암탉에게 모이를 주고 나자 머릴러는 하나밖에 없는 검은 레이스 숄이 떠올랐다. 월요일 오후 후원회에서 돌아와 숄을 벗을 때 터진 데가 눈에 띄었었다. 머릴러는 그것을 꿰매놓으려고 침실로 올라갔다.

숄은 상자에 담아 트렁크에 넣어두었었다. 머릴러가 숄을 꺼냈을 때 창가에 빽빽이 뻗은 담쟁이잎 사이로 햇빛을 받아 무언가가 보랏빛으로 반짝 빛났다.

놀란 머릴러는 숨을 혹 들이마시며 그것을 얼른 집어들었다. 레이스 숄에 걸려 매달려 있는 것은 자수정 브로치가 아닌가! 머릴러는 정신이 아득했다.

"어머나! 이게 어찌된 일일까? 배리 호수에 가라앉았다고 생각했던 브로치가 여기 있으니. 저 아이는 어째서 브로치를 가지고 나가 잃어버렸다고 말했을까? 이제야 생각났어. 월요일 오후 숄을 벗어서 장롱 위에 잠깐 놓았었지. 그때 브로치가 숄에 걸렸었나봐. 어쩌면!"

머릴러는 브로치를 들고 앤의 방으로 갔다. 앤은 눈물도 말라버렸는지 창가에 쓸쓸히 앉아 있었다.

머릴러는 무서운 표정으로 말했다.

"앤 셜리, 지금 막 브로치가 검은 레이스 숄에 걸려 있는 것을 발견했어. 아까는 어째서 그런 허황된 말을 했는지 알아야겠다."

앤은 슬픈 얼굴로 대꾸했다.

"어머나, 내가 말하지 않으면 이 방에 가둬 두겠다고 했잖아요. 그래서 나는 거짓말을 하기로 마음먹었어요. 그렇게 해서라도 소풍을 가고 싶었으니까요. 어젯밤 잠자리에 들어서 죄를 뉘우치듯 자백할 줄거리를 더듬어봤어요. 되도록 재미있게 만들어보았죠. 잊어버리지 않도록 여러 번 되풀이했어요. 머릴러가 결국 소풍에 못가게 해서 모든 노력이 물거품이 되고 말았어요."

머릴러는 저도 모르게 풋 웃음이 터져나왔다. 자신이 너무 심했다고 생각하지 않을 수 없었다.

"앤, 너한테 두 손 두 발 다 들었다! 어쨌든 내가 잘못했어. 이제야 깨달았구나. 이제까지 내게 한 번도 거짓말한 적 없었으니 네 말을 믿어야 했었지. 그러나 하지도 않은 짓을 했다고 말한 너도 나빠. 거짓말은 나쁜 짓이야. 하지만 내가 그렇게 하도록 만들었으니 나를 용서해 준다면 나도 너를 용서해 주마. 우리 다시 한번 잘 해보자. 앤, 어서 소풍갈 준비를 해라."

앤은 손뼉을 짝 치며 소리쳤다.

"어머나, 머릴러, 늦지 않았을까요?"

"아니, 아직 2시야. 이제 겨우 모두들 모였을 테지. 차 마실 때까지는 아직 한 시간이나 남아 있어. 세수하고 얼른 머리 빗고 깅엄 옷을 입어라. 바구니에 먹을 것을 담아줄게. 과자를 많이 구워 놓았다. 그리고 제리에게 마차를 준비시켜 소풍 장소까지 데려다주라고 하마."

"오, 머릴러!"

큰 소리로 외치며 앤은 불꽃이 튀듯 벌떡 일어나*5 세면대로 쪼르르 뛰어갔다.

---

*5 《이상한 나라의 앨리스》 제4장에서도 작은 병에 든 액체를 마시고 갑자기 커진 앨리스 때문에 작은 집이 튕겨나가 불꽃이 튀듯 로켓처럼 날아감.

"5분 전만 해도 비참한 기분이라, 이럴 바에는 차라리 태어나지 않았더라면 좋았을 거라 여겼는데, 지금은 죽어서 아름다운 천사가 된다 해도 거절하겠어요!"

그날 저녁 몹시 지치긴 했으나 더할 나위 없는 행복에 취한 앤이 그린게이블즈로 돌아왔다. 이루 말할 수 없는 만족감에 젖어 있었다.

"오늘은 '최고로 멋진' 날이었어요, 머릴러. '최고로 멋진'이라는 말은 오늘 메리 앨리스 벨이 쓰는 것을 듣고 배웠어요. 표현이 뛰어나죠?

모든 것들이 훌륭했어요. 맛있는 차를 마신 다음 하면 앤드루스 씨가 '빛나는 호수'에서 우리들을 보트에 태워줬어요. 한 번에 여섯 명씩요. 제인 앤드루스는 하마터면 보트에서 떨어질 뻔했지요. 매혹적인 수련꽃을 꺾으려고 몸을 내밀었거든요. 앤드루스 씨가 그 애 허리띠를 붙잡는 게 조금만 늦었더라도 물에 풍덩 빠졌을 거예요.

그런 일은 차라리 내가 당했더라면 좋았을 텐데. 물에 빠지는 일은 정말 낭만적인 경험일 것 같아요.

그리고 나서 우리는 달콤한 아이스크림을 먹었어요. 입안에서 사르르 녹는 아이스크림이 얼마나 맛있었는지 말로는 표현할 수 없어요. 그야말로 꽤 기막힌 맛이었거든요, 머릴러."

그날 밤 머릴러는 양말바구니를 앞에 놓고 꿰매면서 매슈에게 모두 이야기했다.

"솔직히 잘못했다는 것을 인정해요. 그리고 이번 일을 통해 한 가지 배웠어요. 앤의 '고백'은 지금도 웃음이 터져 나와요—웃어서는 안 되지만. 어쨌든 앤이 거짓말을 한 것만은 사실이에요. 하지만 그리 나쁘다는 생각이 들지 않네요. 나에게도 어느 정도는 책임이 있으니까요. 앤은 어딘지 이해할 수 없는 데가 있어요. 그러나 크게 걱정할 필요는 없는 듯해요. 저 아이가 있으니 지루하다는 기분이 조금도 안 들거든요."

교실소동

"세상에 이토록 멋진 날이 또 있을까!"

앤은 숨을 깊이 들이마셨다.

"이런 날은 살아 있다는 것만으로도 행복하지 않니? 아직 태어나지 않은 사람들은 이런 날을 모를 테니 정말 가엾어. 물론 그 사람들에게도 좋은 날이 오겠지만, 오늘 만큼은 아닐거야. 더욱이 학교 가는 길이 이토록 아름답다니 더욱 멋진 일이야."

"큰길을 돌아서 가는 것보다 이 길이 훨씬 더 좋아. 큰길은 먼지가 많고 덥거든."

다이애너는 실제적인 관점에서 말하고, 도시락 담은 바구니를 들여다보며 맛있는 딸기 파이 세 개를 열 명의 친구들에게 나눠준다면 얼마만큼씩 먹을 수 있을까 마음속으로 헤아려 보았다.

애번리 여학생들은 도시락을 나눠먹는 습관이 있었다. 딸기 파이 세 개를 혼자서 다 먹거나 가장 친한 친구하고만 나눠먹으면 그 아이에게는 평생 지워지지 않는, 지독한 깍쟁이라는 낙인이 찍히는 것이다. 그러므로 파이를 열 명이 나눠먹어야 하는데, 그러자면 한 사람에게 너무 조금씩 돌아가므로 먹으나마나였다.

앤과 다이애너가 학교로 가는 길은 참으로 아름다웠다. 마음의 벗인 다이애너와 함께 둘이서 걸어가는 것은 매우 즐거운 일이라고 앤은 생각했다.

'연인의 오솔길'이며 '윌로미어'며 '제비꽃 골짜기'며 '자작나무길'은 무척 낭만적이었다.

'연인의 오솔길'은 그린게이블즈의 과수원 아래에서 시작해 숲속 깊숙이 들어가 커스버트네 농장 끝까지 이어져 있었다.

그 길을 지나 뒤쪽 목초지로 소를 몰고 가기도 하고 겨울에는 집까지 장작을 날라오기도 했다. 앤은 그린게이블즈에 온 지 한 달도 채 못되어 그 길을 '연인의 오솔길'이라고 이름지었다.

앤은 머릴러에게 설명했다.

"다이애너와 나는 아주 재미있는 책을 읽고 있어요. 그 책에 '연인의 오솔길'이 나와요. 우리도 그런 길이 있었으면 했죠. 너무나 아름다운 이름이죠? 연인들이 정말로 그 길을 나란히 걸어다니지는 않지만 굉장히 낭만적이에요.

연인들이 팔짱을 끼고 걷고 있는 게 눈앞에 그려져요. 나는 그 길이 마음에 쏙 들어요. 그 길에서는 상상한 것을 큰 소리로 말해도 이상하다고 할 사람이 아무도 없으니까요."

앤은 아침에 혼자 집을 살짝 빠져나와 '연인의 오솔길'을 지나 시냇가로 갔다.

거기서 다이애너가 앤을 맞았다. 두 소녀는 단풍나무 아치 밑을 지나 오솔길을 계속 걸어갔다.

앤이 미소지으며 먼저 말문을 열었다.

"단풍나무는 붙임성있는 나무야. 언제나 살랑살랑 소리내어 무언가 속삭이거든."

마침내 두 소녀는 통나무다리에 이르렀다. 그곳에서 오솔길을 벗어나 배리 씨네 뒤쪽 밭을 지나 '윌로미어'를 지나간다. '윌로미어' 저쪽은 '제비꽃 골짜기'였다. 그곳은 앤드루 벨 씨네 큰 숲 그늘에 있는 조그맣고 새파란 저지대였다.

앤은 머릴러에게 말했다.

"지금은 제비꽃이 없어요. 하지만 봄이 되면 제비꽃이 엄청나게 많이 핀다고 다이애너가 말했어요. 머릴러, 보랏빛 제비꽃이 눈에 선하지 않으세요? 그것을 생각하면 가슴이 벅차서 숨이 멎을 것 같아요. 그래서 그곳을 '제비꽃 골짜기'라고 이름지었어요.

다이애너는 나처럼 곳곳마다 멋진 이름을 붙이는 사람은 처음 보았대요. 뭔가 잘하는 게 있다는 것은 그래도 좋은 일이죠.

'자작나무길'은 다이애너가 이름지었어요. 그 아이가 그렇게 하고 싶다고 해서 그대로 했어요. 나라면 그저 평범한 '자작나무길'보다는 좀더 시적인 이름을 지어주었을 거예요. 그런 이름은 아무나 지을 수 있거든요. 하지만 '자작나무길'은 세상에서 가장 아름다운 곳 가운데 하나예요, 머릴러."

앤뿐만 아니라 길을 잃어 우연히 그곳으로 간 사람들도 같은 생각을 하게 된다.

그것은 좁고 꾸불꾸불한 길로, 울퉁불퉁한 긴 언덕을 넘어 벨 씨네 숲을 지나고 있다. 숲속으로 비쳐드는 햇살이 여러 겹으로 겹쳐진 에메랄드빛 나뭇잎을 뚫고 들어와 티없는 다이아몬드처럼 찬란했다. 길 양옆에는 하얀 줄기와 날씬한 가지의 싱싱한 어린 자작나무가 줄지어 있었다.

길을 따라 고비며 별꽃이며 은방울꽃이며 새빨간 풀열매들이 다보록하게 있었다. 늘 상쾌한 향내가 감돌았으며 머리 위의 나뭇가지에서는 새들이 옹그리고 앉아 지저귀고 바람은 나뭇잎들을 살랑살랑 흔들면서 소리내어 웃었다.

앤과 다이애너가 조용히 걸어가는 일은 참으로 드물었지만, 이따금 말없이 가다 보면 토끼가 길을 가로질러 깡충깡충 뛰어가는 것이 보였다.

골짜기를 내려가면 오솔길은 큰길로 이어진다. 거기에서 가문비나무 언덕을 넘으면 바로 학교였다.

애번리 학교는 흰색 건물로 처마가 낮고 넓은 창문이 시원스레 달려 있었다. 교실에는 뚜껑을 여닫을 수 있는 편리하고 튼튼하면서 고풍스러운 책상들이 가지런히 놓여 있었다. 책상에는 3대에 걸친 학생들 이름과 읽어내기 어려운 글자가 새겨져 있었다.

학교건물은 큰길에서 쑥 들어간 곳에 있고 뒤에는 울창한 전나무숲이 자리잡았으며 맑은 시냇물이 흐르고 있었다. 아이들은 아침에 등교하면 우유병을 시냇물에 두었다가 점심 때 차가워진 우유를 맛있게 꼴깍꼴깍 마셨다.

9월 첫날, 머릴러는 걱정을 하며 앤을 학교에 보냈다. 그토록 별난 아이가 사이좋게 아이들과 잘 지낼 수 있을까? 그리고 수업시간에 입을 다물고 얌전히 있을까?

그러나 모든 일이 순조로웠다. 그날 저녁 앤은 명랑하게 집으로 돌아왔다.

앤이 말했다.

"학교가 마음에 퍽 들어요. 하지만 선생님은 그리 신통한 분 같지 않아요. 줄곧 콧수염을 비틀며 프리시 앤드루스에게 묘한 눈길을 보냈거든요. 16살 프리시는 벌써 어른이에요. 내년에 샬럿타운의 퀸즈아카데미*1 입학시험을 치르기 위해 수험준비를 하고 있어요.

틸리 볼터가 말했는데, 선생님은 프리시에게 흠뻑 빠졌대요. 프리시는 진주알 같이 고운 피부에 갈색 곱슬머리를 우아하게 빗어올리고 있어요. 프리시는 뒤쪽 긴의자에 앉아 있고, 선생님도 대개 거기에 앉아 있지요. 공부를 가르치기 위해서라고 하지만, 루비 길리스의 말

---

*1 샬럿타운의 프린스 오브 웨일즈 칼리지가 모델. 몽고메리는 1879년 공학 된 이 대학에서 공부하여, 앤처럼 1급 교사자격증을 땄음.

로는 선생님이 프리시의 석판에 무엇인가 쓰자 프리시가 읽고 얼굴을 붉히며 웃었대요. 그것은 틀림없이 공부와 아무 관계도 없는 거라고 루비는 말했어요."

머릴러는 엄격하게 꾸짖었다.

"앤 셜리, 선생님에 대해 다시는 그런 말 하면 못쓴다. 너는 고작 선생님을 비판하러 학교에 가는 게 아니야. 선생님은 너에게 지식을 가르쳐주는 분이고 너는 공부해야 할 의무가 있어. 집에 돌아와 선생님 흉을 보지 않도록 해라. 알겠니? 학교에서는 얌전하게 굴었겠지?"

앤은 조금도 망설임 없이 말했다.

"그럼요. 그리 어렵지도 않았어요. 나는 다이애너 옆에 앉았어요. 우리 자리는 창가에 있어 '빛나는 호수'가 바로 보여요. 학교에는 재미있는 여자아이들이 많아서 점심시간은 특히 유쾌했어요. 함께 놀 수 있는 여자친구가 많아서 정말 즐거워요. 하지만 다이애너가 가장 좋고, 앞으로도 변함없을 거예요. 나는 다이애너를 숭배하고 있어요.

다른 아이들보다 공부가 훨씬 뒤떨어져 있어 큰일이에요. 다른 아이들은 교과서 제5권을 배우고 있는데 나는 아직 제4권이거든요. 좀 부끄러워요. 하지만 나만큼 상상력이 풍부한 아이는 한 명도 없어요. 그건 금방 알 수 있었어요.

오늘은 캐나다에 대한 지리와 역사 그리고 읽기와 받아쓰기를 공부했어요. 필립스 선생님은 내 철자가 틀렸다면서 틀린 데를 잔뜩 고쳐놓은 석판을 높이 쳐들고 아이들에게 보여주었어요. 나는 무안을 당해 화가 났어요, 머릴러. 처음 온 아이에게는 좀더 친절히 대해야 한다고 생각해요.

루비 길리스는 나에게 사과를 주었고, 소피어 슬론은 '집까지 바래다줘도 좋겠니?'라고 쓴 예쁜 핑크빛 카드를 빌려주었어요. 내일 돌려줄 거예요. 틸리 볼터는 오후 내내 구슬반지를 끼고 있으라며 잠시 빌려줬어요. 내 방에 있는 낡은 바늘꽂이에서 진주알을 몇 개 떼내어도 괜찮지요? 나도 반지를 만들고 싶어요.

그리고 머릴러, 제인 앤드루스가 내게 이런 말을 했어요. 프리시 앤드루스가 세러 길리스에게 내 코가 아주 예쁘다고 말하는 것을 미니 맥퍼슨이 듣고 제인 앤드루스에게 말했대요. 머릴러, 예쁘다는 말을 들은 건 태어나 처음이에요. 얼마나 설레었는지 머릴러는 모를 거예요. 정말 제 코가 오똑하니 예쁜가요? 머릴러라면 사실대로 말해주겠죠?"

머릴러는 짧게 말했다.

"네 코는 괜찮게 생긴 편이지."

마음속으로는 앤의 코가 매우 예쁘다고 생각했지만 담담하게 말했다.

그 뒤 3주일 동안은 아무 탈 없이 잘 지나갔다. 그리고 이 상쾌한 9월 아침에 가벼운 걸음으로 즐겁게 '자작나무길'을 사뿐사뿐 걸어가는 앤과 다이애너는 애번리에서 가장 행복한 소녀들이었다.

다이애너가 말했다.

"오늘 길버트*2 블라이스가 학교에 올 거야. 여름 내내 뉴브런즈윅의 삼촌댁에 가 있었는데 지난 토요일 밤 돌아왔어. 잘생긴 아이야, 앤. 그리고 여자아이들을 잘 놀려댄단다. 아주 못살게 굴어."

다이애너는 몹시 놀림받고 싶다는 말투였다.

"길버트 블라이스라고? 현관 벽 위 '주목'이라고 쓴 글씨 밑에 줄리어 벨의 이름과 나란히 씌어 있던 남자애 말이니?"

머리를 번쩍 치켜들며 다이애너는 말했다.

"응, 하지만 길버트는 아마 줄리어 벨을 그리 좋아하지 않을 거야. 줄리어 벨은 주근깨 투성에 아직도 구구단을 외고 있다고 길버트가 흉봤으니까."

---

*2 셰익스피어의 두 살 아래 제자 이름과 같음. '머릴러의 놀라움' 2의 주에도 있듯 누이동생 이름은 '앤'. 《앤》 시리즈에서 앤은 나중에 길버트와 결혼함.

앤은 부탁했다.

"어머나, 나한테 주근깨 이야기는 하지 마. 내가 이렇게 주근깨 투성이인데 그런 말을 하면 어떡하니. 하지만 현관 벽 '주목'이라는 글씨 밑에 남자애와 여자애 이름을 나란히 쓰는 것처럼 우스꽝스러운 일은 없을 거야. 내 이름과 남자애 이름을 나란히 쓸 용기 있는 사람이 누군가 있다면 어디 한번 보고 싶어."

앤은 당황하며 덧붙였다.

"물론 그런 일을 하는 사람은 아무도 없겠지만."

그리고 앤은 한숨을 푹 내쉬었다. 자기 이름이 씌어지는 것은 싫었지만 그럴 가망도 없다고 생각하니 자존심이 상했다.

다이애너가 말했다.

"마음쓸 거 없어."

다이애너의 까만 눈과 윤기흐르는 부드러운 머릿결은 애번리 남학생들의 가슴을 설레게 하여 여섯 번이나 현관 벽 위에 이름이 올랐었다.

"장난으로 그러는 거지, 뭐. 그리고 자기 이름이 씌어지지 않는다고 단정해서는 안 돼. 찰리 슬론이 너를 좋아하고 있어. 찰리는 자기 어머니한테 학교에서 네가 가장 똑똑한 아이라고 말했다던 걸. 얼굴이 예쁘다는 것보다 더 좋잖니."

그러나 어디까지나 여자인 앤은 아쉬워하면서 이렇게 말했다.

"아니, 그렇지 않아. 나는 똑똑한 것보다 아름다운 편이 훨씬 더 좋아. 게다가 나는 찰리 슬론이 싫어. 눈이 툭 튀어나온 남자아이는 질색이야. 누군가가 찰리 이름과 내 이름을 나란히 써놓는다면 나는 결코 가만두지 않겠어. 하지만 학급에서 1등하는 것은 좋겠지."

다이애너는 말했다.

"이제부터 길버트가 너와 같은 반에 들어가게 될 거야. 전에는 그 애가 늘 1등을 했어. 이미 14살이지만 아직 제4권을 배우고 있단다.

14년 전 그 애 아빠가 병 때문에 본토인 서부의 앨버타로 요양하러 가게 되었는데*³ 그 아이도 함께 갔었어. 3년 동안 그곳에 살며 길버트는 학교에 거의 다니지 않았대. 이제부터는 1등하기가 그리 쉽지 않을 거야, 앤."

앤은 재빨리 말했다.

"원하는 바야. 겨우 9살이나 10살밖에 안 된 아이들 속에서 1등한다고 해서 자랑스럽지는 않거든. 어제 '비등(沸騰, ebullition)'이라는 단어를 썼는데 조지 파이가 맨 먼저 썼어. 그런데 조지는 책을 훔쳐보았단다. 필립스 선생님은 프리시를 보고 있느라 못 봤지. 하지만 난 분명 봤어. 내가 얼어붙을 듯한 경멸의 눈길을 보내니까 그 애는 얼굴이 빨개지면서 결국 철자를 틀리고 말았어."

큰길 울타리를 기어올라가며 다이애너는 성난 목소리로 말했다.

"파이네 자매들은 모두 사기꾼이야. 어제도 거티 파이가 내 자리에 자기 우유병을 담았단다. 어떻게 그럴 수가 있니? 지금 그 애하고는 말도 안해."

필립스 선생님은 교실 뒷자리에서 프리시 앤드루스가 라틴어 읽는 것을 듣고 있었다. 다이애너가 앤에게 조용히 속삭였다.

"네 옆 통로 건너 같은 줄에 앉은 아이가 길버트 블라이스야, 앤. 잘생겼는지 좀 봐."

앤은 길버트를 슬쩍 보았다. 때마침 길버트는 앞에 앉은 루비 길리스의 길게 땋은 금발을 의자등받이에 핀으로 꽂느라 정신없었다.

길버트는 키 크고 갈색 곱슬머리에 연한 밤색 눈을 가진 소년으로

---

*3 길버트는 병으로 휴양 중인 아버지와 함께 3년 동안 앨버타 주에 살며, 그동안 거의 학교에 다니지 않은 것으로 되어 있음. 몽고메리 자신도 15살 때, 재혼한 아버지가 사는 서스캐처원 주의 프린스 앨버트로 건너갔으나 젊은 계모와 사이가 좋지 않아 1년만에 섬으로 돌아왔음. 그때 이복동생을 보살피면서 몽고메리도 학교에 가지 않을 때가 있었음.

입가에 장난기어린 미소를 띠고 있었다.

이윽고 루비 길리스는 계산이 끝난 문제를 선생님에게 갖다내려고 일어서다가 꽥 소리를 지르며 뒤로 쓰러지듯 다시 주저앉았다. 머리털이 몽땅 뽑혀버릴 듯 몹시 아팠던 것이다.

놀란 아이들은 모두 루비를 보았다. 필립스 선생님이 무서운 표정으로 노려보아 루비는 울음을 터뜨렸다.

길버트는 재빨리 핀을 뽑아 감추고 시치미뗀 얼굴로 역사공부를 시작했다. 그러나 아이들이 모두 조용해지자 길버트는 앤을 보고 우스꽝스러운 몸짓을 하며 윙크했다.

앤은 다이애너에게 속삭였다.

"네가 말한 길버트 블라이스는 확실히 잘생겼어. 하지만 좀 뻔뻔스러운 것 같아. 처음 보는 여자아이한데 윙크하다니 좋지 않아."

그러나 진짜 소동이 벌어진 것은 오후가 되어서였다.

필립스 선생님은 언제나 뒤쪽 구석자리에서 프리시 앤드루스에게 대수문제를 설명해 주고 있었다. 다른 아이들은 풋사과를 사각 베어 먹거나 소곤소곤 이야기하였다. 또는 석판에 그림을 그리거나 귀뚜라미를 실에 묶어 통로를 이리저리 끌고 다니며 저마다 제멋대로 놀고 있었다.

길버트 블라이스는 앤 셜리의 눈길을 자기 쪽으로 돌리려 애쓰고 있었다. 그러나 모든 게 허사였다. 앤은 그때 길버트 블라이스의 존재는 물론 애번리의 다른 아이들도 전혀 마음에 없었다. 학교 그 자체를 완전히 잊어버리고 있었다.

앤은 두 손에 턱을 괴고 서쪽 창문으로 보이는 새파란 '빛나는 호수'를 바라보며 머나먼 꿈나라를 헤매고 있었다. 자기가 그리고 있는 환상 말고는 아무것도 들리지도, 보이지도 않았다.

여태까지 길버트 블라이스는 마음만 먹으면 늘 여자아이 관심을 자기 쪽으로 끌 수 있었고, 실패한 일도 없었다.

'두고 봐, 무슨 일이 있어도 저 아이 눈길이 이쪽으로 쏠리도록 할 테니까. 저 뾰죽한 턱, 그 누구보다도 눈이 큰 빨강머리 앤 셜리라는 여자아이를 말이야!'

길버트는 통로 너머로 손을 뻗어 앤의 길게 땋아늘인 빨강머리 끝을 잡아 들어올려 나직하지만 또박또박 말했다.

"당근! 당근!"

앤은 문득 길버트 쪽을 돌아보았다. 앙갚음을 하듯이 그를 무섭게 쏘아보았다.

그뿐 아니라 주먹을 쥐고 벌떡 일어섰다. 조금 전까지 즐겼던 몽상이 엉망이 되어버렸다. 앤은 분노에 끓으며 길버트를 똑바로 노려보았다. 눈동자는 노여움으로 번뜩이고 있었는데, 순식간에 눈물이 흘러넘쳐 그 불꽃이 사라졌다.

앤은 화를 참지 못해 외쳤다.

"비겁한 녀석! 나쁜 자식! 어떻게 그런 말을 할 수가 있어!"

그리고 콰당 하는 소리가 났다. 앤이 석판으로 길버트의 머리를 내리친 것이다. 그것은 두 조각으로 갈라졌다. 물론 머리가 아니라 석판이지만.

애번리 아이들은 언제나 소동을 좋아했다. 특히 이번 일은 재미있는 구경거리였다. 모두들 깜짝 놀랐지만 또한 너무 기뻐서 '오' 하며 호들갑스레 감탄의 소리를 질렀다.

다이애너는 숨을 삼켰고, 히스테리가 있는 루비 길리스는 또 울음을 터뜨렸다. 토미 슬론은 입을 딱 벌린 채 이 대활극을 지켜보았다. 그동안 귀뚜라미는 모두 달아나버렸다.

필립스 선생님은 통로를 성큼성큼 걸어와 앤의 어깨를 꽉 움켜잡았다. 그리고 성난 목소리로 물었다.

"앤 셜리, 무슨 짓이냐?"

앤은 아무 말도 하지 않았다. 차마 '당근'이라고 놀림받은 것을 아이들 앞에서 말할 수 없었다. 그때 용감하게 입을 연 것은 길버트였다.

"잘못했습니다, 선생님. 제가 놀렸기 때문입니다."

필립스 선생님은 길버트의 말을 무시했다. 그리고 엄한 목소리로 지적했다.

"우리 학생 가운데 이렇듯 성질 고약한 아이가 있다는 게 참으로 안타깝구나."

앤이 자기 제자인 만큼 불완전한 인간의 마음속에 있는 모든 사악한 격정을 뿌리째 뽑아버려야 한다는 말투였다.

"앤, 수업이 끝날 때까지 칠판 앞 교단에 서 있거라."

이런 벌을 받느니 차라리 회초리로 맞는 편이 훨씬 낫겠다고 앤은 생각했다. 감수성이 예민한 앤의 마음은 회초리로 맞은 것만큼이나 파르르 떨렸다.

앤은 핼쑥한 얼굴로 이를 악물고 선생님의 명령에 따랐다. 필립스 선생님은 백묵을 들고 앤의 머리 위 칠판에 힘주어 썼다.

'앤 셜리의 성질은 고약합니다. 앤 셜리는 자제심을 배워야 합니다.'

선생님은 이 글을 소리내어 읽었다. 글씨를 읽지 못하는 1학년 아이도 그 뜻을 알 수 있도록 하기 위해서였다.

앤은 이 글이 씌어진 칠판 앞에서 나머지 오후 시간 동안 끝날 때까지 서 있었다.

앤은 울지 않고 고개를 숙이지도 않았다. 가슴 속에서 분노가 자그르르 들끓고 있어 그토록 괴로운 굴욕도 의연하게 견디어낼 수 있었다.

다이애너는 안타까워하며 앤을 바라보았고 찰리 슬론은 분개하여 몇 번이나 고개를 저었고 조지 파이는 심술궂은 웃음을 띠었다. 앤은 노여움이 가득찬 눈길과 감정을 억누르지 못하고 빨개진 얼굴로 아이들을 마주보았다.

물론, 길버트 블라이스 쪽은 거들떠보지도 않았다.

'두 번 다시 그 녀석 얼굴을 보면 나는 사람이 아니야! 두 번 다시 그 녀석과 말하면 사람도 아니야!'

공부가 끝나자 앤은 빨강머리를 높이 쳐들고 쏜살같이 밖으로 걸어나갔다. 길버트 블라이스가 앤을 붙잡으려 했다.

길버트는 진심으로 미안한 얼굴러 머리를 긁적이며 말했다.

"앤, 네 머리를 놀려댄 것은 정말 잘못했어. 진심으로 사과해. 이제 그만 화를 풀어줘."

앤은 완전히 무시하며 경멸하는 태도로 그 앞을 홱 지나갔다.

길을 걸어가며 다이애너가 절반은 비난하듯 또 한편으로는 감탄하듯 말했다.

"어머나, 정말 대단해, 앤."

길버트가 사과하다니 자기 같으면 금세 용서할 거라고 다이애너는 생각했다.

하지만 앤은 단호히 말했다.

"난 결코 길버트 블라이스를 용서할 수 없어. 그리고 필립스 선생님도 e자를 붙이지 않고 내 이름을 썼어. 아무튼 한 마디로 '내 영혼은 철책 속에 갇혔다'*4였어."

다이애너는 성서에서 인용한 앤의 말이 무슨 뜻인지 전혀 이해하지 못했지만, 어쨌든 몹시 처절했다는 것만은 짐작할 수 있었다.

다이애너는 위로하듯 다독이며 말했다.

"길버트가 네 머리털을 놀려댔다고 너무 화내지 마. 그 아이는 어

---

*4 구약성서 〈시편〉 제105장 제18절에서. 그렇지만 이 "The iron has entered into my soul"은 《Prayer Book Version》이라는 16세기 성가가 헤브라이어에서 영어로 번역될 때 오역으로, 1611년에 출판된 흠정역성서(欽定譯聖書) 《King James Version》에는 없음. 영문성서도 역사적으로 여러 역본이 있음. 몽고메리는 《Prayer Book Version》을 갖고 있지 않은 듯 여겨지지만, 이 성구(成句)를 알고는 있었던 것 같음.

느 여자아이건 놀려댄단 말이야. 내 머리털이 새까맣다고 얼마나 웃었다구. 나더러 까마귀라고 몇 번이나 놀렸단다. 게다가 그 아이가 사과한 일은 한 번도 본 적이 없어."

앤은 치를 떨며 말했다.

"까마귀라고 놀리는 것과 당근이라고 놀리는 것은 전혀 달라. 길버트 블라이스는 모질게 고문당하는 것만큼이나 내 마음을 상하게 했어, 다이애너."

그밖에 아무 일도 일어나지 않았더라면, 고통은 사라지고 문제가 조용히 가라앉았겠지만, 불행은 한번 벌어지면 잇달아 꼬리를 물고 일어나는 법이다.

애번리 학생들은 점심시간이면 언덕 너머 벨 씨네 가문비나무숲에서 송진*⁵을 뜯으며 놀았다. 그곳이라면 선생님이 하숙하고 있는 이븐 라이트 씨네 집을 지켜볼 수 있기 때문이었다.

필립스 선생님이 그 집에서 나오면 학생들은 교실을 향해 달려갔다. 그러나 거기서 학교까지 거리는 라이트 씨네 오솔길의 세 배쯤이나 되어 학생들은 대개 선생님보다 3분쯤 늦게 숨을 헐떡거리며 교실로 뛰어갔다.

당근 사건 다음날 필립스 선생님은 새삼 생각난 듯 학생들이 지각하는 버릇을 이참에 고쳐줘야겠다고 결심하여 점심식사하러 가기 전에 아이들에게 자기가 돌아왔을 때는 모두 제자리에 앉아 있어야한다고 따끔하게 일러주었다. 그러면서 늦는 사람은 벌주겠다고 말했다.

남자아이들과 여자아이들은 조금만 맛볼 만큼 송진을 뜯고 곧 돌아올 작정으로 여느 때처럼 가문비나무숲으로 갔다. 그러나 숲속에서 노란 송진덩어리를 이리저리 찾고 있으면 시간을 까맣게 잊어버리

---

*5 그즈음의 프린스 에드워드 섬에서는 어린이들이 가문비나무의 노란 송진을 껌처럼 씹으며 노는 풍습이 있었음.

고 말았다.

아이들은 송진을 뜯으며 빈둥빈둥 숲속을 돌아다녔다. 언제나 그렇듯 망을 보던 지미 글로버가 오래된 가문비나무 위에서 "선생님이 오신다!" 소리칠 때까지 아이들은 시간가는 줄 모르고 있었다.

땅 위에서 놀던 여자아이들은 금방 달려가 그럭저럭 시간이 맞았지만, 남자아이들은 나무 위에서 내려와야 했으므로 여자아이들보다 늦었다.

그리고 송진을 뜯지 않고 숲속 깊숙이 들어가 있던 앤이 꼴찌였다. 앤은 나무그늘에 사는 신비한 야생의 여신이라도 된 듯이 머리에 백합 화환을 쓰고 허리까지 자란 고사리 덤불을 헤치고 걸어다니며 노래를 흥얼거리고 있었던 것이다.

그러나 앤은 사슴같이 재빨랐으므로 님프처럼 달려 문가에서 남자아이들을 따라잡아 마침 선생님이 모자걸이에 모자를 걸고 있을 때 남자아이들과 함께 교실로 들어갔다.

아이들 버릇을 고쳐줘야겠다는 필립스 선생님의 열성은 이미 식어 있었다. 많은 아이들에게 저마다 벌을 준다는 것은 성가신 일이었다.

그러나 일단 선언한 이상 처벌을 내릴 필요가 있으므로 알맞은 대상이 없나 교실을 둘러보는데, 마침 숨을 헐떡거리며 자리에 앉는 앤이 눈에 띄었다. 벗어버리는 것을 깜박 잊은 백합 화환이 한쪽 귓가로 비스듬히 얹혀 있어 놀이에 빠져 있던 흐트러진 모습이 한층 눈에 도드라졌다.

선생님은 잔뜩 비꼬며 말했다.

"앤 셜리, 너는 남자아이들과 함께 있기 좋아하는 듯하니 오늘 오후에는 너를 기쁘게 해주마. 그 화환을 머리에서 벗어버리고 길버트 블라이스 옆에 가 앉아."

이 말을 듣고 다른 남자아이들이 킥킥 웃음소리를 냈다. 다이애너는 안타까워 얼굴이 핼쑥해졌다. 그녀는 앤의 머리에서 화환을 조심스레 벗겨내고 손을 꼭 쥐어주었다.

앤은 마치 석상처럼 굳어져 눈을 휘둥그렇게 뜨고 선생님을 쳐다보았다.

필립스 선생님은 엄한 목소리로 물었다.

"내 말을 들었겠지, 앤?"

"네, 들었습니다, 선생님. 하지만 정말 진심으로 말씀하신 거라고는 생각지 않았어요."

"틀림없이 사실이다."

선생님은 여전히 잔뜩 비꼬면서 비웃듯이 말했다. 아이들은, 특히 앤은 그 말투를 몹시 싫어했다. 아이들은 그런 말투를 들으면 부들부들 떨었다.

"당장 내가 시키는 대로 해."

한순간 앤은 반항적인 태도를 취하려는 듯했다. 그러나 어쩔 수 없음을 알고 벌떡 일어나 통로를 건너갔다. 길버트 블라이스 옆에 앉자 책상 위에 두 팔을 얹고 그 위에 얼굴을 묻었다.

그때 그 얼굴을 언뜻 본 루비 길리스는 학교에서 돌아가는 길에 아이들에게 말했다.

"나는 그런 기분나쁜 얼굴은 정말로*6 처음 봤어. 볼살이 햇쑥하고 온통 빨간 반점이 돋아 있었어."

앤으로서는 이제 모든 게 끝난 것이나 다름없었다. 똑같은 벌을 받아야 할 열두 아이 가운데 자기만 벌받는 것도 싫었지만, 남자아이 옆에 앉아야 하는 일은 더더욱 싫은 일이었다.

더욱이 길버트 블라이스 옆이라니, 상처받고 모욕마저 당한 셈이어서 도저히 참을 수 없었다. 참으려 해도 헛일이었다. 앤의 온몸은 부끄러움과 노여움과 굴욕감으로 화끈 달아올랐다.

---

*6 루비는 '정말로'라는 뜻의 actually(액추얼리)를 acsally(액스얼리)라고 발음하고 있음.

처음에 다른 아이들은 앤을 보며 소곤소곤 속삭이기도 하고 서로 쿡쿡 찌르며 웃기도 했다. 그러나 앤은 끝내 고개를 들지 않았고, 길버트도 분수공부를 열심히 하고 있는 듯했으며, 다른 아이들도 저마다 자기 공부를 하기 시작해 앤의 일은 잊어버렸다.

이윽고 필립스 선생님은 역사수업을 받을 학생들을 불러모았다. 앤도 함께 공부하는 과목이었다. 그러나 앤은 움직이지 않았다. 수업을 시작하기 전에 '프리실러에게'라는 시를 쓰고 있던 필립스 선생님은 까다로운 시의 운을 생각하느라 앤이 없는 것을 알아차리지 못했다.

한 번은 아무도 보지 않을 때 길버트가 책상 속에서 '너는 사랑스럽다'라는 글씨가 씌어진 하트 모양의 작은 핑크빛 캔디를 꺼내 앤의 팔꿈치 옆에 살짝 밀어 놓았다.

앤은 일어서서 그 하트 모양 캔디를 손가락 끝으로 조심스레 집어 바닥에 떨어뜨리고 발뒤꿈치로 산산조각나게 짓밟았다. 그리고 길버트 쪽은 거들떠보지도 않고 다시 책상에 엎드렸다.

공부가 끝나자 앤은 자기 자리로 돌아와 노트, 펜, 잉크, 성경, 계산연습장 등 책상 속에 있는 것을 남김없이 꺼내 깨진 석판 위에 가지런히 쌓아올렸다.

큰길로 나오자마자 다이애너가 이유를 물었다.

"왜 집으로 모두 가져가니, 앤?"

차마 여기에 올 때까지 물을 용기가 나지 않았던 것이다.

앤이 분을 못 참겠는지 씩씩거리며 대답했다.

"내일부터 학교에 나오지 않겠어."

놀란 다이애너는 정말이냐고 묻는 듯이 앤을 빤히 바라보았다.

"머릴러가 그렇게 하도록 허락해 줄까?"

앤은 어깨를 으쓱하며 말했다.

"허락하지 않을 수 없을 걸. 나는 그런 선생님이 있는 학교에 결코 두 번 다시 가지 않을 테니까."

다이애너는 금방이라도 울음을 터뜨릴 것 같았다.

"어머나, 앤! 너무해. 그럼, 나는 어떻게 하니? 필립스 선생님은 내가 싫어하는 거티 파이와 함께 앉힐 거야. 지금 거티는 혼자 앉아 있으니까. 틀림없어. 제발 부탁이니 그냥 학교에 나와."

앤은 괴로운 듯 신음하며 말했다.

"너를 위해서라면 어지간한 일은 다 참고 할 수 있어, 다이애너. 손발이 잘린다 해도 상관없지만 이것만은 안 돼. 그러니 다시는 그런 말을 해서 나를 괴롭히지 말아줘."

다이애너는 슬퍼했다.

"생각 좀 해봐. 학교를 그만두면 즐거움이 모두 없어지고 말아. 우리는 시냇가에 예쁜 집을 지을 거야. 그리고 다음 주에는 공놀이를 할 걸. 너는 공놀이해 본 일 없지? 얼마나 재미있는지 몰라.

그 다음에 새 노래를 배울 거야. 제인 앤드루스가 지금 그 노래를 연습하고 있는 중이야. 앨리스 앤드루스가 다음 주에 새로운 팬지 북[7]을 가져오겠다고 했어. 우리 모두 시냇가에 앉아 시를 하나씩 낭독하는 거야. 앤, 너는 시 낭독을 좋아하잖니."

무슨 말을 해도 앤은 끄떡하지 않았다. 다시는 필립스 선생님이 있는 학교에 가지 않겠다고 결의를 굳게 다졌던 것이다.

집에 돌아오자 머릴러에게도 그 이야기를 했다.

머릴러는 가벼이 웃어넘겼다.

"바보 같은 소리!"

앤은 진지한 표정으로 머릴러를 나무라듯 바라보았다.

"바보 같은 소리가 아니에요. 모르겠어요, 머릴러? 난 모욕당했단

---

*7 미국 아동문학가 이저벨러 M. 오든(1841–1930)이 어린이 생활을 그린 소녀용 책. 장로 파 교회 목사 오든과 결혼한 뒤, 1874년부터 팬지라는 필명으로 백 권이 넘는 시리즈를 집필·편집·출판했음. 성서의 독해·전도·금주·기도를 권장하는 내용. 주일학교 교재로 널리 쓰였음.

말예요."

"모욕이라고! 안 돼. 내일도 얌전히 학교에 가거라."

앤은 조용히 고개를 저었다.

"싫어요. 결코 학교에 가지 않겠어요, 머릴러. 집에서 공부하게 해주세요. 잠자코 조용히 지낼게요. 학교에는 정말 가지 않겠어요."

머릴러는 그제서야 앤의 작은 얼굴에 드러난 굳은 결심을 알아차렸다. 그 고집을 꺾으려면 무척 힘들겠다고 여겼다. 머릴러는 현명하게도 더 이상 강요하지 않기로 마음먹었다.

'오늘 밤 레이철과 의논해야겠어. 지금은 저 아이를 설득할 수 없을 것 같아. 흥분해 있는데다 한번 마음먹으면 끝까지 고집을 부리거든. 저 아이 말을 들어보면, 필립스 선생님이 좀 억압적으로 일을 처리한 것 같군. 하지만 이 아이에게 그런 말을 할 수는 없지.

아무튼 레이철과 상의해 봐야겠어. 아이를 열 명이나 학교에 보냈으니 이럴 때 어떻게 하면 좋을지 잘 알겠지. 지금쯤 벌써 이 이야기를 듣고 있을 거야.'

머릴러가 찾아갔을 때 린드 부인은 여전히 열심히 침대덮개를 짜고 있었다.

머릴러는 좀 쑥스러워하며 말을 꺼냈다.

"내가 왜 이렇게 찾아왔는지 알지요."

린드 부인은 고개를 끄덕였다.

"앤이 학교에서 벌인 소동 때문이겠지요. 틸리 볼터가 학교에서 돌아오는 길에 들러 이야기해주었답니다."

"그 아이를 어떻게 하면 좋을지. 다시는 학교에 가지 않겠대요. 그렇게 흥분하는 건 처음 보았어요. 그 아이를 학교에 보낸 뒤부터 언제 무슨 일이 일어날지 몰라 늘 마음이 조마조마했었어요. 이렇듯 아무 일 없이 순조롭게 되어 나가는 게 오래 계속될 리 없다고 여겼거든요. 그 아이는 감수성이 예민해요. 어떻게 하면 좋을까요, 레이철?"

린드 부인은 자기 의견을 물어오는 것을 무척 좋아했으므로 상냥하게 말했다.

"글쎄요, 나 같으면 얼마 동안 그 아이가 하는 대로 내버려두겠어요. 필립스 선생님에게 어느 정도는 잘못이 있다고 생각해요. 물론 이런 말을 아이들에게 해선 안 되죠. 어제 앤이 화낸 데 대해 벌준 것은 옳지만 오늘은 사정이 달라요. 똑같이 늦은 다른 아이들도 벌주었어야 했어요.

더구나 벌로 여자아이를 남자아이와 함께 앉히다니, 좋지 않은 일이에요. 지나쳤어요. 틸리 볼터는 몹시 흥분하며 화내더군요. 그 아이는 처음부터 앤 편이랍니다. 다른 아이들도 모두 앤 편이라고 틸리는 말했어요. 앤은 아이들에게 꽤 인기가 있나봐요. 모두들 이렇게 좋아할 줄 미처 몰랐어요."

머릴러는 놀라 물었다.

"그럼, 집에 있도록 허락하는 편이 좋단 말인가요?"

"그래요. 나 같으면 그 아이 스스로 이야기를 꺼낼 때까지 학교에 대해 일절 말하지 않겠어요. 염려마세요, 머릴러. 앤은 1주일만 지나면 냉정을 되찾아 학교에 가겠다고 할 테니까요.

지금 강제로 학교에 보내면 더욱 큰 소동이 벌어질지 몰라요. 더 꼬이게 되죠. 복잡한 일이 자꾸 일어날 바에는 차라리 학교를 쉬는 편이 나아요. 공부면에서도 지금 학교에 가지 않는다고 해서 크게 뒤떨어지지는 않을 거예요. 필립스 선생님은 교사로서 실격이에요. 아이들을 전혀 통제하지 못하고 있다더군요. 저학년 아이들은 내버려두고 퀸즈아카데미에 진학할 상급생만 가르치고 있으니까요.

삼촌이 이사(理事)가 아니라면 그 선생님은 이 학교에 더 있지 못할 거예요. 그 이사도 나머지 두 사람을 억누르고 혼자 휩쓸고 다니는 형편이니, 이 섬 아이들 앞날이 한심스러워요."

린드 부인은 고개를 설레설레 내저었다. 자기가 이 지방 교육기관의 우두머리라면 문제를 좋은 방향으로 처리하겠다는 말투였다.

머릴러는 린드 부인의 충고에 따라 앤에게 학교에 가라는 잔소리를 하지 않았다.

앤은 집에서 공부하며 잔일도 거들고 으스스한 가을의 보랏빛 땅거미 속에서 다이애너와 놀기도 했다.

길에서나 주일학교에서 길버트 블라이스를 만나면 앤은 싸늘한 표정을 지으며 그냥 지나쳤다. 앤의 노여움을 풀어주고 싶어하는 길버트의 마음은 누구 눈에나 뚜렷했지만 앤은 전혀 받아들이지 않았다.

둘 사이에서 그들을 화해시키려 애쓰는 다이애너의 노력도 소용없었다. 앤은 길버트 블라이스를 평생 미워하겠다고 마음먹은 것 같았다.

그러나 길버트를 미워하는 것만큼 앤은 다이애너를 사랑했다. 사랑도 미움도 똑같이 강렬한 앤은 열정을 다이애너에게 쏟았다.

어느 날 밤, 머릴러가 사과바구니를 들고 과수원에서 돌아오자 어둑어둑한 동쪽 창가에 앉아 앤이 엉엉 울고 있었다.

머릴러가 물었다.

"이번에는 대체 무슨 일이냐, 앤?"

"다이애너 때문이에요."

앤은 더욱 크게 울었다.

"나는 다이애너를 깊이 사랑하고 있어요. 머릴러, 다이애너 없이는 단 하루도 살 수 없어요. 하지만 어른이 되어 다이애너가 결혼하면 나를 두고 멀리 떠나고 말 거예요. 아, 나는 어떻게 하면 좋아요? 다이애너의 남편될 사람이 미워요. 다이애너의 결혼식이며 펼쳐질 모든 일들을 상상해 봤어요. 다이애너는 새하얀 드레스를 입고 베일을 써서 여왕님처럼 고상해 보일 거예요. 나는 들러리로 역시 아름답게 부풀린 소매 달린 옷을 입고 있는데, 가슴이 미어지는데도 겉으로는 웃음짓고 있죠. 그리고 다이애너에게 작별의 말을 들어요. 잘 있어,

앤, 앤……"

목멘 소리로 여기까지 말하고 앤은 다시 엎드려 울기 시작했다. 더욱 더 심하게 흐느껴 울었다. 머릴러는 웃음을 억누르느라 얼굴을 찌푸렸지만 도저히 참을 수 없었다. 바로 옆 의자에 쓰러지듯 앉아 배를 움켜쥐고 웃기 시작했으므로 바깥뜰을 지나가던 매슈가 깜짝 놀라 걸음을 멈추었다.

머릴러의 저런 웃음소리를 매슈가 들어본 적 있었을까?

겨우 웃음을 그치고 머릴러는 말했다.

"하지만 앤 셜리, 쓸데없는 걱정을 하려거든 좀 가까운 앞날의 일을 염려하려무나. 네 상상력은 정말 알아줘야겠다."

티파티의 슬픈 끝

그린게이블즈의 10월은 아름다웠다.

햇빛을 받은 자작나무는 황금빛으로 물들고, 과수원 뒤쪽 단풍나무는 울긋불긋, 오솔길을 따라 늘어선 벚나무는 이루 말할 수 없이 매혹적인 짙은 자줏빛과 청동색으로 단장했다. 드넓은 초원도 가을 햇볕을 받아 반짝이고 있었다.

앤은 자기를 둘러싸고 있는 아름다운 풍경을 마음껏 즐겼다.

어느 토요일 아침, 붉은 색으로 화려하게 물든 나뭇가지를 한아름 안고 뛰어 들어오며 앤은 소리쳤다.

"머릴러! 이 세상에 10월이 있어서 아주 즐거워요. 10월 없이 9월에서 11월로 건너뛴다면 재미없을 거예요. 이 단풍나무 가지를 보세요. 가슴이 두근거리지 않나요? 내 방을 온통 이 나뭇가지로 꾸밀래요."

미적 감각이 전보다 조금도 나아지지 않은 머릴러는 나무랐다.

"집안 어질러질라. 너는 밖에서 무엇이든지 가지고 들어와 방을 너무 지저분하게 만들더구나. 침실은 그저 잠자기 위해 있는 거란다."

"어머나, 꿈을 꾸기 위해서예요, 머릴러. 아기자기한 것으로 둘러싸인 방에서 자면 좋은 꿈을 꿀 수 있거든요. 이 빨간 잎 나뭇가지를 파란 꽃병에 꽂아 내 방 테이블 위에 두겠어요.”

“그럼, 층계에 잎사귀가 떨어지지 않도록 해라. 나는 오늘 오후, 카모디에서 열리는 후원회 모임에 다녀오마. 아마 어두워진 뒤 돌아올 것 같아. 매슈 오라버니와 제리의 저녁식사는 네가 차려야겠다. 지난번처럼 식탁에 앉고 보니 차가 준비되어 있지 않았던데 똑같은 일이 없도록 해.”

앤은 둘러댔다.

“그날은 깜박 잊었어요. 죄송해요. ‘제비꽃 골짜기’에 이름을 지어주려고 머릿속이 가득차 있었기 때문에 다른 일은 그만 잊고 말았어요. 하지만 매슈는 아주 너그러웠어요. 조금도 꾸짖지 않고 손수 차를 만들고는 잠깐만 기다리면 된다고 했거든요. 그동안 내가 재미있는 요정이야기를 해드렸기 때문에 조금도 지루해 하지 않았어요.

아주 아름다운 이야기였어요. 끝부분이 기억나지 않아 내가 지어서 끝맺음했는데, 매슈는 어디가 이은 자리인지 모를 만큼 잘되었다고 했어요.”

“매슈 오라버니는 네가 한밤중에 일어나 식사준비를 한다 해도 좋아할 사람이야. 하지만 이번에는 잊으면 안 된다. 그리고—네가 전보다 더 큰 실수를 할지도 모르니 이런 말을 해도 좋을지 모르겠다만—이따가 오후에 다이애너를 불러 함께 차를 마시면 어떻겠니?”

“어머나, 머릴러!”

앤은 두 손을 꼭 마주잡았다.

“멋있어요! 머릴러는 역시 배려심이 있어요. 그렇지 않고서야 내가 그런 차모임을 동경하고 있다는 걸 어떻게 알았겠어요. 누군가를 티파티에 초대하면 즐겁고 어른이 된 기분이 들 거예요. 손님을 초대하니 차 준비하는 것을 잊어버릴 염려도 없어요. 저, 머릴러, 장미무늬 찻잔 세트를 써도 좋을까요?”

“당치도 않아! 귀한 장미무늬 찻잔 세트라니! 나중에는 무슨 말을 할지 모르겠구나. 그것은 목사님이나 후원회 사람들이 올 때만 쓰는 거야. 헌 갈색 찻잔을 꺼내 쓰도록 해라.

하지만 노란 항아리의 버찌 설탕절임을 먹어도 좋아. 슬슬 이제 맛이 들었겠지. 그리고 과일 케익과 생강이 든 납작과자도 먹으렴."

스르르 눈을 감으며 앤은 말했다.

"내가 식탁 윗자리에 앉아*¹ 차를 따르는 모습이 눈에 선해요. 그리고 다이애너에게 설탕을 넣겠느냐고 다정하게 물을 거예요! 다이애너가 설탕을 넣지 않는다는 것을 알고 있지만 모르는 척하고 물어봐야 해요. 그리고 과일 케익과 설탕절임을 더 들라고 권하죠.

아, 상상만 해도 가슴이 두근거려요. 다이애너가 오면 손님용 침실로 데려가 거기서 모자를 벗으라고 해도 좋을까요? 그리고 응접실로 데려가도 좋아요?"

"안 돼. 너와 네 손님은 거실로 충분해. 하지만 요전날 밤, 교회 손님들이 왔을 때 쓰고 남은 라즈베리 시럽*² 이 병에 반쯤 있으니 먹고 싶으면 둘이서 마셔도 좋아. 거실 벽장 두 번째 선반에 있단다. 그것과 과자를 먹으면 맛있을 거야. 매슈 오라버니는 감자를 배에 실으러 갔으니*³ 아마 차마실 시간에는 못 올 것 같구나."

앤은 '드라이어드 샘'을 거쳐 가문비나무 오솔길을 올라가 '언덕의 과수원'에 이르러서야, 다이애너를 티파티에 초대할 수 있었다.

머릴러가 카모디를 향해 마차를 타고 나간 얼마 뒤 다이애너는 두 번째로 좋은 외출복을 입고 티파티에 어울리는 모습으로 나타났다. 여느 때는 노크도 없이 부엌으로 뛰어 들어오던 다이애너도 이날만

---

*1 유럽에서는 초대한 쪽 여성이 상석에 앉음.
*2 라즈베리로 만든 걸쭉한 과즙. 물을 타서 마심. 앤이 라즈베리 시럽인 줄 잘못 알고 다이애너에게 마시게 한 포도주도 머릴러가 직접 빚은 것. 라즈베리 등의 딸기류와 포도는 들에 저절로 나서 자라는 것을 따서 만듦. 캐나다 야산의 풍정이 느껴짐.
*3 감자는 섬의 붉은 토양에 잘 맞아 지금도 섬의 특산품임. 배에 실어 캐나다 본토와 미국으로 수송하며, 1886년 개통된 캐나다태평양 철도로 각지에 운반되었음.

은 정면 현관문을 우아하게 똑똑 두드렸다.

역시 두 번째로 좋은 옷을 입은 앤이 문을 열어주었다. 두 소녀는 처음 만나는 사람들처럼 정중하게 미소를 머금고 악수했다. 다이애너는 동쪽 방으로 안내되어, 그곳에서 모자를 벗어놓고 거실로 들어가 가지런히 발을 모으고 앉아 10분 동안 이야기했다. 평소에 하지 않는 이러한 예절바른 행동이 쭉 계속되었다.

앤은 그날 아침 기운차게 사과를 따고 있는 배리 부인을 보았지만 그런 낌새를 조금도 내비치지 않고 점잖게 물었다.

"어머니께서는 안녕하세요?"

"고맙습니다. 덕분에 매우 건강하세요. 커스버트 씨는 오늘 오후 릴리 샌즈 호에 감자를 실으러 간다는 말을 들었는데요?"

다이애너는 아침에 매슈의 마차로 하면 앤드루스네 집까지 갔으면서도 그렇게 물었다.

"네, 그래요. 올해는 감자가 풍년이래요. 댁에서도 수확이 많겠지요?"

"덕분에 꽤 많이 거두었답니다. 사과도 많이 땄지요?"

앤은 그만 거드름피우는 걸 잊고 발딱 일어서며 말했다.

"응, 굉장히 많이 땄어. 과수원에 가서 레드 스위팅 사과를 따먹자, 다이애너. 머릴러가 나무에 남아 있는 것은 모두 따먹어도 좋다고 했어. 머릴러는 마음이 무척 넓어. 차 마실 때 과일 케익과 버찌 설탕절임도 먹으라고 했지.

하지만 손님에게 대접할 것을 미리 말하는 건 예의에 벗어나는 일이니 음료 이름은 말하지 않겠어. 이것만은 말해 두지. r자로 시작되는 이름이고 빨간 빛깔이야. 나는 빨간 음료를 몹시 좋아해. 너는? 다른 빛깔의 음료보다 두 배나 더 맛있거든."

가지가 땅바닥까지 늘어질 만큼 열매가 주렁주렁 매달린 과수원에서 노는 게 너무 즐거워 두 소녀는 오후 내내 그곳에서 머물렀다.

파란 풀밭에 앉아 부드러운 가을빛을 쬐고 사과를 아삭아삭 먹으며 마음껏 재잘거렸다.

다이애너는 학교 소식을 앤에게 전했다. 할 얘기가 산더미처럼 많았다. 다이애너는 거티 파이와 앉게 되어 우울하다고 말했다. 거티는 언제나 글을 쓸 때 지익지익 석필 소리를 내므로 다이애너는 소름이 끼친다*⁴고 했다.

루비 길리스는 크리크의 메리 조 할머니에게 얻은 마술 조약돌에 주문을 걸어 사마귀를 깨끗이 떼어버렸다. 초승달이 뜨는 날 밤에 그 조약돌로 사마귀를 문지른 뒤 왼쪽 어깨 너머로 던져 버렸는데, 사마귀가 깨끗이 없어졌다는 것이다.

찰리 슬론과 엠 화이트의 이름이 현관 벽 위에 나란히 씌어 있어 엠 화이트는 몹시 화를 냈다.

샘 볼터는 수업 중에 필립스 선생님에게 꼬박꼬박 말대답을 하여 선생님이 회초리로 때렸다. 그러자 샘의 아버지가 학교로 찾아와 두 번 다시 자기 아들에게 손대면 가만두지 않겠다고 말했다.

매티 앤드루스는 새로 산, 붉은 후드가 달리고 술이 늘어진 파란 망토를 입고 왔는데 너무 으스대어 보기싫었다.

리지 라이트는 메이미 윌슨과 말을 하지 않는다. 메이미 윌슨의 큰언니가 리지 라이트의 큰언니 애인을 가로챘기 때문이다.

아이들은 모두 앤이 없어서 섭섭해 하며 다시 학교에 나오기를 간절히 바라고 있다. 그리고 길버트 블라이스는……

그러나 앤은 길버트 블라이스의 이야기는 듣고 싶지 않았으므로 후다닥 일어나 집안으로 들어가 라즈베리 시럽을 마시자고 말했다.

앤이 거실 벽장의 두 번째 선반을 보니 라즈베리 시럽이 없었다. 자세히 찾아보니 그것은 맨 윗선반 구석에 있었다.

---

*4 《이상한 나라의 앨리스》 제11장에서도, 배심원이 석판 위에 석필로 지익지익 소리내어 앨리스가 소름끼쳐하는 대목이 나옴.

앤은 시럽 병을 쟁반에 받쳐 큰 컵 하나와 함께 탁자 위에 놓았다.

앤은 다시 정중하게 말했다.

"어서 많이 드세요. 나는 지금 안 마시겠어. 사과를 너무 많이 먹었더니 마시고 싶지 않아."

다이애너는 컵에 가득 따라 그 새빨간 빛을 황홀하게 바라보며 우아하게 조금씩 마셨다.

다이애너는 말했다.

"참 맛있는 라즈베리 시럽이구나, 앤. 라즈베리 시럽이 이렇듯 맛있는 줄 미처 몰랐어."

"맛있다고 하니 기뻐. 마시고 싶은 만큼 얼마든지 마셔. 나는 잠시 가서 불을 좀 보고 올게. 집안일이란 참으로 여러 가지 신경써야 하는 게 많은 것 같아."

앤이 부엌에서 돌아오자 다이애너는 두 잔째 라즈베리 시럽을 마시고 있었다. 앤이 권하는 대로 석 잔째도 마다하지 않았다. 이만큼이면 상당한 양인데 그 라즈베리 시럽은 확실히 맛있는 듯했다.

다이애너는 말했다.

"이렇게 맛있는 것은 처음 마셔봐. 린드 아주머니는 자기가 만든 게 맛있다고 자랑했지만 그것보다 훨씬 맛있어. 전혀 맛이 달라."

앤은 머릴러 편을 들었다.

"머릴러가 만든 게 린드 아주머니네 있는 것보다 훨씬 더 맛있을 거야. 머릴러는 요리솜씨가 아주 좋거든. 나에게도 가르쳐주지만 요리를 만든다는 것은 정말 어려운 일이야. 그렇잖니, 다이애너? 요리에는 상상의 여지가 조금도 없어. 정해진 대로 해야만 하니까. 지난번에는 케익을 만들 때 그만 밀가루 넣는 것을 깜박 잊었단다. 너와 나를 등장인물로 한 아름다운 이야기를 상상하고 있었거든.

그 이야기는 이런 것이었어. 너는 천연두에 걸려 매우 위독해. 모두들 너를 멀리했지만 나는 태연히 네 침대 곁에 붙어앉아 간호해 주어서 네 병이 깨끗이 나았어.

하지만 나는 천연두에 걸려 죽고 말아. 결국 묘지의 포플러 밑에 묻히게 돼. 너는 내 무덤 옆에 장미나무를 심고 눈물로 그 나무를 적시는 거야. 너는 자기를 위해 목숨 잃은 젊은 날의 친구를 영원히 잊지 못하지. 너무나 슬픈 이야기였어, 다이애너.

케익 반죽을 하는 동안 눈물이 비처럼 주루룩 흘러내려 볼을 적셨단다. 하지만 밀가루 넣는 것을 잊어버렸으니 케익은 실패로 끝났지. 밀가루를 넣지 않고 어떻게 케익이 될 수 있겠니. 머릴러는 몹시 화냈지만 어쩔 수 없었어.

나는 자꾸 일만 저질러 큰일이야. 지난 주에는 푸딩 소스 때문에 머릴러를 망신시켰단다. 화요일 점심식사 때 건포도 든 푸딩을 먹었는데, 푸딩 절반과 소스가 한 단지쯤 남아서 머릴러가 디저트로 한 번 더 먹을 수 있다며 식기실 찬장 속에 넣어두라고 했지.

나는 그럴 생각이었는데 그것을 찬장 속에 넣을 때 문득 수녀가 되는 모습이 머리에 떠올랐지 뭐니. 물론 나는 프로테스탄트지만 가톨릭이라고 상상했단 말이야—실연으로 인해 깊은 상처를 입고 수녀원으로 들어간다는 줄거리였지. 그래서 나는 푸딩 소스에 뚜껑 덮는 것을 잊고 말았어.

이튿날 아침에야 생각나 식기실로 뛰어가보니 푸딩 소스 속에 생쥐 한 마리가 빠져 죽어 있지 않겠니! 얼마나 놀랐던지. 생쥐를 숟가락으로 꺼내 뜰에 버리고 그것을 세 번이나 물로 빡빡 씻었단다. 머릴러는 밖에서 우유를 짜고 있었는데 돌아오면 소스를 돼지에게 줘도 좋으냐고 물어볼 작정이었어.

하지만 머릴러가 돌아왔을 때 나는 서리의 요정이 되어 숲속을 헤매며 나무들을 빨강 노랑으로 마음대로 바꿔놓는 장면을 상상하고 있었어. 그래서 푸딩소스 일을 까맣게 잊고 말았단다. 그러다가 머릴러가 사과를 따오라고 하기에 과수원으로 갔어.

그날 아침 스펜서베일의 체스터 로스 씨 내외분이 왔어. 그분들은 아주 점잖았어. 특히 부인이 말이야. 머릴러가 불러서 가보니 이미 점심식사준비가 되어 모두들 식탁에 앉아 있었지. 되도록 예의바르고 의젓하게 행동하려 애썼어. 예쁘지는 않아도 고상한 소녀라는 인상을 부인에게 심어주고 싶었거든.

모든 일이 잘 되어가고 있었는데, 이윽고 머릴러가 한 손에 푸딩을 들고 또 한 손에 따뜻하게 데운 푸딩 소스 단지를 들고 들어와 나는 그만 깜짝 놀랐어. 그것을 보자 모든 게 생각나 의자에서 벌떡 일어나며 소리를 질렀단다.

'머릴러, 그 푸딩 소스는 안 돼요. 그 속에 생쥐가 빠져 죽었는데 말씀드리는 걸 깜박 잊었어요.'

아, 다이애너, 나는 백 살까지 산다 해도 그 아찔했던 순간을 결코 잊을 수 없을 거야. 체스터 로스 부인이 나를 뚫어지게 바라봐서 쥐구멍이라도 있으면 숨고 싶을 만큼 부끄러웠어. 부인은 완벽한 주부였으니, 우리를 어떻게 생각했겠니?

머릴러는 얼굴이 빨개졌지만 그때에는 한마디도 꾸지람하지 않았어. 그 소스와 푸딩을 도로 들고 나가 대신 딸기 설탕절임을 가져왔어. 그뿐 아니라 내게도 딸기 설탕절임을 먹으라고 했는데 전혀 먹을 수가 없었어. 친절을 베푸는 게 오히려 내 잘못을 벌하는 것*5 같았지. 체스터 로스 내외분이 돌아간 다음 나는 머릴러에게 몹시 꾸중을 들었단다. 어머, 다이애너, 왜 그러니?"

다이애너는 휘청거리며 일어났다가 두 손으로 머리를 움켜쥐더니

---

*5 원문을 그대로 옮기면 '머리 위에 불이 붙은 석탄을 쌓는다'가 됨. 구약성서 〈잠언〉 제25장 22절과 신약성서 〈로마서〉 제12장 20절에서 인용. '네 원수가 주리거든 먹이고 목마르거든 마시우라. 그리함으로 네가 숯불을 그 머리에 쌓아 놓으니라.' 〈잠언〉에서는 '여호와께서는 너에게 상을 주시리라'고 계속되고, 〈로마서〉에서는 '악에 지지 말고 선으로 악을 이기라'고 계속됨.

다시 주저앉았다.

다이애너는 어눌한 투로 중얼거렸다.

"나…… 나…… 기분이 안 좋아. 나…… 곧 집으로 가야겠어."

앤은 낙심하여 외쳤다.

"어머나, 아직 차도 마시지 않았는데 돌아가다니, 왜 그러니? 곧 차를 끓여 올게."

다이애너는 멍하니 있더니, 결심한 듯이 되풀이했다.

"집으로 가야겠어."

앤은 애원했다.

"어쨌든 점심만은 먹고 가. 과일 케익과 버찌 설탕절임을 조금이라도 먹어야지. 소파에 잠시 누워 있어. 아마 기분이 곧 나아질 거야. 어디 아프니?"

"집에 갈 테야."

다이애너는 그 말만 되풀이할 따름이었다. 앤이 아무리 부탁해도 소용없었다.

앤은 슬펐다.

"차도 마시지 않고 가는 손님이 어디 있어. 애, 다이애너, 너 정말 천연두에 걸린 건 아니니? 만일 그렇다면 문제없어. 내가 간호해 줄 테니까. 결코 너를 저버리지 않을 거야. 하지만 차는 마시고 가. 어디 아프니?"

다이애너는 대답했다.

"자꾸 어지러워."

확실히 다이애너의 걸음걸이는 비틀거렸다. 앤은 속상한 마음에 울면서 다이애너의 모자를 들고 배리 씨네 뜰의 울타리까지 바래다주었다. 돌아오면서도 내내 눈물을 흘렸다.

앤은 슬퍼하며 남은 라즈베리 시럽을 벽장에 도로 넣고 매슈와 제리의 저녁식사준비를 했지만 기운이 하나도 없었다.

이튿날은 일요일이었는데 아침부터 저녁때까지 비가 억수로 쏟아져 앤은 한 발짝도 밖에 나가지 못했다.

월요일 오후, 머릴러는 린드 부인 집으로 앤을 심부름보냈다. 그런데 몇 분 뒤 앤이 눈물을 줄줄 흘리며 오솔길을 달려왔다. 그리고 부엌으로 들어와 소파에 엎드려 몸부림치며 마구 울부짖었다.

머릴러는 걱정되어 물었다.

"이번에는 대체 무엇이 잘못되었니? 또 린드 부인에게 건방진 말을 한 것은 아니겠지?"

앤은 대답하지 않고 더욱 심하게 흐느껴 울 뿐이었다.

"앤 설리, 묻는 말에 대답을 해야지. 당장 똑바로 앉아. 어째서 우는지 말해봐."

앤은 겨우 일어나 앉았다. 마치 온몸이 먹구름으로 뭉쳐진 것 같았다.

앤은 얼굴을 양손으로 가리고 울면서 이야기했다.

"오늘 린드 아주머니가 배리 아주머니댁에 갔는데 그분이 나에 대해 몹시 화를 냈대요. 아주머니는 토요일에 내가 다이애너를 취하게 해서 망측한 꼴로 만들어 집에 보냈다고 말했다는 거예요. 그리고 나는 세상에서 가장 나쁜 아이니 다시는 다이애너와 놀지 못하게 하겠다고 했대요. 아, 머릴러, 슬퍼서 견딜 수가 없어요."

머릴러는 어리둥절하여 앤을 쳐다보았다.

가까스로 머릴러는 입을 열었다.

"다이애너를 취하게 했다고! 네 머리가 이상한 거냐, 앤? 아니면 배리 부인이 어떻게 된 게냐? 대체 다이애너에게 무엇을 마시게 했지?"

"라즈베리 시럽밖에 마시지 않았어요."

앤은 서럽게 울었다.

"라즈베리 시럽을 마시고 취할 줄은 몰랐어요. 아무리 다이애너가 큰 컵으로 석잔이나 마셨다 해도 라즈베리 시럽이 사람을 취하게 할 줄은 정말 몰랐어요. 마치 토머스 아주머니의 남편 이야기 같아요! 나는 다이애너를 취하게 할 생각이 조금도 없었어요."

"취하다니, 별일이 다 있구나!"

머릴러는 거실 벽장으로 걸어갔다. 그 벽장 안에는 병이 하나 있었다. 머릴러는 그것이 3년 된 포도주*6병임을 금방 알았다.

머릴러의 포도주 담그는 솜씨는 애번리에서도 유명했다. 하긴 배리 부인을 비롯한 몇몇 엄격한 사람들 가운데에는 머릴러가 포도주를 담근다고 몹시 비난하는 이도 있었다.

그 순간 머릴러는 '아차' 생각이 났다. 자신이 라즈베리 시럽을 거실 벽장이 아닌 지하실에 넣어두고 앤에게 잘못 말했던 것이다.

머릴러는 포도주병을 들고 부엌으로 돌아왔다. 머릴러의 얼굴은 억지로 웃음을 참는 기색이었다.

"앤, 너는 확실히 말썽을 일으키는 천재야. 네가 다이애너에게 마시게 한 것은 라즈베리 시럽이 아니라 포도주였어. 그것을 모르고 있었니?"

앤은 말했다.

"나는 마시지 않았거든요. 분명 라즈베리 시럽인 줄만 알았어요. 나는 정성을 다하여 대접하려 애썼는데, 다이애너는 도중에 기분이 나쁘다면서 집으로 돌아갔어요. 배리 아주머니는 다이애너가 곤드레 만드레 취해 있었대요. 어머니가 웬일이냐고 묻자 다이애너는 바보처럼 헤벌레 웃기만 하더니, 그대로 잠자리에 들어 몇 시간이나 쿨쿨대며 잠을 잤대요.

어머니가 다이애너의 냄새를 맡아보고 취한 걸 알았대요. 다이애너는 하루 종일 머리가 아파 누워 있었고 배리 아주머니는 화가 머

---

*6 여기서 사용된 포도는 영어로 커런트(currant), 프랑스어로 카시스. 이것의 즙을 내면 아름다운 적자색이 되는데, 희석해 주스로 마시거나 술을 부어 과실주로 만듦. 예를 들면 칵테일의 '킬 로와이얄'은 샴페인에 카시스 즙을 넣은 음료.

리 끝까지 났대요. 내가 일부러 그렇게 했다고 생각했겠죠."

머릴러는 퉁명스럽게 말했다.

"나 같으면 석 잔이나 마시는 먹보 다이애너를 야단치겠다. 라즈베리 시럽이라도 큰 컵으로 석 잔이나 마시면 기분이 언짢아질 거야. 그건 그렇고, 내가 포도주를 담근다고 트집잡던 사람들*7에게 좋은 화젯거리가 되겠구나. 하긴 목사님도 찬성하지 않아서 요 3년 동안 포도주를 전혀 담그지 않았지만 약으로 쓰려고 그 한 병만 남겨두었지. 자, 착하지. 이젠 그만 울어라. 이번 일은 안됐지만 네 잘못이 아니야."

"어떻게 울지 않을 수 있겠어요. 내 마음은 갈가리 찢어졌어요. 운명의 별은 내 편이 되어주지 않아요. 다이애너와 나를 영원히 갈라놓았어요.*8 아, 머릴러, 처음 우정의 맹세를 할 때 이렇게 되리라고는 생각지도 못했어요."

"바보 같은 소리 마라, 앤. 배리 부인도 네가 나빴던 게 아니라는 걸 알면 오해를 풀겠지. 부인은 네가 장난으로 그런 줄 여기고 있을 게다. 오늘 저녁에 부인에게 가서 사정 이야기를 하면 오해를 풀 거야."

"다이애너 어머니는 분개하고 계시대요. 그런 분을 만나는 게 어쩐

---

*7 그즈음 캐나다 사회에서는 교회와 부인회가 금주운동을 추진하고 있었음. 이 이야기의 무대는 1880~90년대 무렵으로 추정되는데, 나중에 프린스 에드워드 아일랜드 주정부는 1900년에 금주법을 제정해 주류판매를 금지했음. 머릴러처럼 집에서 제조하거나 소지하는 것은 금지되지 않았지만, 사회적으로 좋지 않게 보는 풍조가 있었음. 지금도 섬에서는 주류판매에 대한 규제가 있음.★★

*8 The stars in their courses fight against em, Mallira. 이 구절은 구약성서 〈판관기〉 제5장 20절에 근거함. They fought from heaven the stars in their courses fought against Sisera. '별들이 하늘에서부터 싸우되 그 다니는 길에서 시스라와 싸웠도다'. 하늘의 별 배치까지 시스라라는 인물에 불리하게 작용했다는 뜻일 것임. 하늘의 별로부터도 외면당하여 시스라가 패한 것처럼, 앤 역시 오해를 받아 다이애너와의 사이가 갈라진 것은, 별까지 자기를 편들어주지 않았기 때문이라고 한탄한다는 의미.

지 겁이 나요."

앤은 한숨을 쉬었다.

"대신 가주겠어요? 나보다 훨씬 위엄 있으니까요. 머릴러가 이야기
하면 들어줄지도 몰라요."

그편이 현명한 방법이라 여기며 머릴러는 말했다.

"그러자꾸나. 이젠 눈물을 닦아라, 앤. 잘될 거야."

그러나 '언덕의 과수원'에서 돌아오며 머릴러는 일이 술술 풀릴 거
라고 믿었던 자신의 생각이 틀렸음을 알았다.

앤은 머릴러가 돌아오기를 기다리고 있다가 현관 앞까지 뛰어나와
맞았다.

앤은 머릴러를 보자 슬프게 말했다.

"아, 머릴러, 틀려버렸군요. 얼굴에 씌어 있어요. 배리 아주머니가 용
서해 주지 않았군요?"

머릴러는 버럭버럭 화를 냈다.

"배리 부인도 참! 나는 이제까지 그렇게 말귀를 못 알아듣는 사람
은 처음이야. 모든 게 실수고 네가 나빴던 게 아니라는 말을 거듭했
지만 전혀 믿어 주지 않더라.

그리고 포도주를 만든 나를 트집잡으면서 당신은 포도주를 마셔
도 취하지 않는다고 늘 말했잖느냐고 하지 않겠니? 그래서 나도 똑
똑히 대꾸해 줬지. '포도주란 단번에 큰 컵으로 석 잔이나 마시는 게
아닙니다. 우리집 아이가 그런 짓을 했다면 혼내서 술에서 깨어나게
했을 거예요.' 라고 말이야."

머릴러는 몹시 흥분하여 부엌으로 들어가버렸다. 현관에는 심란해
진 소녀만 덩그러니 남게 되었다.

이윽고 앤은 모자도 쓰지 않고 땅거미지는 쌀쌀한 가을 오솔길을
걸어갔다. 시든 클로버 풀밭을 지나 통나무다리를 건너 가문비나무
숲 위에 나직이 떠 있는 파리한 달빛을 받으며 단호한 얼굴로 성큼성

큼 걸어갔다.

나직하게 문을 두드리는 소리에 배리 부인이 나가니 현관 밖 층계에 핼쑥한 얼굴에 간절한 눈빛을 한 앤이 애원하는 듯한 모습으로 서 있었다.

순간 부인의 얼굴이 굳어졌다. 배리 부인은 편견이 심하고 혐오의 감정이 강한 사람이었다. 화났을 때는 냉혹하고 완고하게 입을 다물어버리는, 가장 다루기 힘든 사람이었다.

부인은 앤이 순전히 악의로 다이애너에게 술을 먹였다고 믿었다. 그러므로 자기 딸이 이런 아이와 더 이상 가까이 지내면 나빠질 따름이라고 진심으로 생각하고 있었다.

부인은 떨떠름한 표정으로 쌀쌀맞게 물었다.

"무슨 일로 왔지?"

앤은 두 손을 마주잡았다.

"아, 배리 아주머니, 부디 용서해 주세요. 나는…… 다이애너를 취하게 할 생각은 조금도 없었습니다. 어떻게 그런 짓을 할 수 있겠어요? 아주머니가 만일 친절한 분들에게 신세지고 있는 고아며 이 세상에서 마음의 벗이라고는 단 하나밖에 없다면 그 친구를 일부러 취하게 할 수 있겠어요? 나는 그것이 정말 라즈베리 시럽인 줄 알고 다이애너에게 줬어요. 아, 다이애너와 놀지 못하게 한다는 말은 부디 거둬주세요. 그렇지 않으면 내 생애는 슬픈 먹구름으로 뒤덮이고 말 거예요."

인심좋은 린드 부인이 이런 말을 들었다면 금방 노여움을 풀었겠지만 배리 부인에게는 아무 효과도 없어 더욱 가혹해질 뿐이었다. 앤의 과장된 말이며 몸짓에 이 아이는 자기를 놀리고 있을지도 모른다고 생각했다.

배리 부인은 무자비하게 말했다.

"너는 다이애너와 친하게 지낼 자격이 없는 아이니 어서 집으로 썩 돌아가거라."

앤은 입술이 파르르 떨렸다.

"작별의 말이라도 하고 싶으니, 한 번만 다이애너를 보게 해주세요."

"다이애너는 아버지와 함께 카모디에 가고 없어."

이 말을 끝낸 부인은 안으로 들어가 문을 쾅 닫았다.

앤은 절망하여 터덜터덜 그린게이블즈로 돌아왔다. 앤은 힘없이 머릴러에게 말했다.

"마지막 희망도 사라져버렸어요. 배리 아주머니를 만나러 갔다가 심한 모욕을 받았어요, 머릴러. 그분은 인품이 좋지 않은 것 같아요. 이제는 기도하는 수밖에 없겠지만, 그것도 그리 효과가 있을 것 같지 않네요. 하느님도 배리 아주머니 같은 완고한 사람은 감당하지 못할 테니까요."

머릴러는 꾸짖었다.

"앤, 그런 말 하면 못써."

이런 때 웃어선 안 된다고 생각하면서도 머릴러는 웃음이 툭 터져나와 견딜 수 없었다. 요즘은 그런 일이 너무 자주 있어 머릴러는 매우 난처했다.

실제로 그날 밤 매슈에게 그 일을 이야기할 때 머릴러는 앤이 배리 부인에게 고백하는 몸짓을 상상하며 한바탕 깔깔대며 웃었다.

그러나 잠자리에 들기 전 방으로 살그머니 들어가 눈물에 젖어 잠든 앤의 얼굴을 들여다보는 머릴러의 얼굴에는 여느 때와 달리 정다운 미소가 감돌았다.

눈물로 얼룩진 앤의 얼굴에 흩어져 있는 머리칼을 쓸어주며 머릴러는 중얼거렸다.

"가엾어라."

그리고 베개 위로 몸을 굽혀 앤의 발그레한 뺨에 입맞춤을 했다.

새로운 관심

이튿날 오후, 부엌 창가에서 몸을 구부리고 조각보를 만들던 앤이 문득 밖을 보니 '드라이어드 샘'가에서 다이애너가 손짓하고 있는 게 보였다.

앤은 벌떡 일어나 쏜살같이 저지대로 달려 내려갔다. 그 감정이 풍부한 눈에 놀라움과 희망이 엇갈렸지만, 다이애너의 풀죽은 얼굴을 보고 희망은 실망으로 변해버렸다.

앤은 숨가쁘게 말했다.

"어머니의 화가 아직 풀리지 않았구나."

다이애너는 슬퍼하며 고개를 끄덕였다.

"그렇단다, 앤. 어머니는 너와 놀면 안 된다고 했어. 나는 엉엉 울면서 앤의 잘못이 아니라고 말했지만 소용없었어. 겨우 너와 작별의 말을 할 수 있는 허락을 받았을 뿐이야. 어머니는 10분 이상 걸리면 안 된다고 했어. 지금 시계를 보고 계셔."

앤은 울먹이며 말했다.

"영원한 이별을 말하는 데 고작 10분이라니, 너무 짧구나. 아, 다이애너, 하지만 친구로서 더 사랑하는 사람이 생기더라도? 나를 결코 잊지 않겠다고 약속해 주겠지?"

다이애너는 흐느끼며 울었다.

"그럼, 물론이지, 내 마음의 벗은 너밖에 없어. 다른 친구는 갖고 싶지도 않아. 그 누구도 너만큼 사랑할 수 없거든."

앤은 두 손을 꼭 마주잡았다.

"어머나, 다이애너! 너 정말 나를 사랑하니?"

"정말이고말고. 몰랐어?"

앤은 깊은 한숨을 내쉬었다.

"응, 나를 좋아하는 건 알았지만 설마 사랑해 주리라고는 생각지 않았어. 그런 일이 있으리라고는 상상도 못했거든. 이제까지는 그런 사람이 없었으니까. 아, 나는 행복해! 이 사랑은 너와 나 사이에 가로 놓인 암흑의 길을 영원히 비춰주는 한 줄기 빛이야. 다이애너, 다시 한번 말해줘."

다이애너는 또렷이 말했다.

"너를 진심으로 사랑해, 앤. 언제까지 변함없이 사랑해."

앤은 엄숙하게 한 손을 내밀었다.

"나 또한 그대를 영원토록 사랑하리, 다이애너. 앞으로 펼쳐질 나날에 그대와의 추억은 고독한 내 인생을 별처럼 비추리라. 다이애너, 그대와 작별하며 그대의 검은 머리 한줌을 영원한 기념으로 간직하고 싶은데 내 소원을 들어주겠느뇨?"[1]

"무언가 자를 게 있어야지."

앤의 감격스러운 말투에 눈물을 줄줄 흘리면서도 다이애너는 현실로 되돌아갔다.

"응. 마침 조각보 만들 때 쓰던 가위가 앞치마주머니에 있어."

앤은 짐짓 엄숙한 태도로 다이애너의 머리카락을 조금 잘랐다.

---

[1] 원문에서 앤은 "Wilt thou give me a lock of thy jet—black tresses in parting to treasure for evermore?"라고 문어조로 말하고 있음.

"나의 사랑하는 벗이여, 가까이에 살고 또한 마음은 영원히 그대의 것이건만 앞으로 서로 모르는 척해야 하도다."

앤은 다이애너가 보이지 않게 될 때까지 뒤돌아볼 때마다 열심히 손을 흔들었다.

그런 다음 앤은 집으로 돌아갔으며, 이 낭만적인 이별 덕분에 잠시 동안 얼마쯤 위안을 받았다.

앤은 머릴러에게 말했다.

"모든 게 끝났어요. 이제부터 다른 친구는 결코 사귀지 않겠어요. 나는 전보다 훨씬 비참해요. 지금은 키티 모리스와 바이얼릿마저 없으니까요. 그리고 있다 해도 전과 다를 거예요. 현실에서 만난 친구를 알고 나니까 상상으로 만난 친구는 어딘지 만족스럽지 못한 걸요.

다이애너와 나는 샘가에서 애달픈 이별을 했어요. 나의 소중한 추억으로 영원히 남을 거예요. 매우 비극적인 말을 써서 '그대'라고 했어요. '그대'는 '너'라는 말보다 훨씬 낭만적으로 들리거든요.

다이애너는 내게 머리카락을 조금 주었어요. 나는 그것을 작은 주머니에 넣어 평생 목에 걸고 다닐 작정이에요.

이 머리털은 내 무덤에 함께 넣어주세요. 나는 그리 오래 살 수 있을 것 같지 않으니까요. 냉정한 배리 아주머니도 내가 죽어서 싸늘하게 누워 있는 것을 보면 후회하는 마음이 들어 다이애너를 내 장례식에 보내줄 거예요."

하지만 머릴러는 차갑게 말했다.

"그렇게 재잘거릴 수 있는 한 네가 슬픔 때문에 죽을 염려는 없을 것 같구나, 앤."

다음 월요일, 앤은 책가방을 들고 입을 꾹 다문 채 자기 방에서 내려와 머릴러를 놀라게 했다.

앤은 말했다.

"오늘부터 학교에 가겠어요. 나에게는 이 방법밖에 없거든요. 마음

의 벗을 무자비하게 나로부터 떼어놓았으니, 학교에 가서 그 아이를 바라보며 지난날의 추억에 조용히 잠기는 수밖에 없어요."

마음속으로는 크게 기뻐하면서도 머릴러는 담담히 말했다.

"공부나 산수문제에 대한 생각이나 하는 편이 좋을 게다. 다시 학교에 다니려거든 석판으로 남의 머리를 때리는 일은 없기 바란다. 얌전히 굴고 선생님 말씀을 잘 들어야 해."

앤은 우울한 표정으로 머릴러의 말에 동의했다.

"모범생이 되도록 노력하겠어요. 그것은 재미있는 일은 아닐 거예요. 필립스 선생님이 미니 앤드루스를 모범생이라고 말했지만, 그 애에게는 상상력이라든가 활기가 전혀 없거든요. 우둔하고 지루해 보이고 아무 감정도 없는 표정이에요. 지금의 나도 따분한 상태니까 쉽사리 모범생이 될 수 있을 것 같아요.

나는 큰길로 다니겠어요. 둘이서 걷던 '자작나무길'을 혼자 걸어가면 슬퍼서 견딜 수 없을 테니까요. 아마 나는 엉엉 울고 말 거예요."

학교에 돌아간 앤은 친구들에게 크게 환영을 받았다. 놀 때는 앤의 상상력이, 노래를 부를 때는 앤의 낭랑한 목소리가, 점심시간 낭독 때는 앤의 과장적인 몸짓이 없어서 모두들 내심 섭섭해 하고 있었던 것이다.

루비 길리스는 성서낭독시간에 파란 자두를 세 개 꺼내 살그머니 주었고, 엘러 메이 맥퍼슨은 화초 목록 표지에서 잘라낸 커다란 노란 팬지 그림을 주었다. 그것은 책상을 꾸미는 그림으로 애번리 학교에서는 귀중품이었다.

소피어 슬론은 앞치마 가장자리선으로 잘 어울리는 새로운 레이스 뜨기 방법을 가르쳐주겠다고 했다. 키티 볼터는 물병으로 쓰라며 향수병을 주었고, 줄리어 벨은 파도무늬로 가장자리를 두른 연분홍빛 종이에 다음과 같은 시를 정성껏 써서 주었다.

앤에게
황혼이 장막을 드리우고
별들이 하늘에 반짝일 때
잊지 말아다오
그대에게는 벗이 있음을
길은 비록 멀고 험하더라도*2

그날 밤, 앤은 좋아서 어쩔 줄 모르며 가슴 벅차했다.
'모두들 이토록 환영해 주리라고는 정말 몰랐어.'

앤을 '기꺼이' 맞이한 것은 여자아이들뿐만이 아니었다. 점심시간 뒤 앤이 자기 자리로 돌아오니—필립스 선생님은 앤을 모범생인 미니 앤드루스와 함께 앉도록 명령했다—책상 위에 먹음직스러운 커다란 스트로베리 사과가 놓여 있었다.

그것을 집어들어 한 입 베어 물려는 순간 앤은 문득 애번리에서 스트로베리 사과가 열리는 곳은 '빛나는 호수' 저쪽에 있는 블라이스 네 과수원뿐이라는 생각이 떠올랐다.

앤은 마치 새빨갛게 타고 있는 뜨거운 석탄이라도 집은 듯 황급히 사과를 떨어뜨리고 일부러 그러는 것처럼 손수건으로 손을 닦았다. 사과는 그대로 책상 위에 놓여 있었는데, 이튿날 아침 교실을 청소하고 불을 지피는 소년 티머시 앤드루스가 좋아하며 가져갔다.

찰리 슬론이 오후에 앤에게 준 펜은 빨강과 노랑 줄무늬 종이가 예쁘게 감겨진 것으로, 다른 펜은 1센트인데 이것은 2센트였으며 스트로베리 사과보다 훨씬 좋아보였다.

---

*2 작자불명. 이 시대에는 아름다운 싯귀와 애정이 담긴 짧은 글을 써서, 친구나 연인들과 교환하기 위한 앨범과 카드가 유행했음. 이 시도 그러한 때 씌어진 것으로 추정됨. 그 풍습은 로라 잉걸스 와일더(1867–1957) 작 《초원의 집》 시리즈에서도 보임. 시의 감상과 선물은 인쇄물과 오락이 적었던 시대의 즐거움 가운데 하나였음.

앤은 몹시 기뻐하며 그 펜을 정중하게 받아들고 선물한 친구에게 생긋 미소를 던졌다. 앤에게 홀딱 빠져 있는 소년은 너무 기쁜 나머지 천국으로 날아오를 듯 황홀해하다가 받아쓰기에서 큰 실수를 저질러 필립스 선생님에게 방과 뒤 남아서 다시 쓰라는 벌을 받았다.

그러나 '브루투스의 흉상 없는 시저의 웅장하고 아름다운 행렬은 로마에서 가장 훌륭한 그 사람을 더욱 생각나게 했을 뿐*³으로, 거티 파이와 나란히 앉은 다이애너 배리에게서는 아무 선물도, 눈짓도 없는 게 확실해지자 앤의 기쁨은 차츰 사라졌다.

그날 밤 앤은 머릴러에게 불평했다.

"한 번쯤 내게 미소를 던질 수도 있을 텐데 말예요."

그러나 이튿날, 깜짝 놀랄 만큼 예쁘게*⁴ 접은 편지와 조그만 꾸러미가 앤의 손에 쥐어졌다. 편지에는 이렇게 씌어 있었다.

　　나의 사랑하는 앤
　　엄마는 학교에서도 너와 놀거나 이야기해선 안 된다고 했어. 기

---

*3 셰익스피어의 《줄리어스 시저》, 영국 역사가 기번의 《로마제국쇠망사(1776–88, 전5권, 몽고메리는 학생시절에 읽었다고 했다)》, 그리스 역사가 플루타르코스(46–120년 무렵)의 《영웅전》에도 이 문장은 없음. 그런데 "Ennotated Anne of Green Gables"의 주(注)에 영국 시인 조지 고든 바이런(1788–1824)의 기행시 《차일드 해럴드 편력》에 나오는 한 구절로 되어 있음. 제4권(1818년) 59장에서의 인용. 바이런의 이 구절은 로마에서 행렬이 벌어졌을 때 시저를 암살한 모반자 브루투스의 흉상을 들지않고 나아가, 로마 사람들은 브루투스의 위대함을 더 느꼈다는 의미. 시의 본문에서는 피렌체에서 추방된 단테의 무덤이 피렌체에 없어, 한층 더 이 위대한 예술가가 없다는 사실을 절감했다는 구절의 형용으로 등장함. 매우 과장스러운 인용이지만, 앤에게 다이애너의 부재는 그 정도로 충격적이었다는 의미. 이 시는 이 책의 '진통제 향료'에도 인용된 외에 《앤》 시리즈 제3권 《첫사랑》에도 나옴. 영국에서 추방된 바이런이 벨기에에서 이탈리아로 흘러간 여행이 제3권과 제4권에 그려져 있음.

*4 fearfully and wonderfully 구약성서 〈시편〉 제139장 제14절에 '내가 주께 감사하옴은 나를 지으심이 신묘막측하심이라 주의 행사가 기이함을 내 영혼이 잘 아나이다'에서. 주께서 사람을 만든 것처럼 다이애너가 정교하게 편지를 접어서 보냈다는 의미.★★

분 나쁘게 생각하지 말아줘. 나는 여전히 너를 사랑해. 너와 모든 비밀이야기를 나누고 싶어 견딜 수 없어. 거티 파이가 싫어 죽겠어.

너에게 주려고 빨간 종이로 이 책갈피표를 만들었어. 요즘 한창 유행하는 것인데, 학교에서는 세 사람밖에 만들 줄 모른단다. 이걸 보며 내 생각을 해줘.

너의 충실한 벗
다이애너 배리

앤은 편지를 읽고 책갈피표에 입맞춤한 다음 교실 저쪽에 앉은 다이애너에게 당장 답장을 보냈다.

그리운 다이애너

물론 나는 불쾌하게 여기지 않아. 네가 어머니 말씀을 듣는 것은 어쩔 수 없는 일이니까. 그리고 우리는 서로의 진심이 통할 수 있거든.

네가 준 아름다운 선물은 영원히 간직하겠어. 미니 앤드루스는 참 좋은 아이야—상상력은 없지만. 하지만 나는 너와 가장 친한 마음의 벗이니 미니에게는 마음의 벗이 될 수는 없어. 철자법이 틀려서 미안해.*5 나는 아직 철자법이 서투르잖니. 제법 향상되고는 있지만 말이야.

죽음이 우리를 갈라놓을 때까지 그대의
앤 또는 코딜리어 셜리

덧붙임—오늘 밤 네 편지를 베개 밑에 고이 두고 자겠어.
앤 또는 코딜리어

---

*5 '마음의 벗'의 철자인 bosom friend를 앤은 busom friend라고 잘못 썼음.

앤이 다시 학교에 다니게 된 다음부터 머릴러는 무슨 일이 일어날까봐 은근히 걱정했다. 다행히 아무 일도 일어나지 않았다.

앤은 미니 앤드루스에게 모범정신을 알게 모르게 배운 건지도 모른다. 그 뒤 앤은 필립스 선생님과도 잘 지냈다.

무슨 학과든 길버트 블라이스에게만은 지지 않으려고 앤은 열심히 공부했다. 두 사람의 경쟁은 마침내 누구의 눈에나 뚜렷이 띄게 되었다.

경쟁이라고는 해도 길버트는 전혀 악의가 없는데, 앤은 그렇지 않은 것 같았다. 앤은 한번 마음먹으면 쉽사리 분이 풀리지 않는 성격이었다. 사랑 못지않게 미움도 강렬했다.

앤은 학교공부에서 길버트와 경쟁하고 있다는 사실을 인정하고 싶지 않았다. 그것은 자신이 완강하게 무시하고 있는 길버트의 존재를 인정하는 셈이 되기 때문이었다.

그러나 그들이 경쟁하고 있다는 것은 틀림없는 사실이었고 우등생의 명예는 그 두 사람 사이를 왔다갔다했다. 길버트가 철자법에서 1등을 하면 다음에는 앤이 기다랗게 땋아 늘인 머리칼을 마구 휘저으며 길버트를 쓰러뜨린다.

어느 날 아침, 길버트의 계산이 모두 정확하여 그의 이름이 우등생으로 칠판에 올랐다. 그러자 그 이튿날 아침에는, 밤새도록 소수(小數)와 씨름하고 학교에 나온 앤이 1등을 했다.

또 어느 날에는 같은 점수를 받은 두 사람의 이름이 함께 칠판에 씌어졌다. 그것은 '주목'이라는 글자 밑에 이름이 나란히 씌어지는 것만큼 싫은 일이었다. 앤은 싫어하고 길버트는 만족해 하는 것을 누구나 눈치챌 수 있었다.

달마다 끝무렵에 치르는 필기시험에 대한 걱정스러움은 이루 말할 수 없었다. 첫달에는 길버트가 3점 더 많았고, 다음달에는 앤이 5점 차이로 그를 가볍게 물리쳤다.

애써 얻은 승리도 길버트가 아이들 앞에서 앤에게 진심으로 축하의 뜻을 나타냈기 때문에 앤의 기분은 망쳐지고 말았다. 길버트가 분한 표정을 지었다면 앤은 훨씬 고소했을 것이다.

필립스 선생님은 그리 좋은 교사는 아니지만, 앤처럼 열심히 공부하는 학생이라면 어떤 교사의 지도를 받든 대개 나아지기 마련이다.

학기가 끝날 즈음 앤과 길버트는 함께 5학년으로 진급하여 각 과목의 기초 공부를 시작해도 좋을 만큼 되었는데, 그것은 라틴어·기하·프랑스어·대수 등이었다.

기하공부에서 앤은 나폴레옹이 크게 패한 워털루 전투*6에서처럼 참패했다.

앤은 투덜투덜 불평했다.

"기하는 정말 싫은 학과예요, 머릴러. 알쏭달쏭해서 도저히 이해할 수가 없어요. 필립스 선생님은 나같이 기하를 못하는 학생은 처음 보았대요. 그리고 길—아무튼 우리 반에 기하를 무척 잘하는 학생을 이기지 못하니 분해 견딜 수 없어요.

다이애너도 나보다 잘해요. 하지만 다이애너에게 지는 것은 아무렇지도 않아요. 서로 말도 못하고 떨어져 지내지만 지금도 다이애너를 열렬히 사랑하거든요.

다이애너를 생각하면 나는 슬퍼져요. 하지만 머릴러, 이토록 재미있는 세상에서 늘 슬퍼하며 지낼 수는 없잖아요."

---

*6 벨기에 중부의 지명. 이곳에서 1815년 6월 18일 나폴레옹이 영국이 지휘하는 연합군에 크게 패함. 앤은 그 정도로 기하가 서투르다는 뜻. 이 나폴레옹 전쟁(1796–1815)에서 프랑스군이 발트해를 봉쇄해, 영국이 북유럽에서 목재를 수입할 수 없어 캐나다에서 조달하다보니 이때부터 캐나다의 목재수출이 늘어나 캐나다 동해안에는 농림업이 번창. 캐나다에서 거목을 배에 싣고 영국으로 가서, 돌아올 때는 영국 이민을 태워왔음. 앤이 어릴 때 맡겨졌던 해먼드 일가도 숲을 개척한 가난한 개간지의 제재소에서 일하고 있었음.

애틋한 간호

큰 사건은 대개 작은 일로 비롯되는 법이다.

캐나다 총리가 선거연설을 하러 프린스 에드워드 섬에 오게 된 일은 언뜻 보기에 그린게이블즈에 사는 앤 셜리의 운명과 그리 큰 관계—아니, 아무 관계도 있을 것 같지 않았다. 그런데 긴밀히 연결되어 있었다.

총리가 이 섬을 찾아온 것은 1월이었으며, 샬럿타운에서 개최된 대연설회는 그의 충실한 지지자들과 지지자 아닌 사람들까지도 참석해 대성황을 이루었다.

애번리 사람들은 거의 총리가 소속된 보수당을 지지하고 있어 집회가 열린 밤에 꽤 많은 남자와 여자들이 30마일이나 떨어진 샬럿타운으로 갔다.

린드 부인도 예외는 아니었다. 부인은 총리와 반대당인 자유당[1]

지지자였으나 정치에 열렬한 관심을 쏟고 있었으므로 자신이 참석하지 않은 정당대회는 있을 수 없다고 믿고 있었다. 그래서 부인은 남편과—토머스는 말을 잘 돌봐주었으므로—머릴러 커스버트와 함께 샬럿타운으로 갔다.

머릴러도 정치에 은근히 흥미를 느끼고 있었으며 총리를 직접 볼 기회는 앞으로 없으리라는 생각에 두말없이 따라나섰다.

이튿날 머릴러가 돌아올 때까지 집에는 앤과 매슈가 남아 있기로 했다.

머릴러와 린드 부인이 대집회를 즐기는 동안 앤과 매슈는 그린게이블즈의 아늑한 부엌을 둘이서 차지하고 있었다. 구식 워털루 난로에 불이 빨갛게 타오르고, 유리창에는 새하얀 서리의 결정이 반짝이고 있었다.

매슈는 소파에 앉아 《농부의 옹호자》*² 를 읽으며 꾸벅꾸벅 졸았고 앤은 책상에서 열심히 공부하고 있었다.

그러나 앤은 아까 낮에 제인 앤드루스가 빌려준 새 책이 얹힌 시계선반 쪽으로 자꾸만 눈길을 던지지 않을 수 없었다. 제인이 그 책을 읽으면 가슴이 마구 설렌다고 말했으므로 앤은 읽고 싶어 견딜 수 없었다. 그러나 그 유혹에 넘어가버리면 내일 아침 길버트에게 지고 만다.

앤은 시계선반에 등을 돌리고 앉아 책이 없다고 상상하기로 했다.

"매슈, 학교다닐 때 기하공부를 하셨죠?"

매슈는 퍼뜩 잠에서 깨어나며 말했다.

"글쎄다, 아니, 하지 않았어."

아일랜드 주정부에서는 1880년대에는 보수당, 1890–1900년대에는 린드 부인이 지지하는 자유당이 우세. 한번 지지한 당은 종교와 마찬가지로 움직일 수 없는 게 되었음.
*2 파머스 애드버킷. 농업잡지. 1866년부터 1951년까지 캐나다 동해안 온타리오 주의 런던에서 발행.★★

"했더라면 좋았을 텐데요……"

앤은 아쉬움에 한숨을 내쉬었다.

"그랬다면 저를 불쌍히 여기실 거예요. 기하공부를 하지도 않았는데 동정해 달라는 것은 무리잖아요. 기하는 내 일생에 어두운 그림자를 짙게 드리우고 있어요. 기하는 정말 질색이예요, 매슈."

매슈는 위로하듯 타이르며 말했다.

"글쎄다, 잘 모르겠구나. 너는 무엇이든 잘할 수 있으리라 생각해. 지난 주 카모디의 블레어네 가게에서 필립스 선생님을 만났는데, 너는 학교에서 공부를 가장 잘하고 이해력도 빠른 학생이라고 하시더구나. '급속한 진보'라고 말이야. 테디 필립스를 나쁘게 말하는 사람도 있지만 나는 훌륭한 선생님이라고 생각한단다."

매슈는 앤을 칭찬하는 사람이면 누구나 '훌륭한' 사람으로 여길 기세였다.

하지만 앤은 투덜댔다.

"선생님이 기호를 바꾸지만 않는다면 나는 틀림없이 기하를 지금보다 더 잘할 수 있을 거예요. 내가 가까스로 정리(定理)를 모두 암기하고 나면, 선생님은 칠판에 그림을 그려 그 책에 있는 것과 다른 기호를 쓰니까, 나는 완전히 혼란을 일으키고 말아요. 선생님은 그런 비겁한 일을 해선 안 된다고 생각지 않으세요?

우리는 지금 농업을 배우고 있어요. 지난번에야 겨우 이 섬의 길이 어째서 붉은지 알게 되었어요.

지금쯤 머릴러와 린드 아주머니는 무엇을 하고 있을까요? 오타와*3에서 지금과 같은 방법으로 정치를 한다면 캐나다는 결국 파멸로 치닫고, 그것은 유권자에 대한 대단한 경고라고 린드 아주머니가 말했어요. 여자에게도 투표권을 준다면*4 좋은 변화가 일어날 거라고

---

*3 캐나다 수도.

*4 캐나다의 여성참정권은 주단위로 시작되어, 프린스 에드워드 아일랜드 주에서는 1922년

도 했어요. 매슈는 어느 당에 투표하겠어요,?"

매슈는 망설임없이 말했다.

"그야 보수당이지."

매슈는 맹목적으로 철저하게 보수당을 믿고 있었다.

그러자 앤은 당차게 말했다.

"그럼, 나도 보수당이에요. 매슈가 보수당을 지지해서 기뻐요. 왜냐하면 길—우리 반 남자아이 가운데 자유당을 지지하는 아이가 있거든요. 필립스 선생님도 자유당을 지지할 거예요. 프리시 앤드루스의 아버지가 그렇거든요. 루비 길리스가 그랬는데, 남자가 구혼할 때는 반드시 그 상대방 어머니의 종교와 아버지의 정당에 맞도록 해야 한대요. 정말인가요, 매슈?"

"글쎄다, 잘 모르겠구나."

"청혼해 본 적 있어요, 매슈?"

이제까지 한 번도 그런 생각을 해본 적 없는 매슈는 당황했다.

"글쎄다, 했는지 안했는지 기억나지 않는구나."

앤은 두 손으로 턱을 괴고 차츰차츰 상상에 잠겼다.

"아마 가슴이 두근거리겠죠? 루비 길리스는 어른이 되면 많은 연인을 자기 마음대로 휘둘러 모조리 넋을 잃게 만들겠다고 말했어요. 그러나 그것은 나쁠 거 같아요.

나 같으면 믿음직스러운 연인이 한 사람만 있으면 충분하다고 생각하거든요. 루비 길리스는 언니들이 많아 이런 일에 훤해요. 린드 아주머니가 말하는데 길리스네 딸들은 날개돋친 듯 팔렸대요.

필립스 선생님은 거의 밤마다 프리시 앤드루스를 만나러 가요.*5 선

의 5월 3일 투표권과 공무원 자격이 주어짐. 퀘벡 주, 뉴펀들랜드 주에 이어 캐나다 전 지역에서 끝에서 세 번째로 늦게 시작되었음. 이 책의 시대배경은 1880년대부터 90년대 무렵이므로, 그로부터 30년쯤 뒤의 일임.

*5 몽고메리의 일기에 의하면, 10대 시절 그녀에게도 프리시와 마찬가지로 거의 매일 밤 학

생님은 프리시의 공부를 도와주러 간다고 하지만 미랜더 슬론도 퀸즈 아카데미에 시험을 치르거든요. 미랜더는 훨씬 더 머리가 나빠 프리시보다 선생님 도움이 절실히 필요할 텐데 선생님은 미랜더에게는 전혀 가지 않아요. 이 세상에는 내가 모르는 일이 굉장히 많아요, 매슈."

매슈도 인정했다.

"글쎄다, 나도 모든 것을 안다고 할 수는 없단다."

"어머나, 공부를 마저 해야겠어요. 끝날 때까지 제인이 빌려준 저 책을 보지 않기로 하겠어요. 하지만 유혹이 너무 커요. 책에 등을 돌리고 있는데도 거기 있는 게 뚜렷이 보이거든요. 제인은 그 책을 읽으면서 자꾸 눈물이 나와 혼났다고 했어요. 나는 눈가를 적시게 하는 슬픈 책을 무척 좋아해요.

하지만 저 책을 거실로 가져가 잼을 넣어두는 찬장에 넣고 자물쇠로 채울까 해요. 그 열쇠를 아저씨에게 드릴 테니 공부가 끝날 때까지 맡아주세요. 내가 무릎꿇고 부탁해도 주면 안 돼요. 매슈, 지하실에 가서*6 라세트 사과*7를 가져올까요? 차가운 사과를 먹고 싶지 않으세요?"

매슈는 라세트 사과를 입에 대지 않지만 앤이 좋아하므로 따라 주었다.

교교사가 찾아왔고 구애도 했음. 적어도 일기에서는 그녀는 싫어하며 거절했다고 함.

*6 지하실(셀러)은 장기간 보존식품을 보관하기 위한 냉암소. 소금에 절인 돼지고기(집에서 잡은 돼지는 가을과 겨울의 추운 날씨에 자연적으로 냉동되었고, 그밖의 계절에는 냉장고가 없으므로 소금에 짜게 절여 보관), 겨울에 잘라낸 얼음(식품을 얼리는 외에 아이스크림을 만드는 데도 이용), 과일잼, 채소절임 등을 저장. 부엌 구석에 있는 식료품 저장실(팬트리) 바닥에서 계단을 통해 지하로 내려감.

*7 단단하고 껍질이 끝색인 사과. 이 책에는 사과가 여섯 종류 등장. 시고 작은 야생사과인 클로브 사과(린드 부인의 놀라움), 붉고 달콤한 레드 스위팅 사과(티파티의 슬픈 결말), 출하용 개량종으로 보이는 큰 스트로베리 사과(새로운 관심), 그리고 이 라세트 사과, 여름사과(명예를 건 사건), 그라벤스타인 사과(잊을 수 없는 추억). 사과는 집의 지하실에 저장함.

"글쎄다, 먹고 싶구나."

앤이 접시에 사과를 가득 담아 지하실에서 신나게 올라오는데 밖의 널빤지를 깐 길에 다급한 발소리가 나더니 부엌문이 열리고 머리에 솔을 두른 다이애너가 파리한 얼굴로 숨을 헐떡이며 뛰어들어왔다.

깜짝 놀란 앤은 그만 촛불과 사과접시를 떨어뜨리고 말았다. 접시와 양초는 쨍그랑 요란한 소리를 내며 지하실 층계를 굴러 지하실바닥에 흩어졌다—이튿날 머릴러는 그것을 주우며 집에 불이 나지 않은 게 천만다행이었다고 가슴을 쓸어내렸다.

앤이 외쳤다.

"아니, 왜 그러니, 다이애너? 어머니가 드디어 허락해 주셨니?"

다이애너는 어쩔 줄 몰라 바들바들 떨면서 말했다.

"아니야, 앤. 빨리 좀 와줘. 미니 메이가 몹시 아파. 후두염*8이라고 아기를 돌보는 메리 조가 말했어.

아버지와 어머니는 샬럿타운에 가셨고 아무도 의사선생님을 부르러 갈만한 사람이 없어. 미니 메이가 위독한데 메리 조는 어떻게 해야 좋을지 모르겠다는 거야. 앤, 나는 무서워 미쳐버릴 것 같아."

매슈는 아무 말 하지 않고 모자와 외투를 집어들더니 다이애너 옆을 지나 어두운 뜰로 나갔다.

급히 모자와 외투를 몸에 걸치며 앤은 말했다.

"매슈는 카모디로 의사선생님을 부르러 가기 위해 마차준비를 하러 나갔어. 매슈와 나는 마음이 잘 맞아서 말하지 않아도 무엇을 하려는지 알 수 있단다."

다이애너는 흐느껴 울었다.

"카모디에 가도 의사선생님은 없을 거야. 블레어 선생님이 샬럿타운

---

*8 크루프. 어린이의 목과 기관에 침입하는 염증. 심한 기침과 호흡곤란이 따르며 사망하는 경우도 있음.

으로 가는 것을 보았거든. 스펜서 선생님도 없을 거야.

메리 조는 후두염에 걸린 사람을 본 일이 없대. 린드 아주머니도 없으니 어떡하면 좋지, 앤!"

앤은 기운을 북돋아주며 말했다.

"울지 마, 다이애너. 나는 후두염에 대해 잘 알아. 전에 내가 말했지. 해먼드 아주머니 댁에서 쌍둥이가 있었다고 말이야.

세 쌍둥이를 돌보면 자연히 경험도 풍부해져. 그 아이들이 모두 도미노가 넘어지듯 차례차례 후두염에 걸린 일이 있었어. 이피칵*9병을 가져올 테니 잠깐만 기다려. 너희 집에 없을지도 모르니까. 자, 어서 가자."

두 소녀는 손을 꼬옥 잡고 뛰어나가 '연인의 오솔길'을 지나 얼어붙은 들판을 내달렸다. 숲속 지름길은 눈이 깊어서 빨리 갈 수 없었다.

앤은 미니 메이의 일이 몹시 걱정스러웠지만, 한편으로는 이 상황이 매우 낭만적이었고 마음 맞는 친구와 다시금 함께 맛보는 기쁨에 차분할 수가 없었다.

꽁꽁 얼어붙는 듯한 추운 밤이었다. 캄캄한 어둠 속에 눈이 쌓인 비탈길이 은빛으로 반짝였다. 고요한 들판 위에 커다란 별이 찬란하게 비치고 있었다. 여기저기에 끝이 뾰족하고 거무스름한 전나무가 서 있고 서리가 얼어붙은 나뭇가지 사이로 바람이 쌩쌩 소리내며 불어댔다.

앤은 오랫동안 헤어져 있던 마음의 벗과 이 아름답고 신비스러운 자연 속을 함께 거닐게 되어 즐거웠다.

3살 난 미니 메이는 확실히 심각한 상태였다. 미니는 부엌 소파에 누워 높은 열로 가쁜 숨을 헐떡이고 있었는데, 그 숨소리가 온 집 안

---

*9 이피칵은 토근(吐根)이라는 식물로, 뿌리에 하제(下劑)와 최토제(催吐劑) 성분이 함유되어 있음. 후두염에 걸린 아이에게 먹여 담을 배출시킴. 화학약품이 없었던 그즈음에는 자연 속의 식물과 벌레 등이 약으로 쓰였음.

에 들릴 만큼 컸다.

크리크에서 온 메리 조는 얼굴이 동그랗고 평범한 프랑스 처녀였다. 배리 부인이 집을 비우는 동안 아이를 봐달라고 고용했는데, 그녀는 어찌할 바 몰라 쩔쩔매고 있었다. 또 안다 해도 해볼 만한 용기가 없는 것 같았다.

앤은 능숙한 솜씨로 척척 처리해 나가기 시작했다.

"미니 메이는 틀림없이 후두염에 걸려 있어. 퍽 중태지만 나는 더 심한 경우도 돌봐준 적 있거든. 먼저 뜨거운 물을 끓여야겠어. 주전자에 물이 조금밖에 없잖니, 다이애너.

자, 가득 물을 부었으니 메리 조는 난로에 장작을 넣어줘. 메리를 나무랄 생각은 없지만 좀더 신중했다면 빨리 알아차렸을 거야. 나는 미니 메이의 옷을 벗겨 눕힐 테니 너는 부드러운 플란넬 헝겊을 찾아다줘, 다이애너. 이젠 이피칵을 먹여야겠어."

미니 메이는 이피칵을 마시지 않으려 했지만 앤은 세 쌍의 쌍둥이를 허투루 기른 것은 아니었다. 가슴이 죄어드는 듯한 기나긴 밤 사이에 이피칵은 여러 번 미니의 목구멍 안으로 또르르 흘러 내려갔다.

두 소녀는 괴로워하는 미니 메이를 한시도 떠나지 않고 간호했다. 메리 조는 자기가 할 수 있는 일이라면 무엇이든 해야겠다는 마음에 계속 장작을 집어넣어 후두염 전문병원에서도 쓰고도 남을 만큼 물을 팔팔 끓였다.

매슈가 의사를 데려왔을 때는 이미 3시가 넘어 있었다. 의사를 쉽게 찾을 수 없어 멀리 스펜서베일까지 가야만 했던 것이다.

절박한 위기는 간신히 넘긴 뒤였다. 미니 메이는 쌔근거리며 깊이 잠들어 있었다.

앤은 말했다.

"나는 거의 단념할 뻔했었어요. 저 애는 점점 나빠지더니 마지막에는 해먼드네 쌍둥이들보다 더 심해졌거든요. 숨이 끊어지는 줄 알았어요.

저 병에 든 이피칵을 한 방울도 남기지 않고 먹였어요. 마지막 한 방울을 먹일 때 나는 혼자 생각했어요. 안될지도 모르지만, 이것이 남겨진 마지막 희망*10이라고 말예요. 그런데 3분도 채 못되어 저 애는 기침을 하며 가래를 토하더니 나아지는 게 아니겠어요?

얼마나 마음놓였는지 도저히 말로는 나타낼 수 없어요. 그저 헤아려 달라는 수밖에 없어요. 그렇죠, 선생님, 말로는 제대로 나타낼 수 없는 일도 있겠죠?"

"암, 그렇고말고."

의사는 앤의 얼굴을 보았다. 마치 앤에 대하여 놀라움과 감격에 휩싸여 감출 수 없는 듯한 표정이었다.

나중에 의사는 배리 부부에게 말했다.

"커스버트 씨 댁에 있는 그 빨강머리 소녀는 참으로 슬기로운 아이더군요. 그 아이가 아기의 목숨을 구했습니다. 그 아이가 아니었다면 이미 늦어버렸을 테니까요. 그 또래 아이로선 아주 훌륭한 솜씨였고 놀라울만치 침착했습니다. 아기 병세를 설명할 때 그 소녀의 눈은 정말 굉장했었지요."

하얀 눈이 내린 화창한 겨울 아침에서야 앤은 집으로 돌아갔다. 한숨도 자지 못해 졸린 눈을 하고 있었지만 좁다란 하얀 들판을 가로질러 '연인의 오솔길'의 반짝반짝 빛나는 아름다운 단풍나무 아치 밑을 걸어가며 매슈에게 기운차게 이야기했다.

---

*10 영국 시인 펠리시아 도러시아 헤먼즈(1793–1835)의 시 《발렌시아의 포위》 제2막의 '그리고 나에게 남겨진 마지막 희망/그것은 네가 아버지를 설득해 아들의 목숨을 구하게 하는 일'에서. 이렇게 말하는 것은 어머니 에밀리아. 그녀의 두 아들은 발렌시아를 지키기 위해 싸우고 있었고, 교회에서 그들이 살아 돌아오기를 기도하면서 이 구절을 말함. 앤이 미니 메이가 죽는 게 아닌가 하고 두려워하면서 마지막 희망은 이 약 한 방울이라고 중얼거린 것은, 에밀리아가 아들을 잃지 않을까 걱정하면서 기도한 말에서 따온 것임. 에밀리아의 아들은 명예로운 전사를 하지만 미니 메이는 살아남.★★

"매슈, 참으로 멋있는 아침이죠? 이 세계는 하느님이 스스로 즐기기 위해 만들어놓으신 것 같아요. 저 나무들을 보세요. 내가 혹 불면 눈들이 날아갈 것 같아요.

하얀 눈이 소복이 쌓이는 이 세상에 살 수 있다는 건 참으로 행복하지 않아요? 그리고 뭐니뭐니해도 해먼드 아주머니가 쌍둥이를 세 쌍이나 낳기를 정말 잘했어요. 그렇지 않았다면 나는 미니 메이를 구하지 못했을지도 모르니까요. 해먼드 아주머니에게 쌍둥이를 낳았다고 화낸 것을 지금은 깊이 후회하고 있어요.

아저씨, 나는 너무 졸려요. 오늘은 도저히 학교에 못 가겠어요. 간다 해도 눈을 뜨고 있을 것 같지 않아요. 그렇다고 집에 마냥 있을 수도 없어요. 왜냐하면 길―내가 안 가면 1등하는 아이가 따로 있기 때문이에요. 나중에 따라잡으려면 힘들거든요. 하기야 어렵긴 해도 따라잡을 때의 만족감도 굉장할 거예요."

앤의 핼쑥한 얼굴과 피로한 기색을 살피며 매슈는 말했다.

"글쎄다, 너라면 잘할 수 있을 것 같구나. 걱정 말고 어서 잠자리에 들어 쉬어라. 다른 일은 내가 할 테니까."

앤은 아주 깊이 잠들어 점심때가 훨씬 지나서야 눈을 떴다. 장밋빛 노을진 겨울 오후였다.

앤이 잠든 동안에 돌아온 머릴러가 앉아서 뜨개질을 하고 있었다.

머릴러의 얼굴을 보자 앤은 신나서 외쳤다.

"어머나, 총리를 만나봤어요? 잘생겼나요?"

"글쎄다, 그 사람은 잘생겨서 총리가 된 것은 아니더라. 그 사람 코가 어찌나 우습던지!*11 연설은 참 잘하더구나. 나는 내가 보수당이라

---

*11 코가 큰 것으로 유명해 풍자화에 코가 크게 그려졌던 존. A. 맥도널드(1815-91)라는 보수당 총리가 캐나다에 실제로 있었음. 맥도널드는 건국의 아버지 가운데 한 사람으로 재임기간은 1857-67년, 1867-73년, 1878-91년 6월 사망까지. 몽고메리는 14살 때, 상원의원이었던 할아버지와 함께 이 총리 부부와 열차의 같은 칸에 탄 적 있음.

는 것을 자랑스럽게 생각해. 레이철 린드는 자유당이니까 총리를 좋아하지 않지만.

어서 식사하도록 해라. 식기실에 자두 설탕절임이 있다. 배고프지? 오라버니한테 지난밤 이야기를 들었다. 후두염을 치료하는 방법을 네가 알고 있어서 정말 다행이었어. 나라면 꼼짝 못했을 거야. 후두염을 앓는 사람은 본 일도 없으니까.

애야, 식사가 끝날 때까지 말하면 안 된다. 네 얼굴을 보니 말을 하고 싶어 좀이 쑤시는 듯 하지만 다 먹고 난 다음으로 미루어라."

머릴러는 앤에게 할 말이 있었지만 그때는 잠자코 있었다. 그 말을 하면 앤이 흥분해서 식사 같은 현실적인 일을 깨끗이 잊어버리리라 여겼기 때문이다.

앤이 자두를 다 먹고 나자 머릴러가 말했다.

"배리 부인이 아까 오셨었다, 앤. 너를 만나고 싶어했지만 내가 깨우지 않았다. 네가 미니 메이의 생명을 구해주었다며, 포도주 사건은 미안하다고 하더라. 다이애너를 취하게 할 생각이 없었음을 이제 알았으니, 지금까지의 일은 깨끗이 잊어버리자 했지. 다시 다이애너의 좋은 친구가 되어줄 수 없겠느냐고 부탁했어.

네 마음이 내킨다면 오늘 저녁 그 댁에 가보는 게 어떻겠니? 다이애너는 어제 일로 심한 감기에 걸려 밖으로 나올 수 없다더구나. 아, 앤 셜리, 그렇게 팔짝팔짝 뛰지 말아라."

머릴러는 주의를 주어야만 했다. 벌떡 일어났을 때 앤의 표정과 몸짓은 마치 하늘을 나는 요정 같았고 얼굴은 환히 빛나고 있었다.

"아, 머릴러, 지금 당장 가도 괜찮겠죠? 설거지는 갔다 와서 할게요. 이렇게 가슴이 마구 뛰는데 설거지 같은 자질구레한 일에 얽매이고 싶지 않아요."

"오냐, 그러렴. 빨리 갔다오너라."

머릴러는 너그러웠다.

"앤 셜리, 너 정신나갔니? 빨리 이리 돌아와 옷을 걸치고 가거라. 모자도 쓰지 않고 이미 가버렸군. 이건 마치 바람에게 말하는 거나 다름없다니까. 머리카락을 나부끼며 과수원으로 달려가는 저 아이 모습은 정말 볼 만해. 감기 걸리지 말아야 할 텐데."

어둑어둑 땅거미가 질 무렵, 앤은 눈 속을 춤추는 듯한 모습으로 돌아왔다. 눈이 부시도록 하얗게 빛나는 눈벌판, 거무스름한 가문비나무 골짜기 위에 펼쳐진 연한 금빛과 분홍빛 서남쪽 하늘엔 진주알 같이 커다란 샛별이 반짝이고 있었다.

눈 쌓인 언덕에서 차가운 바람결에 들려오는 썰매의 방울소리는 마치 요정의 종소리와도 같았다. 하지만 그 아름다운 방울소리도 앤의 입술에 오르내리는 노래에 비하면 아무것도 아니었다.

앤은 기뻐하며 말했다.

"여기 서 있는 소녀는 최고로 행복한 앤이에요, 머릴러. 나는 더할 나위없이 행복해요. 비록 빨강머리라도 말이에요. 지금 그런 건 아무 문제도 안 돼요.

배리 아주머니는 나의 두 볼에 입맞추며 눈물을 흘렸어요. 그리고는 '너무나 고맙다, 은혜를 갚을 길이 없구나' 말했죠. 나는 매우 난처했지만 되도록 의젓하게 말했어요.

'나는 아주머니를 미워하지 않아요. 분명히 말하지만 다이애너를 취하게 할 생각은 결코 없었어요. 이제부터는 지난날을 망각의 망토로 덮어버리고 잊도록 해요.*12

위엄있는 말이었다고 생각지 않아요, 머릴러? 악을 선으로 갚는 기

---

*12 이것도 헤먼즈의 시 《제노바의 밤의 한 장면》에서 따온 것. 83행 '과거를 덮는 망각의 망토에서. 시의 내용은 이탈리아 항구도시 제노바에서 밤중에 결투가 벌어짐. 오랜 세월 동안 서로를 증오해 죽고 죽여왔던 세력 사이의 싸움이었음. 그러나 백발의 장로가 '(증오와 싸움의) 과거는 망각의 망토로 덮어버리자'고 제안하여 싸움을 피할 수 있었다는 밤의 한 장면을 그린 것. 앤도 배리 부인에게 오해받았던 괴로운 과거는 잊어버리자고 말한 것이며, 그 뜻도 시와 마찬가지임.

분이었어요.

그리고 다이애너와 재미있게 놀았죠. 다이애너는 카모디의 큰어머니에게 배운 새로운 뜨개질법을 가르쳐주었어요. 애번리에서 그것을 아는 사람은 우리 둘뿐이에요. 그 뜨개질법을 아무에게도 말하지 않기로 엄숙하게 맹세했어요. 그리고 다이애너는 빨간 장미꽃과 시가 씌어진 아름다운 카드를 한 장 주었어요.

그대가 나를 사랑하는 한
우리는 이 세상에서 결코
헤어지지 않으리*13

보세요. 이 카드예요, 머릴러. 우리는 필립스 선생님에게 다시 전처럼 함께 앉게 해달라고 부탁할 작정이에요. 거티 파이는 미니 앤드루스와 앉으면 돼요.

배리 아주머니는 특별한 손님을 대접할 때 쓰는 찻잔에 차를 주었어요. 그것을 보고 얼마나 가슴이 두근거렸는지 말로 다 할 수 없어요. 이제까지 그런 대접을 받아본 일은 한 번도 없으니까요. 우리는 새콤달콤한 과일 케익과 부드러운 도넛 그리고 설탕절임을 먹었어요.

배리 아주머니는 내게 '차를 더 따라줄까?' 하며 '여보, 비스킷 그릇을 앤에게 넘겨줘요' 하잖겠어요. 어른대접을 받는 것만으로도 이렇게 좋으니 어른이 되면 얼마나 멋있을까요."

머릴러는 한숨지으며 말했다.

"글쎄다, 어떨지……"

앤은 아랑곳하지 않고 단호하게 말했다.

"아무튼 나는 어른이 되면 여자아이들에게 깍듯이 대하겠어요. 여

---

*13 출전은 불명. 그러나 '그대가 나를 사랑하는 한'이라는 구절은 고시(古詩)에서 볼 수 있음. 여기에 이어 '어떤 칼도 두 사람을 갈라놓을 수 없다' 등이 이어짐.

자아이들이 어른 같은 말을 쓴다고 해도 비웃지 않고요. 그것이 얼마나 그 아이의 마음을 상하게 하는지 쓰라린 경험으로 잘 알고 있거든요.

차를 마신 뒤 우리는 태피*14를 만들었어요. 하지만 실패하고 말았어요. 다이애너도 나도 태피를 만들어본 일이 없거든요. 다이애너가 접시에 버터를 바르는 동안 내가 휘저어야 하는데 그만 잊어버려 태우고 말았어요. 그 태피를 부엌에 놓고 식히는데 고양이가 접시 위를 밟고 다녀 그만 버릴 수밖에 없었어요. 하지만 요리 그 자체는 무척 재미있었어요.

돌아올 때 배리 아주머니는 자주 놀러오라고 했어요. 다이애너는 창가에 서서 내가 '연인의 오솔길'에 이를 때까지 내내 입맞춤을 던져주었죠.

머릴러, 오늘 밤이야말로 기도를 드리고 싶은 마음이 저절로 우러나요. 이번 일을 기념으로 특별히 새로운 기도를 생각해 내야겠어요."

---

*14 설탕과 버터로 만드는 엿 같은 과자.

콘서트 대사건 고백

2월 어느 날 저녁, 앤이 자기 방에서 급히 내려오며 물었다.

"머릴러, 다이애너에게 갔다와도 좋을까요?"

머릴러는 못마땅한 듯이 말했다.

"해가 다 졌는데 이 늦은 시간에 나가다니, 무슨 일이 있니? 다이애너와는 학교에서 돌아오는 길에 30분도 넘게 재잘거렸잖니. 그러고도 또 만나야겠다는 말이냐?"

앤은 끈기있게 말했다.

"하지만 다이애너가 만나고 싶어하거든요. 굉장히 중요한 이야기가 있대요."

"그걸 어떻게 알았니?"

"창가에서 신호를 보냈어요. 촛불과 마분지로 표현하기로 되어 있죠. 창가에 촛불을 세우고 마분지를 그 앞에서 흔들어 불을 깜빡거리게 하는 방법이에요. 그 깜빡거림의 수에 따라 신호가 달라져요. 내가 생각해 낸 거예요."

머릴러는 힘주어 말했다.

"어련하겠느냐. 그러다가 언젠가는 그런 어리석은 신호인가 뭔가 때문에 커튼을 태울지 누가 알겠니."

"어머나, 우리는 굉장히 조심하고 있으니 염려마세요, 머릴러. 정말 재미있어요. 두 번 깜빡이면 '너 거기 있니?'라는 뜻이고, 세 번 깜빡이면 '그래'라는 뜻이에요. 그리고, 네 번은 '아니'라는 뜻이죠. 마지막으로 다섯 번은 '중요한 이야기가 있으니 빨리 와줘'라는 뜻이에요. 다이애너는 지금 막 다섯 번 깜빡이는 신호를 보냈어요. 그러니 무슨 용건인지 알고 싶어 참을 수가 있어야죠."

머릴러는 비꼬듯 말했다.

"그럼, 더 이상 참을 필요 없다. 갔다오너라. 하지만 딱 10분만 이야기하고 돌아와야 한다, 알겠니?"

앤은 어김없이 10분만에 돌아왔다. 다이애너와 중대한 소식에 대한 토론을 제한된 시간 안에 해치운다는 게 얼마나 어려운 일인지 알 만한 사람은 알 것이다.

"머릴러, 내일은 다이애너의 생일이잖아요. 그래서 다이애너 어머니가 학교에서 돌아올 때 내가 다이애너 집으로 와서 하룻밤 자도 좋다고 말했대요.

그리고 다이애너의 사촌들이 뉴브리지에서 커다란 썰매를 타고 왔다가 내일 밤 공회당에서 개최되는 '토론 클럽' 주최 콘서트에 가는데, 다이애너와 나도 데려가겠대요. 물론 머릴러가 허락해 주셔야 되는 일이지만요. 머릴러, 들어 주겠어요? 아, 가슴이 콩콩 뛰어요."

"그 두근거리는 가슴은 곧 가라앉을 게다. 너는 가지 않을 테니까. 뭐니뭐니해도 자기 집 잠자리가 제일이지. 그리고 '토론 클럽'의 콘서트라니, 어림도 없어. 아직 어린 여자아이가 그런 곳에 드나드는 게 아니야."

앤은 호소했다.

"어머나, '토론 클럽'은 어엿하고 믿을 수 있는 모임이에요."

"물론, 그렇겠지. 하지만 벌써부터 너를 콘서트에 보낸다든지 하룻

밤 남의 집에서 자게 할 수는 없어. 그게 어디 아이들이 할 수 있는 일이니? 배리 부인도 다이애너를 그런 곳에 보낼 것 같지는 않구나."

앤은 울음을 터뜨릴 것 같았다.

"하지만 이번은 여느때와 다르잖아요. 다이애너의 생일은 1년에 한 번뿐이니 특별한 날이거든요. 프리시 앤드루스가 '오늘 밤 종은 울리지 않으리'*¹라는 시를 암송한대요. 아주 도덕적인 시예요. 그 시를 들으면 내게 좋은 영향을 줄 거예요. 성가대는 거의 찬송가와 비슷할 만큼 슬픈 노래를 네 곡 부른대요.

아, 그리고 목사님도 오신대요. 정말이에요. 설교는 아니지만 그와 비슷한 말을 하시겠죠. 제발 부탁이에요. 보내주세요, 머릴러."

"내 말이 안 들리니, 앤? 어서 부츠를 벗고 침대에 들거라. 8시가 넘었어."

"또 한 가지 있어요, 머릴러."

앤은 마치 이것이야말로 마지막 방법이라는 말투였다.

"배리 아주머니는 우리가 손님용 침대에서 자도 좋다고 다이애너에게 말했대요. 아직 어린 소녀 앤이 귀한 대접을 받으며 침대에서 잔다는 것은 명예스러운 일이라고 생각지 않으세요?"

"그런 명예는 없어도 좋다. 더 이상 아무 말 말고 올라가 자거라, 앤."

앤이 훌쩍이며 마지못해 2층으로 올라가자, 이 대화가 오가는 동안 긴의자에서 깊이 잠든 척하고 있던 매슈가 눈을 크게 뜨고 똑똑히 말했다.

"머릴러, 앤을 보내주는 게 좋을 것 같구나."

머릴러는 반박했다.

"안돼요. 저 아이를 기르는 사람이 누구예요? 나인가요, 오라버니인

---

*1 미국 시인 로즈 하트위크 소프(1850-1939)의 시(1882). 만종이 울리는 동시에 처형될 청년이 죽지 않도록, 종이 울리지 못하게 그의 연인이 종탑으로 올라간다는 시.

가요?"

"글쎄다, 너겠지."

매슈는 인정했다.

"그렇다면 참견하지 말아주세요."

"글쎄다, 간섭하는 것은 아니지만 의견은 말할 수 있지. 내 생각으로는 앤을 보내는 것이 좋겠다."

머릴러는 단호하게 반대했다.

"오라버니는 앤이 가고 싶다 하면 달나라에라도 보낼 거예요. 다이애너네 집에서 자는 것뿐이라면 또 몰라요. 하지만 콘서트에는 결코 보낼 수 없어요. 가게 되면 틀림없이 감기에 걸릴 테고, 쓸데없는 생각으로 머릿속을 가득 채워 법석떨 게 뻔하거든요.

마음을 가라앉히는 데 족히 1주일은 더 걸릴 거예요. 저 아이가 어떤지 그리고 그 성격을 어떻게 다루면 좋은지는 오라버니보다 내가 더 잘 알고 있어요."

그러나 매슈는 고집스레 되풀이했다.

"앤을 보내줘야 해, 머릴러."

아옹다옹 다투는 듯한 토론은 질색이지만 매슈는 자기 의견을 내세워야 할 때 결코 물러서지 않았다. 누구보다 매슈의 성격을 잘 알기에 머릴러는 난처해서 입을 다물고 말았다.

이튿날 아침, 앤이 설거지하고 있을 때 매슈는 헛간으로 나가다가 걸음을 멈추고 또다시 머릴러에게 말했다.

"나는 앤을 보내줘야 한다고 생각한다, 머릴러."

한순간 머릴러의 표정이 험악해졌지만 어쩔 수 없음을 깨닫고 딱 잘라 말했다.

"좋아요, 저 아이를 보내겠어요. 그렇지 않으면 오라버니 마음이 언짢아질 테니까요."

앤은 물이 뚝뚝 흐르는 행주를 든 채 쪼르르 달려왔다.

"아, 머릴러, 그 멋진 말을 다시 해주세요."

"한 번이면 충분하다. 이번 일은 매슈 오라버니가 결정한 것이니 나는 상관하지 않겠다. 네가 남의 집에서 자든 말든 한밤중에 사람많은 공회당에 다녀와 폐렴에 걸리든 말든 나는 모르는 일이야. 모두 매슈 오라버니 탓이니까.

앤 셜리, 너는 마룻바닥에 기름기가 잔뜩 있는 물을 떨어뜨리고 있잖니? 너처럼 깔끔하지 못한 아이는 처음 봤어."

앤은 얼른 뉘우치며 말했다.

"네, 미안해요, 머릴러. 나는 왜 이렇게 실수만 하는지 모르겠어요. 하지만 그렇지 않은 일도 있으니 너그러이 봐주세요. 학교가기 전에 모래로 문질러 얼룩을 빼겠어요.*²

내 마음은 콘서트에 갈 생각으로 들떠 있어요. 아직 한 번도 가본 일 없으니까요. 다른 아이들이 학교에서 콘서트 이야기를 하면 나는 입도 뻥긋할 수 없었어요.

이런 기분을 머릴러는 알아주지 않았지만 매슈는 이해해줬어요. 아, 이해해 주는 사람이 있다는 것은 참으로 즐거운 일이에요, 머릴러."

그날 몹시 흥분한 앤이 학교에서 공부를 제대로 할 리 없었다. 길버트 블라이스는 철자법에서 1등을 했고, 암산에서도 두말할 나위 없었다. 그러나 콘서트와 손님용 침대를 생각하면 그런 것쯤 아무렇지도 않았다. 앤과 다이애너는 하루 종일 그 일에 대해 소곤거렸으므로 만일 필립스 선생님이 더 엄격한 교사였다면 두 아이는 심한 벌을 받았을 게 틀림없었다.

앤은 자기가 콘서트에 가지 못한다면 도저히 참을 수 없을 거라 생각했다. 그날 내내 그 이야기뿐이었다.

―――――――――――

*2 바닷가 모래를 뿌려 바닥을 비비는 청소방법으로, 그즈음 동해안 연안의 가정에서 이용되었음. 영국 해군의 갑판도 같은 방법으로 청소했음.

애번리의 토론 클럽은 겨울 동안 2주일에 한 번씩 열리므로 지금까지도 간단한 모임은 여러 번 있었다. 그러나 이번에는 도서실 경비를 마련하기 위해 10센트의 입장료를 받는 만큼 성대한 것이었다. 애번리의 젊은 사람들은 콘서트를 위해 몇 주일 동안 열심히 연습했고 학생들도 언니와 오빠들이 출연하므로 특별한 관심을 가지고 있었다.

9살 이상 학생이면 누구나 들어갈 수 있었는데, 다만 캐리 슬론만은 아버지가 머릴러와 마찬가지로 어린 여자아이가 밤에 열리는 콘서트에 가는 것은 좋지 않다며 못가게 했다. 캐리 슬론은 오후 내내 문법책 위에 엎드려 엉엉 울면서 이 세상은 살 필요 없다는 생각마저 했다.

앤의 흥분은 수업이 끝날 무렵부터 차츰 크레셴도*3가 되기 시작했다. 드디어 콘서트에 가게 되자 닭살이 돋을 만큼 최고조에 이르렀다.

김이 모락모락 올라오는 우아한 찻잔에 알맞게 우러난 차를 마시니 귀한 대접을 받는 듯했다. 그런 다음 2층 다이애너의 작은 방에서 맵시 있게 숄을 두르며 몸단장하는 일로 접어들었다.

다이애너는 앤의 앞머리를 지금 한창 유행하는 퐁파두르*4 모양으로 빗어주었고, 앤은 다이애너의 나비매듭을 독특한 방법으로 묶어주었다. 뒷머리 모양은 서로 여섯 번이나 다시 곱게 빗어가며 아름답게 꾸몄다.

---

*3 콘서트이기 때문에 감정의 고조를 음악용어로 표현했음.
*4 루이 15세의 총희였던 퐁파두르 부인(1721-64)에서 유래된 헤어스타일로, 앞머리를 크게 부풀려 뒤로 바싹 빗어올리는 것. 그녀의 패션은 18세기 끝무렵의 유행에 큰 영향을 끼쳤는데, 그로부터 백년쯤 뒤인 19세기 끝무렵의 《빨강머리 앤》시대에도 캐나다에서 퐁파두르 스타일이 유행한 듯함. 퐁파두르 부인이 살았던 시절 프랑스는 신중상주의 정책의 하나로 그즈음 아직 프랑스 식민지였던 캐나다를 모피공급지로 이용하고 있었으므로, 부인은 '캐나다가 쓸모있는 것은 단지 나에게 모피를 제공해 주기 때문'이라고 말하기도 했음.

몸단장을 완전히 끝냈을 때 두 소녀의 뺨은 빨갛게 달아오르고 눈이 반짝반짝 빛났다.

사실 앤은 자기의 아무 장식 없는 커다란 태머샌터 모자*5와 집에서 만든 낡고 소매가 좁은 잿빛 외투를 다이애너의 멋진 털가죽모자*6와 산뜻한 짧은 웃옷을 번갈아 비교해 보고 얼마쯤 열등감을 느끼지 않을 수 없었다. 그러나 자기에게는 상상력이 있으니 그것을 발휘하면 된다고 스스로 위로했다.

이윽고 다이애너의 사촌인 머레이 집안 사람들이 털가죽외투 차림으로 지푸라기를 잔뜩 깐 커다랗고 푹신푹신한 썰매*7를 타고 뉴브리지에서 왔다.

앤은 공회당으로 가는 길이 무척 즐거웠다. 썰매가 비단처럼 부드러운 길을 미끄러지듯 달려갈 때 발 밑의 눈이 뽀드득뽀드득 소리를 냈다.

그곳에는 웅장한 저녁경치가 펼쳐져 있었다. 흰 눈이 쌓인 산들과 짙푸른 세인트 로렌스 만이 오색영롱한 저녁놀의 둘레를 에워싸고 있었다. 마치 진주와 사파이어로 된 찬란한 그릇에 붉은 포도주와 불꽃이 가득 담겨 있는 듯한 광경이었다. 짤랑짤랑 울리는 방울소리*8

---

*5 위에 둥근 술이 달리고 챙이 없으며, 베레모 비슷한 큼지막한 울 모자. 스코틀랜드 시인 로버트 번즈(1759–96)가 쓴 같은 이름의 시 《샌터의 탬(태머샌터)》의 주인공인 농부 탬이 쓰고 있었던 것에서 유래. 스코틀랜드인들이 즐겨씀. 몽고메리는 1911년 영국에 갔을 때 번즈의 생가를 구경했고, 《태머샌터》에 나오는 아로웨 커크의 폐허도 방문했음.

*6 그즈음 프린스 에드워드 섬의 모피산업은 유럽에 수출할 정도로 활발. 섬의 남부 서머사이드는 나중에 앤이 교장으로 부임하는 학교가 있는 곳(제3권 《첫사랑(Anne of the Island)》).

*7 겨울이 되면 눈이 깊이 쌓여 마차로 이동하는 게 불가능하므로, 썰매가 운송수단이었음. 지금도 프린스 에드워드 섬의 평균기온은 1년 중 녁 달이 영도 이하. 그즈음의 겨울 썰매는 불에 달군 돌과 모피, 짚으로 보온하는 게 필수였음.

*8 썰매는 속도가 빠른데다 여름의 일반도로를 지나지 않기 때문에 어두운 때의 갑작스러운 충돌사고를 예방하기 위해 방울을 다는 게 의무로 규정되어 있었음. 단 장례식에 갈 때는 방울을 울리지 않았음.

와 숲의 요정이 재잘거리는 듯 멀리서 천진난만한 웃음소리가 사방에서 들려왔다.

앤은 설레이는 마음에 털가죽외투 속에서 장갑을 낀 다이애너의 손을 꼬옥 잡았다.

"아, 다이애너, 아름다운 꿈을 꾸고 있는 것 같지 않니? 내가 여느 때와 같은 얼굴을 하고 있을까. 기분이 전혀 달라서 겉으로 드러날 것 같은데."

다이애너는 반달 모양의 눈웃음을 띠며 말했다.

"너 오늘 아주 예뻐."

마침 사촌으로부터 어여쁘다는 말을 들은 뒤여서 다이애너는 그 말을 앤에게도 해줘야겠다고 생각했다.

"이제까지와는 비교도 안 될 만큼 아름다운 얼굴이야."

그날 밤 일정은, 적어도 청중 가운데 한 사람에게는 그야말로 '스릴'과 재미를 연이어 느끼게 하였다. 그리고 앤이 다이애너에게 말했듯 그것은 시간이 갈수록 더해갔다.

프리시 앤드루스는 새로 만든 핑크빛 비단 드레스를 곱게 차려 입고 부드러운 하얀 목에 진주목걸이를 걸었다. 그리고, 머리에는 카네이션을 꽂고―이 꽃은 선생님이 샬럿타운에서 일부러 주문해 온 것이라는 소문이 파다하게 나돌았다―어둠 속에서 사다리를 타고 올라왔을 때*9 앤의 몸은 격렬한 감동으로 몹시 떨렸다.

그리고 성가대가 '가련한 들국화는 저 높은 하늘로*10라는 노래를

---

*9 앞의 1에 나온 소프의 시《오늘밤 종은 울리지 않으리》제5절에서. 이 시를 암송하기 위해 프리시가 무대에 등장하는 묘사로, 시의 한 구절이 사용되었음. 연인을 살리기 위해 만종을 울리게 하지 않으려 사다리를 타고 종탑 속을 올라가는 절박한 장면. 그런 다음 처녀는 종에 매달려 소리를 멈추게 함.

*10 정식 제목은《들국화는 저 높은 하늘로(1869)》. 앤이 제목에 '가련한'을 붙인 것은 노랫말이 '가련한 들국화는 저 높은 하늘로'로 되어 있기 때문임. 조지 쿠퍼 작사, 해리슨 미라드 작곡. 가사는 죽은 배우자의 죽음을 슬퍼하며, 나도 이제 그곳으로 가겠다면서

부를 때 앤은 천사의 모습이 천장에 프레스코화*¹¹로 그려져 있기라도 하듯 뚫어지게 올려다보았다.

샘 슬론이 '소캘리가 암탉을 보금자리에 앉히는 방법*¹²이라는 이야기를 그림과 곁들어 말하자 앤이 큰 소리로 웃어 주위사람들도 덩달아 웃었다. 애번리 같은 시골에도 잘 알려져 있는 그 이야기가 재미있어서라기보다 오히려 앤이 웃는 게 재미있었기 때문이었다.

필립스 선생님이 시저의 유해를 앞에 놓고 마크 안토니우스의 연설*¹³을 가슴이 찡하도록 멋들어지게─한 구절마다 프리시 앤드루스의 얼굴을 보며─열연했으므로 앤은 만일 로마 시민들이 들고 일어났다면 자기도 그 자리에서 반란에 가담할 것이라는 생각마저 들었다.

프로그램 가운데 오직 하나만은 앤의 관심을 끌지 못했다. 길버트 블라이스가 '라인 강변의 빙겐'을 암송했을 때 앤은 로더 머레이 도서관에서 빌어온 책을 읽었다.

낭독이 끝나자 다이애너는 손바닥이 아프도록 박수쳤지만, 앤은 몸을 꼿꼿이 한 채 꼼짝도 하지 않고 앉아 있었다.

그렇게 해서 집에 돌아온 것은 11시였다. 말할 수 없이 즐거운 시간

죽은 뒤의 재회를 기대하는 내용. 앤이 '천사의 모습이 프레스코화로 그려져 있기라도 하듯 천장을 뚫어지게 올려다보았다'는 것은, 이 노래의 제3절과 마지막 절에서 따온 것임.

*11 회반죽을 벽면에 칠하여 다 마르기 전에 수채로 그린 것. 교회의 벽면과 천장화 등에 사용됨.

*12 독일에서 이민 온 농부 소캘리가 썼다는 스타일의 작품. 암탉을 보금자리에 앉히려다 실패한 어리숙한 모습을, 독일어 섞인 기묘한 영어로 재미있게 들려주는 내용. 1870년 대부터 20세기 첫무렵까지 인기가 있었음. 독일계 이민을 희화화하는 느낌도 있음.

*13 셰익스피어의《줄리어스 시저》제3막 제2장에서. "나의 친구, 로마시민, 동포여러분, 귀를 빌려주시오"로 시작되는 유명한 이 안토니우스의 연설을 듣고, 로마시민은 시저를 암살한 브루투스에게 반감을 품게 됨. 필립스 선생의 이 연설을 들은 앤이 완전히 감동하여 '만일 로마시민들이 들고 일어났다면, 자기도 그 자리에서 반란에 가담할 거라는 생각마저 들었던' 것은, 프리시 앤드루스의 앞에서 열연한 것이니만큼 선생의 연설이 훌륭했기 때문임.

이었으며 훗날 다시 한 번 먼 서로 이야기를 주고받으며 떠올릴 만한 추억거리를 안게 되었다.

모두들 잠들어 집안은 캄캄하고 고요했다. 앤과 다이애너는 발소리를 죽이며 응접실로 들어갔다. 기다란 방으로, 그 안쪽에 손님용 침실이 있었다.

방은 따뜻했고 난로에는 타다 남은 불기가 불빛을 어렴풋이 던져주고 있었다.

다이애너가 다정하게 말했다.

"여기서 옷을 갈아입자. 따뜻해서 기분좋아."

앤은 꿈꾸는 표정으로 물었다.

"오늘 밤은 너무너무 재미있었어. 무대에 올라가 암송한다면 정말 멋있을 거야. 얘, 다이애너, 우리도 암송해 달라는 부탁을 받을 수 있을까?"

"물론 언젠가는 그런 부탁을 받겠지. 늘 큰 학생에게 부탁했으니까. 길버트 블라이스는 우리보다 두 살 많잖니. 그애 참 잘 하더라. 앤, 너는 그애가 낭독할 때 어째서 듣지 않는 척했니? 그애가 '그리고 또 한 여자가 있습니다. 누이는 아닙니다'*14라는 대목을 읽을 때 너를 똑바로 쳐다보았단다."

하지만 앤은 엄하게 대꾸했다.

"다이애너, 너는 내 마음의 벗이야. 하지만 그런 너일지라도 그 아이 이야기는 결코 하지 말아줘. 옷 다 갈아입었니? 우리 누가 먼저 침대에 뛰어드는지 시합할까?"

---

*14 캐럴라인 엘리자베스 노튼의 시 《라인 강변의 빙겐》에서. 알제리 전장에서 죽어가는 젊은 병사가, 마지막으로 고향 라인 강변의 빙겐을 떠올리며 형제, 어머니, 동생에 대한 작별의 말을 전우에게 전한다는 시. 마지막으로 '또 한 여자가 있습니다. 누이는 아닙니다' 라고, 라인 강변을 함께 걸었던 연인을 생각하며 숨을 거둠. 길버트가 이 대사를 하면서 앤을 똑바로 응시했다는 것은, 앤을 특별한 소녀로 의식하고 있음을 나타냄.

이 제안은 다이애너의 마음에 쏙 들었다. 두 소녀는 하얀 잠옷차림으로 나비처럼 나풀거리며 기다란 방을 지나 손님용 침실 문턱을 살짝 넘어 함께 침대로 뛰어들었다. 그 순간 무엇인가가 두 소녀의 몸 밑에서 움직이며 짓눌린 듯한 비명을 질렀다.

"아이쿠, 이게 뭐야!"

어떻게 그 방을 나왔는지 앤도 다이애너도 알 수 없었다. 다만 기억하는 것은 정신없이 뛰어나온 뒤 부들부들 떨며 2층으로 살며시 올라간 일뿐이었다.

앤은 소리죽여 물었다.

"그 사람 누구니?"

추위와 놀라움으로 이가 덜덜 떨리며 서로 부딪쳤다.

"맙소사 조지핀*15 할머니야."

다이애너는 숨이 막힐 듯이 배꼽을 잡고 웃었다.

"틀림없어. 어째서 거기 계시는지는 모르지만, 아마 화가 머리끝까지 났을 거야. 큰일이야, 아주 무서운 분이거든. 어째서 일이 이렇게 됐을까?"

"조지핀 할머니는 어떤 분이니?"

"아버지의 고모로 샬럿타운에 사셔. 나이가 무척 많지. 아마 일흔 몇 살일 거야. 그 할머니에게도 어린시절이 있었을까 하는 생각이 들어.

할머니가 오신다는 것은 알고 있었지만 이렇게 빨리 오실 줄 몰랐어. 굉장히 엄한 분이니 내일 크게 꾸지람들을 거야. 어쨌든 미니 메이와 함께 자는 수밖에 없어. 그 아이는 잠버릇이 아주 고약해."

다음날 이른 아침식사 시간에 조지핀 배리 할머니는 모습을 나타내지 않았다. 배리 부인은 두 소녀에게 상냥한 미소를 지어보였다.

---

*15 성서에서 유래한 이름으로 요셉의 여성형. 요셉은 구약성서에서는 야곱의 아들, 신약성
　서에서는 성모 마리아의 남편. 또 앤의 동급생 조지 파이의 조지는 조지핀의 단축형.

"어젯밤 재미있었니? 너희들이 돌아올 때까지 자지 않으려 했는데 너무 고단해서 깜빡 잠들어버렸지. 조지핀 할머니가 오셔서 2층에서 잘 수밖에 없다는 말을 할 참이었는데. 다이애너, 할머니가 주무시는 걸 방해하진 않았겠지?"

다이애너는 조심스럽게 아무 말 하지 않았지만 식탁 너머로 양심의 가책과 웃음이 뒤섞인 미소를 앤과 몰래 주고받았다.

배리네에서 벌어진 큰 소동은 오후 늦게 머릴러의 심부름으로 린드 부인 집에 갈 때까지 앤은 전혀 모르고 있었다.

"어젯밤 너와 다이애너가 배리 할머니를 돌아가실 만큼 놀라게 했다더구나."

린드 부인은 위협적인 목소리로 말했지만 눈은 웃고 있었다.

"다이애너 어머니가 아까 카모디로 가는 길에 들러서 말했는데, 매우 난처하게 되었다더라. 배리 할머니가 아침에 일어나 굉장히 화내셨다더구나. 조지핀 배리가 성을 내면 아무도 손을 못쓰지. 다이애너하고 말도 안하신대."

앤은 고개를 수그리며 말했다.

"다이애너 탓이 아니에요. 내가 나빴어요. 누가 먼저 침대에 뛰어드나 시합하자고 했거든요."

"역시 그랬군!"

린드 부인은 예상이 맞아들어 기분이 좋아졌다.

"네가 생각해 낸 일인 줄 짐작했지. 어쨌든 난처하게 됐어. 배리 할머니는 한 달쯤 머무를 작정으로 왔지만 이런 곳에 하루도 더 있을 수 없다며 내일이 일요일인데도 상관없이 돌아가겠다고 하신다는구나. 데려다줄 사람만 있으면 오늘이라도 당장 돌아가고 싶다고 하시면서 말이야.

할머니는 다이애너의 음악공부 수업료 석 달치를 주시겠다고 약속했는데, 그런 말괄량이에게는 한푼도 줄 수 없다고 하신다더라. 오늘 아침 그 댁에서는 아마 크게 난리를 치렀을 거다. 그 할머니는 아주 큰 부자거든. 배리 부인은 그분의 기분을 상하게 해드리고 싶지 않았을 거다. 부인은 그런 말을 입 밖에 내지 않았지만 얼굴을 보면 다 알지."

앤은 풀이 죽어서 말했다.

"어쩌면 이토록 운이 나쁠까요. 늘 말썽을 일으키고, 더구나 가장 소중한 친구마저—그 아이를 위해서라면 무슨 일이라도 해주고 싶은 심정인데—끌어들이니 말예요. 어째서 자꾸 꼬이기만 하는지 아주머니는 아세요?"

"그것은 네가 침착하지 못하고 생각이 나면 앞뒤 가리지 않고 덤벼들기 때문이야. 너는 신중하지 않거든. 무슨 일이건 그 자리에서 그대로 말하거나 행동하니 그렇지."

앤은 뾰로통해서 말했다.

"어머나, 하지만 그게 가장 좋은 방법이 아닐까요? 어떤 멋있는 생각이 문득 머리에 떠오르면 그 자리에서 말해야지 이것저것 따지면 다 망쳐버리거든요. 그렇게 느낀 적 없으세요?"

공교롭게도 린드 부인에게는 그런 경험이 없었다. 부인은 생각에 잠기며 고개를 저었다.

"앤, 어쨌든 조금은 깊이 생각하는 습관을 길러라. 너는 '뛰어들기 전에 먼저 주위를 살펴보아라' 이 격언을 명심해야 돼. 특히 손님용 침대에 뛰어들기 전에는 말이야."

린드 부인은 자기의 가벼운 농담이 마음에 들어 웃었지만 앤은 골똘히 생각에 잠겼다. 웃어넘길 수 없는 중대한 일인 것 같았다.

린드 부인 집에서 나온 앤은 얼어붙은 들판을 가로질러 '언덕의 과수원'으로 갔다.

다이애너가 부엌문에서 얼떨결에 앤을 맞이했다.

앤은 소리죽여 말했다.

"조지핀 할머니가 어젯밤 일로 무척 화내셨지?"

다이애너는 닫혀 있는 거실문을 돌아보고 나직이 웃으며 말했다.

"응. 온몸을 부들부들 떨며 화내셨단다, 앤. 무섭게 야단맞았어. 나처럼 예절을 모르는 아이는 처음 보셨대. 그리고 그런 아이를 기른 부모는 더욱 부끄러운 줄 알라는 거야. 할머니는 더 이상 이 집에 있을 수 없다고 성화였지만 나는 아무렇지도 않아. 아버지와 어머니는 난처하시겠지만."

당황한 앤이 물었다.

"어째서 내 탓이라는 말을 하지 않았니?"

다이애너는 못마땅한 목소리로 말했다.

"내가 그럴 사람 같니? 나는 고자질이나 하는 사람이 아니야, 앤 셜리. 그리고 나도 같이 실수했으니까."

앤은 또렷이 말했다.

"그럼, 내가 가서 말씀드리겠어."

놀란 다이애너는 눈을 크게 떴다.

"앤 셜리, 너 설마! 할머니는 너를 잡아먹을 듯 야단칠 거야!"

앤은 애원했다.

"더 이상 나에게 겁주지 마. 대포의 구멍을 향해 나아가는 탄알이 된 기분이야. 하지만 그만둘 수 없어. 내가 한 짓이니까 말할 필요가 있잖니. 고백이라면 다행히 여러 번 했거든."

다이애너는 말했다.

"할머니는 방에 계셔. 정 그렇다면 가보렴. 나는 싫어. 그리고 가도 소용없을 거야."

이런 말을 들으며 앤은 가까스로 용기를 내어 사자굴로 몸을 돌렸다. 단호한 걸음걸이로 거실 쪽으로 다가가 똑똑 문을 두드렸다.

엄한 목소리가 들려왔다.

"들어와요."

마르고 까다로운 표정의 조지핀 배리 할머니는 난로 옆에서 뜨개바늘을 빠르게 움직이며 뜨개질하고 있었다. 노여움이 아직 가시지 않았는지 금테안경 너머로 눈이 번쩍였다.

다이애너인 줄 알고 바퀴의자를 돌렸는데 핼쑥하고 겁에 질린 낯선 얼굴의 여자아이가 서 있었다. 커다란 눈망울에 죽음을 각오할 만한 용기와 몸이 오그라드는 두려움이 뒤섞여 있었다.

미스 조지핀 배리는 날카롭게 물었다.

"너는 누구냐?"

작은 방문자는 두 손을 꼭 잡고 떨리는 목소리로 말했다.

"그린게이블즈의 앤입니다.*16 고백할 일이 있어서 왔습니다."

"고백이라니, 무슨 일이냐?"

"어젯밤 할머니 침대에 뛰어든 것은 모두 제 탓이라는 사실을 털어놓으려 합니다. 제가 그렇게 하자고 말했거든요. 다이애너는 결코 그런 짓을 할 아이가 아니에요. 다이애너는 아주 얌전해요, 배리 할머니. 다이애너를 나쁜 아이라 여기는 것은 잘못이에요."

"잘못이라고? 다이애너도 함께 뛰어들었는데 말이냐? 어엿한 집안에서 그런 짓을 해도 좋을까?"

그러나 앤은 굽히지 않게 주장했다.

"그저 장난삼아 한 일입니다. 이렇게 진심으로 사과드리고 있으니 용서해 주세요. 부디 다이애너에 대한 노여움을 풀어주세요. 그리고 음악공부를 할 수 있도록 도와주세요. 다이애너는 음악을 무척 좋아합니다. 하고 싶은 것을 못할 때 어떤 기분이 드는지 저는 잘 알고 있어요. 화를 내시려거든 제게 내주세요. 어릴 적부터 늘 꾸중을 들어왔기 때문에 익숙해서 다이애너보다 잘 참을 수 있거든요."

노부인의 눈에서 차츰 언짢은 마음이 사라지고 그대신 흥미를 느

---

*16 본디 제목인 《ANNE OF GREEN GABLES》는 이렇듯 누구네 집의 어떤 이름인지를 나타내는 데 사용됨. 예를 들어 다이애너는 '과수원 언덕의 다이애너'임.

끼는 기색이 떠올랐다.

그러나 목소리만은 여전히 엄하게 울렸다.

"장난삼아 했다 해도 용서할 수 없다. 내가 어렸을 적에는 여자아이가 그런 짓을 하면 큰일났지. 긴 여행 끝에 피곤해서 푹 잠들어 있는데 큰 몸집의 여자아이가 둘이나 달려들면 어떤 기분이 드는지 너는 모를 거다."

앤은 열심히 말했다.

"모르지만 상상할 수는 있어요. 아마 굉장히 놀라셨으리라고 생각해요. 하지만 우리 말도 좀 들어주세요, 배리 할머니. 할머니에게 상상력이 조금이라도 있으시다면 한번 우리들 입장이 되어봐 주세요. 침대에 아무도 없는 줄 알았기 때문에 우리도 역시 깜짝 놀랐어요. 얼마나 놀랐는지 말문이 막힐 정도였어요. 그리고 우리가 그 침대에서 자도록 약속되어 있었는데 잘 수 없어서 얼마나 실망했겠어요.

할머니는 손님용 침대에서 주무시는 게 흔히 있는 일이시겠지만 그런 대우를 받아본 적 없는 고아였다면 얼마나 섭섭했겠는지 한번 헤아려 주세요."

치솟던 화가 깨끗이 사라졌다. 조지핀 배리 할머니는 깔깔거리기 시작했다. 그 웃음소리를 듣고 부엌에서 너무나 걱정되어 꼼짝 못하고 있던 다이애너는 가슴을 쓸어내리며 안도의 한숨을 내쉬었다.

할머니는 인자하게 말했다.

"내 상상력은 아마 녹슬어 있을 게다. 오랫동안 쓰지 않았으니까. 너희들도 제법 할말이 있었던 모양이로구나. 결국 어떻게 생각하느냐에 달렸겠지. 어쨌든 앉아라. 그리고 너에 대한 이야기를 좀 해주렴."

앤은 공손히 말했다.

"죄송하지만 그럴 수 없습니다. 할 수 있다면 그렇게 하고 싶어요. 할머니는 겉으로는 무서워 보이지만 재미있는 분인 것 같고, 어쩌면 저와 뜻이 맞는 분일지도 모르니까요.

하지만 지금은 머릴러 커스버트 댁으로 빨리 돌아가야 해요. 머릴러 커스버트는 저를 맡아 어엿하게 길러주시는 친절하신 분이에요. 그분은 매우 열심히 가르치고 있지만 제가 톡하면 말썽을 부려 뜻대로 잘 되지는 않아요.

제가 침대에 뛰어들었다 해서 머릴러를 나쁘게 생각지 말아주세요. 하지만 제가 집으로 가기 전에 다이애너를 용서하고 예정대로 애번리에 오래 머물지 알려줄 수는 없을까요?"

"네가 가끔 여기 와서 말동무가 되어준다면 그럴지도 모르지."

그날 밤, 할머니는 다이애너에게 은으로 만든 예쁜 팔찌*¹⁷를 주었고, 어른들에게 여행가방을 풀도록 시켰다.

조지핀 배리 할머니는 솔직하게 말했다.

"그 앤이라는 아이의 이야기를 더 듣고 싶어서 여기 있기로 했다. 참 재미있는 아이야. 내 나이쯤 되면 말동무를 구하기가 좀처럼 쉽지 않거든."

이것을 듣고 머릴러는 매슈를 나무랐다.

"내가 말한 대로지요? 밤에 외출하고 남의 집에서 자게 해선 안되었던 거예요."

미스 배리는 예정했던 한 달보다 훨씬 오래 이 집에 머물렀고 전보다 한결 다루기 쉬운 손님이 되어 있었다. 그 까닭은 앤이 늘 노부인을 기분좋게 해주었기 때문이었다. 두 사람은 아주 다정한 사이가 되었다.

할머니는 떠날 때 아쉬워하며 말했다.

"애야, 앤, 언젠가 네가 샬럿타운에 오면 꼭 우리집에 들러야 한다. 특별히 손님을 위한 침대에서 자게 해줄 테니까."

앤은 머릴러에게 말했다.

---

*17 원반형 장식이 달린 팔찌. 19세기 끝무렵에서 20세기 첫무렵까지 유행. 지금도 볼 수 있는 모양의 팔찌임.

"배리 할머니와 나는 마음이 맞는 사람이었어요. 언뜻 보기에는 그런 것 같지 않지만, 매슈를 만났을 때처럼 차츰 알게 되었지요.

생각했던 것만큼 마음맞는 사람이 그리 적은 것은 아닌가봐요. 이 세상에 그런 사람이 여럿 있다고 생각하니 정말 기뻐요."

지나친 상상

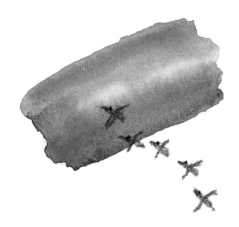

봄은 또다시 그린게이블즈에 찾아왔다.

눈부시도록 아름답지만 느릿느릿 조금씩 변덕스러운 여인처럼 다가오는 캐나다의 봄. 4월과 5월에 걸쳐 싸늘한 기운을 거느리고 와 핑크빛 저녁놀로 물들어 긴긴 밤사이 기적 같은 소생과 성장을 가져다주는 봄. 따뜻하게 포근히 감싸주면서도 더할 나위 없이 신선하였다.

'연인의 오솔길' 단풍나무들은 빨간 싹을 내밀었고,[1] '드라이어드 샘'가에는 곱슬곱슬한 어린 고사리가 기운차게 흙을 밀어올리고 있었다.

비탈길을 올라간 사일러스 슬론네 집 뒤의 황무지에는 갈색 잎 밑에서 별모양의 귀여운 연분홍빛과 하얀 메이플라워[2]가 방긋 모습을

---

[1] 단풍나무의 새싹은 불타는 듯 선명한 붉은 색임.
[2] 5월에 피는 봄꽃을 모두 일컫는 말로, 영국과 아메리카 대륙에서는 꽃의 종류가 다름. 캐나다를 포함한 아메리카 대륙의 메이플라워는 주로 트레일링 아르부투스를 뜻함. 철쭉과 꽃과 비슷함. 고원 한랭지에 자생하는 높이 15㎝쯤의 여러해살이풀로, 갈색 잎 아래 꽃잎이 다섯 장인 향기로운 꽃이 핌. 지금은 캐나다에서도 수가 줄어들어 보호지정종이 되어, 앤처럼 꽃을 꺾을 수는 없음. 영국의 메이플라워는 산사나무와 기린초 등을 가리킴.

드러내어 달콤한 향기를 내뿜고 있었다.

활짝 갠 오후 소년소녀들은 꽃을 따러 나가*3 팔에 한아름 예쁜 꽃을 바구니에 담고 구름 한 점 없는 저녁하늘 밑에서 즐겁게 노래를 부르며 돌아오곤 했다.

이 풍경에 매혹된 앤이 말했다.

"메이플라워가 없는 곳에 사는 사람들은 참으로 가엾어요. 다이애너는 그 나름대로 더 좋은 게 있을 거라고 했지만, 메이플라워보다 아름다운 게 있을까요, 머릴러?

다이애너는 또 메이플라워가 어떤 꽃인지 모르는 사람은 그것이 없어도 굳이 쓸쓸하지는 않을 거라고도 했어요. 하지만 진짜로 그렇다면 얼마나 슬프겠어요. 메이플라워가 어떤 꽃인지도 모르고, 죽는다는 건 그야말로 비극이에요.

내가 메이플라워를 어떻게 생각하는지 알아요, 머릴러? 메이플라워는 지난 여름에 피었다가 시든 꽃의 넋이라고 생각해요. 그리고 여기는 그 꽃들의 천국이죠.

오늘은 무척 재미있게 지냈어요. 우리는 오래 된 샘 옆 이끼낀 넓은 저지대에서 점심을 먹었어요. 무척 낭만적인 장소예요. 찰리 슬론이 아티 길리스에게 그 샘을 뛰어넘어보라고 했어요. 아티는 폴짝 뛰어넘었죠. 해보라고 시키는데 비겁하게 꽁무니뺄 수는 없으니까요. 학교에서는 누구나 그렇게 해요. 요즘은 그 놀이가 우리들 사이에 유행이거든요.

필립스 선생님은 꽃을 꺾어 프리시 앤드루스에게 주었어요. '향기로운 꽃을 아름다운 사람에게'*4라는 말이 들렸어요. 틀림없이 책에

---

*3 앤은 학교 친구들과 꽃을 따러 나갔는데, 셰익스피어의 고향 에이번 강변의 스트랫퍼드에서도 봄에 어린이들이 꽃을 따서 학교에 가져가는 풍습이 있었던 듯함.

*4 셰익스피어의 《햄릿》 제5막 제1장에서 인용. 햄릿의 연인 오필리어의 유해에 덴마크 왕비가 꽃을 바치면서 하는 말. '앤의 지난 이야기'에서 《로미오와 줄리엣》에서 인용된 장

서 찾아낸 구절이겠지만, 선생님에게도 조금쯤은 상상력이 있다고 인정해 주어야겠어요.

내게도 누군가가 메이플라워를 꺾어주었지만 차갑게 거절했어요. 그 애 이름은 결코 입에 담지 않기로 맹세했으니 말하지 않겠어요.

우리는 메이플라워로 예쁜 화환을 만들어 알록달록 모자를 꾸몄어요. 집으로 돌아올 때 두 줄로 서서 꽃다발과 화환을 안고 '언덕 위의 우리집'*5을 신나게 노래부르며 행진했어요.

굉장히 멋있었어요, 머릴러. 사일러스 슬론 댁에서는 가족들이 모두 뛰어나와 쳐다 보았고, 길에서 만난 사람들도 저마다 걸음을 멈춰서서 우리가 지나갈 때까지 눈을 동그랗게 뜨고 바라보았어요. 우리는 그야말로 센세이션을 불러일으켰어요."

"마땅하지! 멍청한 짓을 하고 다녔으니"

이것이 머릴러가 느낀 바였다.

메이플라워에 이어 이번에는 짙은 가지색 제비꽃이 활짝 피었다. '제비꽃 골짜기'는 온통 꽃에 파묻혀 보랏빛으로 물들었다. 앤은 학교에 갈 때 성스러운 땅을 밟는 듯한 걸음걸이와 경건한 눈빛으로 그곳을 지나갔다.

앤은 다이애너에게 말했다.

"왜 그런지 모르겠지만, 제비꽃 골짜기를 지나갈 때는 길—누군가가 학급에서 나보다 공부를 잘하건 못하건 상관없다는 생각이 들어. 하지만 학교에 닿으면 그런 마음이 싹 없어진단다.

내 마음속에는 여러 앤이 있나봐. 내가 온갖 말썽을 일으키는 것은

미의 이름에서 따온 구절과 마찬가지로 이것도 셰익스피어의 창작이 아니라 더 오래된 노래가 있으며, 고대 로마 희곡작가 플라우투스(기원전 254?–184)의 《페르시아인》 가운데 한 구절. 참고로 셰익스피어는 《잘못된 희극》을 이 플라우투스의 《메나에크무스 형제》를 토대로 썼음.

*5 W.C. 베이커 작사·작곡의 노래(1866). 아름다운 경치에 둘러싸여 함께 자랐던 나무가 있는 그리운 고향집을 노래함.★★

그 때문이 아닌가 여겨질 때도 있어. 내 마음속에 앤이 오직 하나만 있다면 틀림없이 편안하겠지. 하지만 그렇게 되면 지금만큼 재미있을 것 같지 않아."

6월 어느 날 저녁때 일이었다.

과수원이 다시 핑크빛 꽃으로 둘러싸이고, '빛나는 호수' 위쪽 늪에서는 개구리가 목청을 돋구어 개굴개굴 노래부르며, 온누리에 클로버와 전나무 향기가 가득차 있을 때, 앤은 창가에 앉아 있었다.

앤은 그때까지 잠자코 공부하다가 어두워져 책을 읽을 수 없게 되자, 다시 아름다운 꽃을 피운 '눈의 여왕'을 바라보며 공상에 젖기 시작했다.

이 작은 다락방은 거의 변함이 없었다. 옛날과 마찬가지로 벽은 흰색이고 바늘꽂이는 딱딱하며, 의자도 노란색인 채 등받이가 경직된 듯 우뚝 서 있었다.

그러나 방 전체의 분위기는 완전히 바뀌었다. 개성이 구석구석에 스며들어 있었다. 흔히 여자아이 방 안에 놓여 있는 공주님 동화책이나 옷, 리본과는 거리가 멀었고 테이블 위의 사과꽃이 꽂힌 이 빠진 파란 단지와도 상관없는 그 어떤 것이었다.

그것은 마치 이 방에 있는 생기발랄한 주인이 밤낮없이 꾸는 온갖 아름다운 꿈이, 눈에 보이듯 고스란히 드러나 무지개와 달빛으로 짠 타피스리가 되어 이 아무 장식 없는 벽을 뒤덮고 있는 것 같았다.

얼마 뒤 앤이 학교 갈 때 입는 다림질한 앞치마를 들고 머릴러가 빠른 걸음으로 들어왔다. 그것을 의자등받이에 걸쳐놓고 후유 한숨 쉬며 털썩 앉았다. 머릴러는 오후부터 머리가 아파 견딜 수가 없었다. 이제 통증은 사라졌으나 기운이 없었고, 그야말로 '녹초'가 되어 있었다.

앤은 걱정스러운 얼굴로 머릴러를 보았다.

"할 수만 있다면 내가 대신 아팠으면 좋겠어요. 머릴러를 위해서라면 기꺼이 참을 수 있을 것 같아요."

"네가 일을 해줘서 쉬었더니 금방 나았다. 큰 실수 없이 잘한 것 같더라만, 매슈 오라버니의 손수건에까지 풀을 먹인 것은 좋지 않았어! 그리고 여느 사람들은 파이를 데우기 위해 오븐에 넣어 살짝 따뜻해졌을 때 점심식사로 꺼내 먹는데, 너는 까맣게 타버릴 때까지 그냥 두더구나. 네 방법은 보통과 많이 달라."

두통이 가시면 머릴러는 언제나 좀 빈정거리는 말투가 되었다.

앤은 부끄러워하며 말했다.

"어머나, 죄송해요. 파이를 데우려고 오븐에 넣고서는 지금까지 잊고 말았어요. 점심식사 때 어쩐지 뭐가 빠진 것 같은 느낌이 들었지만, 생각나지 않았어요. 오늘 아침, 일을 시작할 때는 쓸데없는 공상은 하지 말고 눈앞의 일에만 집중하기로 굳게 결심했죠.

파이를 오븐에 넣을 때까지는 그럭저럭 잘 참았지만, 어느덧 유혹에 못이겨 상상에 빠지고 말았어요. 나는 마법에 걸린 공주님이 되어 탑 속에 외로이 갇혔는데, 검은 말을 탄 훌륭한 기사가 와서 구해준다는 이야기를 생각했죠. 그래서 파이는 까맣게 잊고 말았어요.

손수건은 언제 풀을 먹였는지 모르겠어요. 다림질을 하면서는 시냇물 저편에서 발견한 섬이름을 뭐라고 지을까 고민했었거든요. 무척 아름다운 곳이에요. 단풍나무 두 그루가 나란히 있고 시냇물이 그 주위를 에워싸며*⁶ 흐르고 있어요. 가까스로 멋진 이름이 떠올라, '빅토리아 섬'이라고 이름붙였어요. 아무튼 여왕님 생일*⁷에 발견했으니

---

*6 시냇물에 에워싸인 작은 섬이라면, 스콧의 시 《호수 위의 미인》에서 엘런이 살던 섬과, 엘프레드 테니슨(1809~92)의 시 《샬럿 아가씨》에서 샬럿이 살던 강 속의 작은 섬을 떠오르게 함. 몽고메리가 마음에 들어했을 듯한 정경임. 《샬럿 아가씨》에 대해서는 '운나쁜 백합공주' 10 참조.

*7 빅토리아 여왕의 탄생일인 5월 24일은 대영제국 식민지의 축일. 빅토리아 여왕은 1837년부터 1901년까지 재위. 《빨강머리 앤》의 시대배경이 1880~90년대로 추정되므로, 이야기 속에서 캐나다를 통치한 사람은 빅토리아 여왕임. 프린스 에드워드 섬은 여왕의

까요. 다이애너와 나는 여왕님에게 아주 충실하거든요.[*8]

어쨌든 파이와 손수건 일은 용서해 주세요. 오늘은 특별한 날이어서 착한 아이가 되려고 했어요. 머릴러, 지난해 오늘 무슨 일이 있었는지 기억해요?"

"글쎄, 특별히 생각나는 건 없구나."

"어쩌면 머릴러, 내가 그린게이블즈에 온 날이잖아요. 나는 무슨 일이 있어도 이 날은 결코 잊을 수 없어요. 내 인생이 완전히 달라진 날이니까요.

그야 물론 머릴러에게는 이렇다 할 감격이 없겠죠. 지난 1년 동안 무척 행복했어요. 괴로운 일도 있었지만 시간이 흐르니 아픈 기억은 사라지고 말아요. 머릴러, 혹시 나를 받아준 것을 후회하세요?"

"아니, 그렇지 않아."

머릴러는 이따금 앤이 그린게이블즈로 오기 전에는 무슨 재미로 살았을까 하는 생각마저 들었다.

"후회라니 당치도 않은 말이지. 공부가 끝나면 배리 부인에게 가서 다이애너의 앞치마 옷본을 빌려오너라."

앤은 외쳤다.

"어머나, 벌써 어두워졌는데요."

"어둡다고? 아직 밝은데 뭘 그러니. 너는 해진 다음에도 잘 쏘다녔잖니."

앤은 열심히 머릴러를 설득시켰다.

아버지 켄트 공(독신시대에는 에드워드 왕자)을 기념해 붙여진 이름. 여왕 재위 50주년인 1887년 섬에서 축포를 쏘고 퍼레이드와 불꽃 축하행사가 벌어졌음.

[*8] 커스버트 집안이 지지하는 보수당은 대영제국의 일원으로서의 캐나다관을 내세우며 비교적 반미친영적인 정책을 취하고, 반대로 자유당은 독립전쟁을 거쳐 영국에서 떨어져나간 미국과 캐나다의 통상연합을 정책으로 삼았음. 그러므로 앤이 영국왕실에 대한 충성심을 이야기한 것은 당연한 일임. 본디 루시 모드 몽고메리의 가운데 이름, 즉 모드는 빅토리아 여왕의 딸 모드 왕녀에서 따온 것임.

"내일 아침 일찍 갔다오겠어요. 해가 뜨자마자 갔다올게요."

"앤 셜리, 어째서 말을 듣지 않니? 네 새 앞치마는 오늘 밤에 만들어야 해. 여러 말 말고 빨리 갔다오너라."

앤은 내키지 않는 듯 모자를 집으며 말했다.

"그럼, 큰길 저쪽으로 돌아서 가야겠어요."

"큰길로 돌아가면 30분이나 더 걸리잖니! 무슨 말을 하는 게냐!"

앤은 하는 수 없이 솔직하게 털어놓았다.

"도깨비가 나오는 무서운 숲을 어떻게 지나가란 말예요?"

머릴러는 어이가 없었다.

"도깨비 나오는 숲이라고! 돌기라도 했니? 도깨비가 대체 어디서 나온단 말이냐?"

앤은 목소리를 죽이며 속삭였다.

"시냇물 저쪽 가문비나무숲에서요."

"바보 같은 소리! 도깨비 나오는 숲은 아무데도 없어. 대체 누가 그런 어리석은 말을 하더냐?"

"누가 한 게 아니에요. 다이애너와 함께 상상했어요. 이 언저리는 너무 평범하잖아요. 그래서 우리는 그곳을 4월부터 '도깨비숲*9'이라 이름지었어요. 아주 낭만적이죠, 머릴러? 가문비나무숲은 굉장히 어둠침침하거든요.

우리는 소름끼칠 만큼 무서운 상상을 했어요. 저녁 이맘때쯤이면 시냇가에 하얀 옷을 입은 여인이 서성이면서 두 손을 마주잡고 슬픈 목소리로 흐느껴 우는 거예요. 이 여인을 보면 가족 가운데 누군가가 가까운 시일 안에 죽게 돼요. 그리고 살해된 아이의 유령이 '아이들 와일드' 모퉁이길에 갑자기 나타나죠. 뒤에서 몰래 살금살금 다가

---

*9 몽고메리의 자서전에 의하면, 그녀는 어린 시절 집 과수원 아래 있는 가문비나무숲을 도깨비숲이라고 상상하며 무서워했다고 함. 이 책에 나오는 귀신이야기도 자서전에 나옴.

와 섬뜩한 손가락으로 지나가는 사람의 손을 덥석 잡아요.

아, 머릴러, 생각만 해도 오싹 소름이 끼쳐요. 게다가 목 없는 남자가 오솔길을 왔다갔다하고 나뭇가지 사이에서는 해골이 무서운 얼굴로 노려보고 있어요. 이렇게 어두워졌는데 무서워서 어떻게 '도깨비 숲'을 지나요? 틀림없이 하얀 도깨비가 나무 뒤에서 손을 뻗쳐 나를 움켜쥘 거예요."

어이가 없어 아무 말도 못하고 듣고만 있던 머릴러는 진저리를 치면서 외쳤다.

"그런 어처구니없는 말은 그만둬! 앤 셜리, 너는 자신이 지어낸 그런 터무니없는 이야기를 믿니?"

앤은 말을 더듬거렸다.

"완전히 믿지는 않지만…… 낮에는 아무렇지도 않아요. 하지만 어두워지면 달라요. 유령은 밤이 되면 돌아다니거든요."

"앤, 유령이란 없어."

하지만 앤은 고개를 빳빳이 들고 말했다.

"어머나, 머릴러, 본 사람이 있는 걸요. 그것도 착실하고 정직한 사람들이에요. 찰리 슬론이 말하는데, 할아버지가 돌아가신 1년 뒤 어느 날 밤, 어슬렁어슬렁 집으로 소를 몰고 오는 것을 할머니가 보았대요. 찰리 슬론의 할머니가 거짓말할 분이 아니라는 건 머릴러도 알죠. 신앙심도 깊은 분이에요.

그리고 토머스 부인의 아버지도 어느 날 밤 '잘린 목이 가죽에 매달려 있는 불붙은 어린 양'을 집까지 쫓아왔대요. 부인의 아버지는 그것이 형님의 유령이며 9일 안에 죽을 징조라더군요. 그대로 되지는 않았지만 2년 뒤 돌아가셨대요. 그러니 분명 있다고 할 수 있어요. 더구나 루비 길리스의 말로는……"

머릴러는 단호하게 앤의 말을 가로막았다.

"앤 셜리, 다시는 그런 이야기를 입에 담지 마라. 네 상상이라는 것이 아무래도 이상하다고 여겼지만, 그 결과가 이렇게까지 된다면 더이상 참지 못하겠구나.

지금 곧바로 배리 아주머니댁에 갔다오너라. 반드시 가문비나무숲을 지나서 말이다. 그래야 도깨비가 없다는 것을 네가 똑똑히 알 수 있을 테니까. 그리고 두 번 다시 '도깨비숲' 이야기를 하면 못써."

앤은 안 가겠다고 울며 떼쓰고 싶었다―실제로 그렇게 부탁했다. 정말 무서웠기 때문이었다. 앤의 상상력은 제멋대로 부풀어 올라 해가 기울면 가문비나무숲이 무서워 견딜 수 없었다.

그러나 머릴러는 엄격했다. 유령이 나온다고 무서워하는 앤을 샘가까지 억지로 끌고 가 통나무다리를 건너 그 하얀 옷을 입은 여자며 목없는 유령이 숨어 있다는 침침한 숲을 향해 똑바로 걸어가라고 명령했다.

앤은 흐느껴 울며 말했다.

"아, 머릴러, 어쩌면 이렇게 무정할 수 있어요? 만일 하얀 도깨비가 나타나 나를 끌고 가면 어떡하겠어요?"

머릴러는 태연히 말했다.

"여러 말 말고 빨리 갔다오너라. 내가 한번 말하면 뒤로 물러서지 않는다는 것을 너도 알겠지. 고작 유령이나 상상하는 너의 버릇을 이번에 단단히 고쳐줘야겠어. 자, 빨리 가거라."

앤은 어쩔 수 없이 시키는 대로 했다. 후들거리는 다리로 통나무다리를 겨우 건너 어두운 오솔길을 바들바들 떨면서 걸어갔다.

앤은 이때의 일을 결코 잊을 수 없었다. 지나친 상상을 한 것을 이내 후회했다. 자신의 상상이 낳은 요사스러운 괴물들이 여기저기 어두운 그늘에 숨어 뼈만 앙상한 채 싸늘해진 손을 뻗어 자기들을 만들어낸 여자아이를 앞다투어 붙잡으려는 듯했다.

하얀 것이 훅 날아와 앤의 심장은 순간 멎어버리는 것만 같았는데, 숲속의 축축한 갈색 낙엽 위에 떨어진 것을 보니 저지대에서 날아온

흰 자작나무껍질이었다. 오래된 두 가닥의 큰 나뭇가지가 서로 부딪쳐 길게 바스락거리며 소리를 내자 앤의 이마에 구슬 같은 땀방울이 맺혔다. 머리 위 어둠 속을 휙휙 날아가는 박쥐소리가 앤의 귀에는 저 세상 괴물의 날갯소리처럼 푸드덕푸드덕 크게 들렸다.

숲을 겨우 빠져나와 윌리엄 벨 씨네 밭에 이르자 앤은 마치 뒤에서 하얀 귀신들이 쫓아오기라도 하듯 죽을 힘을 다해 뛰었다. 그리하여 배리네 부엌에 이르렀을 때는 너무 숨이 차서 헐떡거리며 겨우 앞치마 옷본을 빌려달라는 용건을 말했다.

다이애너가 없었으므로 오래 머무를 구실도 없어, 앤은 다시 그 무서운 길을 지나 돌아가야만 했다. 하얀 도깨비 모습을 보느니 차라리 나뭇가지에 머리를 부딪쳐 죽는 편이 낫다고 생각하며 앤은 눈을 꼭 감고 달렸다.

가까스로 통나무다리에 이르러 구르듯이 건너자 앤은 몸을 떨면서 안도의 숨을 내쉬었다.

머릴러가 비꼬듯 말했다.

"도깨비에게 붙잡히지 않은 모양이로구나."

앤은 두려움에 이가 딱딱 부딪치는 소리를 내며 말했다.

"아, 머릴러, 앞으로 나는 무…… 무슨 일이 있어도 그……그 숲이 평범한 장소일지라도 만족하고, 다신 이상한 상상을 하지 않겠어요."

진통제 향료

"이별은 또다른 만남의 시작이라는 린드 아주머니 말대로 이 세상에는 온통 그런 일 투성이예요."

6월 마지막 날[1] 앤은 슬픈 목소리로 말하며 부엌 식탁 위에 석판과 책을 내려놓고 눈물에 흠뻑 젖은 손수건으로 발갛게 된 눈을 닦았다.

"내가 손수건을 두 장이나 가지고 학교에 가기를 잘했다고 생각지 않아요, 머릴러? 어쩌면 필요할지도 모른다는 예감이 들었거든요."

머릴러는 어깨를 으쓱대며 말했다.

"선생님이 학교를 그만두신다고 해서 네가 손수건이 두 장이나 필요할 만큼 필립스 선생님을 좋아하는 줄은 미처 몰랐구나."

앤은 학교에서 있었던 일을 돌이켜보며 말했다.

"선생님이 좋아서 눈물 흘린 것은 아니에요. 그저 다른 아이들이 울기 때문이었어요. 루비 길리스가 처음으로 훌쩍이기 시작했어요. 루비 길리스는 늘 필립스 선생님이 싫다고 떠들었는데, 참 이상하지

---

*1 우리나라 학교는 2월에 학년이 끝나지만 유럽과 미국에서는 6월이 학년말이어서, 여름 방학 뒤인 9월부터 새학년이 시작됨. 즉 6월 마지막 날은 학년의 마지막 날.

요. 선생님이 작별의 말을 하려고 일어서자 여자아이들이 모두 하나, 둘씩 울음을 터뜨렸어요.

나는 필립스 선생님이 길—아니, 남자아이 옆에 앉혔던 일과 내 이름을 칠판에 쓸 때 e자를 덧붙이지 않은 일을 생각하려 했어요. 그리고 기하시간에 너같은 열등생은 처음 보았다고 혀를 차던 일이며, 내 철자가 틀렸다고 비웃던 일도요. 선생님은 늘 심술궂어 비꼬는 말을 했거든요. 그런데 머릴러, 어쩌된 일인지 그런 일은 하나도 떠오르지 않고 눈물만 나왔어요.

제인 앤드루스는 한 달 전부터 필립스 선생님이 가시면 너무나 속이 후련해서 눈물이 한 방울도 안 나올 거라고 말해 왔어요. 그런데 누구보다도 어깨를 들썩일 만큼 크게 울며 동생에게 손수건까지 빌리는 야단을 떨었어요. 남자아이들은 울지 않았거든요. 제인은 손수건이 필요없다며 가져오지 않았대요.

아, 머릴러, 가슴이 터질 것만 같았어요. 필립스 선생님은 '드디어 작별해야 할 때가 왔습니다'라는 말로 시작했어요. 굉장히 감동적인 연설을 해서 가슴이 찡했어요. 선생님 눈에도 눈물이 맺혔어요.

지난날을 더듬어 보니 너무 안타까운 마음이 들어요. 늘 흉을 보고 선생님 얼굴을 우스꽝스럽게 만화로 그렸고, 선생님과 프리시의 일을 놀렸으니까요. 나도 미니 앤드루스 같은 모범생이었더라면 좋았을 거라고 후회했어요. 그 아이는 아무것도 양심의 가책을 받을 필요가 없을 테니까요.

여자아이들은 집으로 돌아오면서도 내내 울었어요. 울음이 그칠 만하면 캐리 슬론이 '작별해야 할 때가 왔습니다' 되풀이했기 때문이에요. 모두들 겨우 울음을 그치려다 또 다시 울어버리곤 했어요.

머릴러, 나는 진심으로 가슴아파요. 하지만 이제부터 두 달이나 여름방학이라고 생각하면 언제까지나 절망 속에 빠져 있을 수 없죠.

우리는 새 목사님이 부인과 함께 역 쪽에서 오는 것을 봤어요. 필립스 선생님이 가서서 슬프긴 하지만 새 목사님에게 조금쯤 마음이 끌린다 해서 나쁠 건 없겠죠?

부인은 아름다운 분이었어요. 여왕님만큼 아름답다고 할 수는 없지만요. 목사님 부인이 여왕님만큼 아름다우면 그리 좋은 일이 아니겠죠. 오히려 나쁜 예가 될지도 몰라요.

린드 아주머니는 목사님 부인이 유행의 첨단을 걷는 옷을 입고 있어 못마땅하다고 말했어요. 이번에 새로 오신 목사님 부인은 부풀린 소매가 달린 예쁜 하늘색 모슬린옷을 입고 장미꽃장식이 달린 모자를 쓰고 있었어요.

제인 앤드루스는 목사님 부인이 부풀린 소매가 달린 옷을 입는 것은 지나치게 유행을 따르는 일이라고 했지만, 나는 그런 매정한 말은 하지 않았어요. 부풀린 소매를 입고 싶은 기분을 잘 아니까요. 그리고 그분은 아직 목사님 부인이 된 지 얼마 안 되었으니 그럴 수 있지 않겠어요? 목사님과 그 부인은 목사관에 들어갈 준비가 갖추어질 때까지 린드 아주머니 댁에 머무른대요."

그날 저녁 머릴러는 린드 부인 집으로 지난 겨울 빌려온 퀼팅 틀을 돌려주어야겠다고 말하며 나갔다. 그밖의 다른 이유가 있었다 해도, 그것은 애번리 마을사람들이 두루 지니고 있는 사랑스러운 약점인 호기심*2으로 이해해 주어야 한다.

린드 부인은 이제까지 남에게 여러 물건을 빌려주었고, 그 가운데에는 다시 돌려받지 못하리라 체념한 것도 몇 가지 있었는데, 그날 밤 그런 것들을 잇달아 돌려받았다.

새로 부임해 온 목사가, 더구나 아내와 함께 묵고 있기 때문이다. 이 조용한 시골마을에 사는 사람들이 호기심 반 근심 반으로 왔다고 해서 이상할 것은 하나도 없었다.

---

*2 영국 작가 헨리 필딩(1707–54)의 소설 《톰 존스》(1749)의 제98장에 같은 표현이 있음. 톰 존스도 앤과 마찬가지로 고아였지만 나중에 행복해짐.★★

앤에게 상상력이 없다는 평을 들은 늙은 벤틀리 씨는 18년 동안이나 애번리에서 목사 일을 맡았다. 벤틀리 씨는 처음 부임해 왔을 때부터 홀아비였으며 그 뒤로도 내내 그러했다. 해마다 누구누구와 결혼할 것이라는 소문은 그칠 줄 몰랐었지만 말이다.

지난해 2월, 그는 마을사람들과 일일이 악수를 하면서 석별의 정을 듬뿍 받고 이 고장을 떠났다. 빈말로나마 설교를 잘한다고 할 수는 없었지만, 오랜 세월 많은 사람들 마음속에 이 착한 노목사에 대한 애정이 절로 자라나고 있었던 것이다.

그 뒤 애번리 사람들은 수많은 지원자며 '목사후보'들이 일요일마다 와서 시험적으로 설교하는 것을 듣다보니 변화가 풍부하여 종교적인 기분전환을 즐기고 있었다.*3

이 사람들 가운데 누구를 택할지는 전적으로 교회 장로들에게 맡겨져 있었지만, 커스버트네 자리 한구석에 얌전히 앉아 있는 빨강머리 소녀에게도 여러 의견이 있어 매슈를 상대로 이 문제에 대해 마음껏 토론했다. 하지만 머릴러는 어떤 형태로든 목사님에 대해 이러쿵저러쿵 이야기하지 않는 게 좋겠다며 이 토론에 끼어들지 않았다.

앤은 최종적인 평가를 말하기 시작했다.

"스미스 목사님은 아마 안될 거예요. 린드 아주머니는 그 목사님의 설교가 매우 서툴다고 했지만, 내 생각으로 그분의 가장 큰 결점은 벤틀리 목사님같이 상상력이 없다는 거예요.

그와 반대로 테리 씨는 지나치게 많아요. 내가 '도깨비숲' 때문에 실수했듯이 너무 앞지르는 경향이 있어요. 게다가 그의 신학은 정통적이지 못하다고 린드 아주머니가 말했어요.

그리고 그레섬 목사님은 좋은 분이고 신앙심도 두터운 것 같지만 우스운 이야기를 너무 많이 해서 교회가 온통 웃음바다가 되니 위엄

---

*3 장로파 교회에서는 교회조직과 운영이 민주적이었음. 목사는 각 지역 신자들이 투표로 선출했음.

이 없어요. 목사님이란 얼마쯤 위엄이 있어야 하지 않을까요, 매슈?

마셜 목사님은 사람마음을 끄는 힘이 있어요. 린드 아주머니가 그러는데 그분은 아직 독신이래요. 아직 약혼도 하지 않았대요. 아주머니는 특히 그 점을 자세히 알아보신 것 같아요. 애번리에 젊은 미혼 목사님을 맞이할 수는 없다고 했어요. 신자 가운데 누구와 결혼할지도 모르고, 그렇게 되면 일이 복잡해질 테니까요. 린드 아주머니는 먼 앞일까지 내다보는 분이지요?

앨런 목사님을 부른 것은 참으로 잘한 일이라고 생각해요. 설교가 재미있고 기도도 습관적으로 하는 게 아니라 진심이 담겨 있어 마음에 쏙 들어요.

린드 아주머니는 그분도 만족할 수는 없지만 고작 연봉 750달러로 완전한 목사님을 기대하는 건 무리라고 했어요. 어쨌든 그분의 신학은 건전하대요. 아주머니는 교리에 대해 철저히 물었거든요.

아주머니는 목사님 부인의 집안을 잘 알고 있는데, 훌륭한 사람들로 여자들이 집안일을 야무지게 잘 꾸려나간다고 했어요. 린드 아주머니는 건전한 신앙을 지닌 남편과 현명한 아내가 이상적인 가정이라고 말했죠."

새로 부임한 목사와 그 아내는 젊고 인상좋은 사람들로 결혼한 지 얼마 안 되었다. 그들은 자신이 택한 일에 뜨거운 열정을 쏟고 있었다.

애번리 사람들은 처음부터 마음을 활짝 열어 두 사람을 맞이했다. 노인이나 젊은이도 너 나 할 것 없이 솔직하고 쾌활한 젊은 목사에게 호의를 나타냈고, 밝고 조용하며 자그마한 부인을 친절히 대했다.

앤은 곧 앨런 부인을 진심으로 좋아하게 되었다. 그녀가 자기와 마음맞는 사람이라는 것을 한눈에 알 수 있었기 때문이다.

주일학교에서 돌아오자 앤은 신나서 말했다.

"앨런 부인은 정말 멋져요. 주일학교에서 우리 반을 가르쳤는데 훌룡한 선생님이에요. 부인은 선생님이 일방적으로 질문만 하는 것은 공평하지 못하다고 했어요. 내가 오래 전부터 생각하고 있던 일이었지요.

무엇이든 묻고 싶은 게 있으면 참지 말라고 했어요. 궁금한 게 많은 나는 냉큼 질문을 했어요. 나는 그것을 참 잘하거든요."

머릴러는 힘주어 말했다.

"그럴 테지."

"나 말고 질문한 애는 루비 길리스뿐이었어요. 그 애는 글쎄, 올여름 주일학교에서 소풍을 가느냐고 묻지 않겠어요. 그때 배우고 있던 것과는 아무 관계도 없는 엉뚱한 질문이었어요. 우리는 사자굴 속에 들어간 다니엘*4에 대해 배우고 있었거든요.

하지만 앨런 부인은 방긋 웃으며 아마 갈 거라고 대답했어요. 앨런 부인의 웃는 얼굴은 무척 아름다워요. 두 불에 보조개가 폭 파여요. 나도 보조개가 있었으면 좋겠어요.

여기 처음 왔을 때만큼 마르진 않았지만 보조개가 생기려면 아직 멀었어요. 만일 보조개가 생기면 다른 사람에게 틀림없이 좋은 인상을 줄 수 있을 것 같아요. 앨런 부인이 그러는데, 우리는 다른 사람에게 좋은 영향을 줄 수 있도록 애써야 한대요.

그밖에도 좋은 말씀을 많이 해주셨어요. 이제까지 종교가 이토록 즐거운 것인 줄 정말 몰랐어요. 어쩐지 늘 따분한 느낌이 들었거든요. 하지만 앨런 부인은 달라요. 그분처럼만 될 수 있다면 나도 독실한 크리스천이 되고 싶은 심정이에요. 결코 벨 씨 같은 크리스천은 되고 싶지 않지만요."

머릴러는 엄하게 말했다.

"벨 씨에 대해 그런 식으로 말하면 못써. 그분은 훌륭한 분이야."

---

*4 착한 다니엘은 그를 시샘하는 사람들에 의해 사자굴 속에 들어가지만, 신을 믿고 있으므로 무사했다는 이야기가 구약성서 〈다니엘서〉 제6장에 나옴.

앤은 고개를 끄덕이며 동의했다.

"어머나, 물론 벨 씨는 훌륭한 분이에요. 그러나 그 분은 선량한 사람이지만 즐거워보이지는 않아요. 만일 내가 부인처럼 아름다운 사람이 되면 너무나 기뻐서 하루 종일 춤추고 노래할 거예요. 앨런 부인은 어른이니까 그렇게 하지는 않겠죠. 그리고 목사님 부인이 그런 행동을 하면 위엄이 없어지거든요.

앨런 부인은 자신이 크리스천임을 아주 자랑스럽게 생각하고 있어요. 굳이 하느님을 믿지 않아도 천국에 갈 수 있다 해도 그분은 기꺼이 크리스천이 되고 싶어할 것 같아요."

머릴러는 곰곰이 생각에 잠기며 말했다.

"가까운 시일 안에 앨런 내외분을 초대해야겠다. 아직 초대하지 않은 집은 우리뿐인 것 같더라. 옳지, 다음주 수요일쯤 모이면 좋겠군.

하지만 매슈 오라버니에게는 아무 말 하지 마라. 두 분이 오는 것을 알면 무슨 구실이든 만들어 다른 데 가려 할 테니까. 벤틀리 목사님과는 오래 된 사이여서 괜찮았지만 새 목사님과 사귀기는 그리 쉽지 않을 테고, 더구나 목사님 부인 앞에서는 또 벌벌 떨 테니 말이야."

"죽은 사람처럼 입을 꾹 다물고 비밀을 반드시 지키겠어요. 그런데 머릴러, 그날 케익은 내가 만들도록 해주세요. 앨런 부인을 위해 뭔가 해드리고 싶어요. 요즘은 나도 케익을 잘 만들잖아요?"

"그래, 층층케익*5을 맛있게 구워보렴."

머릴러는 흐뭇해하면서 약속했다.

월요일에서 화요일까지 그린게이블즈에서는 손님을 맞이하려는 준비로 정신이 없었다.

목사 부부를 초대한다는 것은 그만큼 의미있는 대단한 행사였다.

---

*5 스폰지케익을 옆으로 얇게 잘라, 사이사이에 잼과 젤리 등을 끼워넣어 층을 만든 케익.

머릴러는 애번리의 어느 주부보다도 잘 대접해야겠다고 마음먹었다.

앤은 기쁘기도 하고 떨리기도 해서 정신이 없었다. 화요일 저녁 늦게까지 그 일로 다이애너와 이야기를 주고받았다. 두 소녀는 '드라이어드 샘'가의 커다란 붉은 바위에 걸터앉아 전나무진을 바른 작은 나뭇가지로 물 위에 무지개 무늬를 만들고 있었다.

"이젠 모든 준비가 다 되었어, 다이애너. 다만 케익만은 그날 아침에 내가 만들기로 했어. 베이킹파우더를 넣어 만드는 비스킷은 머릴러가 식사 바로 전에 굽겠다고 했지. 머릴러와 나는 지난 이틀 동안 눈코 뜰 새 없이 너무 바빴어.

목사님 가족을 초대한다는 건 굉장한 일인가봐. 이런 경험은 태어나서 처음이야. 만들어 놓은 음식을 네게 보여주고 싶을 정도라니까. 눈이 휘둥그레질 거야. 한천으로 굳힌 병아리고기, 차게 식힌 소혓바닥, 그리고 빨강과 노랑 두 젤리가 있어. 휘핑크림을 끼얹은 레몬파이와 버찌 파이 그리고 과일케익도 있어. 머릴러가 목사님에게 드리기위해 특별히 남겨 둔 새콤달콤한 노란자두 설탕절임도 있고 그밖에 층층케익과 아까 말한 비스킷이 있단다. 빵도 노릇노릇 새로 구운 것과 그 전에 만든 바삭바삭한 것 두 가지를 모두 갖추었어. 만일 목사님이 소화불량에 걸렸다면 새로 구운 빵은 못 드실 테지.*6

린드 아주머니가 말했는데 목사님은 대개 소화불량에 잘 걸리신대. 하지만 앨런 씨는 아직 목사님이 된 지 얼마 안 되었으니 그렇지 않을 거야.

나는 내가 만들어야 할 층층케익을 생각하면 몸이 오싹해져. 아, 다이애너, 잘못 만들면 어떡하지! 어젯밤에 나는 커다란 층층케익을 뒤집어쓴 무서운 도깨비에게 쫓기는 꿈을 꾸었어."

"걱정 마. 잘될 거야."

---

*6 갓 구운 빵에는 살아 있는 효모(이스트)가 남아 있어 위가 약한 사람은 명치가 쓰리고 아플 수가 있음.

언제나 상냥하게 위로해 주는 다이애너는 좋은 친구였다.

"2주일 전 '아이들 와일드'에서 점심 때 네가 만든 케익을 먹었잖아. 아주 맛있었어. 정말이야."

"응, 하지만 케익이란 성질이 비뚤어져서 특별히 맛있게 만들어야 겠다고 생각하면 잘 안 되는 수가 있거든."

앤은 나뭇진이 특별히 많이 붙은 나뭇가지를 물에 띄우며 한숨을 쉬었다.

"하지만 이젠 하늘에 맡기고 특히 가루를 반죽할 때 조심하는 수밖에 없어. 어머나, 다이애너, 물 위를 봐. 정말 예쁜 무지개야. 우리가 돌아간 뒤 숲의 요정이 살며시 나타나 저 무지개를 스카프로 삼을지도 모르겠어."

"숲의 요정은 없을 거야."

다이애너의 어머니 또한 '도깨비숲' 이야기를 듣고 몹시 꾸중했다. 그래서 다이애너는 앤처럼 끝없는 상상의 날개를 펼치는 것을 그만두기로 했다. 그리 해를 끼치지 않을 숲의 요정[7]일지라도 차라리 그 존재를 믿지 않는 편이 좋다고 생각했다.

안타까워하며 앤은 말했다.

"하지만 요정이 있다고 상상하는 것은 괜찮아. 밤마다 자기 전에 나는 창 밖을 내다봐. 요정이 바위에 앉아 샘물을 거울삼아 머리를 빗고 있지 않나 하고 말이야. 아침이슬 속에 발자국이 남아 있는지

---

*7 16세기 무렵까지는 중세의 마녀사냥 영향도 있어, 요정은 마력을 가진 악령이며 재앙과 위해를 끼치는 것으로 여겨졌음. 셰익스피어가 여러 작품에서 장난을 좋아하지만 악의 없는 존재로 수많은 요정을 그린 이래 요정에 대한 인식이 바뀐 듯 추정됨. 숲의 요정은 본디 사람에게 해를 주지 않는 요정임. 《빨강머리 앤》에서는 요정도 페어리·엘프·님프·고블린·디비니티 등 여러 종류로 구별됨. 물론 셰익스피어 작품에서도 이들은 구별되어 묘사되어 있음. 또 '지난 이야기'에 등장하는 스콧의 시 《호수 위의 미인》에도 요정 이야기인 '앨리스 블랜드'가 들어 있음. 스콧은 요정에 대한 전설의 수집과 연구로 이름나 있었음.

찾아볼 때도 있어. 아, 다이애너, 요정의 존재를 믿어줘!"

드디어 수요일 아침이 되었다. 앤은 너무나 흥분하여 이리 뒤척 저리 뒤척 잠을 이루지 못하고 날이 새자마자 일어나고 말았다.

어제 저녁 샘가에서 물장난한 탓으로 앤은 심한 감기에 걸렸다. 그러나 그날 아침은 폐렴에라도 걸렸으면 모를까 요리에 대한 열의를 식게 할 수는 없을 것 같았다.

아침식사가 끝나자 앤은 곧바로 케익을 만들기 시작했다. 마침내 오븐 문을 닫고 난 다음 앤은 비로소 한숨을 돌렸다.

"이번에는 잊어버린 게 하나도 없는 것 같아요, 머릴러. 하지만 잘 부풀지 모르겠어요. 베이킹파우더가 잘 들지 않으면 어떡하죠?*8 그래서 새 통을 꺼내 썼어요.

린드 아주머니가 말했는데, 요즘은 이것저것 섞인 것이 많아 좋은 베이킹파우더인지 어떤지 믿을 수가 없대요. 정부가 이 문제에 손대야 한다고 했어요. 하지만 보수당 정부가 그런 일을 다룰 리 없대요.*9 머릴러, 케익이 부풀지 않으면 어떻게 해요?"

"그것 아니더라도 다른 음식이 먹고도 남을 만큼 충분히 있잖니."

이 근심에 대해 머릴러는 침착하기 이를 데 없었다.

---

*8 베이킹파우더는 케이크·빵 등을 부풀리기 위한 가루. 19세기 끝무렵에 상품화되기 전까지는 달걀 흰자나 전체를 거품낸 기포를 열로 팽창시켜 부풀게 하거나, 효모를 발효시켜 부풀게 하고 때로 소다도 사용했으나, 시간과 노력이 드는데다 잘 부풀지 않았음. 그러나 19세기 미국에서 베이킹파우더가 발매된 뒤부터 북미의 케이크는 높고 푹신푹신하게 잘 부푼 스폰지케이크가 주류가 되어, 그것을 얇게 잘라 사이에 젤리와 크림을 넣어 층을 만드는 층층케이크이 등장. 단 초기의 베이킹파우더는 백반과 암모니아를 섞은 불량품도 있어 문제가 되었음. 그래서 앤은 케이크의 성공 여부는 베이킹파우더에 달렸다고 걱정하는 것임.

*9 린드 부인은 보수당과 대립하는 자유당 지지자여서 보수당을 비판한 것임. 그즈음 프린스 에드워드 섬에서는 2대 정당의 대립이 극심해, 프린스에드워드 아일랜드 주정부 내각을 서로 교대로 쟁탈하여, 캐나다 연방정부도 1896년에 보수당이 패하고 18년만에 자유당이 정권을 잡았음.

그러나 케익은 뭉게구름처럼 잘 부풀었다. 금빛 거품처럼 부드러운 모습으로 오븐에서 나왔다.

앤은 너무 기뻐서 두 뺨을 발갛게 물들이며 가로로 자른 케익 사이에 루비처럼 새빨간 젤리를 몇 층이나 듬뿍 끼워넣었다. 그리고 앨런 부인이 그것을 먹고, 한 조각만 더 달라고 부탁하는 장면을 마음에 그려 보았다.

들뜬 앤이 물었다.

"가장 좋은 찻잔을 쓸 거죠? 고사리와 들장미를 꺾어 식탁을 꾸며도*10 좋을까요?"

깔끔한 것을 좋아하는 머릴러는 윽박질렀다.

"바보 같은 소리! 중요한 것은 음식이지 하찮은 장식 따위 아무래도 좋아."

"배리 아주머니 댁에서는 꽃으로 식탁을 꾸몄어요."

앤에게 뱀과 같은 못된 꾀*11가 숨어 있지 않다고 말할 수는 없었다.

"그리고 목사님이 예쁘다고 칭찬했대요. 맛도 즐기며 눈요기도 되어 좋다고 말예요."

"그럼, 마음껏 꾸며보렴."

머릴러는 허락했다. 배리 부인뿐만 아니라 그 누구든 져서는 안 된다는 생각에서였다.

---

*10 영국과 프랑스 귀족들은 식탁을 고사리와 장미 등의 꽃으로 장식했는데, 19세기 끝무렵이 되자 일반인들 사이에도 유행하기 시작. 화려한 세계를 동경하는 앤다운 제안임. 그러나 고지식하고 세련되지 못한 농촌주부 머릴러는, 손님을 대접하는 데 중요한 것은 음식이지 꽃 등은 쓸데없는 장식이라고 여김.

*11 에덴 동산에는 신이 먹지 말라고 금지한 과일이 있었는데, 생물 가운데 가장 지혜로운 뱀이 이브를 유혹해 먹게 했음. 구약성서 〈창세기〉 제3장에서. 신약성서에서 예수는 열두 제자를 선교하러 내보내며, '뱀같이 지혜롭고 비둘기같이 순결하라'고 명했음. 〈마태복음〉 제10장 16절.

"단 그릇을 놓을 자리는 충분히 남겨둬야 한다."

다행히 앤은 배리 부인을 훨씬 능가하는 솜씨로 꾸몄다. 장미와 고사리로 독특한 예술적 감성을 한껏 발휘하여 식탁을 꾸몄으므로 목사 부부는 자리에 앉자마자 입을 모아 그 아름다움을 칭찬했다.

머릴러는 사실대로 말했다.

"앤이 했답니다."

앨런 부인이 앤에게 참 잘했다는 듯이 미소를 보냈으므로 앤은 너무 행복하여 하늘에라도 날아오를 듯한 기분이었다.

매슈도 얼떨결에 참석하게 되었다. 어떤 이유로 그 자리에 함께 앉게 되었는지는 앤과 머릴러, 그리고 하느님밖에 알지 못했다.

매슈는 초대이야기를 듣고 매우 수줍어하면서 요리조리 피하려는 생각에 신경질적이 되고 말았다. 결국 머릴러는 자기 힘으로는 도저히 어쩔 수 없다고 체념하고 있었다. 그런데 앤이 매슈를 잘 달래어, 가장 좋은 옷에 하얀 칼라를 달고 식탁 앞에 앉아 제법 즐거운 듯 목사와 이야기를 하고 있었다. 앨런 부인에게는 한 마디도 말을 건네지 않았다. 오히려 그것은 바라는 쪽이 잘못일지도 모른다.

모든 일은 혼례식 종처럼 축복하듯 순조롭게 진행되어[12] 드디어 앤의 층층케익이 나올 차례가 되었다.

앨런 부인은 그때까지 맛볼 수 없을 만큼 여러 음식을 대접받았으므로 정중히 사양했다.

---

[12] 영국 낭만파 시인 바이런의 자전적 이야기시 《차일드 해럴드의 편력(1816)》 제3권 21장에서 인용. 벨기에 브뤼셀의 잔치장면에서 '밤에는 흥겨운 잔치소리가 들려왔다/…… 모든 일은 혼례식 종처럼 유쾌하게 지나갔다/하지만 쉬잇! 조용히, 낮게 울리는 음색이 장례식 종처럼 천천히 울리고 있다'라고, 뒤에 찾아올 불행을 암시. 실제로 이 잔치 사흘 뒤 워털루 전투에서 참패당함. 시의 의미를 이 장면에 비유하면 목사부부를 초대한 모임은 즐겁게 진행되지만 그 뒤에 불길한 일이 일어난다는 암시. 앤의 케익은 향료를 잘못 넣어 대실패로 끝남. 참고로 《첫사랑》에서 앤은 고향 프린스 에드워드 섬을 떠날 때, "나는 바이런의 《차일드 해럴드》가 된 듯한 기분이야"라고 말하는데, 이것도 같은 작품을 가리킴.

그러나 머릴러는 앤의 낙심하는 표정을 보고 상냥하게 말했다.

"저, 앨런 부인, 부디 한 조각만 드실 수 없을까요. 앤이 부인을 위해 특별히 만든 것이랍니다."

"그렇다면 꼭 맛보아야겠군요."

앨런 부인은 미소지으며 세모꼴로 자른 커다란 케익을 집어들었다. 목사도 머릴러도 이에 따랐다.

앨런 부인이 한입 베어먹었는데, 무어라 말할 수 없는 기묘한 표정이 얼핏 스쳐 지나갔다. 그러나 부인은 아무 말 없이 열심히 먹었다.

머릴러는 그 표정을 재빠르게 알아차리고 자기도 그 케익을 얼른 먹어보았다.

화끈 달아오른 머릴러는 놀라 외쳤다.

"앤 셜리! 대체 케익 속에 무엇을 넣었니?"

앤은 몹시 근심스러운 얼굴로 말했다.

"요리책에 씌어 있는 대로 했어요, 머릴러. 왜 그러세요?"

"왜 그러다니! 이게 무슨 일이람. 부인, 그만 잡수세요. 앤, 직접 먹어봐라. 무슨 향료를 넣었지?"

"바닐라예요."

그리고 한 입 먹어본 앤의 얼굴은 부끄러워 새빨갛게 달아올랐다.

"바닐라를 넣었을 뿐이에요. 아, 머릴러, 아마 베이킹파우더 때문인가 봐요. 어쩐지 이상하다고 생각했어요. 그 베이킹······"

"베이킹파우더가 어떻다는 거냐! 향료 때문이야. 네가 넣은 바닐라 병을 가져오너라."

앤은 부엌으로 뛰어가 '최고급 바닐라'라는 노란 상표가 붙은 작은 병을 가져왔다.

머릴러는 그것을 받아들고 마개를 열어 냄새를 맡았다.

"맙소사. 앤, 너는 바르는 진통제를 케익의 향료로 썼구나. 지난주에 진통제 약병을 깨뜨려 갈색 액체가 조금 든, 나머지 약을 오래된 빈 바닐라 병에 담아두었단다. 내게도 책임이 있어. 너에게 미리 말했어야 하는 건데…… 그런데 어째서 냄새를 맡아보지 않았니?"

앤은 거듭되는 수치스러움에 하염없이 울었다.

"그럴 수가 없었어요. 감기에 걸려 코가 막혔거든요."

이 말을 마치자 앤은 자기 방으로 달려가 침대에 몸을 던지고 아무도 쉽게 다가가 위로할 수 없을 만큼 서럽게 울었다.

얼마 뒤 가벼운 발소리가 층계에서 나더니 누군가가 방안으로 스윽 들어왔다.

"아, 머릴러."

앤은 얼굴도 들지 않고 베개에 묻은 채로 흐느껴 울었다.

"나는 영원히 구원받을 수 없어요. 이번 실수는 언제까지나 지워지지 않을 거예요. 모두에게 알려질 테죠. 애번리에서는 무슨 일이건 비밀이 없으니까요. 내가 만든 케익에 대해 다이애너가 물어보면 거짓말을 할 수는 없거든요.

앞으로는 진통제를 케익 향료로 쓴 아이라며 손가락질받겠지요. 그리고 길―학교의 짓궂은 남자아이들도 놀려댈 거예요. 아, 조금이라도 크리스천다운 동정심이 있다면 내게 내려가 설거지하라는 말은 말아줘요. 목사님과 부인이 돌아가신 다음에 하겠어요.

다시는 앨런 부인을 뵐 낯이 없어요. 부인을 독살하려 했다고 생각할지도 모르잖아요. 린드 아주머니는 은혜를 베푼 사람을 독살하려던 못된 고아를 알고 있다고 말했어요. 하지만 진통제에는 결코 독이 들어 있지 않음을 앨런 부인에게 전해 주겠어요?"

"어서 일어나 네가 직접 말하렴."

다정한 목소리가 들려왔다.

앤이 벌떡 일어나니 앨런 부인이 침대 곁에 서서 미소를 머금고 앤을 내려다보았다.

부인은 앤의 핼쑥한 얼굴을 근심스럽게 바라보며 말했다.

"자, 착하지. 이젠 그만 울어라. 누구나 저지를 수 있는 가벼운 실수인데 뭘 그러니."

앤은 풀이 죽어서 말했다.

"아니에요. 그런 실수를 저지르는 사람은 나밖에 없을 거예요. 더구나 나는 그 케익을 특별히 맛있게 만들려고 했답니다, 앨런 부인."

"잘 알고 있어. 그 케익이 맛이 있든 없든 온갖 정성을 다한 너의 친절한 마음에 나는 무척 감사하고 있단다.

이제 그만 울고 함께 아래층에 내려가자. 네 꽃밭을 보고 싶구나. 커스버트 씨 말씀으로는, 네가 가꾸는 꽃밭이 따로 있다고 하던데. 나는 꽃을 매우 좋아해서 꼭 보고 싶어."

앤은 부인이 말하는 대로 아래층으로 내려가 다시 명랑한 기분으로 돌아갔다. 그리고 앨런 부인이 자기와 마음이 잘 맞는 사람인 것을 하느님께 다시 한번 감사드렸다. 다행히 진통제가 든 케익은 사람들 입에 오르지 않았다.

손님이 돌아간 뒤 앤은 그런 엄청난 짓을 저질렀는데도 뜻밖에 즐거운 날이었다고 생각했다.

앤은 가슴을 쓸어내리며 말했다.

"머릴러, 내일이라는 날은 아무 잘못도 저지르지 않은 새로운 날이라니 참 즐거워요."

하지만 머릴러는 깊은 한숨을 내쉬었다.

"내일도 틀림없이 또 잘못을 저지를 게다. 너 같은 실패의 천재는 본 적이 없어, 앤."

앤은 슬픈 듯이 고개를 끄덕였다.

"네, 나도 잘 알고 있어요. 하지만 이 점 하나만은 알아주세요. 나는 같은 실수를 두 번 되풀이하지 않는다는 것을 말예요."

"날마다 새로운 실수를 저지르니 결국 마찬가지 아니냐."

"어머나, 머릴러, 모르세요? 한 사람이 저지르는 실수에는 정도가 있다는 걸 말예요. 그러니 끝까지 가면 언젠가 내 실패도 끝장이 나고 말 거예요. 그렇게 생각하니 마음이 조금은 놓여요."

머릴러가 말했다.

"어쨌든 그 케익은 돼지에게 주고 오너라. 사람이야 어디 먹을 수 있겠니? 제리 부트도 못 먹을 거야."

Chang.Kye

초대받은 앤

"아니, 또 무슨 일이 있었니? 눈이 휘둥그레져 들어오니."

앤은 우체국에 다녀온 참이었다.[1]

"마음맞는 사람을 또 하나 만나기라도 했단 말이냐?"

앤의 온몸은 흥분한 것 같았고 눈은 반짝반짝 빛났으며 얼굴은 기쁨에 흘러넘쳐 있었다. 앤은 바람에 휘날리는 요정처럼 부드러운 8월 해질녘의 나른한 그림자 속을 춤추며 오솔길을 달려왔다.

"그렇지 않아요, 머릴러. 궁금하세요? 내일 오후 목사관에 초대받았어요. 앨런 부인이 내게 보내는 편지를 우체국에 두고 갔어요. 이것 보세요. '그린게이블즈의 미스 앤 셜리에게'라고 씌어 있어요. 미스라고 불리는 것은 처음이에요. 아, 가슴이 두근거려요. 이 편지를 보물처럼 영원히 간직하겠어요."

하지만 머릴러는 이 굉장한 소식을 냉정하게 받아들였다.

"앨런 부인은 주일학교 학생들을 차례로 초대한다고 했어. 그러니

---

[1] 그즈음에는 우편배달제도가 없어, 우체국에 가서 자기한테 온 우편물이 있는지 확인하고 받아갔음. 참고로 몽고메리의 할아버지는 애번리의 모델이 된 카벤디시에서 우체국을 경영했음. 이 우체국은 지금도 남아 있음.

너무 흥분할 것 없다. 너는 무슨 일이건 좀 침착하게 받아들일 줄 알아야 해."

그것은 앤의 성격을 바꾸라는 말이나 다름없었다. 앤처럼 '뜨거운 열정이 넘치는 불과 아침 햇살에 영롱히 빛나는 이슬*² 같은 사람에게는 이 세상의 기쁨이며 고통이 남보다 세 배나 더 격렬하게 느껴지는 것이다.

머릴러도 이 점을 깨닫고 막연한 불안을 느끼고 있었다. 그처럼 격정적인 사람은 인생의 고통을 참아내기 매우 어려우리라 여겨져 격정스러웠던 것이다.

머릴러는 앤을 얌전하고 변덕스럽지 않은 인품으로 바꾸도록 교육하는 게 자기 의무라고 생각했다. 그것은 얕은 여울에서 춤추는 햇빛에게 반짝이는 것을 그만두라는 것과 다를 바 없이 앤에게는 불가능한 일이었다. 머릴러는 스스로도 그리 효과가 없음을 인정하지 않을 수 없었다.

소중하게 꿈꿔온 희망이나 계획이 좌절되면 앤은 곧바로 '깊은 고뇌의 심연'에 빠져들어갔다. 그와 반대로 그 일이 이루어지면 환희의 절정으로 뛰어올랐다.

이토록 잠시도 가만히 있지 못하는 아이를 예절 바르며 나무랄 데 없는 얌전한 소녀로 만드는 일에 머릴러는 서서히 절망을 느끼기 시작했다. 그러면서도 때로는 지금 그대로의 앤이 훨씬 마음에 들었다. 그러한 생각을 스스로는 결코 인정하려 하지 않았지만 말이다.

그날 밤 앤은 바람의 방향이 동북으로 바뀌어 내일은 비가 올 것 같다는 매슈의 말을 듣고 슬퍼서 조용히 잠자리에 들었다.

바람에 스치는 포플러 이파리 소리에 앤의 가슴은 죄어들었다. 뚝뚝 떨어지는 빗방울 소리처럼 들렸기 때문이다.

---

*2 속표지 1 참조.

세인트 로렌스 만의 어렴풋한 파도소리도 여느 때였다면 흔히 들을 수 없는 장엄한 리듬에 이끌려 즐겁게 귀기울였겠지만, 맑은 날씨를 바라는 이 소녀는 폭풍우가 재해의 징조로 여겨질 따름이었다. 앤은 아침이 결코 다시는 오지 않을 것만 같았다.

그러나 모든 일에는 끝이 있는 법으로 목사관에 초대받은 날이 다가오고 있었다.

매슈의 예측이 빗나가 날씨가 매우 좋았으므로 앤은 가뿐히 하늘이라도 오를 것 같은 기분이었다.

설거지를 하며 앤은 외쳤다.

"아, 머릴러, 오늘은 누구를 만나건 모두 좋아할 수 있을 것 같아요. 얼마나 착한 아이가 되고 싶은지 모르시죠? 늘 이러면 좋겠어요! 날마다 초대받는다면 아마 틀림없이 모범생이 될 거예요.

하지만 머릴러, 누구네 집에 초대받는다는 건 중대한 일이에요. 한편으로는 걱정스러워요. 예의를 제대로 지키지 못하면 어떡하죠? 자신이 없어요.

얼마 전 〈패밀리 헤럴드〉*3 에티켓 난에 나오는 예의에 대한 기사를 열심히 읽어두긴 했지만, 잘못을 저지르거나 해야 할 일을 잊을까봐 걱정이에요. 더 먹고 싶을 때 달라고 해도 예의에 어긋나지 않을까요?"

"명심해야 할 것은 자기 생각만 해서는 안 된다는 점이야, 앤. 너는 앨런 부인의 마음을 헤아려 어떻게 하면 가장 기뻐할지에 대해 생각하도록 해라."

이번만큼은 머릴러가 간결한 충고를 정확히 했다고 할 수 있었다.

"정말 그렇군요, 머릴러. 나 자신에 대해서는 잠시 접어두겠어요."

---

*3 정식 이름은 〈더 패밀리 헤럴드 앤드 위클리 스타〉라는 농가용 주간신문. 몬트리올에서 발행, 프린스 에드워드섬에서도 인기 있었음. 연재소설, 가축의 건강과 병의 치료, 예절 관련 기사가 실렸음.★★

앤은 그리 큰 실수를 저지르지 않고 방문을 잘 마쳤음이 분명했다. 해질녘 황금빛으로 물든 구름을 꿈꾸듯 올려다보며 돌아왔기 때문이었다.

그리고 부엌문 옆 커다란 붉은 사암*⁴에 걸터앉아 깅엄옷을 입은 머릴러의 무릎에 피곤한 곱슬머리를 기대고 목사관에서의 즐거웠던 일을 모조리 이야기했다.

서늘한 바람이 서쪽 전나무 언덕에서 수확을 앞둔 밭 위를 불어와 포플러 우듬지를 술렁이게 했다. 과수원 위에는 별이 하나 반짝였고 '연인의 오솔길'에서는 고사리와 살랑거리는 나뭇가지 사이를 반딧불이 누비고 다녔다.

그것을 바라보는 앤으로서는, 어쩐지 바람도 별도 반딧불도 모두 하나가 되어 무어라 말할 수 없이 감미롭고 몽환적인 분위기를 만들어내는 느낌이 들었다.

"아, 머릴러, 아주 매혹적인 한때였어요. 이제까지 살아온 보람이 있었다 해도 그보다 훨씬 좋을 만큼 멋진 날이었어요. 앞으로 목사관에 다시 초대받지 못한다 해도 이 기분은 언제까지나 마음에 남을 거예요.

그곳에 닿았을 때 앨런 부인이 문가까지 나와 맞아주었어요. 아름다운 엷은 핑크빛 옷을 입고 있었어요. 주름이 많이 잡힌 반소매 옷이었죠. 그야말로 천사 같았지요. 나도 어른이 되어 목사부인이 되었으면*⁵ 하는 마음마저 들었어요.

목사라면 내 빨강머리를 그리 문제삼지 않겠죠. 그런 세속적인 일

---

*4 지질 특성상 프린스 에드워드 섬에는 바위가 없음. 모래가 굳은 것 같은 무른 사암이 있을 뿐. 그래서 섬에는 단단한 바위를 사용한 건조물이 드물고, 부유한 모피상인 등의 저택만 본토에서 석재를 날라와 지었음.

*5 이 책을 쓰던 무렵 몽고메리는 이완 맥도널드 목사와 약혼한 상태였음. 이 책이 출판된 뒤인 1911년 결혼해 프린스 에드워드 섬을 떠나 본토 온타리오 주에서 목사부인으로서 생활을 시작.

에는 관심이 없을 테니까요. 하지만 목사부인이 될 사람은 천성이 착해야 할 거예요. 나는 결코 그렇지 못하니, 생각해 봐야 헛일이지요. 선천적으로 착한 사람도 있고 착하지 못한 사람도 있는데 나는 착하지 못한 사람에 속해요.

린드 아주머니는 나에게 원죄(原罪)*6가 있다고 말했어요. 아무리 내가 착해지려고 무던히 애를 써도 선천적으로 착한 사람만큼 되지는 못할 거예요. 아마 기하공부와 비슷하겠죠. 하지만 그토록 열심히 한다면 조금은 효과가 있어야 하지 않나요?

앨런 부인은 선천적으로 착한 사람이에요. 나는 그분을 열렬히 사랑해요. 매슈나 앨런 부인처럼 첫눈에 좋아지는 사람도 있고 린드 아주머니처럼 노력해야 하는 사람도 있어요. 린드 아주머니는 아는 것이 많고 교회에서 많은 활동도 하니까 마땅히 좋아해야 할 텐데, 늘 나 자신에게 타이르지 않으면 깜박 잊어버려요.

목사관에는 화이트 샌즈의 주일학교 여자아이도 와 있었어요. 로레트 브래들리라는 예쁜 아이였어요. 통하는 것 같지는 않았지만 좋은 아이였어요.

다 함께 우아하게 차를 마셨어요. 나는 예절에 대한 책에 씌어 있는 대로 제법 잘했다고 생각해요. 차를 마신 다음 앨런 부인이 오르간을 치며 노래를 불렀어요.

로레트와 내게도 노래를 시켰죠. 앨런 부인은 내 노래를 듣더니 목소리가 좋다면서 앞으로 주일학교 성가대에 들어가라고 했어요. 아, 생각만 해도 가슴이 두근거려요. 다이애너처럼 성가대에서 노래부르고 싶었거든요. 하지만 내게는 그럴 자격이 없다고 여겨 체념하고 있었어요.

로레트는 먼저 돌아갔어요. 오늘 밤 화이트 샌즈 호텔에서 큰 연주

---

*6 아담과 이브가 신을 거역하고 인간 최초의 죄를 범한 결과, 사람이 태어나면서부터 지게 된 죄.

회가 열리는데 언니가 암송을 한대요. 호텔에 묵고 있는 미국사람이 샬럿타운 병원을 도와주기 위해 2주일마다 연주회를 연대요. 그래서 화이트 샌즈 사람들을 출연시키는 거라고 했어요. 로레트도 언젠가는 출연하게 될 거래요. 나도 모르게 존경어린 눈길로 그 아이의 얼굴을 바라보았죠. 로레트가 돌아간 뒤 앨런 부인과 나는 마음을 열고 많은 이야기를 주고받았어요.

지나온 모든 것을 털어놓았어요. 토머스 아주머니의 쌍둥이 이야기, 케이티 모리스며 바이얼릿의 이야기도 말예요. 그리고 그린게이블 즈에 오게 된 일이며 기하 때문에 애먹었던 일도요. 그랬더니 뭐라고 말했는지 알아요, 머릴러? 앨런 부인도 기하는 질색이었다는 거예요. 내가 얼마나 용기를 얻었는지 알겠죠?

돌아오려는데 린드 아주머니가 목사관에 왔어요. 그리고 무슨 말을 했는지 알아요? 이사회에서 애번리 학교에 새로운 선생님을 모셔 오기로 했대요. 여선생님으로 미스 뮤리얼 스테이시라는 이름이래요. 아주 낭만적인 이름이죠?

린드 아주머니는 지금까지 애번리에 여선생님을 모셔온 적이 없으며, 매우 위험한 변화라고 했어요. 하지만 여선생님이 오시다니, 멋지다고 생각해요. 개학날까지 앞으로 2주일이나 어떻게 기다리죠? 선생님을 빨리 보고 싶어요."

명예를 건 사건

그러나 앤은 2주일이 지나도 선생님을 만날 수 없었다.

바르는 진통제를 넣은 케익 사건에서 거의 한 달이나 지났으므로 앤이 슬슬 다른 사건을 일으킨다 해도 이상할 것은 조금도 없었다.

물론 그동안에도 돼지 먹이통에 부어야 할 탈지유를 그만 털실을 담아두는 바구니에 쏟아부었다든지, 갖가지 공상에 젖어 걸어가다가 통나무다리에서 떨어져 시냇물 속으로 빠져버렸다든지 하는 조그만 사고는 늘 있었다.

목사관을 방문한 지 얼마 안 되어 다이애너 배리가 파티를 열었다.

앤이 머릴러에게 유쾌하게 말하며 안심시켰다.

"몇 명 안 되지만 진짜 파티예요. 같은 반 여자아이들뿐이랍니다."

모두들 신나게 놀며 아무 문제도 없었는데, 차를 다 마신 뒤 뜰로 나갔을 때 이런저런 놀이에 싫증나 뭔가 나쁜 장난이라도 떠오르면 당장 시작할 기세였다. 그리하여 누군가가 생각해 낸 것이 '도전놀이'였다.

'도전놀이'는 그 무렵 애번리 마을 아이들 사이에 유행하고 있었다. 처음에는 남자아이들이 시작했는데, 곧 여자아이들에게도 퍼졌다. '할 수 있다면 해봐' 도전받은 사람은 그대로 해야만 했다. 그러다 보니 그해 여름 동안 애번리에서는 한 권의 책으로 엮을 수 있을 만큼 어리석은 짓들이 되풀이되었다.

맨 처음 캐리 슬론이 루비 길리스에게 집앞 오래된 버드나무 꼭대기 위로 올라가보라고 했다.

루비 길리스는 그 나무에 있는 통통하게 살찐 초록색 애벌레가 소름끼칠 만큼 싫었고, 새로 지은 모슬린 옷이 찢어졌을 때의 어머니 얼굴이 눈앞에 아른거렸지만,*¹ 날쌔게 그 나무에 기어올라가 캐리 슬론을 물리쳤다.

다음은 조지 파이가 제인 앤드루스에게 왼발 하나로만 서서 쉼없이 온 뜰을 한 바퀴 돌아오라 했다. 물론 오른발을 땅에 대어서도 안 된다고 단단히 일러주었다.

제인 앤드루스는 시키는 대로 기운차게 돌기 시작했다. 그러나 얼마 안 가 힘이 쭉 빠져 꼼짝 못하게 되어, 스스로 패배를 선언하지 않을 수 없었다.

조지 파이의 의기양양한 태도가 좀 눈에 거슬린 앤 셜리는, 뜰 동쪽 담 위를 걸을 수 있으면 해보라고 했다.

담 위를 '걷는' 것은 경험없는 사람이 하기에는 생각보다 훨씬 더 기술이 있어야 하며 머리와 발뒤꿈치의 균형을 잘 잡아야 한다. 그러나 조지 파이는 매력적인 사람이 될 소질은 없어도 담 위를 잘 걸을 수 있는 재능을 갖고 태어났을 뿐 아니라 상당한 연습도 쌓고 있었다.

조지 파이는 이런 하찮은 일은 도전받을 가치도 없는 일이라는 듯 배리네 담을 아무렇지 않게 가벼이 걸어가 보였다. 이 뛰어난 재주를 보고 모두들 내키지 않았지만 박수를 보내지 않을 수 없었다. 지금까지 다른 소녀들도 담 위를 걸어보려고 무척 애써본 결과 그것이

---

*1 무거운 죄를 범한 사람을 고발할 때의 법률문서에, 범죄자는 '눈앞에 떠오른 신을 두려워하지도 않고, 고의로 그러한 무거운 죄를 범했다'는 예로부터의 표현이 있었음. 그것을 패러디한 것.

쉬운 일이 아님을 잘 알고 있었기 때문이다.

조지는 담에서 내려오자 승리감에 두 뺨을 빨갛게 물들이며 앤에게 도전적인 눈길을 보냈다.

앤은 땋아늘인 빨강머리를 뒤로 홱 젖히며 말했다.

"그까짓 낮은 담 위를 걸어가는 일쯤 아무것도 아니야. 메리스빌 어떤 아이는 지붕 위를 걸어다닌 일도 있어."

그러자 조지 파이는 대놓고 반박했다.

"거짓말. 지붕 위를 걸어다닐 수 있는 사람이 어디 있니? 아무튼 너는 결코 못할 거야."

앤이 앞일을 생각지 못하고 오기로 외쳤다.

"내가 못한다고?"

"그럼, 한번 해보렴."

조지는 거만하게 말했다.

"이 집 부엌지붕 위로 올라가 당장 걸어보란 말이야."

앤의 얼굴이 하얘졌다. 그러나 그렇게 하는 수밖에 다른 도리가 없었다. 앤은 부엌지붕 밑에 걸려 있는 사다리 쪽으로 걸어갔다.

다른 소녀들은 어찌할 바 몰라 발을 동동 구르며 그저 "어머나!" 하고 외칠 뿐이었다.

너무 놀라 다이애너가 매달렸다.

"앤, 제발 그만둬. 떨어지면 큰일이잖니. 조지 파이 말은 듣지 마. 그런 위험한 일을 하게 하다니 비겁해."

하지만 앤은 엄숙하게 말했다.

"하는 수밖에 없어 다이애너. 내 명예가 걸려 있으니까. 나는 저 지붕 위를 걸어가든지 아니면 떨어져 죽든지 둘 중 하나야. 만일 내가 죽으면 내 진주구슬반지*2를 네가 가져도 좋아."

---

*2 〈교실소동〉에서 앤은 친구한테서 구슬반지를 빌렸는데, 마음에 무척 들어 자신도 만들고 싶어서 다락방의 바늘방석에서 진주구슬을 가져도 되느냐고 머릴러에게 물었음.

앤은 모두들 숨죽이고 지켜보는 가운데 사다리를 딛고 훌쩍 지붕으로 올라가 균형을 잡으며 걷기 시작했다. 그러나 터무니없이 자기가 높은 곳에 서 있으며 아무리 상상력이 풍부하다 해도 지붕 위를 걸어가는 일에는 결코 도움이 되지 않는다는 것을 뒤늦게 깨닫고 눈앞이 캄캄해졌다.

그래도 용기 내어 대여섯 발자국쯤 앞으로 나아갔는데, 비극의 그림자가 덮쳐왔다. 앤의 몸이 휘청하더니 균형을 잃고 허공을 헤엄치는 낙엽처럼 여름의 뜨거운 지붕을 구르며 담쟁이덩굴 속으로 쿵 떨어진 것이다.

심장을 바짝바짝 조이는 듯한 긴장감 속에 지켜보던 여자아이들이 일제히 비명을 질렀지만 일은 이미 끝나 버린 뒤였다.

만일 처음 올라간 지붕에서 떨어졌다면 진주구슬반지는 다이애너 것이 되었겠지만 다행히도 앤이 떨어진 곳은 지붕 반대쪽으로 현관지붕이 내밀어져 있어 큰일은 일어나지 않았다.

다이애너와 다른 여자아이들은 정신없이 집을 빙 돌아 달려갔다. 루비 길리스만은 땅에 뿌리박힌 듯 서서 히스테리 증세를 일으키고 있었다. 달려가보니 앤은 헝클어진 담쟁이덩굴 속에 새파랗게 질린 채 쓰러져 있었다.

놀란 다이애너는 친구의 몸을 덥석 잡으며 울먹이는 목소리로 말했다.

"앤, 너 죽지 않았니? 아, 앤, 제발 뭐라고 한 마디만 해줘. 죽었는지 안 죽었는지 말 좀 해줘."

여자아이들은 앤이 비틀거리며 겨우 몸을 일으켜 뭐라고 가냘프게 말했으므로 살아 있다는 사실에 후유 안도의 숨을 쉬었다.

그 가운데에서 가장 기뻐한 사람은 조지 파이였다. 상상력은 그리 없는 편이지만, 앤 셜리의 비극적인 죽음 앞에서 자기가 그 원인이 된 여자아이라는 낙인이 찍힐 미래를 떠올리며 잔뜩 겁먹고 있던 참

이었기 때문이다.

"괜찮아, 다이애너, 나는 죽지 않았어. 하지만 감각이 없는 것 같아."

캐리 슬론이 흐느껴 울며 물었다.

"어디가? 대체 어디가 그렇단 말이니, 앤?"

앤이 대답하려고 하는데 배리 부인이 나타났다. 부인을 보고 앤은 어떻게든 일어서려 했지만 너무 아파서 날카로운 비명을 지르며 다시 주저앉고 말았다.

당황한 배리 부인이 물었다.

"왜 그러니? 어디 다쳤니?"

앤은 숨을 헐떡거리며 말했다.

"발목이에요. 아, 다이애너, 아버지를 오시게 해서 집까지 데려다 주도록 해 주겠니? 도저히 걸을 수가 없어. 한 발로 집까지 깡충깡충 뛰어갈 수도 없으니 말이야. 제인은 이 뜰을 한 바퀴 도는 것도 못했는데, 멀리까지 뛰어서 돌아갈 수 없어."

머릴러가 과수원에서 냄비에 가득 여름사과를 따고 있는데 배리 씨가 통나무다리를 건너 언덕을 올라오는 게 보였다. 배리 부인의 모습도 보였고 그 뒤에 여자아이들이 줄줄이 따라오고 있었다. 배리 씨의 팔에는 앤이 그의 어깨에 안겨 축 늘어져 있었다.

그 순간 머릴러는 중요한 사실을 깨달았다. 가슴을 깊숙이 찌르는 듯한 아픔에 떨며 그제서야 앤이 자기에게 얼마나 소중한 존재인지 안 것이다.

앤을 좋아하고─아니, 진심으로 사랑한다는 건 머릴러도 이미 인정하고 있었다. 그러나 정신없이 언덕을 뛰어내려가면서 앤이 이 세상에서 가장 소중한 존재임을 가슴 저리도록 느꼈다.

머릴러는 숨을 헐떡이며 물었다.

"배리 씨, 이 아이가 어떻게 된 거죠?"

평소에는 자제심이 강하고 분별력있는 머릴러였으나 이때만은 파리한 얼굴에 침착성을 잃고 말았다.

앤이 고개를 쳐들고 말했다.

"머릴러, 너무 놀라지 마세요. 지붕 위를 걸어가다가 떨어졌어요. 아마 발목을 살짝 삔 것 같아요. 그나마 목뼈가 부러지지 않은 게 불행 중 다행이에요."

"너를 파티에 보낼 때 이런 일이 일어날지도 모른다고 생각했어야 하는 건데."

머릴러는 가슴을 쓸어내리며 저도 모르게 거칠게 윽박질렀다.

"배리 씨, 이쪽으로 오세요. 그 아이를 긴 의자에 눕혀주세요. 아이고, 이 아이가 기절해 버렸네."

말 그대로였다. 발목의 아픔을 이기지 못한 앤은 또 하나의 소원을 이루었다. 그때 앤은 죽은 듯이 기절했던 것이다.

밭에서 한창 바쁘게 일하고 있던 매슈가 이 소식을 듣고 한걸음에 달려와 곧바로 의사를 부르러 갔다.

이윽고 온 의사는 상처가 뜻밖에도 깊은 것을 알았다. 발목뼈가 부러졌기 때문이다.

그날 밤 머릴러가 앤의 방으로 가자 헬쑥한 얼굴로 침대에 누워 동정을 구하듯 말했다.

"머릴러, 나를 가엾게 여겨주겠어요?"

속상한 머릴러는 블라인드를 내리고 램프에 불을 켜며 쌀쌀맞게 물었다.

"모두 네 탓인데도?"

"그러니 가엾게 여겨달라는 거예요. 모든 것이 내 탓이라고 생각하니 견딜 수 없어요. 다른 사람 탓으로 돌릴 수 있다면 훨씬 마음이 편할 텐데요. 만일 지붕 위를 걸어가보라고 도전받았다면 어떡하겠어요?"

"나 같으면 발을 땅에 꼭 붙이고 서서 멋대로 지껄이게 내버려두겠다. 그런 어리석은 짓을 할 사람이 어디 있겠니?"

앤은 한숨을 푹 내쉬었다.

"머릴러는 똑똑한 분이니까 그렇겠지만 나는 달라요. 조지 파이에게 멸시를 받는다면 참을 수 없을 것 같았거든요. 앞으로도 내내 그럴 테니까요.

더구나 그 일로 충분히 벌을 받았으니 너무 꾸짖지 말아주세요. 어쨌든 기절한다는 게 그리 좋은 일은 아니네요. 그리고 의사 선생님이 발목을 치료할 때 아파서 견딜 수 없었어요.

앞으로 6주일이나 7주일 동안 꼼짝도 할 수 없어, 새로 오시는 여선생님도 뵙지 못하게 됐어요. 다시 학교에 다니게 될 무렵에는 이미 새롭다는 말이 어울리지 않겠죠. 그리고 길―다른 아이보다 학과가 한참 뒤떨어지겠죠.

아, 비참한 존재가 되고 말았어요. 하지만 머릴러가 내게 화내지 않는다면 무엇이든지 꾹 참을 수 있어요."

"애야, 화 같은 건 내지 않을 테니 걱정마라. 운이 나빠 그렇게 되었다고 해두자. 하지만 네 말대로 여러 가지 괴로운 일이 기다리고 있을 게다. 자, 아무 말 말고 저녁식사를 하려무나."

"그래도 내게 상상력이 있어 다행이지 않아요? 완전히 나을 때까지는 무척 도움이 될 것 같아요. 상상력없는 사람이 뼈가 똑 부러졌다면 어떻게 참을까요?"

이 사건이 일어난 뒤 7주일이라는 지루하기 짝이 없는 기간 동안 앤은 마음껏 상상할 수 있어서 참으로 다행이라는 생각을 수없이 했다.

그렇다고 해서 막연히 공상에만 의존했던 것은 아니었다. 문병객이 그칠 새 없었고, 책이며 꽃을 들고 와서 애번리 아이들 사이에 일어났던 일을 이것저것 전해 주는 한두 소녀의 모습이 하루도 빠지지 않고 있었기 때문이다.

처음으로 절룩거리며 걸을 수 있게 된 날, 앤은 안도하며 기쁜 투로 말했다.

"모두들 너무나 친절했어요, 머릴러. 누워만 있어야 하는 것은 즐거운 일이 아니었지만 좋은 면도 있었어요. 친구가 얼마나 많은지 알 수 있었거든요. 벨 씨 또한 문병하러 왔으니까요.

벨 씨는 마음이 잘 맞는다고 할 수는 없지만 좋은 분이에요. 그분의 기도에 대해 이러쿵저러쿵한 내가 정말 나빴어요. 진심으로 기도해도 그렇지 않은 것처럼 들리게 하는 말버릇이 있나봐요. 조금만 조심하면 고칠 수 있을 텐데……

넌지시 그런 뜻을 내비쳤어요. 이를테면 혼자서 짧은 기도를 드릴 때 재미있게 하기 위해 얼마나 연구하는지 말해 주었지요. 그런데 벨 씨는 어렸을 때 발목을 삔 이야기를 해주었어요. 벨 씨에게도 어린시절이 있었다고 생각하니 참 이상하게 느껴져요. 내게도 한계가 있는지 그것만은 머릿속에 그려지지 않았어요. 벨 씨가 아이였던 모습을 상상하면 하얀 수염을 기르고 안경을 쓴 모습이 자꾸만 떠올라요. 다만 자그마하다는 점만 다를 뿐이죠.

여기에 비해 앨런 부인의 어렸을 적 모습을 떠올리기는 아주 쉬워요. 앨런 부인은 열네 번이나 문병와 줬어요. 정말 고마운 분이죠, 머릴러? 목사님 부인은 여러 가지로 할일이 많아 시간이 없을 텐데요. 더구나 그분과의 대화는 매우 즐거웠어요. 네가 나빴다든지 앞으로는 착한 아이가 되라든지 하는 말씀은 없었거든요.

린드 아주머니는 올 적마다 그런 말을 해요. 더욱이 아무리 말해봐야 소용없다는 말투예요.

조지 파이도 문병왔었어요. 그 아이는 내게 지붕 위를 걸어보라고 도전한 것을 진심으로 후회하는 게 뚜렷이 드러나서 되도록 친절하게 말을 받아주었어요. 만일 그때 죽었다면 그 아이는 평생 무거운 자책감에 시달려야 했을 테니까요.

그리고 다이애너는 정말 충실한 벗이에요. 제 쓸쓸한 병상을 위로해 주기 위해 날마다 와주었으니까요.

아, 하지만 빨리 학교에 다닐 수 있게 되었으면 좋겠어요. 왜냐하면 새로 오신 선생님이 좋다는 이야기를 많이 들었거든요. 여자아이들은 저마다 선생님이 더할 나위 없이 상냥한 분이라고 했어요.

다이애너는 선생님이 아름다운 금빛 곱슬머리에 역시 빛나는 눈을 하고 있다고 말했어요. 선생님이 입은 옷도 예쁘대요. 그리고 그 소매는 애번리에서 가장 크게 부풀어 있대요.

한 달에 두 번씩 금요일 오후에 암송 수업이 있는데, 누구나 빠짐없이 시를 읊거나 연극이며 소설의 대화극을 연기해야 한대요. 아, 생각만 해도 가슴이 두근거려요. 그런데 조지 파이는 암송이 싫대요. 상상력이 없기 때문이겠죠. 다이애너와 루비 길리스와 제인 앤드루스는 다음 금요일에 발표할 《새벽의 왕진》*3이라는 대화극을 연습하고 있어요.

그리고 암송 수업이 없는 금요일 오후에는 야외 수업이 있어서 선생님이 아이들을 숲으로 데려가신대요. 고사리며 꽃이며 새들을 관찰한대요. 또 날마다 아침저녁으로 체조를 한대요.

린드 아주머니는 그런 공부지도법은 들어본 일이 없다고 했어요. 그건 모두 여선생님이기 때문이라나요. 하지만 얼마나 멋있어요? 틀림없이 선생님은 나와 마음이 맞는 분일 거예요."

머릴러는 말했다.

"전과 조금도 달라지지 않은 것이 딱 하나 있구나, 앤. 배리 씨네 지붕에서 떨어졌는데도 네 혀에는 조금도 변함이 없으니 말이다."

---

*3 T.D. 데니슨의 《금요일 오후를 위한 대화극집(1877)》에 수록. 《새벽의 왕진》이라는 제목의 작품은, 미국 의학자·시인이었던 올리버 웬델 홈스(1809~94)의 시. 의사는 병자의 몸이 되어 왕진·진찰·처방을 하라고 훈계하는 시. 다쳐서 누워 있는 앤에게 딱 들어맞는 시가 선택된 셈임. 또 스테이시 선생님도 금요일 오후 학교에서 대화극과 암송을 열고 있음. 출전이 된 책이 《금요일 오후를 위한 대화극집》이라고 되어 있는 것에서 따왔음.★★

발표회 준비

또다시 10월이 돌아왔다. 앤은 다시 학교에 다니게 되었다.

온 세상이 붉은빛과 금빛으로 황홀하게 빛나는 10월. 날이 새면 부드러운 햇빛을 받아 골짜기에 온통 안개가 서렸다. 안개는 자수정빛·진줏빛·은빛·장밋빛·청회색으로, 흡사 가을의 요정이 태양에게 마시게 하려고 골짜기에는 따라놓은 술 같았다. 촉촉히 들판을 적셔 은빛 비단을 펼쳐놓은 듯한 아침 이슬은 방울방울 맺혀 있었다. 숲속에는 낙엽이 쌓여 그 위를 달릴 때마다 바삭바삭 소리를 냈다. '자작나무길'은 노란 지붕을 씌운 듯했고, 그 옆 고사리는 갈색으로 물들어 있었다.

달팽이처럼 억지로 느릿느릿 걷지 않고 민들레 씨앗이 홀홀 춤추듯 가벼운 걸음으로 학교로 가는 길에는 소녀들[*1]의 가슴을 콩콩 뛰

[*1] 셰익스피어의 《멋대로 하세요》 제2막 제7장, 제이퀴스의 대사에 '가방을 흔들며 빛나는 아침해를 얼굴에 받으면서, 걷는 모습은 달팽이, 마지못해 학교에 다닌다'의 패러디로 보임.《빨강머리 앤》에서 앤과 다이애너는 '달팽이처럼 느릿느릿 걷지 않고 춤추는 듯한 걸음으로 (tripping unlike snail), 학교에 가는(willing to school)'으로 되어 있고, 셰익스피어의 희곡에서는 '달팽이처럼 느릿느릿(creeping like snail), 마지못해 학교에 다닌다(unwilling to school)'로 되어 있어 영문이 서로 대응함.

게 하는 산들바람이 감돌고 있었다.

앤은 다이애너 옆 조그만 갈색 책상을 다시 앉게 된 것이 너무나도 즐거웠다.

통로 저쪽에서 루비 길리스가 눈짓을 해보였고, 캐리 슬론은 편지를 보냈으며, 줄리어 벨은 뒷자리에서 껌을 건네주었다.

앤은 연필을 깎기도 하고 책상 속의 그림카드를 정리하기도 하면서 다시 찾아온 행복을 되새겼다. 인생이 정말 아름답게 여겨졌다.

새로 온 선생님에게서 앤은 진실하고도 믿음직스러운 또 한 사람의 친구를 발견했다. 스테이시 선생님은 총명하고 동정심많은 젊은 여성으로, 학생들 마음을 사로잡았다. 뿐만 아니라 지적·교육적인 면으로도 한 사람 한 사람 저마다 지닌 가장 뛰어난 자질을 끌어내 길러주는 재능이 아주 풍부했다.

앤은 이런 유익한 감화를 받으며 꽃처럼 활짝 피어났다. 그리고 집으로 돌아오면 무엇이든 감탄하며 들어주는 매슈와 한 마디라도 비판하지 않고는 못 배기는 머릴러에게 학교에서 일어난 일을 열심히 말해주었다.

"난 스테이시 선생님을 진심으로 사랑해요. 참으로 숙녀다운 분으로, 우아한 목소리로 말씀하셔요. 내 이름을 부를 때 e자를 붙여서 발음하는 게 마음속 깊이 느껴져요.

오늘은 오후에 암송을 했어요. 내가 《스코틀랜드의 메리 여왕》*2을 암송하는 것을 두 분이 들었다면 참 기뻤했을 거예요. 나는 온 마음을 다 기울여 암송했어요.

---

*2 여왕 메리 스튜어트는 스코틀랜드 내란 뒤 잉글랜드로 달아나 왕위를 요구, 엘리자베스 1세에 의해 투옥되어 19년 동안 유폐되었다가 1587년에 처형되었음. 여기서 소재를 딴 시로 앨프릿 테니슨의 시극 《메리 여왕(1875)》도 있지만, 여기서는 스코틀랜드 시인·법률가였던 헨리 그라스포드 벨(1803~74)의 《스코틀랜드의 메리 여왕》으로 추정됨. 이 시는 로열 리더의 다섯 권 책 안에 들어 있음. 내용은 메리 스튜어트가 처형되는 죽음의 순간 일생을 뒤돌아보고, 그녀가 처형된 뒤 애견의 슬픔까지 그려져 있음.

돌아올 때 루비 길리스가 말했어요. '돌아가신 아바마마의 용기를 저에게 주소서. 여리디 여린 여인의 마음이여, 안녕*3 이 부분을 내가 암송할 때 몸에 전율을 느꼈다고요."

흐뭇해하면서 매슈가 말했다.

"그럴 테지, 언젠가 헛간에서 내게도 한번 들려주렴."

앤은 망설이며 말했다.

"네, 물론이에요. 하지만 잘할 수 있을 것 같지 않아요. 학생들이 앞에서 숨죽여 듣고 있을 때만큼 흥분되지 않을 테니까요. 매슈의 몸이 오싹해질 만큼 암송할 순 없을 거예요."

머릴러가 말했다.

"몸이 오싹해졌다는 말이 나왔으니 말인데, 린드 부인이 지난주 금요일에 까치 둥지를 노린 남자아이들이 벨 씨네 언덕에 있는 높은 나무 위를 기어올라가는 것을 보았을 때 그야말로 온몸이 오싹해졌다고 하더라. 스테이시 선생님은 어째서 그런 일을 시키니?"

앤은 선생님을 위하여 둘러댔다.

"자연관찰시간에 까치 둥지가 있어야 했거든요. 야외 수업날이라 정말 재미있어요. 스테이시 선생님은 설명을 잘하시거든요. 야외 수업에 대한 글을 지었는데 내가 가장 잘 썼어요."

"그런 말을 자기 입으로 하는 것은 좀 뭐하지 않니? 선생님이 말씀하신다면 또 모를까."

"어머나, 선생님이 그렇게 말씀했어요, 머릴러. 내가 우쭐대는 것은

---

*3 총신 리치오가 믿고 있던 가신(家臣)에게 살해되자, 메리가 아버지의 용기를 달라고 신게 기도하는 대사. 두 번째 결혼으로 스코틀랜드 왕비가 된 메리는, 왕의 총신이 가신들에게 살해되자 그 뒤 스스로 여왕으로서의 결단과 반역자의 복수에 나서게 됨. 그 발단이 되는 장면. 장렬한 의지가 느껴지는 드라마틱한 장면인데도, 매슈는 헛간에서 들려달라고 말해 앤을 실망시키고 있는 게 유머러스함. 메리 여왕 평전은 오스트리아 작가 슈테판 츠바이크(1881~1942)의 작품 외에, 20세기 영국 작가 안토니아 프레이저(1932~)가 쓴 역사소설도 있음.

결코 아니에요.

기하는 못하는데 어떻게 우쭐댈 수 있겠어요. 기하에도 이젠 얼마쯤 서서히 눈이 뜨이는 것 같지만요. 스테이시 선생님이 알기 쉽게 가르쳐주셔서 조금씩 알게 되는 것 같아요. 그래도 기하를 가장 잘할 수 있게 되지는 못할 거예요. 그 점을 생각하면 겸손해져요.

하지만 작문은 아주 좋아해요. 스테이시 선생님은 대개 자유제목을 주시지만 다음 주에는 훌륭한 사람에 대해 쓰라고 하셨어요. 너무나 많아서 누구를 써야 할지 모르겠어요. 죽은 다음에도 여전히 존경을 받아 작문으로 씌어진다니 참으로 굉장한 일이죠.

아, 나도 훌륭한 사람이 되었으면 좋겠어요. 나는 커서 간호사가 되어 적십자사에 들어간 뒤에 자애로운 손으로 싸움터에 나가 공을 세우고 싶어요.

물론 선교사로 외국에 나가게 되지 않는 경우에 한해서지만요. 그편이 훨씬 더 낭만적이니까요. 하지만 선교사가 되려면 착한 사람이어야겠지요? 나는 늘 거기서 걸려 접어 버려요.

그리고 우리는 날마다 체조를 하고 있어요. 체조를 하면 몸이 날씬해지고 소화를 촉진시키죠."

머릴러가 놀라며 말했다.

"촉진시킨다고!"

그런 것은 모두 쓸데없는 일이라고 진심으로 생각했기 때문이었다.

그러나 12월에 접어들어 스테이시 선생님이 제안한 계획 앞에 금요일 오후의 야외 수업도 암송도 신체연마도 모두 빛을 잃고 말았다. 그 계획이란 애번리 학교 학생들이 참여하여 크리스마스날 공회당에서 발표회를 열자는 것*4으로, 입장료는 학교에 세울 국기를 사들이

---

*4 크리스마스 음악회는 학교의 연중행사 가운데 가장 중요한 것. 1년 동안 공부한 성과를 부모와 주민들 앞에서 발표함. 암송·연극·대화극·작문 등. 매슈는 그 자랑스러운 무대에 나가는 앤에게 예쁜 옷이 한 벌도 없는 것을 생각하고, 부풀린 소매가 달린 옷을 선

기 위한 비용의 일부로 쓰려는 훌륭한 목적이 있었다.

학생들은 이 계획이 마음에 들어 한 사람도 빠짐없이 대찬성했으며 곧 행사 준비를 시작했다. 출연자로 뽑힌 아이는 모두 흥분했지만, 그 가운데 누구보다도 열중한 것은 앤 셜리였다.

앤은 이 일에 온 힘을 다하여 연습에 들어갔다. 그러나 머릴러는 완강히 반대했다. 왜냐하면 그런 일이 터무니없이 어리석은 짓으로밖에 여겨지지 않았기 때문이다.

머릴러는 불평을 털어놓았다.

"쓸데없는 일에 휘말려 공부시간을 낭비할 뿐이야. 아이들이 발표회를 열 계획이나 세우고 연습하느라 이리 뛰고 저리 뛰는 것에 결코 찬성할 수 없어. 거만해지고 조숙해지고 나돌아다니기나 좋아하게 되지."

앤은 호소했다.

"훌륭한 일을 위해서 하는데도요? 국기는 애국심을 길러주는 거예요, 머릴러."

"너희들이 무슨 애국심 같은 것을 생각하겠니. 그저 놀고 싶어서 그러지."

"하지만 학교를 사랑하는 마음과 오락이 결합되면 더욱 좋지 않겠어요? 그 발표회 계획이 얼마나 멋있는지 들어봐요. 합창이 여섯 곡이고 다이애너가 독창을 해요.

나는 두 개의 대화극에 출연해요. 《험담억제협회》*5와 《요정여

물함. 그리고 '매슈와 부풀린 소매옷'에서 앤은 '멋진 부풀린 소매옷을 입고 있다는 걸 생각하고 용기내어' 무대에서 열연함.

*5 대화극. T.D. 테니슨의 《금요일 오후를 위한 대화극집》에 수록. 학교행사 등에서 암송 상연되었음. 여성 8인의 대화형식으로 진행. 쓸데없는 남의 험담을 줄이기 위한 협회를 만들자고 여성들이 모여 이야기를 나누지만, 막상 시작되자 당사자들이 소문이야기를 끝없이 늘어놓다가, 결국 남의 이혼이야기에 모두들 흥미진진해지더라고 비꼬는 내용.★★

왕》*[6]이에요. 남자아이들도 대화극에 출연해요. 게다가 나는 두 차례나 암송을 해요. 그것을 생각하면 온몸이 떨려요. 하지만 스릴 넘치는 기분 좋은 전율이에요.

그리고 마지막으로 활인화(活人畵)*[7]를 하게 되어 있는데 《믿음·소망·사랑》*[8]이에요. 다이애너 배리, 루비 길리스, 그리고 나 이렇게 세 사람이 출연해요. 셋 모두 머리를 길게 늘어뜨리고 새하얀 옷을 입고 나가게 되어 있어요.

내가 '소망' 역을 해요. 두 손을 마주잡고 두 눈은 높은 곳을 바라보죠. 2층에서 암송 연습을 할 텐데 이상한 목소리를 내도 놀라지 마세요. 대화극 가운데 가슴이 찢어질 듯이 울부짖는 장면이 있거든요. 예술적으로 섬세히 표현해야 하니까 굉장히 어려워요, 머릴러.

그런데 조지 파이는 기분이 좋지 않아요. 대화극에서 하고 싶은 역을 맡지 못했거든요. 요정여왕 역을 맡고 싶어했는데, 그런 우스꽝스러운 일이 어디 있겠어요. 조지처럼 살찐 요정여왕이 있다는 말을 들은 적 있어요? 요정여왕은 날씬해야 해요. 그래서 제인 앤드루스가 여왕이 되고 나는 시중드는 요정 가운데 하나예요. 조지가 빨강머리 요정도 뚱뚱한 요정만큼 우스꽝스럽다고 했지만 그런 말은 귀담아듣

---

*6 영국 '시인 중의 시인'으로 일컬어진 에드먼드 스펜서(1552?–99)의 시 《페어리 퀸(요정여왕)》이 먼저 떠오름. 이것은 기사시대 아서를 주인공으로 요정여왕 클로리아나의 해후를 그린 역사이야기인데, 6권이나 되므로 앤과 친구들이 연기하기에는 어려울 듯 여겨짐. 어쩌면 셰익스피어의 《한 여름밤의 꿈》의 한 장면일 수도 있음. 요정여왕 티터니아와 요정들이 등장하는 장면이 있음. 하지만 《Annotated Anne of Green Gables》에 의하면, 이것은 토마스 퍼시(1729–1811)의 시로 1878년 이후 암송용 시집에 수록되어 학교에서 암송되었다고 함. 내용은 요정여왕 맵과 요정들이 인간에게 접근해 장난치거나 풀숲에서 춤추는 모습이 노래됨. 스코틀랜드 등에 전해져 내려오는 요정전설에서 유래.

*7 타블로(tableau). 적당한 배경을 사용해 분장한 사람이 그림 속의 사람처럼 보이게 하는 구경거리. 역사와 회화 등의 명장면을 재현하는 경우가 많음.

*8 그리스도교의 3대 덕목. 신약성서 〈고린도전서〉 제13장 13절 '그런즉 믿음·소망·사랑, 이 세 가지는 늘 있을 것인데 그 가운데 으뜸은 사랑이라'에서 따온 것. 앤에게는 믿음·소망·사랑 가운데 역시 소망이 어울릴 듯함.

지 않기로 했어요.

　나는 흰 장미화관을 쓰고, 루비 길리스에게서 실내용 구두를 빌릴 작정이에요. 나는 부츠밖에 없는 걸요. 요정은 구두를 신어야 하거든요. 부츠를 신은 요정이 대체 어디 있겠어요. 특히 끝에 구리를 댄 부츠*9는 참으로 우습죠. 우리는 가문비나무와 전나무 가지를 엮어 그 가운데에 핑크빛 얇은 종이로 만든 장미를 붙여 공회당을 예쁘게 꾸밀 거예요. 그리고 청중이 모두 앉은 다음 에머 화이트가 오르간으로 행진곡을 치고 우리는 두 줄로 입장해요.

　아, 머릴러가 나만큼 흥분되지 않는다는 걸 나도 알고 있어요. 하지만 머릴러의 앤이 모두들에게 인정받는다면 더없이 좋겠죠?"

　"나는 그저 네가 얌전하게 있었으면 좋겠다. 법석은 어지간히 해두고 침착하게 굴었으면 해. 요즘 너는 대화극이며 암송이며 활인화에 정신이 팔려 다른 일은 무엇 하나 제대로 하는 게 없잖니. 네 혀만은 여전히 변함 없이 주저리주저리 늘어놓고 있지만 말이야."

　앤은 한숨을 쉬고 뒤뜰로 나갔다. 잎이 떨어진 포플러 우듬지 사이로 가냘픈 초승달이 서쪽 하늘에 걸려 있는 게 보였다. 때마침 매슈가 장작을 패고 있었다.

　앤은 나무그루터기에 오도카니 앉아 발표회 이야기를 했는데, 적어도 여기에는 열심히 귀기울여주는 사람이 있었다.

　앤의 열띤 얼굴을 매슈는 미소짓고 내려다보며 말했다.

　"그럴 테지, 아마 틀림없이 멋진 발표회가 될 거야. 그리고 너는 훌륭하게 해낼 테지."

　앤도 미소지었다. 이 두 사람은 가장 마음 맞는 친구였다.

---

*9 그즈음 시골 어린이들은 대개 발등과 복사뼈를 덮는 부츠를 신었음. 도로사정이 나쁜 것과 추위 때문임. 발부리에 홈이 생기지 않도록 구리가 대어져 있었음. 매슈도 농사일 할 때는 부츠를 신었으며, 벗을 때 쓰는 도구도 있었음. 부츠에 비해 구두는 간단하게 벗을 수 있는 것으로, 실내용·외출용이 있었음. 요정은 역시 구두가 어울림.

한편으로 매슈는 앤의 교육에 자신이 책임지지 않아도 되어서 하늘에 감사했다. 그것은 머릴러에게만 주어진 의무였다. 만일 그것이 자신의 의무였다면 자신의 여린 마음과 그 의무 사이에 끼어 가끔은 견디기 어려운 처지에 몰릴지도 모른다.

매슈는―머릴러의 말을 빌면―실컷 '앤의 응석'을 받아줄 수 있었다. 그러나 생각해 보면 이것이 반드시 그릇된 일이라고 할 수는 없었다. 아주 작은 '칭찬'이 온갖 심오하고도 양심적인 '교훈'보다 훨씬 좋은 효과를 내는 수가 있기 때문이다.

매슈와 붕긋 부풀린 소매옷

매슈는 어찌할 바 몰라 쩔쩔맸다.

12월의 해질녘, 하늘은 싸늘한 잿빛이었다. 매슈는 부엌에 들어가 무거운 부츠를 벗으려고 장작더미가 있는 한쪽 구석에 앉았는데, 앤과 그 동무들이 거실에서 한창 '요정여왕' 연습을 하고 있는 것을 미처 몰랐기 때문이었다.

이윽고 소녀들은 왁자지껄 떠들며 현관 홀을 지나 부엌으로 들어왔다.

소녀들은 매슈가 있는 것을 알지 못했다. 수줍음을 잘 타는 매슈가 벗은 부츠를 손에 든 채 장작더미 뒤의 어두컴컴한 곳으로 몸을 숨겼기 때문이었다.

매슈는 소녀들이 옷을 입고 모자를 쓰며 대화극이며 발표회에 대한 이야기를 주고받는 광경을 거의 10분 동안이나 조용히 지켜보고 있었다. 앤도 아이들에게 둘러싸여 눈을 반짝이며 다른 아이들과 마찬가지로 재잘대고 있었다.

그러나 매슈는 문득 그런 앤의 모습에서 어딘지 소녀들과 다른 점이 있음을 깨달았다. 특히 매슈로서 안타까운 것은 그 차이점이 무엇인지 한눈에 잘 파악할 수 없다는 사실이었다.

앤은 누구보다도 명랑한 표정이었고 눈은 큰 별처럼 반짝였으며 오똑한 코를 가지고 있었다. 부끄러움이 많아 사람을 그리 잘 쳐다보지 않는 매슈의 눈에도 이것은 뚜렷이 보였다.

그러나 매슈의 마음을 불안하게 만든 차이점은 그런 것이 아니었다. 그렇다면 어디가 다르단 말인가?

소녀들이 서로 어깨동무를 하고 꽁꽁 얼어붙은 오솔길을 걸어간 뒤 앤이 공부를 시작한 다음에도 한참 동안 이 일이 매슈의 머리에서 떠나지 않았다.

머릴러에게 이야기할 수도 없었다. 말해 봐야 다른 아이들은 이따금 입을 다무는 수도 있지만 앤은 결코 그러지 못하는 점이라고 코웃음치며 말할 게 뻔하기 때문이었다. 그럴 바에는 오히려 꺼내지 않는 편이 낫다고 생각했다.

그날 밤, 머릴러가 싫어하는 것을 알면서도 매슈는 담배를 피우며 이 어려운 문제를 풀려고 했다. 두 시간이 넘도록 담배연기를 뻐끔뻐끔 내뿜으며 머리를 쥐어짠 끝에 매슈는 겨우 그 답을 찾아낼 수 있었다.

앤의 옷이 다른 아이들과 다르다는 점이었다. 이 일에 대하여 생각하면 할수록 앤이 이제까지 다른 여자아이들과 비슷한 모양의 옷을 입어본 일이 없어 안타까웠다. 그린게이블즈에 온 뒤로 단 한 번도 없었다. 머릴러는 지금까지 아무 장식도 없는 빛깔 짙은 밋밋한 옷을 만들어 앤에게 입혔다. 언제나 같은 옷본을 사용했기 때문에 모양마저 똑같았다.

매슈는 옷에도 유행이라는 게 있다는 사실은 얼핏 알았지만, 그뿐 요즘 인기가 좋은 옷에 대해서는 전혀 몰랐다. 이제는 그로서도 앤의 옷소매가 다른 소녀들과 전혀 다르다는 것을 알 수 있었다.

매슈는 그날 저녁 앤과 함께 있던 여자아이들을 하나하나 머리에 떠올려보았다. 모두 빨강, 파랑, 핑크, 하양 등 환하고 화려한 옷을 입고 있었다. '어째서 머릴러는 앤에게 아무 장식도 없는 수수한 옷을 입힐까' 하고 매슈는 생각했다.

물론 그것도 좋았다. 앤을 교육하는 사람은 머릴러고 무언가 현명한 의도가 있을 것이다. 그렇지만 아이에게 한 벌쯤 예쁜 옷을 입혀서 나쁠 것도 없지 않은가. 다이애너가 늘 입는 그런 옷을 매슈는 앤에게도 한 벌 사주어야겠다고 마음먹었다.

그 정도의 일은 쓸데없는 간섭이라고 하지 않겠지. 앞으로 2주일 뒤면 크리스마스다. 예쁘고 새로운 모양의 옷은 크리스마스 선물로 소녀들에게 가장 좋다. 매슈는 만족스레 안도의 숨을 내쉬었다.

파이프를 집어넣고 매슈는 잠자리에 들었는데, 그동안 머릴러는 문을 모조리 열어젖혀 집안 공기를 바꾸어야 했다.

다음날 저녁 무렵 매슈는 옷을 사러 카모디로 갔다. 결정한 일은 빨리 해치우는 편이 좋으리라 여겼다. 그 일이 결코 쉽지 않으리라는 것을 매슈는 알고 있었다. 매슈는 물건을 잘 고르는 편이었으나 여자아이 옷이고 보니 옷가게 여자와 의논하지 않을 수 없었다.

곰곰이 생각한 끝에 매슈는 윌리엄 블레어네 가게를 피해 새뮤얼 로슨네 가게로 가기로 했다.

두말할 나위도 없이 커스버트네 단골가게는 블레어 상점이었다. 장로파 교회*1에 나가고 보수당에 투표해야 하는 것과 마찬가지로 이것은 양심의 문제라고 할 수 있었다. 그러나 블레어 상점에서는 이따금 두 딸들이 손님을 맞는 수가 있어 매슈를 두렵게 했다.

---

*1 그리스도교 프로테스탄트의 일파. 1570년 스코틀랜드에서 국교로 채택되어, 주로 스코틀랜드와 북아메리카에 전파. 가톨릭의 교황을 부정하고 성직자는 모두 동등하며, 교회 운영은 신자들 가운데에서 선출된 장로가 맡지만, 장로도 사제는 아니었음. 1890년 즈음 프린스 에드워드 섬에는 장로파가 3만 명으로 가장 많았고, 영국국교회파는 5천 명이었음.

무엇을 사야 할지 알고 있다면 그것을 가리키기만 하면 되지만, 이러저러한 거라고 설명하고 또 의논도 해야 하므로, 이번만은 아무래도 남자점원이면 좋겠다고 매슈는 생각했다. 그래서 새뮤얼이나 그 아들이 손님을 맞는 로슨 상점에 가기로 한 것이다.

그러나 매슈는 새뮤얼이 요즈음 가게를 확장해 여점원을 둔 사실을 미처 모르고 있었다.

이 여점원은 부인의 조카딸로 아주 활달한 젊은 여자였다. 머리를 크게 부풀려 퐁파두르식으로 올려 빗었으며, 갈색 눈에서 매혹적인 미소가 떠나지 않았다. 화려한 옷을 입었으며, 손목에 팔찌를 몇 개나 끼고 있어 몸을 움직일 때마다 반짝반짝 빛나며 짤랑거리는 소리를 냈다.

매슈는 가게 안에서 그녀의 모습을 보자마자 그만 침착성을 잃고 팔찌 때문에 정신을 못차리게 되었다.[2]

여점원 루실러 해리스 양이 눈을 똥그랗게 뜨고 친절히 물었다.

"커스버트 씨, 무엇이 필요하세요?"

그녀는 두 손으로 카운터를 똑똑 두드리며 상냥한 미소를 지었다.

당황한 매슈는 말을 더듬으며 물었다.

"저, 저, 갈퀴 있습니까?"

해리스 양은 좀 놀라는 눈치였다. 12월 중간무렵인데 갈퀴가 필요하다니 무리도 아니었다.

"글쎄요, 한두 개 남아 있으리라고 여깁니다만…… 2층 창고에 있을 테니 가보고 오겠어요."

그녀가 찾으러 간 동안 매슈는 마음을 가라앉히려 애쓰며 다시 한 번 도전하려 했다.

---

[2] 그대로 옮기면 '단 한번의 치명적인 습격으로'. 셰익스피어의 《멕베스》제4막 제3장에서 인용. 왕이 된 멕베스가 자신을 쓰러뜨리려 음모를 꾸미는 맥더프의 처자와 하인을 단 번에 습격해 죽였다는 묘사. 매슈가 순식간에 정신을 잃고 말았다는 뜻.

해리스 양은 갈퀴를 가지고 내려와 다시 다정하게 물었다.

"커스버트 씨, 달리 필요한 것이 또 있으세요?"

매슈는 두 손에 힘을 주며 대답했다.

"글쎄요, 이왕 가게에 왔으니…… 살까요…… 아니, 저……보고 난 다음에…… 조금만…… 건초씨를……사고 싶은데요."

해리스 양은 매슈가 별난 사람이라는 말을 전부터 듣고 있었다. 그러나 일이 이쯤 되면 머리가 돌았다고 단정할 수밖에 없었다.

그녀는 쌀쌀맞게 대꾸했다.

"건초씨는 봄에 취급합니다. 요즘은 없어요."

"네, 그럴 테지요…… 맞습니다…… 댁의 말이 맞습니다."

가엾은 매슈는 말을 더듬으며 커다란 갈퀴를 쥐고 문 쪽으로 걸어갔다. 입구에서 아직 돈을 치르지 않았음을 깨닫고 매슈는 하는 수 없이 다시 돌아섰다.

해리스 양이 거스름돈을 세고 있는 동안 매슈는 용기내어 마지막 시도를 했다.

"저…… 죄송하지만…… 혹시…… 그, 다시 말해서……설탕을…… 조금…… 보여주었으면 합니다만."

해리스 양은 참을성 있게 호흡을 가다듬으며 물었다.

"흰 설탕인가요? 검은 설탕인가요?"

매슈는 기어드는 목소리로 말했다.

"아…… 네…… 검은 설탕을."

해리스 양은 팔찌를 짤랑거리며 손으로 가리켰다.

"저쪽의 통 속에 있어요. 지금은 그 한 종류뿐이에요."

매슈는 이마에 구슬땀을 흘리며 말했다.

"그럼……20파운드쯤 주십시오."

매슈가 정신을 제대로 차린 것은 집쪽으로 마차를 반 이상이나 달리고 난 뒤였다. 매우 기분이 찜찜했지만, 개종을 하면서까지 새뮤얼 로슨네 가게로 갔으니 당연한 일이라는 생각도 들었다.

집에 와닿은 매슈는 갈퀴를 연장오두막에 감춰두고 설탕은 머릴러에게 갖다주었다.

머릴러는 외쳤다.

"검은 설탕이라고요! 아니, 뭣하러 이렇게 많이 사왔어요? 고작 고용인의 죽이나 검은 과일 케익 만들 때만 쓴다는 것을 알잖아요. 겨울에는 젤리도 당분간 없고 케익은 벌써 다 만들어 놓았어요. 더구나 물건이 좋지 않아요. 거칠고 빛깔이 까맣네요. 윌리엄 블레어 상점에는 이런 설탕이 없을 텐데요."

"나는…… 사다놓으면 편하리라 생각했지."

매슈는 그럭저럭 그 자리를 벗어났다.

골똘히 생각한 끝에 이 사태에 대처하기 위해서는 여자의 도움이 필요하다는 결론에 이르렀다. 그러나 머릴러는 안 된다. 그의 계획에 대해 그 자리에서 찬물을 끼얹었을 것이다. 의지할 사람은 린드 부인뿐이었다. 애번리에서 매슈가 협력을 구할 여자는 린드 부인 말고는 없었다.

할 수 없이 매슈는 그녀에게 갔다. 친절한 부인은 고민하는 사람의 손에서 무거운 짐을 떠맡아주었다.

"앤에게 입힐 옷을 마련하고 싶단 말이지요? 물론 내가 맡겠어요. 내일 카모디에 나갈 일이 있으니 보고 오지요.

특별히 요구할 점은 없나요? 없다고요? 그럼, 내 판단에 맡겨줘요. 앤에게는 우아한 짙은 갈색이 썩 잘 어울릴 텐데, 윌리엄 블레어 상점에 무척 예쁜 새 글로리아 옷감*3이 있어요.

만드는 것도 내가 하는 편이 낫겠어요. 머릴러가 만들면 앤이 미리 알게 되어 매슈의 의도가 빗나갈 염려도 있으니까요. 조금도 성가

---

*3 날실은 비단, 씨실은 모·목면으로 짠 얇은 천.

신 일이 아니에요. 바느질을 좋아하니까요. 조카딸 제니 길리스의 치수에 맞게 하면 될 거예요. 키며 몸집이 앤과 쌍둥이처럼 비슷하거든요."

매슈는 말했다.

"그렇게 해주시면 정말 고맙겠습니다. 그리고…… 그리고…… 뭐랄까요…… 실은…… 그 소매의 모양이 요즘은 옛날과 다른 것 같더군요. 만일 그리 어려운 일이 아니라면, 내 생각으로는…… 그 새로운 모양으로 만들어줬으면 합니다."

"부풀린 소매 말씀이죠? 좋아요. 매슈, 조금도 걱정하지 말아요. 최신 유행으로 만들 테니까요."

매슈가 돌아간 다음 레이철은 혼잣말로 중얼거렸다.

"그 가엾은 아이에게 단 한 번이라도 예쁜 옷을 입힐 수 있다면 얼마나 좋은 일이겠어. 머릴러가 해 입히는 옷은 정말 못봐주겠다니까.

몇 번이나 말해 주고 싶었지만 꾹 참았지. 남의 말이라면 도무지 듣는 성미가 아니잖아. 독신이면서도 아이를 기르는 문제에 있어 자기가 남보다 몇 배나 낫다고 생각하고 있으니까.

모든 일이 그렇긴 해. 아이를 기른 경험이 있는 사람이라면 어느 아이에게도 꼭 들어맞는 방법이란 없다는 것을 알지만, 경험이 없는 사람일수록 '비례법칙'*4처럼 간단하게 생각하거든. 단순히 수학처럼 식을 늘어놓기만 하면 정확한 답이 나온다고 여긴단 말이야.

하지만 피와 살로 만들어진 복잡한 사람을 산수처럼 정확하게 계산할 수 없지. 그 점이 머릴러 커스버트의 잘못이야. 지금과 같은 옷을 앤에게 입히면 앤이 겸손해질 줄 생각하지만 자칫 시기나 불만의 원인이 되는 게 고작이지. 그 아이도 자기 옷이 여느 아이들과 다르다는 것쯤은 알고 있을 테니까.

---

*4 수학의 정리. A : B=C : D에서 B와 C(내항)의 곱은 A와 D(외항)의 곱과 같다는 법칙.

그런데 매슈가 이 점을 알아채리라고는 전혀 상상도 못했어! 그 사람은 60년 넘게 잠자고 있다가 이제야 깨어난 거야."

그 뒤 2주일 동안 머릴러는 매슈에게 무슨 비밀이 있으리라 눈치는 챘지만, 크리스마스 이브에 린드 부인이 완성된 옷을 가져올 때까지 그 내용에 대해서는 전혀 짐작하지 못했다. 머릴러는 일단 아무렇지도 않은 듯 응대했지만, 머릴러가 만들면 앤이 미리 알게 될 우려가 있기 때문이었다는 린드 부인의 '빈틈없는 설명*5'을 결코 그대로 받아들인 것은 아니었다.

머릴러는 얼마쯤 딱딱하긴 해도 너그러운 목소리로 말했다.

"지난 2주일 동안 뭔가 꿍꿍이가 있는 듯 혼자 싱글거리던 이유가 이것이었군요? 오라버니가 어떤 바보 같은 짓을 하고 있다는 건 짐작하고 있었어요.

나로서는 이제 더 이상 앤에게 새 옷을 지어줄 필요가 없다고 생각해요. 가을에 입을 따뜻하고 실용적인 옷을 세 벌이나 지어주었거든요. 그 이상은 사치예요. 소매 모양만 해도 블라우스 하나는 더 나오겠어요.

오라버니는 앤의 허영심만 길러줄 뿐이에요. 그 아이는 지금 공작새처럼 으스대고 있어요. 어쨌든 이것으로 만족하겠군요. 그 우스꽝스러운 소매가 유행하고 난 다음부터 줄곧 입고 싶어한 것을 나도 아니까요. 처음에 한 번 조르더니 그 다음부터는 두 번 다시 입 밖에 내지 않았지만요.

처음에는 소매가 봉긋 부풀었는데 요즘은 터무니없이 마치 풍선처럼 되었어요. 내년쯤에는 그런 소매의 옷을 입은 사람은 몸을 비스듬

---

*5 린드 부인이 옷을 지은 까닭은 앤이 모르게 하기 위해서라는 건 두 번째 이유이고, 실은 머릴러가 지으면 소매를 부풀려 만들지 않기 때문이었음. 그러나 린드 부인은 머릴러에게 그럴 듯하게 꾸며댔으므로 '빈틈없는 설명'이 되는 것임. 또 머릴러가 그것을 알면서 넘어가주는 것도 재미있음.

히 하지 않으면 문을 지날 수도 없을 거예요.”

크리스마스 아침은 은세계를 이루었다.

12월에 접어들어 맑은 날씨가 계속되었고 사람들은 눈이 내리지 않는 '그린 크리스마스'가 될 거라고 생각했다. 그러나 밤 사이 푹신하게 내린 눈이 애번리를 몰라보게 바꿔놓았다.

앤은 서리가 얼어붙은 창문으로 기뻐하며 다가가 밖을 내다보았다. '도깨비숲'의 전나무는 모두 하얀 깃털로 뒤덮인 듯 우아하고 기품 있었다. 자작나무와 야생벚나무는 잎이 없는 앙상한 가지에 진주가 주렁주렁 달린 것 같았다. 밭은 온통 눈벌판이 되어 군데군데 보조개처럼 폭폭 패여 있었다. 차가운 공기는 매우 상쾌했다.

앤은 그린게이블즈에 울려 퍼질 듯한 큰 목소리로 노래를 부르며 아래층으로 뛰어내려갔다.

“머릴러, 메리 크리스마스! 매슈, 메리 크리스마스! 정말 멋진 크리스마스죠? 이렇게 온 세상이 하얗게 돼야 비로소 진짜 크리스마스 같잖아요? 나는 그린 크리스마스는 싫어요. 진짜 초록색이 아니거든요. 지저분하고 바랜 갈색과 회색뿐이니까요. 그런데 어째서 '그린'이라고 하는지 모르겠어요. 어머나, 어머나, 매슈, 이걸 내게 주는 거예요? 아, 매슈!”

매슈는 주춤주춤 꾸러미를 펼쳐 머릴러의 눈치를 살피며 속의 것을 꺼냈다. 머릴러는 짐짓 모르는 척하며 차를 따르고 있었지만 꽤 흥미로운 듯 곁눈질로 그 광경을 보고 있었다.

앤은 옷을 받아들더니 무엇으로 얻어맞은 듯 꼼짝하지 않고 바라보았다.

아, 얼마나 아름다운 옷인가! 비단처럼 반들거리는 부드러운 갈색 글로리아 옷감, 주름을 듬뿍 잡은 우아한 스커트, 최신유행의 정성들인 웃옷, 얇은 레이스로 주름잡은 목깃, 그리고 소매, 이것은 그야말로 특별했다! 팔꿈치 언저리까지 긴 커프스가 이어지고, 그 위에

두 단으로 커다랗게 부풀린 소매가 달려 있었다. 두 단의 부풀린 소매 사이는 촘촘히 주름을 잡아 바느질해 갈색 비단 리본으로 묶여 있다.

매슈는 수줍어하며 말했다.

"앤, 네게 주는 크리스마스 선물이다. 왜 그러니? 앤, 마음에 들지 않니? 어찌된 일이냐······"

앤의 눈에 차츰 눈물이 고여 그렁그렁 가득 찼기 때문이었다.

"너무도 마음에 들어요! 아, 매슈!"

앤은 옷을 의자 위에 놓고 두 손을 꼭 마주잡았다.

"매슈, 완벽하게 우아한 옷이에요. 아, 뭐라고 감사의 말을 드려야 할지 모르겠어요. 게다가 이 소매! 마치 행복한 꿈을 꾸고 있는 것 같아요."

머릴러가 가로막듯 말했다.

"자, 자, 어서 아침식사나 하자. 나는 네게 옷이 더 이상 필요없다고 생각하지만 매슈 오라버니가 모처럼 주는 것이니 소중히 입어야지. 이것은 린드 부인이 네게 주는 머리에 꽂을 리본이야. 옷에 어울리도록 갈색으로 했지. 자, 이리 와서 앉아라."

앤은 기뻐 어쩔 줄 모르며 말했다.

"도저히 아침을 먹을 수 없어요. 이런 찬란한 순간에 비하면 아침식사는 너무나 무미건조하게 여겨져요. 지금은 저 옷을 바라보며 눈으로 요기를 해야겠어요.

부풀린 소매가 아직 유행하고 있어 정말 다행이에요. 내가 부풀린 소매옷을 입어보기 전에 유행이 바뀌어버렸다면 나는 한평생 마음이 아팠을 거예요. 언제까지나 안타까워했겠지요.

린드 아주머니가 이렇게 예쁜 리본을 만들어 주시다니 참으로 친절하세요. 이제부터는 정말 착한 아이가 되어야겠어요. 이런 일이 생길 때마다 언제나 모범이 될 만한 아이가 못된다는 점이 마음에 걸려요.

앞으로는 그렇게 돼야 한다며 늘 단단히 결심하곤 했어요. 하지만 뿌리치기 어려운 유혹을 받으면 그 결심대로 실행하기가 그리 쉬운 일이 아니었어요. 언제나 유혹에 넘여져 버리거든요. 하지만 이제부터 힘껏 노력하겠어요.”

밋밋한 아침식사가 끝나자 새빨간 얼스터 코트*6를 입은 다이애너의 쾌활한 모습이 눈으로 하얗게 뒤덮인 통나무다리에 나타났다.

앤은 언덕을 달려 내려가 다이애너를 맞이했다.

“메리 크리스마스, 다이애너! 정말 즐거운 크리스마스야. 너에게 보여줄 것이 있어. 매슈가 예쁜 옷을 내게 줬단다. 커다랗게 부풀린 소매가 달린 옷을 말이야. 정말 꿈에도 생각지 못한 일이었어.”

다이애너는 숨을 할딱거리며 말했다.

“나도 너에게 줄 게 있어, 앤. 자…… 이 상자야. 조지핀 할머니가 여러 가지를 담은 커다란 선물을 보내주셨어. 그리고 이건 너에게 주신 거야. 사실은 어젯밤에 가져왔으면 더 좋았겠지만 너무 늦게 어두워진 뒤에야 왔었거든. 차마 그 ‘도깨비숲’을 지나오기가 무서웠어.”

앤은 상자를 열어 속을 들여다보았다.

처음에 눈에 띈 것은 ‘앤에게, 메리 크리스마스’ 이렇게 씌어진 한 장의 카드였다. 이어서 더할 나위 없이 우아한 어린 양가죽 구두가 보였다. 구두 끝에 구슬장식이 달리고 새틴 리본과 빛나는 쇠붙이장식이 달려 있었다.

앤은 기뻐하며 외쳤다.

“아! 다이애너, 이것은 너무 훌륭해. 나는 틀림없이 꿈을 꾸고 있나봐.”

다이애너 또한 즐거워하며 말했다.

---

*6 길고 넉넉한 벨트가 달린 외투. 아일랜드 북동부 얼스터 지방산 나사로 만들어져 이 이름이 붙여짐.

"나 같으면 하느님의 은혜라고 말하겠어. 이젠 루비의 구두를 빌리지 않아도 되잖니. 정말 잘됐어. 그 애 구두는 너보다 치수가 둘이나 크잖아. 요정이 구두를 질질 끌며 걸어나간다면 보기좋은 일이 아닐 거야. 조지 파이가 좋아할 뻔했어. 앤, 그저께 연습날 저녁에 롭 라이트가 거티 파이와 함께 돌아갔다더구나. 그 이야기를 들은 적 있니?"

그날 하루 종일 애번리 학생들은 열띤 흥분 속에 싸여 있었다. 공회당을 꾸미는 일과 마지막 총연습을 해야 했기 때문이었다.

발표회는 저녁때부터 시작되어, 그야말로 대성공이었다. 조그만 공회당 가득히 손님이 들어찼으며, 출연자들은 모두 자기 역할을 멋있게 해냈다. 특히 앤은 뛰어난 스타가 되었다. 샘많은 조지 파이조차도 이것을 부인할 수 없었다.

"정말 황홀한 밤이었어."

앤은 모든 게 끝나 다이애너와 함께 어두운 밤하늘의 별을 바라보며 집으로 돌아가고 있었다.

다이애너는 현실적인 이야기를 했다.

"모든 일이 잘됐어. 10달러쯤 번 것 같아. 앨런 목사님이 '샬럿타운' 신문에 이 이야기를 기사로 싣겠다고 했단다."

"어머나, 다이애너, 우리 이름이 정말로 신문에 실리니? 생각만 해도 어깨가 으쓱해져. 네 독창은 정말 멋있었어. 앙코르를 받았을 때는 나까지 자랑스러웠어. '칭찬받는 사람은 내 마음의 벗이다'라는 혼잣말을 했단다."

"어머나, 너의 암송도 터질 듯한 박수갈채를 받았잖니, 앤. 그 슬픈 시는 무어라 말할 수 없을 만큼 감동적이었어."

"그때는 너무 흥분해서 앨런 목사님이 내 이름을 불렀을 때 어떻게 무대로 올라갔는지 하나도 기억나지 않아. 마치 수많은 눈동자들이 나를 속속들이 들여다보는 듯해서 잠시 동안 아무 말도 나올 것 같지 않았어. 그래서 이 멋진 부풀린 소매옷을 떠올렸더니 용기가 솟

앉어. 이 부풀린 소매옷에 부끄럽지 않도록 멋지게 해내겠다고 결심했지.

막상 낭독을 시작했지만 내 목소리가 멀리서 희미하게 들려오는 것 같고 나 자신이 앵무새가 된 듯한 기분이었단다. 방에서 연습을 많이 해둔 것은 정말 하느님 은혜야. 그렇지 않았더라면 어림없었을 거야. 내 신음소리는 어떻게 들렸니?"

다이애너는 확신에 찬 투로 말했다.

"참으로 멋진 신음소리였어."

"다 끝나고 내가 자리에 앉을 때 슬론네 아주머니가 눈물을 닦으셨어. 내 암송이 감동을 주었다고 생각하니 감격스러웠지. 발표회에 출연하는 것은 무척 낭만적인 일이지? 언제까지나 잊을 수 없는 추억이 될 거야."

그러자 다이애너가 말했다.

"남자아이들의 대화극도 잘했다고 생각하지 않니? 특히 길버트 블라이스는 너무 멋졌어. 앤, 길버트에 대한 너의 태도는 너무 차가워. 아, 잠깐만, 내 말 좀 들어줘. 요정의 대화극을 마치고 무대에서 퇴장할 때 네 머리에 꽂았던 장미가 한 송이 떨어졌는데 길버트가 그것을 주워 가슴주머니에 꽂는 것을 난 똑똑히 보았어. 듣고 있니? 너는 매우 낭만적인 아이니까 이 이야기가 마음에 들 거야."

하지만 앤은 오만하게 말했다.

"그 애가 무엇을 하건 나와는 아무 상관없어. 어쨌든 그 애 생각은 할 필요 없어, 다이애너."

그날 밤 20년 만에 발표회에 갔다온 머릴러와 매슈는 앤이 자기 방으로 올라간 다음에도 오래도록 부엌 난로가에 앉아 있었다.

매슈는 의기양양하게 말했다.

"어떻더냐, 앤이 누구보다도 잘했지?"

머릴러도 끄덕이며 동의했다.

"그럼요, 참으로 잘했어요. 정말 영리한 아이예요, 매슈. 그리고 외모도 빠지지 않고요. 나는 발표회에 대해 찬성하지 않았지만, 끝나고 보니 그리 나쁜 점도 없는 것 같았어요. 어쨌든 오늘 밤은 앤이 몹시 자랑스러웠어요. 그 애에게는 이런 말을 하고 싶지는 않지만요."

"그럴 테지, 나도 그럴 생각은 없다. 그래서 2층으로 올라간 다음에 말하고 있잖니. 이제 슬슬 저애 장래에 대해 고민해야만 할 거다, 머릴러. 애번리 학교만으로는 부족할 테니까."

"생각할 시간은 아직 많이 있어요. 이제 3월이 되면 겨우 13살인 걸요. 하지만 오늘밤에는 부쩍 자란 것이 눈에 띄더군요. 린드 부인이 옷을 좀 길게 만들어 더 커보였어요. 저 애는 머리가 좋으니 앞으로 퀸즈아카데미에 보내는 게 좋겠어요. 하지만 아직 1, 2년은 아무 말 하지 않는 것이 좋지 않을까요?"

"글쎄다, 이따금 말하는 것도 나쁘지는 않아. 이런 일은 신중할수록 좋은 법이니까."

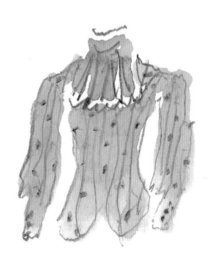

이야기클럽

애번리 아이들이 평범한 일상생활로 돌아가 마음을 가라앉히는 데
는 오랜 시간이 걸렸다.

특히 앤은 몇 주일이나 흥분의 도가니 속에 있던 터라 모든 일이
무미건조하고 재미없게 느껴졌다.[1]

발표회 이전의 날들처럼 조용한 기쁨의 나날로 어떻게 돌아갈 수
있겠는가. 앤이 다이애너에게 말했듯 처음 얼마 동안은 도저히 그럴
수 없을 것 같았다.

마치 50년이나 더 된 옛날 일처럼 앤은 슬프게 말했다.

"지난날과 같은 생활로 돌아간다는 것은 절대로 불가능할 것 같아,
다이애너. 아마 시간이 지나면 나아지겠지만, 발표회 때문에 일상생
활이 망가질지도 모르겠어.

＊1 셰익스피어의《햄릿》제1막 2장에서의 인용. 햄릿은 어머니 거트루드 왕비가, 아버지인
왕이 죽은 지 한 달도 채 되지 않아 죽은 아버지의 동생과 결혼한 것을 탄식하며 '이
세상의 모든 것이 재미없고 무미건조하며 따분하게 느껴진다'고 독백함. 앤은 음악회가
끝나자 맥이 풀려 햄릿과 같은 대사를 생각하고 있는 것이니, 좀 과장스러우면서도 귀
여움.

머릴러가 반대한 것은 그 때문이었나봐. 머릴러는 분별 있는 사람이야. 분별한다는 것은 훌륭한 일이라고 생각해. 하지만 나는 옳고 그름을 따지며 살고 싶지 않아. 아무리 생각해 봐도 낭만적이지 않거든.

내가 그렇게 될 가능성은 전혀 없다고 린드 아주머니는 말했어. 하지만 알 수 없지. 지금 같아서는 어쩌면 분별 있는 사람이 될지 모른다는 생각이 들기도 하거든.

아마 내가 피곤한 탓인지도 몰라. 어젯밤에는 오랫동안 잠을 이룰 수 없었어. 눈이 말똥말똥해서 발표회 일만 자꾸 머리에 떠오르지 않겠니. 지난일을 되돌아보며 더듬어보는 건 정말 근사한 일이야."

그러나 애번리 학교도 결국 어느덧 예전의 궤도로 돌아갔고, 그전에 관심을 끌었던 일들이 다시 아이들의 마음을 사로잡았다.

발표회가 아무 흔적도 남겨놓지 않은 것은 아니었다. 무대에서의 자리순서 때문에 다투었던 루비 길리스와 엠 화이트는 지금 다른 책상에 따로 떨어져 앉게 되어 3년이나 이어져온 우정이 깨지고 말았다.

그리고 조지 파이와 줄리어 벨은 석 달 동안이나 서로 말하지 않았다. 줄리어 벨이 암송할 때 인사하던 모습이 병아리가 머리를 조아리는 것처럼 보였다고 조지 파이가 베시 라이트에게 말했는데, 베시가 그 말을 줄리어에게 전했기 때문이다.

슬론네 아이들은 벨네 아이들과 어울리지 않게 되었다. 벨네는 슬론네 아이들이 너무 많이 출연했다고 불평했고, 슬론네는 벨네가 주어진 얼마 안 되는 역할도 제대로 못했다고 반박했다.

그리고 찰리 슬론은 무디 스퍼존 맥퍼슨과 다투었다. 앤 셜리가 낭독할 때 몹시 으스댔다고 무디 스퍼존이 말하여 찰리 슬론에게 매를 맞았던 것이다. 그 결과 무디 스퍼존의 여동생 엘러 메이는 그 겨울 동안 내내 앤 셜리와 말하지 않으려 했다.

이런 하찮은 옥신각신을 뺀다면 스테이시 선생님의 작은 왕국은 원만하게 흘러가고 있었다.

겨울의 하루하루는 빠르게 지나갔다. 특별히 따뜻한 겨울이어서 눈도 그리 내리지 않아, 앤과 다이애너는 거의 날마다 '자작나무길'을 걸어서 학교에 다녔다.

앤의 생일날, 두 소녀는 가벼운 걸음으로 걸어가고 있었다. 쉴새없이 이야기를 주고 받았으면서, 눈을 크게 뜨고 귀도 열심히 기울였다. 스테이시 선생님이 '겨울의 숲을 걸어가며'라는 제목의 작문을 써오라고 해서 두 소녀는 숲을 자세히 살펴볼 필요가 있었다.

앤은 엄숙한 기분으로 말했다.

"다이애너, 나는 13살이 됐어. 내가 틴즈*²가 되다니 믿을 수 없어.

오늘 아침 눈을 떴을 때 모든 것이 달라진 듯한 느낌이 들더라. 너는 13살이 된 지 한 달이나 지났으니 그리 신기하지도 않겠지만, 어쩐지 인생이 훨씬 더 즐거운 거 같아.

앞으로 2년만 있으면 정말 어른이 되잖니. 그때는 어려운 말을 써도 놀림받지 않으리라 생각하니 정말 기뻐."

"루비 길리스는 15살이 되면 곧 애인을 가져야겠다고 말했어."

앤은 경멸하는 투로 말했다.

"루비 길리스는 애인 생각밖에 안해. 그 아이는 '주목' 아래에 남자아이와 함께 이름이 씌어지면 몹시 화내는 척하지만 속으로는 좋아서 어쩔 줄 몰라. 이런 말을 하는 것은 험담이 되겠지.

앨런 부인은 남의 험담을 결코 하지 말라고 했어. 하지만 험담은 저도 모르는 사이에 나오는 게 아니니? 나는 조지 파이 이야기만 나오면 꼭 험담이 돼버려. 그래서 그 애에 대해서는 입에 담지 않기로 했어.

---

*2 13~19살까지 십대를 가리키는 말. 11살과 12살은 끝에 틴(teen)이 붙지 않으므로 포함되지 않음.

너도 알고 있는지 모르지만 나는 되도록 앨런 부인처럼 되려고 애쓰고 있단다. 그 부인은 어디 하나 나무랄 데가 없으니까. 앨런 목사님도 그렇게 생각하고 계셔. 린드 아주머니는 앨런 목사님은 부인이 걸어간 길에 입이라도 맞출 거라고 했지. 목사가 어떤 사람에 대해 그처럼 열렬히 애정을 쏟는 것은 좋은 일이 아니라는 말도 했어. 하지만 목사님도 사람인 이상 여느 사람과 마찬가지로 자칫하면 빠지기 쉬운 죄[3]를 벗어날 수는 없잖겠니.

지난 일요일 오후 나는 앨런 부인과 자칫하면 저지르기 쉬운 죄에 대해 아주 흥미진진한 이야기를 주고 받았어. 안식일인 일요일에 주고받을 수 있는 화제란 한정되어 있는데 이것은 그 가운데 하나였거든. 내가 자칫하면 빠지기 쉬운 죄는 너무 상상을 많이 해서 자신의 임무를 잊는 거야. 고치려고 무척 애쓰고 있는데, 이제 13살이 되었으니 좀 나아질지도 모르지.”

다이애너가 말했다.

“앞으로 4년만 있으면 우리는 머리를 올릴 수 있어. 앨리스 벨은 아직 16살인데 벌써 머리를 올렸잖니. 좀 이상해 보였어. 나는 17살까지 기다릴 테야.”

앤은 단호한 목소리로 말했다.

“만일 내 코가 앨리스 벨처럼 휘어 있다면 절대로…… 아니야, 이 이상 말하면 안 되겠어. 아주 심한 험담이 되어버릴 것 같으니까. 그 애의 코와 내 코를 비교하려 했으니 내가 우쭐했나봐. 전에 코에 대해 칭찬받은 일이 있어 코에 대한 생각만 했거든. 하지만 그 때문에 크게 위안 받고 있는 것은 사실이야.

어머나, 다이애너, 저 깡충깡충 뛰는 토끼 좀 봐. 우리가 숲에 대한

---

[3] 언제나 그 사람에게 달라붙어 있어 쉽사리 저지르게 되는 죄. 신약성서 〈히브리서〉 제12장 1절에 '모든 무거운 것과 자칫하면 빠지기 쉬운 죄를 벗어버리고 인내로써 우리 앞에 정해져 있는 길을 달리며'라고 나옴.

Chang. 현준

작문을 지을 때 저 토끼에 대해서도 쓰면 좋겠지? 여름도 좋지만 겨울숲은 한층 더 멋진 것 같아. 온통 새하얗고 고요하여 마치 아름다운 꿈을 꾸며 깊은 잠을 자고 있는 것 같아."

"숲에 대한 작문은 그리 어렵지 않을 거야. 그럭저럭 쓸 수 있을 테니까. 하지만 월요일에 제출할 작문은 난감해. 스테이시 선생님께서 스스로 만들어낸 이야기를 쓰라고 했거든!"

"어마, 아무것도 아닐 텐데."

"너는 상상력이 있으니까 그럴 테지만, 본디 그런 재주가 없는 사람은 힘들어. 너는 벌써 다 썼겠지?"

앤은 고개를 끄덕이며 자기 혼자 만족하는 낯빛을 보이지 않으려 애썼지만 도저히 그럴 수 없는 듯했다.

"지난 월요일 밤에 썼어. '집착의 연적, 또는 죽음도 갈라놓을 수 없는 사랑'이라는 제목이야. 머릴러에게 읽어줬더니 쓸데없는 헛소리라고 대수롭지 않게 여겼어. 매슈는 굉장히 좋다고 했지. 난 매슈의 비평을 받아들이기로 했어.

그건 무척 슬프고 아름다운 이야기야. 내가 쓰면서도 슬퍼서 엉엉 울었단다. 코딜리어 몬모런시*⁴와 제럴딘 세이모어*⁵라는 아름다운 두 소녀 이야기야.

두 소녀는 같은 마을에 살면서 서로 진심으로 사랑하고 있었어. 코딜리어는 곱디고운 가무스름한 피부에 칠흑 같이 검은 풍성한 머

＊4 코딜리어는 셰익스피어의 《리어왕》의 셋째 딸. 몬모런시는 프랑스 식민지 시대 캐나다 초대총독으로 유명. 1619-29년까지 캐나다에 재임, 그를 기념한 몬모런시 폭포와 몬모런시 강이 프린스 에드워드 섬 북쪽 퀘벡주에 있음.

＊5 앤이 지은 이야기는 영국시인 엘리자베스 버렛 브라우닝(1806-61, 로버트 브라우닝의 아내)의 《레이디 제럴딘의 구혼》에서 아이디어를 따온 것, 이 시는 주인공 이름이 제럴딘으로 같을 뿐 아니라, 남자주인공 이름도 버트럼으로 같음. 제럴딘은 또 앤이 어린시절 동경했던 이름. '머릴러의 놀라움' 3 참조. 세이모어는 영국귀족 집안이름. 제인 세이모어(1509?-37)는 헨리 8세의 세 번째 왕비가 되어 에드워드 6세를 낳았음. 참고로 두 번째 왕비는 비운의 앤 불린(엘리자베스 1세의 어머니).

리를 땋아 보석관*⁶처럼 머리에 두르고 반짝이는 검은 눈을 가졌지. 제럴딘은 여왕님처럼 피부가 희고 금발이며 눈은 벨벳 같은 보랏빛이야."

다이애너는 믿을 수 없다는 듯이 말했다.

"어머, 보랏빛 눈을 한 사람은 본 적 없는 걸."

"나도 본 적 없지만, 상상해 보았어. 뭔가 특별한 점이 있었으면 했지. 그리고 제럴딘의 이마는 설화석고 같아. 설화석고 같은 이마가 어떤 것인지 이제는 알아.*⁷ 13살이 되니까 12살 때보다 훨씬 여러 가지를 알 수 있게 됐어."

두 사람의 운명에 흥미를 느낀 다이애너가 물었다.

"코딜리어와 제럴딘은 어떻게 됐니?"

"두 소녀는 16살의 아름다운 처녀로 성장했어. 그때 버트럼 드 비어*⁸라는 젊은이가 이 마을에 나타나 아름다운 제럴딘과 사랑에 빠지게 됐어.

제럴딘이 탄 마차의 말이 마구 달리는 것을 버트럼이 구해 주지. 그는 정신을 잃은 제럴딘을 팔에 안고 3마일이나 떨어진 곳에 있는 그녀 집으로 데려가. 마차가 엉망이 되어 탈 수 없었거든.

하지만 버트럼이 청혼하는 장면을 그려내기가 무척 힘들었어. 아직까지 겪어본 적 없으니까. 루비 길리스에게 남자들이 어떻게 청혼하는지 아느냐고 한번 물어보았지. 결혼한 언니들이 여럿 있으니까 알

---

*6 코로넷(coronet). 귀족이 쓰던 작은 관과 화환, 또는 관과 비슷한 머리장식. 셰익스피어 작품인 《한여름밤의 꿈》 제4막과 《햄릿》 제4막에 나옴.

*7 '매슈의 놀라움'에서는 어떤 이마인지 알지 못하여 매슈에게 물었음. 매슈도 모르기는 마찬가지였지만.

*8 비어 집안은 '매슈의 놀라움' 16에도 있는 영국귀족 집안이름. 앤이 이야기 클럽에서 쓴 작품의 등장인물인 몬모런시·세이모어·비어는 모두 영국·프랑스 명문집안에서 따온 것. 또 버트럼은 셰익스피어의 《끝이 좋으면 모두 좋다》에서 다이애너에게 구애하지만, 결국 (앤과 마찬가지로) 부모를 잃은 헬레나와 결혼하게 되는 젊은 백작을 연상시킴.

것 같아서 말이야.

루비는 맬컴 앤드루스가 언니 수전에게 청혼할 때 현관문 뒤에 숨어서 듣고 있었대. 맬컴이 수전에게 아버지로부터 자기 이름으로 된 농장을 물려받았다는 이야기를 한 다음 '어때, 올가을에 나와 결혼하지 않겠어?' 하자 수전이 '음, 아니, 모르겠어. 어떻게 할까'라든가 뭐라든가 하더니 금방 약혼했다지 뭐니. 그런 식의 청혼은 아무리 생각해도 낭만적이라고 할 수 없어.

그래서 나는 혼자 상상해 보고 쓰기로 했지. 화려하고도 시적으로 만들기 위해 버트럼이 무릎을 꿇게 했어. 요즘은 그런 일을 하지 않는다고 루비 길리스가 말했지만 말이야.

제럴딘은 승낙하는데, 그 대사가 한 페이지나 계속돼. 그것을 쓰느라 나는 무척 애먹었어. 다섯 번이나 고쳐 썼지. 최고의 걸작이라고 할 수 있을 거야.

버트럼은 제럴딘에게 다이아몬드 반지와 루비 목걸이를 선물하고 유럽으로 신혼여행을 가자고 했어. 부자니까. 하지만 안타깝게도 두 사람 앞에 어두운 그림자가 비치기 시작해. 코딜리어도 역시 마음속으로 버트럼을 사랑하고 있었거든. 제럴딘이 약혼했다면서 목걸이와 반지를 보여주자 버럭 화를 냈어. 제럴딘에 대한 애정이 격렬한 증오로 바뀌어 버트럼과 결코 결혼할 수 없게 만들겠다고 맹세해. 그러나 겉으로는 여전히 좋은 친구처럼 대하지.

어느 날 저녁 제럴딘과 코딜리어는 소용돌이치는 급한 물살 위에 놓인 다리에 서 있게 됐어. 아무도 보는 이 없는 줄 알고 코딜리어가 비웃으며 제럴딘을 떨어뜨려. 모든 것을 지켜보고 있던 버트럼은 '나는 그대를 구하리, 그 무엇과도 바꿀 수 없는 내 사랑 제럴딘이여' 소리치며 곧 물속으로 뛰어들었어. 하지만 가엾게도 버트럼은 자기가 헤엄칠 줄 모른다는 것을 잊고 있어서 두 사람은 꼭 껴안은 채 물속에 빠져죽고 말았어. 두 사람의 시체는 강가로 떠밀려 올라왔지.

두 사람은 한 무덤에 묻히고 장엄한 장례식이 치러졌어. 다이애너, 이야기의 마지막은 결혼식보다 장례식이 더 낭만적이지 않니? 코딜리어는 양심의 가책으로 미쳐버려 정신병원에 들어가게 돼. 저지른 죄에 대한 정당한 벌이지."

"어쩌면 그렇게 잘 썼니."

다이애너는 한숨을 쉬었다. 그녀도 매슈와 같은 좋은 비평가였다.

"순전히 자기 머리만으로 그런 멋있는 이야기를 생각해 내다니 정말 신기해, 앤. 나로서는 도저히 엄두도 못낼 일이야. 나도 너처럼 풍부한 상상력이 있었으면 얼마나 좋겠니."

앤은 들뜬 목소리로 말했다.

"상상력을 기르면 돼. 다이애너, 좋은 생각이 떠올랐어. 우리 둘이서 '이야기클럽'을 만들어 이것저것 써보면 어떨까.

네가 혼자서 쓸 수 있을 때까지 상상력을 기르는 것은 중요한 일이야. 스테이시 선생님이 그랬어. 그리고 올바른 방향을 잡을 필요도 있어. 내가 '도깨비숲' 이야기를 하자 선생님은 그 방향이 옳지 못하다고 했어."

이렇게 해서 이야기클럽이 나오게 되었다. 처음에는 다이애너와 앤, 두 사람뿐이었다. 그러나 마침내 제인 앤드루스, 루비 길리스 그리고 또 한두 사람 더 들어오게 되었다. 모두들 톡톡 튀는 상상력을 기를 필요가 있다고 느꼈기 때문이었다.

단, 남자아이들은 넣지 않기로 했다─루비 길리스는 받아들이는 편이 더욱 활기 있어 좋다고 했지만. 그리고 회원들은 1주일에 한 편씩 이야기를 써오기로 했다.

앤은 머릴러에게 말했다.

"아주 재미 있는 모임이에요. 한 사람씩 자기가 써온 것을 읽고 다함께 이야기를 나누어요. 그것을 저마다 소중히 간직해 두었다가 자손 대대로 읽힐 작정이에요. 우리는 필명을 써요. 내 필명은 로저먼드 몬모런시예요. 모두들 생각보다 꽤 잘 써와요.

루비 길리스는 좀 감상적인 데가 있어요. 이야기 속에 사랑을 속삭이는 장면이 지나치게 많거든요. 넘침은 모자람만 못하다고 했으니 좋지 않아요.

그에 비해 제인의 것은 그런 장면이 너무 없어요. 낭독할 때 쑥스럽기 때문이래요. 그래서 제인의 이야기는 무척 진지한 것뿐이에요.

다이애너의 것은 덮어놓고 살인하는 장면이 많이 나와요. 등장인물을 어떻게 다루어야 좋을지 골치 아플 때는 곧 죽여서 사라져버리게 하는 거예요. 이야기 소재는 대개 내가 가르쳐줘야 하지만 그리 힘든 일은 아니에요. 얼마든지 이야깃거리가 떠오르니까요."

머릴러는 비꼬았다.

"그 이야기인지 뭔지를 쓴다는 것만큼 쓸데없는 일은 없을 게다. 허튼짓만 잔뜩 머리에 집어넣고 공부해야 할 시간을 낭비하게 되니까. 이야기책을 읽는 것만도 시간을 많이 잡아먹는데 거기다 쓰기까지 하다니 참으로 한심하구나."[9]

앤은 꿋꿋이 설명했다.

"하지만 우리는 어떤 이야기를 쓰든 반드시 그 속에 교훈이 담도록 애쓰고 있어요. 이것은 내가 제안한 거예요. 착한 사람은 반드시 보답 받고 악한 사람은 거기에 알맞는 벌을 받지요. 틀림없이 좋은 효과가 있을 거예요. 교훈이란 참으로 중요한 것이라고 앨런 목사님 부인도 말씀하셨어요.

내가 쓴 이야기를 앨런 목사님과 부인에게 읽어드렸어요. 두 분 모두 좋은 교훈이 담겨 있다고 했어요. 다만 비극적인 장면에서 소리내

---

[9] 몽고메리도 어린시절, 시를 읽는 것은 괜찮지만 소설은 금지되어 있었다고 함. 예를 들어 이 책에 작품이 인용된 작가 월터 스콧은 죽기 5년 전인 1827년까지 신분을 숨기고 있었는데, 소설은 시에 비해 격조가 떨어지고 저속한 것으로 인식되었기 때문이었음. 스콧은 실생활에서는 법률가였음.

어 웃었어요. 이상하지요. 눈물을 흘려주었으면 좋았을 대목이었는
데 말예요. 제인과 루비는 슬픈 장면에 이르면 대개 울었거든요.

다이애너는 조지핀 할머니에게 이야기클럽에 대해 편지를 써보냈
어요. 곧 우리가 지은 이야기를 몇 편 보여 달라는 회답이 왔어요. 그
래서 가장 좋은 네 편을 깨끗이 써서 보내드렸죠. 조지핀 할머니는
그렇게 재미있는 이야기는 이제까지 읽어본 적 없다는 답장을 보내
셨어요. 우리는 좀 놀랐어요. 이야기는 모두 비극적이었고 등장인물
이 거의 죽는 장면으로 끝나거든요.

아무튼 조지핀 할머니를 즐겁게 해드렸다니 기뻐요. 우리 모임이
조금이라도 세상을 위해 좋은 일을 했다는 증거니까요. 앨런 부인은
바로 그 점을 우리가 하는 모든 일의 목표로 삼아야 한다고 했어요.
우리도 그럴 작정으로 열심히 노력하지만 무슨 일에 열중하게 되면
다른 일들을 그만 잊어버리는 수가 있어요. 나는 어른이 되면 앨런
부인처럼 되고 싶어요. 가능할까요, 머릴러?"

"가능성이 아예 희박하다고 할 수는 없을 것 같구나."

이것이 나름 머릴러의 격려 말이었다.

"앨런 부인이 너처럼 쓸데없는 짓이나 하고 해야 할 일을 잘 잊어버
리는 아이는 아니었을 테니까."

앤은 진지하게 말했다.

"그랬겠죠. 하지만 앨런 부인도 언제나 훌륭하지는 못했을 거예요.
부인이 직접 말해 줬는데, 어릴 때는 장난이 심했고 말썽도 많이 부
렸대요.

그 말을 듣고 용기를 얻었어요. 하지만 다른 사람이 예전에 나쁜
아이였다는 말을 듣고 자신감을 얻는다는 건 좋지 않은 일이겠죠?
린드 아주머니가 그렇게 말했어요.

린드 아주머니는 누군가가 아무리 어릴 때였더라도 못된 짓을 했
다는 말을 들으면 충격을 받는대요. 어느 목사님이 어렸을 때 아주머

니댁 부엌에서 딸기과자를 훔쳤다*[10]는 고백을 듣고부터 그 목사님을 존경할 수 없다고 했어요.

　나라면 그렇게 생각하지 않겠어요. 목사님이 그런 자백을 했다는 건 이미 뉘우친 일이고, 지금 장난치고 후회하는 남자아이들이 그 이야기를 들으면 자기도 커서 목사가 될 수 있을거라며 얼마나 용기를 얻겠어요. 그것이 내 의견이에요, 머릴러."

　"앤, 내 의견을 말한다면, 지금쯤 설거지가 깨끗이 끝났어야 할 텐데 이야기하는 데 정신팔려 30분이나 늦어지고 있구나. 해야 할 일을 먼저 한 다음 재잘대면 어떻겠니?"

*10 과자(타르트)를 훔쳤다고 하면 《마더 구즈》에서 타르트를 훔치는 왕자의 노래가 연상됨. 참고로 루이스 캐럴(1832–98)도 《이상한 나라의 앨리스》의 재판 장면에서, 타르트를 훔친 왕자 이야기를 다루고 있음. 물론 이것도 《마더 구즈》이야기를 패러디한 것임.

허영심

4월도 저물어가는 어느 날 저녁, 머릴러는 교회후원회 모임을 끝내고 집으로 돌아가고 있었다. 머릴러는 마침내 추운 겨울이 뒤로 물러가고 설레는 봄이 다가왔음을 느꼈다. 환희의 봄은 젊고 명랑한 사람에게뿐만 아니라 늙고 침울한 사람에게도 똑같이 침울한 즐거움을 준다고 생각했다.

머릴러는 자신의 생각이나 느낌을 헤아려 보는 사람은 아니었다. 여느 때 같으면 그녀는 후원회 일이며 해외 포교를 위한 헌금상자나 교회에 깔 새로운 카펫 등에 대해 고민하고 있었을 것이다.

그러나 저녁놀을 받아 연보랏빛 안개로 뿌옇게 물든 붉은 들판, 시냇물 저쪽의 목장으로 길게 드리워진 잎이 뾰족한 전나무 그림자, 거울 같은 호수를 둘러싸고 세상이 멈춰버린 듯 서 있는 단풍나무의 빨간 새싹, 잿빛 풀밭 밑에서 숨쉬고 있는 온갖 것들이 머릴러 눈 앞에서 펼쳐져 조화를 이루고 있었다.

생명력이 넘치는 봄이 온누리에 넘쳐흐른다고 생각하니 언제나 냉정한 중년여인의 걸음걸이도 몸 속 깊숙이에서 솟구쳐오르는 기쁨에 자늑자늑해지고 있었다.

그린게이블즈가 나뭇가지 사이로 보이자, 여러 창문에 찬란하게 비추는 햇살을 머릴러는 깊은 애착을 느끼며 그윽하게 바라보았다.

머릴러는 한 걸음 한 걸음 촉촉히 젖은 오솔길을 조심스레 내딛으며 집에서 탁탁 소리내어 타오르는 난롯가에 저녁식사준비가 다 되어 있으리라 생각하니 무척이나 기분이 좋았다.

그러나 머릴러가 부엌으로 들어왔을 때 난로의 불은 꺼져 있어 썰렁했고 앤의 모습은 아무데도 보이지 않았다. 머릴러는 몹시 허전함을 느끼며 화마저 났다. 잊지 말고 5시에 저녁식사준비를 해놓도록 앤에게 단단히 일러두고 나갔었다. 이제 머릴러는 옷을 서둘러 벗어놓고 매슈가 돌아오기 전에 식사준비를 서둘러야만 되었다.

불쏘시개로 쓸 나무를 큰 칼로 공연히 힘주어 깎으며 머릴러는 성난 목소리로 말했다.

"앤이 돌아오면 호되게 야단쳐야지."

매슈도 이미 집에 돌아와 늘 앉는 구석자리에서 저녁식사가 되기를 잠자코 기다리고 있었다.

"앤은 틀림없이 다이애너와 돌아다니며 이야기를 쓰느니 대화연습을 하느니 쓸데없는 소리만 지껄이고 있을 거예요. 시간이 얼마나 지났는지, 해야 할 일이 어떻게 됐는지 모조리 잊고 있을 테지요.

그런 일들을 당장 그만두게 해야겠어요. 앨런 부인이 저토록 귀엽고 영리한 아이는 처음 보았다고 아무리 칭찬한다 해도 상관하지 않겠어요. 쓸데없는 일로 머릿속이 가득차 있어 다음에 무슨 일을 할지 알 수 없잖요. 겨우 한 가지 말썽이 그쳤나 하면 또 새로운 말썽이 시작되니까요.

아이구, 맙소사, 오늘 후원회에서 레이철 린드가 바로 그렇게 말했을 때 나는 다짜고짜 화를 냈는데, 지금 내가 똑같은 말을 하고 있군요. 앨런 부인이 앤을 감싸주어 얼마나 고마웠는지 몰라요. 그렇지 않았다면 여러 사람 앞에서 레이철과 말다툼했을 거예요.

앤에게는 결점이 많죠. 나도 그 점을 부인할 생각은 조금도 없지만 그 애를 기르는 사람은 나지 레이철 린드가 아니거든요. 하기야 레이철한테 걸리면 가브리엘 천사[1]라도 나쁜 점이 드러나고 말테죠.

하지만 앤이 이렇게 늦게 돌아와도 괜찮다고 할 수는 없어요. 오후에는 집안일을 말끔히 하도록 단단히 일러두었거든요. 다만 지금까지는 그 애가 아무리 결점이 많다 해도 시킨 일을 어기거나 해서 믿을 수 없는 아이라는 나쁜 인상을 준 일은 없었어요. 그런데 오늘은 그런 점이 나타나 실망이 커요."

"글쎄다, 무슨 일인지 모르겠구나."

매슈는 참을성이 많고 현명하였다. 더욱이 배가 몹시 고팠으므로 말참견을 하지 않았다. 머릴러가 불평하고 싶은 대로 실컷 말하게 두는 게 가장 좋다고 여겼다. 지금까지 경험으로 미루어 쓸데없는 토론으로 시간을 낭비하여 할 일을 해놓지 않으면 머릴러는 화나 있을 때 무슨 일이든 섣불리 판단한다는 것을 잘 알고 있었다.

"그런 단정은 빨리 내리지 않는 편이 좋을 것 같다. 그 아이가 시킨 일을 어떤 사정으로 어겼는지 밝혀질 때까지 믿을 수 없다는 말을 하는 것은 좀 일러. 무슨 사고가 생겼는지도 모르니까. 앤은 설명을 잘하거든."

머릴러는 반박했다.

"집에 있으라고 했는데 없으니 그렇죠. 이 점만은 내게 납득할 만한 변명을 할 수 없을 거예요. 오라버니가 그 아이 역성을 든다는 건 나도 잘 알아요. 하지만 그 아이를 기르는 사람은 오라버니가 아니라 나예요."

저녁식사가 다 되었을 때는 이미 어둡고 캄캄해졌다. 통나무다리나 '연인의 오솔길'을 지나 의무를 이행하지 않았을 때의 부끄러운 얼

---

[1] 7대 천사 가운데 하나. 인간의 위안·계시의 천사로, 신약성서 〈누가복음〉에서 성모 마리아에게 수태를 고지하는 것도 이 가브리엘 천사임. 구약성서 〈다니엘서〉에도 나옴.

굴로 숨을 헐떡거리며 돌아올 줄 알았는데 아직 앤은 돌아오지 않았다.

머릴러는 뚱한 얼굴로 설거지를 끝냈다. 그리고는 지하실로 내려가는 데 불빛이 필요했으므로 늘 앤의 방 테이블에 놓아두는 양초를 가지러 동쪽 방에 올라갔다. 불을 켜고 돌아보니 침대 위 베개에 엎드려 있는 앤의 모습이 눈에 띄었다.

머릴러는 깜짝 놀라며 물었다.

"아니, 어떻게 된 거냐? 이제까지 자고 있었니?"

앤은 분명치 않은 목소리로 대답했다.

"아니에요."

걱정이 된 머릴러는 침대 쪽으로 가까이 가며 물었다.

"어디 아프니?"

앤은 사람 눈을 영원히 피하려는 듯이 더욱 더 머리를 베개에 깊숙이 묻었다.

"그렇지 않아요. 하지만 제발 저쪽으로 가주세요. 그리고 나를 보지 마세요, 머릴러. 나는 절망의 구렁텅이에 빠져 있으니까요. 누가 반에서 1등을 하건, 작문을 가장 잘 짓건, 성가대에서 노래를 부르건 조금도 관심없어요. 그런 하찮은 일은 아무래도 좋아요. 나는 이제 아무데도 갈 수 없거든요.

내 인생은 완전히 끝났어요. 부탁이에요. 저쪽으로 가주세요, 머릴러. 그리고 나를 보지 마세요."

"무슨 말인지 모르겠구나."

너무나 어리둥절해진 머릴러는 그 까닭을 물었다.

"앤 셜리, 대체 왜 그러니? 무슨 일을 저질렀니? 제대로 일어나 앉아 말해. 어서, 자, 왜 그러지?"

앤은 하는 수 없이 시키는 대로 바닥에 내려섰다. 그리고 작은 목소리로 말했다.

"머릴러, 내 머리를 봐요."

머릴러는 촛불을 들고 앤의 등에서 물결치는 머리털을 자세히 보았다. 그것은 정말로 이상한 색이었다.

"앤 셜리, 머리털이 왜 이러니? 아이구, 녹색 아니냐!"

굳이 무슨 색이냐고 묻는다면 녹색이라고 할 수밖에 없었다. 기묘하게 탁한 청동빛으로, 군데군데 본디의 빨강색이 줄무늬처럼 섞여 한층 더 음산한 인상을 주었다. 그 순간만큼 기괴하게 보이는 머리털을 머릴러는 이제까지 본 적이 없었다.

앤은 신음했다.

"네, 녹색이에요. 나는 빨강머리만큼 싫은 색은 없다고 생각했어요. 하지만 이제 녹색 머리털은 그 열 배나 더 싫은 빛깔이라는 것을 알았어요. 아, 머릴러, 내가 얼마나 비참한 기분인지 모를 거예요."

머릴러는 한숨을 쉬며 말했다.

"아, 이해할 수 없구나. 네가 어째서 그 꼴이 되었는지 도무지 짐작도 할 수 없어. 하지만 꼭 알아내야겠다. 부엌으로 따라 내려오너라. 여기는 추워서 견딜 수 없구나. 그리고 네가 한 짓을 자세히 털어놓으렴. 뭔가 묘한 일이 슬슬 벌어질 때가 되었다고 생각하고 있었지. 두 달 넘도록 잠잠했으니까. 자, 머리를 어떻게 한 거냐?"

"물들였어요."

"물들였다고! 머리를 물들였다고! 앤 셜리, 그런 일을 해선 안 된다는 것을 몰랐니?"

앤은 고개를 끄덕였다.

"네, 좋은 일이 아니라는 것은 알고 있었어요. 하지만 빨강머리만 벗어날 수 있다면 나쁜 짓을 해도 괜찮을 거라 여겼어요. 나는 먼저 여러 가지 생각해 봤어요. 그 결과 머리를 물들이는 나쁜 짓을 하는 대신 다른 점에서 특별히 좋은 아이가 되려고 굳게 결심했어요."

머릴러는 잔뜩 비꼬아 말했다.

"하지만 머리에 물들일 필요가 있다 해도 나라면 적어도 그런 색으로 들이지는 않았을 게다. 녹색이라니, 정말 기막히는구나."

앤은 풀이 죽어 말했다.

"나도 녹색으로 물들일 생각은 조금도 없었어요. 나쁜 짓이긴 해도 내가 이런 일을 한 데는 얼마쯤 다른 계획이 있었기 때문이에요. 그 사람은 내 머리털이 까마귀의 젖은 날개같이 까만 색이 될거라고 했거든요. 틀림없다고 장담했어요.

어떻게 그 사람 말을 믿지 않을 수 있었겠어요. 자기가 한 말을 의심받을 때 어떤 기분인지 나는 잘 알거든요. 앨런 부인도 뚜렷한 증거가 없는 한 남의 말을 의심해선 안 된다고 했어요.

하지만 지금은 그 사람의 말이 거짓이라는 뚜렷한 증거가 있어요. 이 녹색 머리털이 움직일 수 없는 증거잖아요. 하지만 그때는 알 수 없었으니 그 사람 말을 모두 믿었어요."

"누구 말이냐. 대체 누구 이야기를 하고 있는 거니?"

"오후에 행상인이 와서 머리염색약을 샀어요."

"앤 셜리, 그런 이탈리아 사람은 집에 들여놓지 말라고 그토록 단단히 일렀잖니! 그런 사람들이 서성거려서 좋은 일은 결코 없으니까."

"어머나, 집안에 들여놓지 않았어요. 머릴러의 말을 잘 기억하고 있었거든요. 내가 밖으로 나가 문을 닫은 뒤 층계에서 물건을 봤어요. 게다가 그 사람은 이탈리아 사람이 아니었어요. 독일계 유대인*² 이래요.

커다란 상자 속에 재미있는 물건이 잔뜩 담겨 있었어요. 그리고 열

---

*2 몽고메리의 일기에 '독일 제품은 잘 망가진다'고 쓴 게 있음. 19세기 독일제품에는 머리염색약 같은 불량품이 있었는지도 모름. 그러나 불량품을 교묘한 화술로 팔고 다니는 수완좋은 장사꾼이 유대인이라는 설정에서는 민족적 편견이 느껴짐. 또 1880년대 지중해 레바논에서 터키 이슬람교도의 박해를 받은 그리스도교도가 이 섬에 건너와 행상인이 되었음.

심히 일해서 독일에 있는 아내와 자식을 데려온다고 했어요. 아주 실감나게 이야기해서 동정심이 절로 우러났어요. 내가 무엇을 사면 그 사람이 목적을 이루는 데 도움이 될 거 같았어요.

그 순간 염색약이 눈에 띄지 않았겠어요? 그 사람이 염색약은 어떤 빛깔의 머리든 까마귀의 젖은 날개 같은 윤기나는 예쁜 색으로 물들인다고 했어요. 틀림없다며 쉽사리 색이 바래지도 않는다고 했어요. 그 순간 다이애너처럼 멋들어진 검은 머리를 한 내 모습이 떠올라 도저히 그 유혹을 이길 수가 없었어요.

그 약은 한 병에 75센트였는데 내 용돈은 50센트밖에 없었어요. 그 행상인은 친절한 사람인 것 같았어요. 이렇게 말했거든요.

'아가씨라면 50센트에 드리지요. 거저 드리는 거나 다름없습니다'라고요.

그래서 머리염색약을 샀어요. 그 사람 모습이 보이지 않게 되자 나는 곧 방으로 올라가 이 설명서에 씌어진 대로 낡은 솔에 묻혀 머리에 발랐어요. 한 병을 모두 썼어요. 머리털이 터무니없는 빛깔로 물들여진 것을 알았을 때 비로소 내가 잘못했음을 깨달았어요. 정말이에요. 내내 후회하고 있어요."

머릴러는 엄하게 꾸짖었다.

"그러냐. 그 후회가 앞으로 좋은 밑거름이 되었으면 좋겠구나. 네 허영심의 결과가 어떻게 되었는지 두 눈 똑똑히 뜨고 봐둬라. 그건 그렇고, 이 일을 어쩌지. 우선 네 머리를 감아서 물이 빠지는지 봐야겠다."

앤은 비누질해서 정성껏 감았지만 본디의 빨강머리를 감았을 때와 마찬가지로 아무 변화도 일어나지 않았다. 그 행상인은 다른 점에서는 정직하지 못했지만 이 머리염색약의 색이 쉽사리 바래지 않는다는 점에서는 진실을 말했던 것이다.

앤은 울먹이며 물었다.

"아, 머릴러, 어떻게 하면 좋아요? 이토록 부끄러운 일은 아무리 시간이 흘러도 잊혀지지 않을 거예요. 다른 모든 잘못은 눈감아 줘도, 모두들 이것만은 오래도록 기억할 거예요. 그리고 나를 온전한 사람으로 봐주지 않겠지요. 아, 머릴러, '한 번 사람을 속이면, (앞뒤를 꿰맞추기 위해) 그대가 자아내는 실은 여러 가닥으로 얽히리.'*³ 이것은 시의 한 구절인데 맞는 것 같아요.

아, 더구나 조지 파이가 얼마나 비웃을까요! 절대로 조지 파이를 만나지 않겠어요! 이 프린스 에드워드 섬에서 가장 불행한 소녀는 나, 앤 셜리예요."

불행은 그 뒤에도 이어졌다. 그동안 앤은 한 걸음도 집 밖에 나가지 않고 날마다 머리를 감았다.

가족 아닌 사람으로는 다이애너만이 이 치명적인 비밀을 알고 있었다. 그러나 다이애너는 결코 아무에게도 말하지 않겠다고 굳게 약속했다.

1주일이 지난 다음 머릴러는 단호하게 말했다.

"앤, 하는 수 없다. 이토록 지독한 염색약은 처음 보는구나. 머리를 자르는 수밖에 없을 것 같아. 그렇지 않고는 도저히 밖에 나갈 수 없으니 말이야."

앤의 입술이 파르르 떨렸다. 그러나 머릴러의 말이 좋건싫건 사실임에 틀림없었다. 무겁게 한숨쉬며 앤은 가위를 가져왔다.

"머릴러 말이 옳아요. 당장 머리를 싹둑 잘라 깨끗이 처리해 주세요. 아, 가슴이 찢어질 것 같아요. 이런 고난은 조금도 낭만적인 데가 없네요.

이야기 속의 소녀는 열병에 걸려 머리를 자르거나 어떤 착한 일을

---

*3 월터 스콧의 이야기시 《마미언》 제6편 17절에서. 이 구절도 본디의 노래가 있으며, 고대 로마의 희극시인 테렌티우스(기원전 2세기 무렵)가 쓴 시의 한 구절. '잊을 수 없는 추억' 에도 앤이 걸으면서 《마미언》을 암송하는 장면이 있음. '지난 이야기' 7 참조.

위해 돈을 마련하려고 자기 머리털을 자르지요.*4 나도 그런 이유로 머리를 자른다면 이토록 괴롭지 않을 거예요. 터무니없는 색으로 머리를 물들였기 때문에 잘라야 하다니 정말이지 한심해요. 머리를 자르는 동안 내내 눈물을 흘리겠어요. 너무 비극적인 일이니까요."

앤은 울었지만 나중에 2층으로 올라가 거울을 들여다보고 어쩔 수 없음을 깨닫자 오히려 냉정하게 마음을 가라앉혔다.

머릴러는 완벽하게 잘랐다. 되도록 짧게 자를 필요가 있었던 것이다. 그 결과 아무리 좋게 봐주려 해도 어울린다고 할 수는 없었다.

앤은 급히 거울을 벽 쪽으로 돌려놓았다. 그리고 단호한 목소리로 말했다.

"머리가 자랄 때까지 절대로 거울을 보지 않겠어."

그러나 앤은 갑자기 거울을 다시 제대로 놓았다.

"아니야, 역시 봐야 해. 나쁜 짓을 한 대가를 받아야지. 방에 들어올 때마다 거울을 보고 자신이 얼마나 미운지 눈으로 확인해야 해. 상상으로 밑지 않다고 생각해서는 안 돼.

다른 일이라면 몰라도 머리털에 대해 자랑스럽게 느낀 적은 한 번도 없었어. 그래도 전에는 빨강머리였지만 길고 굽슬거렸는데 이게 뭐람. 다음에는 코마저 어떻게 되는 게 아닐까."

다음 월요일, 짧게 자른 앤의 머리는 학교에서 큰 화제가 되었다. 그러나 아무도 그 이유를 몰랐으므로 앤은 마음을 놓았다. 조지 파이도 전혀 짐작하지 못했지만, 앤에게 허수아비 같다고 말하는 것을 잊지 않았다.

앤은 그날 밤 머릴러에게 말했다.

"조지가 내게 그런 말을 해도 나는 잠자코 있었어요."

---

*4 착한 일을 위해서라면 루이저 M. 올콧(1832-88)의 《작은 아씨들(1868,9)》에서 둘째딸 조가 병원에 입원한 아버지를 위해 머리를 잘라 팔아서 돈을 마련한 게 떠오름. 《작은 아씨들》은 몽고메리가 태어나기 전에 발행되어 베스트셀러가 되었으며, 그녀도 읽었음.

머릴러는 늘 앓는 두통이 도져 긴 의자에 누워 있었다.

"허수아비 같다는 말을 들었을 때 무척이나 괴로웠어요. 하지만 속 죄하는 뜻에서 꾹 참았죠. 뭐라고 말대꾸하고 싶었지만 그저 무시하는 눈으로 그 애를 바라보며 용서해 주었어요. 남을 용서하니까 굉장히 훌륭한 사람이 된 듯한 느낌이 들었어요.

앞으로는 착한 사람이 되기 위해 힘쓸 뿐 예뻐지려는 생각은 하지 않기로 했어요. 그 편이 훨씬 훌륭하거든요. 그것을 잘 알고 있지만 때때로 힘들어져요. 그래도 머릴러나 앨런 부인이나 스테이시 선생님처럼 착한 사람이 되고 싶어요. 머릴러가 자랑스럽게 여길 수 있는 사람이 되고 싶어요.

다이애너는 내 머리털이 좀 자랐을 때 검은 벨벳 리본을 머리에 둘러 옆에서 나비매듭으로 매면 어울릴 거예요. 나는 그 리본을 스누드*5라고 고통스럽게 부르고 싶어요. 낭만적으로 들릴 거예요. 내가 너무 지껄여서 머리가 더 아프죠?"

"두통은 좀 나았어. 아까 오후에는 꽤 심했단다. 어찌된 일인지 날이 갈수록 두통이 더 심해지는구나. 진찰을 받아봐야겠어. 네가 재잘대는 게 성가신 일인지 어떤지는 잘 모르겠다―아마 꽤 익숙해졌나 보다."

앤의 이야기를 좀더 듣고 싶을 때 머릴러는 이런 식으로 표현하였다.

---

*5 머리띠를 뜻하는 스코틀랜드 말. 스코틀랜드의 미혼여성은 독신인 표시로 리본을 머리띠처럼 둘렀음. 이 책에는 스코틀랜드 말이 때때로 나오는데, 이것도 그 가운데 하나임.

운나쁜 백합공주*1

"물론 네가 일레인*2 역을 맡아야 해, 앤. 나는 그렇게 멀리까지 배에 실려 내려갈 용기가 없어."

다이애너가 잔뜩 겁내며 말하였다.

루비 길리스도 무서워 몸을 바들바들 떨며 말했다.

"나도 싫어. 두세 명이 함께 타고 제대로 앉아서 간다면 재미있겠지만 배 안에 누워 죽은 척하고 있어야 한다니 도저히 할 수 없어. 정말 죽을지도 몰라."

제인 앤드루스가 앤의 눈치를 살피며 둘러댔다.

"앤의 제안은 낭만적이긴 하지만, 나 같으면 꼼짝하지 않고 누워 있

---

*1 백합공주라는 말은 다음 항에서 설명하는 일레인이 '아스트라트의 백합공주'로 형용되었던 것을 인용한 것.

*2 앨프리드 테니슨의 시 《왕의 노래》의 등장인물. 본디 5-6세기 브리튼 섬의 전설 《아서왕 전설》에 나오는 인물. 테니슨은 《아서왕 전설》을 토대로 《왕의 노래》를 썼음. 일레인은 '아스트라트의 백합공주'라 불리는 아름다운 처녀로, 기사 랜슬롯을 사랑하던 끝에 죽어버림. 아버지와 형제들이 그녀 유해를 작은 배에 싣고, 늙은 벙어리 하인이 배를 저어 강을 내려가다가 캐멀롯 성의 아서왕과 기사들에게 발견됨. 여기서는 테니슨의 시를 앤과 친구들이 연기하는 형태로 씌어 있음.

지 못할 거야. 1분마다 일어나서 내가 어디에 있는지, 너무 멀리 떠내려가지 않았는지 살펴볼 거야. 그러면 안 되겠지, 앤?"

그러자 앤은 슬프게 말했다.

"그렇지만 빨강머리 일레인 공주란 아무리 생각해도 우스꽝스러워. 나는 배에 실려 떠내려가는 것쯤 아무렇지도 않으니까 기꺼이 일레인이 되고 싶어. 하지만 빨강머리는 역시 이상해.

루비가 일레인 역을 해야 돼. 살빛도 희고 게다가 멋진 금발이잖아. '일레인은 빛나는 머리털이 풍부하게 물결치고 있었다*³라고 묘사되어 있잖니. 그리고 일레인은 백합공주야. 빨강머리는 백합공주에 어울리지 않아."

다이애너는 열심히 앤을 타일렀다.

"네 얼굴도 루비만큼 하얀 걸. 머리색깔도 자르기 전보다 훨씬 진해졌어."

"어머, 정말로 그렇게 생각하니?"

앤은 손뼉을 치며 너무 기뻐서 얼굴이 빨갛게 달아올랐다.

"나도 그런 생각이 들 때가 있었지만, 누군가가 그렇게 말해 주기를 기다리고 있었어. 지금은 금갈색이라고 해도 괜찮겠니, 다이애너?"

다이애너는 짧은 비단실 같은 곱슬머리를 황홀하게 바라보며 말했다.

"응, 내 눈에는 굉장히 예뻐 보여."

앤의 머리는 예쁜 검은 벨벳 나비리본으로 매여 있었다.

소녀들은 '언덕의 과수원' 아래 호숫가에 서 있었다.

자작나무로 에워싸인 곳이 호숫가에서 튀어나와 있고 그 끝에는 어부며 오리사냥꾼을 위한 작은 나무발판이 물가에 세워져 있었다. 루비와 제인이 다이애너네 집에 놀러와 이곳에서 한여름의 오후를

---

*3 테니슨의 시 《왕의 노래》 가운데 《랜슬롯과 일레인(1859)》의 1149행에서 인용.

즐기고 있는데 앤이 왔던 것이다. 앤과 다이애너는 그 여름내 이 호숫가에서 배를 타거나 물가에서 지냈다.

'아이들 와일드'는 두 사람에게 이미 과거의 시간 속에 묻혀 있었다. 벨 씨가 지난봄 저택 뒤쪽 목장에 조그만 원을 그리며 늘어서 있는 나무들을 사정없이 베어버렸기 때문이다. 앤은 나무 그루터기에 앉아 하염없이 울었다. 그러고 있노라니 낭만적인 기분이 조금은 스며들었다.

그러나 앤의 마음은 곧 이 호숫가에서 위안받았다. 앤과 다이애너의 말을 빌면, 13살 여자아이, 더욱이 곧 14살이 되려는 다 큰 아가씨에게는 소꿉장난집 같은 놀이터는 유치했던 것이다. 이제는 호숫가에서 노는 편이 훨씬 유쾌했다.

다리 위에서 낚싯줄로 각시송어를 낚는 것도 재미있고, 배리 씨가 오리사냥할 때 이용하는 밑이 평평한 작은 배도 탈 수 있었다.

일레인 이야기를 연극으로 꾸며보자는 말을 꺼낸 건 역시 앤이었다. 아이들은 지난 겨울 학교에서 테니슨의 시[*4]를 배웠는데, 이 프린스 에드워드 섬 학교에서는 국어 교재로 이것을 채택하라는 교육장의 지시가 있었기 때문이었다.

시는 문법을 헤아려보고 또 분석하기 위해 낱낱이 헤쳐놓아 마지막에는 그 의미조차도 알 수 없게 되었지만, 아이들에게는 아름다운 백합공주와 기사 랜슬롯[*5]과 귀너비어왕비[*6]와 아서 왕[*7]이 실제로

[*4] 《왕의 노래》는 장편시이므로 그 안의 시 《랜슬롯과 일레인》을 앤과 친구들은 배웠을 것임.

[*5] 아서왕을 섬기는 원탁의 기사 가운데 한 사람. 일레인의 유해는 흘러가다 사랑하는 사람 랜슬롯에게 편지로 연심을 전하는데, 앤도 떠내려가다 뒷날 남편이 될 길버트에게 죽기 직전 발견되어 구출됨. 몽고메리는 테니슨의 시와 《아서왕 전설》의 줄거리를 의식하고 있었음. 즉 앤이 사실은 길버트에게 호감을 가지고 있다는 암시로 볼 수 있음.

[*6] 아서왕의 왕비. 랜슬롯이 사모함.

[*7] 아서왕은 5세기말–6세기초 브리튼 섬에 실재한 것으로 추정되나, 실재하지 않았다는 설도 있음. 아서왕은 브리턴인(켈트인)을 조직해 앵글로색슨인의 침입에 맞서 싸웠지

존재했던 인물처럼 여겨졌다.

특히 앤은 자기가 캐멀롯*8에서 태어나지 못한 것을 남모르게 많이 아쉬워했다. 앤에게는 그 무렵이 지금보다 훨씬 낭만적이었던 것이다.

앤의 제안은 모두에게 큰 환영을 받았다. 소녀들은 밑이 평평한 작은 배를 나루터에서 밀어내면, 흐르는 물을 따라 배가 유유히 떠내려가다가 다리 밑을 지나 자연히 아래쪽 후미진 곳에 다다르는 것을 알고 있었다. 지금까지 여러 번 그 흐름을 따라 보트놀이를 하였기 때문이다. 일레인의 이야기를 연극으로 할 때 이보다 더 알맞은 장소는 달리 없었다.

"알겠어. 그럼, 내가 일레인 역을 맡을게."

앤은 하는 수 없이 승낙했다. 주인공을 맡은 것은 기뻤지만, 앤의 예술적인 감각은 적임자를 갈망했는데, 지금 상황으로서는 그럴 수 없음을 알았던 것이다.

"루비는 아서왕이 되고, 제인은 귀네비어왕비, 다이애너는 랜슬롯 역을 맡아. 하지만 그보다 먼저 일레인의 오빠들*9과 아버지 역을 맡아야 해.

늙은 벙어리 하인*10과 일레인이 함께 배에 타야 하지만, 내가 드러누우면 한 사람 더 타기는 힘들겠지. 일레인의 관이 되는 배는 앞에

만 패배해, 그의 왕국부흥 꿈을 그린 《아서왕 전설》이 탄생. 이 전설을 바탕으로 한 역사서·이야기·시가 많으며, 12세기 무렵부터 온 유럽 궁정에서 즐겨 읽혀졌음. 기사들의 모험과 사랑, 요정과 마법사의 활약이 그려져 있음. 현대에도 그 전설은 사라지지 않아 장 콕토가 무대극으로 만들었으며, 영화 《엑스칼리버》는 아서왕의 보검 이름을 딴 것임.

*8 아서왕의 궁정이 있었던 것으로 전해지는 가공의 도시. 영국 서남부로 추정되며 윈체스터라는 설도 있음.

*9 복수형으로 되어 있는 것은 일레인에게 라벤과 토레라는 두 오빠가 있었던 것을 근거로 함.

*10 테니슨의 시 《왕의 노래》에서, 말 못하는 늙은 하인이 일레인의 유해를 싣고 배를 저어 흘러내려감. 그래서 몽고메리는 앤에게 사실은 하인을 태워야한다고 말하게 한 것임.

서부터 끝까지 새까만 비단으로 씌워져야 해.*11 다이애너, 네 어머니의 낡은 검은 숄이 어울리지 않을까."

검은 숄을 가져오자 앤은 작은 배에 펼쳐놓고 드러누운 다음 눈을 감고 가슴에 두 손을 얹었다.

루비 길리스가 어른거리는 자작나무 그림자 밑에서 눈을 감고 꼼짝도 하지 않는 앤의 조그만 하얀 얼굴을 지켜보며 불안한 듯 말했다.

"어머나, 정말 죽은 사람 같아. 애들아, 어쩐지 무서운 생각이 들어. 이런 연극을 해도 정말 괜찮을까? 린드 부인은 연극이란 무엇이건 나쁘다고 했어."

앤이 날카롭게 말했다.

"루비, 린드 부인 이야기는 그만둬. 흥이 깨져버려. 이건 그 부인이 태어나기 몇백 년 전 이야기야. 제인, 네가 지휘해. 죽은 일레인이 말을 한다면 우습지 않겠니."

제인이 그 뒤의 일을 떠맡게 되었다. 일레인의 유해를 덮을 금색 비단헝겊이 있을 리 없어 쪼글쪼글한 노랑 크레이프*12로 된 낡은 피아노 덮개가 안성맞춤의 대용품이 되었다. 또 이 계절에는 새하얀 백합을 구할 수 없었지만 앤의 마주잡은 두 손에 쥐어진 긴 하늘색 붓꽃은 더할 나위 없는 효과를 자아냈다.

제인이 말했다.

"자, 준비가 다 됐어. 이제부터 일레인의 싸늘한 이마에 입맞춤하는 거야.*13 그리고 다이애너, 너는 '누이동생아, 잘 가거라'*14 이렇게 말

*11 테니슨의 시 《랜슬롯과 일레인》 1135행에서 인용.

*12 축면사(縮緬絲)를 씨실로 짠, 비단·폴리에스테르·양모·레이온 등의 바탕이 쪼글쪼글한 직물. 원문에는 일본 크레이프로 되어 있음. 그즈음 일본 '기모노'의 아름다운 비단이 수출되어, 파리모드에서는 일본천을 재단한 드레스와 기모노 무늬를 모방한 천이 만들어졌음. 파리·런던의 세계박람회 뒤, 이국적인 취향으로 유행.

*13 《랜슬롯과 일레인》 1143행에서 인용.

*14 《랜슬롯과 일레인》 1144행에서 인용.

해. 루비, 너는 '안녕, 사랑하는 누이동생이여*15 하고 아쉬운 듯 말해
야 돼. 둘 다 되도록 슬픈 표정을 지으면서 연기해줘.

앤, 제발 좀 미소지어봐. 일레인은 '미소를 머금고 누워 있었다*16라
고 시에 씌어 있는 걸. 응, 좋아. 그럼, 배를 밀어내자."

작은 배는 기슭을 떠나갔다. 그때 배 밑바닥이 호수에 묻혀 있던
낡은 말뚝 끝에 부딪혔다.

다이애너와 제인과 루비는 배가 다리 쪽을 향해 떠내려가자 곧 숲
을 지나 길을 가로질러 아래쪽의 후미진 곳을 향해 뛰어가기 시작했
다. 그곳에서 세 사람은 랜슬롯과 귀네비어왕비와 아서 왕이 되어 백
합공주가 와닿기를 기다려야 했던 것이다.

처음 얼마 동안 앤은 천천히 떠내려가며 자기가 놓인 낭만적인 상
황을 마음껏 즐겼다. 그런데 조금 뒤 낭만적일 수 없는 사태가 일어
났다. 배에 물이 새어들어오기 시작한 것이다.

일레인은 곧 일어서지 않을 수 없었고, 금빛 피아노 덮개와 새까만
숄을 걷어올린 앤은 배 밑에서 물이 뿜어들어오고 있음을 보고 깜
짝 놀랐다. 나루터의 뾰족한 말뚝이 배 밑바닥을 뚫었던 것이다.

앤은 자세한 사정은 알지 못했지만, 자기가 지금 위험한 상태에 놓
여 있음을 곧 깨달았다. 이대로 가다가는 배가 저 아래 곳에 다다르
기 전에 물에 잠겨 가라앉을 게 틀림없었다.

노는 어디 있지? 맙소사, 나루터에 두고 오지 않았는가!

앤은 숨을 깊이 들이쉬며 비명을 질렀지만 아무에게도 들리지 않
았다. 입술이 새파래졌어도 침착성은 잃지 않았다. 아직 기회가 남아
있다, 오직 단 한 번뿐.

앤은 다음날 앨런 부인에게 이렇게 말했다.

"정말 무서워 소름이 끼쳤어요. 배가 다리까지 떠내려가는 시간이

*15 《랜슬롯과 일레인》 1145행에서 인용.
*16 《랜슬롯과 일레인》 1154행에서 인용.

굉장히 길게 느껴졌어요. 물은 시시각각 불어나고 있었지요. 아무튼 나는 간절히 기도를 드렸어요. 하지만 눈은 크게 뜨고 기도를 드렸어요. 하느님의 도움을 받으려면 배가 다리기둥에 가까이 갔을 때 얼른 그것을 붙잡고 매달리는 수밖에 없었기 때문이에요. 다리기둥은 오래되어 낡았고 나뭇가지들이 뒤얽혔던 흔적으로 울퉁불퉁했어요. 기도도 중요하지만 다리기둥으로 다가가는 것을 내 두 눈으로 똑똑히 지켜보고 있어야 했거든요.

'하느님, 부디 배를 다리기둥 가까이에 대주십시오. 그 다음은 제가 어떻게든 하겠습니다' 이렇게 자꾸만 되풀이하면서 기도했어요. 그런 상태에서 더 복잡한 기도는 드릴 수 없었어요.

그래도 내 기도는 이루어졌어요. 얼마 뒤 배가 다리기둥 하나에 쾅 부딪쳤거든요. 하느님 덕분에 그 다리기둥에는 나뭇가지가 잘린 자국이 크게 나 있어 스카프와 숄을 어깨에 걸치고 그곳으로 기어올라 갔어요. 그리고는 올라갈 수도 내려갈 수도 없게 된 채 미끈미끈한 기둥에 매달려 있었어요. 결코 낭만적인 모습은 아니었지만 그때는 그럴 상황이 아니었어요. 물의 무덤*[17]에서 막 벗어난 참에 낭만이고 뭐고 생각할 겨를이 없었거든요.

나는 곧 감사기도를 드렸어요. 그리고 떨어지지 않도록 꼭 붙잡고 있었죠. 육지로 올라가기 위해서는 누군가 도와주러 올 때까지 기다려야 했기 때문이에요."

한편 작은 배는 다리 밑을 지나자 곧 한가운데에서 가라앉고 말았다. 루비와 제인과 다이애너는 아래쪽 곳에서 기다리고 있었는데, 자기들 눈앞에서 배가 가라앉는 것을 보고 앤도 함께 가라앉았다고 생각했다.

한순간 세 소녀는 핼쑥한 얼굴로 말뚝처럼 서서 이 끔찍한 비극

---

*17 시 《랜슬롯과 일레인》의 한 구절에서. 일레인의 유해가 배를 타고 강을 내려가는 것을 물의 무덤이라고 표현.

앞에 온몸이 얼어붙는 듯했다. 그런 다음 있는 힘을 다해 비명을 지르며 미친 듯이 숲을 달려갔는데, 길을 가로질러가며 멈춰서서 다리 쪽은 돌아보려 하지도 않았다.

앤은 위태로운 기둥에 필사적으로 매달려 세 소녀가 달려가는 모습을 보았고 소리도 들었다. 얼마 있으면 누군가 도와주러 오겠지만 그때까지 앤이 매달려 있을 수 있는지가 문제였다.

시간이 얼마쯤 지나갔지만 운나쁜 백합공주에게는 1분 1초가 한 시간만큼이나 길게 여겨졌다.

어째서 아무도 오지 않을까? 모두들 어디로 간 것일까? 만일 누군가가 기절이라도 했다면, 아니, 그들이 모두 기절해 버렸다면! 아무도 도와주러 오지 않는다면! 지쳐서 손발이 마비되어 기둥을 붙잡고 있을 수 없게 된다면!

앤은 아래쪽에 기다란 밧줄처럼 그림자가 드리워진 시퍼런 물을 내려다보고 몸서리를 쳤다. 온갖 무서운 상상이 잇따라 머리에 떠올랐기 때문이다.

마침내 팔과 손목이 아파 더이상 참을 수 없다고 절실하게 느끼기 시작했을 때, 길버트 블라이스가 하먼 앤드루스의 도리선(船)*18을 저어 다리 밑으로 다가왔다!

무심히 위를 올려다본 길버트는 조그맣고 핼쑥한 얼굴이 자기를 쌀쌀맞게 내려다보고 있는 것을 보고 깜짝 놀랐다. 그 겁먹은 잿빛 눈에는 여전히 경멸하는 듯한 표정이 담겨 있었다.

그는 외쳤다.

"아니, 앤 셜리! 어째서 그런 곳에 있니?"

대답을 기다리지 않고 길버트는 배를 다리기둥으로 가까이 대어

---

*18 dory. 대구어선에 딸린 작은 배. 뱃머리는 뾰족하고 배꼬리는 V형 평판. 부근의 뉴펀들랜드에서는 대구잡이가 성행했으며, 프린스 에드워드 섬에서도 마찬가지였을 것으로 추정됨.

한 손을 내밀었다. 어쩔 수 없었다. 앤은 길버트의 손을 붙잡고 배로 옮겨탔다.

앤은 두 손에 물이 뚝뚝 떨어지는 스카프와 숄을 안은 채 처참한 흙투성이 모습으로 배꼬리 쪽에 앉았다. 이런 상황에서 위엄있는 자세를 취한다는 것은 확실히 불가능한 일이었다.

길버트는 노를 젓기 시작하며 물었다.

"어떻게 된 일이니, 앤?"

앤은 생명의 은인 쪽은 쳐다보지도 않으며 차갑게 말했다.

"일레인 연극을 하고 있었어. 그래서 나는 배를 타고—그 바닥이 평평한 배 말이야—캐멀롯을 향해 떠내려가게 되었어. 그런데 배에 물이 새어들어와 다리기둥에 매달린 거야. 다른 아이들은 사람을 부르러 갔어. 미안하지만 나루터까지 데려다 주겠니?"

길버트는 기꺼이 나루터까지 가주었다. 앤은 길버트가 내미는 손을 뿌리치고 재빠르게 기슭으로 건너뛰었다.

"고마웠어."

오만하게 말하고 앤은 가버리려 했다. 그러나 길버트도 기슭으로 뛰어내려 앤의 한쪽 팔에 손을 얹고 붙잡았다.

"잠깐만 기다려줘. 우리 좋은 친구가 될 수 없겠니? 그때 네 머리에 대해 놀린 것은 정말 잘못했어. 너를 괴롭히려고 그런 게 아니라 그저 장난이었어. 그리고 이제는 오래된 일이잖니. 지금은 네 머리가 굉장히 아름답다고 생각해. 맹세코 진심이야. 앤, 우리 화해하자."

한순간 앤은 머뭇거렸다. 길버트 따위에게 도움받다니 화가 나서 자존심이 구겨진 듯 여겨졌으나, 앤은 자기 가슴 속에 지금까지와는 다른 기묘한 감정이 솟아나고 있음을 느꼈다. 자기를 지그시 바라보는 길버트의 갈색 눈동자 속에 떠오른 수줍음과 열의넘치는 표정에 이상한 설레임이 느껴졌다.

앤은 가슴이 묘하게 두근거렸다.

그러나 오랜 상처의 아픔이 갑자기 앤의 흔들리던 결의를 굳혔다. 2년 전 광경이 마치 어제 일처럼 또렷이 앤의 기억 속에 되살아났다. 길버트는 자기에게 '당근'이라고 놀리며 아이들 앞에서 망신을 주었던 것이다.

이렇듯 분개하는 감정은 다른 사람들, 특히 나이든 사람들에게는 가볍게 웃어넘길 수 있었을지도 모른다. 그러나 오랜 시간이 지났음에도 불구하고 앤의 마음은 조금도 누그러지지 않았다. 앤은 길버트 블라이스를 미워하고 있었다. 결코 용서할 수 없어!

앤은 단호히 말했다.

"싫어. 나는 너와 화해할 수 없어, 길버트 블라이스. 그렇게 하고 싶지 않아!"

"알았어!"

길버트는 노여움이 가득한 얼굴로 배에 훌쩍 올라탔다.

"친해지자는 말을 두 번 다시는 하지 않겠어, 앤 셜리. 나도 그러고 싶지 않아."

길버트는 노를 힘껏 저어 어느새 멀리 가버렸다.

앤은 단풍나무 밑에 고사리가 무성한 오솔길을 올라갔다. 여전히 오만한 자세를 유지했지만 후회 비슷한 감정이 앤의 마음속에 깃들기 시작했다. 길버트에게 그런 말을 하지 말 걸 그랬다는 아쉬움마저 들었다.

물론 심하게 놀림받은 것은 사실이다. 하지만……!

앤은 그 자리에 주저앉아 실컷 울면 얼마나 가슴이 후련해질까 생각했다. 팔이 저리도록 매달려 있던 일이 떠오르면서 갑자기 긴장이 풀렸던 것이다.

오솔길을 반쯤 올라간 곳에서 앤은 거의 미친 사람같이 호숫가 쪽으로 달려가고 있는 제인과 다이애너와 마주쳤다.

'언덕의 과수원'으로 달려가니 배리 부부는 외출 중이어서 아무도 없었다. 루비 길리스는 히스테리 발작을 일으켜 그대로 거기에 있고 제인과 다이애너는 '도깨비숲'을 지나 시냇물을 건너 그린게이블즈로 달려갔는데 그곳에도 사람은 없었다. 머릴러는 카모디에 갔고 매슈는 밭에서 마른풀을 만들고 있었기 때문이었다.

"어머나, 앤!"

다이애너는 앤의 목을 끌어안으며 안심과 기쁨의 눈물을 흘렸다.

"아, 앤, 우리는…… 네가…… 물에 빠져 죽은 줄 알고…… 그래서 우리가 너를 죽인 거나 다름없다는 생각이 들었어…… 우리가……너에게……일레인이 되라고 했으니까. 그리고 루비는 발작을 일으켜…… 아, 앤, 어떻게 살아났니?"

앤은 힘없이 말했다.

"다리기둥에 매달려 있었어. 그런데 길버트 블라이스가 앤드루스 씨네 배를 타고 와서 기슭까지 데려다줬어."

가까스로 말할 수 있는 여유가 생긴 제인이 말했다.

"어머나, 앤. 길버트가 구해 주다니 정말 멋있구나! 얼마나 낭만적이니! 그럼, 이제부터 그 아이하고 말을 하겠구나."

단번에 본디 기분으로 돌아간 앤이 울컥하며 말했다.

"아니, 하지 않을 거야. 게다가 낭만적이라는 말 따윈 하지 말아줘, 제인 앤드루스. 너희들을 무척 놀라게 해서 미안해. 모두 내 탓이었어. 나는 어지간히 운나쁜 아이인가봐. 내가 하는 일은 무엇이건 가장 친한 사람을 궁지에 몰아넣는 결과를 가져오니까. 다이애너, 우리가 너의 아버지 배를 가라앉혀 버렸어. 앞으로는 호수에서 배를 타고 놀지 못하게 할 거라는 예감이 들어."

불길한 예감은 대개 들어맞는데, 앤의 이 느낌도 그대로 들어맞았다. 오후에 있었던 일이 배리네와 커스버트네에 알려지자 모두들 이만저만 놀라지 않았다.

머릴러가 크게 꾸짖었다.

"앤, 대체 너에게는 분별력이라는 게 있니, 없니?"

앤은 낙천적으로 말했다.

"아, 물론 있어요, 머릴러."

동쪽 자기 방에서 실컷 울고 난 앤은 곤두섰던 신경이 가라앉아 여느 때의 쾌활함을 이미 되찾고 있었다.

"내가 분별있는 사람이 될 가망성이 전보다 훨씬 많아진 것 같아요."

"어째서 그렇다는 거냐?"

"나는 오늘 매우 중요한 교훈을 새로 배웠어요. 그린게이블즈에 와서 많은 실수를 저질렀지만 그 덕분에 큰 결점들이 하나씩 고쳐졌어요.

자수정 브로치 사건의 결과로 자기 것이 아닌 물건을 만지는 버릇이 없어졌고, '도깨비숲'의 실수는 상상에 너무 빠지지 않도록 하는 교훈을 주었어요. 바르는 진통제를 넣은 케익 사건으로 요리할 때는 정신을 바짝 차리게 되었고 머리염색 덕분에 허영심이 없어졌어요. 이제는 머리빛깔이나 코에 대해 신경쓰지 않거든요. 때때로 아주 조금밖에 신경쓰지 않아요.

오늘의 실패로 낭만적인 것을 흠뻑 빠져 좋아하지는 않게 될 거예요. 애번리에서 낭만을 찾는다는 건 불가능한 일임을 깨달았어요. 몇백 년 전의 탑이 있는 캐멀롯*¹⁹에서라면 또 모를까, 이 시대에 낭만이란 어울리지 않아요. 이런 점으로 미루어 보아 앞으로 내가 훨씬 나아지는 것이 눈에 띄게 될 거예요."

머릴러는 얼마쯤 의심스러워 말했다.

"제발 그렇게 되었으면 좋겠다."

그러나 머릴러가 나가자 늘 앉는 구석자리에서 귀기울이고 있던

---

*19 테니슨이 일레인을 모델로 한 다른 시 《샬럿 아가씨(1832)》 제1부의 5행과 32행, 제2부의 59행, 제4부의 122행과 149행의 '탑이 우뚝 솟은 캐멀롯'에서 따온 것.

매슈는 앤의 어깨에 손을 얹고 수줍은 듯 말했다.

　"너의 낭만적인 취향을 모조리 저버리지는 말아라, 앤. 낭만은 얼마쯤 있는 편이 좋단다. 그야 너무 많으면 난처하지만, 조금은 남겨둬야 해, 앤. 조금은 말이다."

잊을 수 없는 추억

앤은 '연인의 오솔길'을 지나 소떼를 몰며 집 뒤의 목초지에서 돌아오고 있었다.

9월의 해질녘 저녁 노을은 숲속과 개간지를 온통 붉은 빛으로 물들이고 있었다. 앤이 걸어가는 오솔길에도 저녁해가 비쳐들었으나 단풍나무 아래는 이미 어두컴컴한 그림자로 뒤덮였고, 전나무 아래 먼 곳에는 포도주 같은 보랏빛 땅거미가 감돌고 있었다.

바람이 나뭇가지를 스쳐지나가 해질녘의 고요한 전나무를 연주하게 했고, 그 상쾌한 음악은 이 세상 것이 아닌 것처럼 느껴질 정도였다.

소떼가 느릿느릿 몸을 흔들며 오솔길을 걸어가고, 그 뒤에서 앤은 《마미언》[1]의 전쟁장면 한 구절을 소리높이 읊으며 꿈꾸는 기분에 젖어 걸어가고 있었다.

지난해 겨울 국어시간에 배운 시로 스테이시 선생님이 모두에게 암송시켰었다. 앤은 그 시 속의 병사들이 돌격하는 장면이나 창이 부

---

*1 월터 스콧의 시. '매슈의 놀라움' 5, '허영심' 3 참조.

딪치는 소리를 마음속에 또렷이 그려보자 가슴이 두근거렸다.

　　창을 든 불굴의 용사들
　　계속 앞으로
　　맹공격에도 쓰러지지 않는 그들은
　　검은 숲처럼 강하다*²

　이 구절에 이르자 앤은 걸음을 멈춰서서 그 용감한 병사들 가운데 한 사람이 바로 앤 자신이 되는 모습을 더 자세히 떠올려보려는 듯 스르르 눈을 감았다.
　앤이 다시 눈을 떴을 때 다이애너가 자기 집 밭으로 통하는 문에서 나와 이쪽으로 오는 게 보였다. 다이애너는 할 말이 있는 듯한 표정이었으므로 앤은 무슨 일이 일어났음을 곧 깨달았다. 그러나 지나치게 호기심을 드러내보이는 것은 앤이 원하는 바가 아니다.
　"오늘 저녁은 마치 보랏빛 꿈을 꾸고 있는 것 같아. 다이애너, 산다는 것이 무척 즐거워. 날이 밝으면 언제나 아침이 가장 좋다는 기분이 들지만, 해가 지면 저녁이 더 좋은 것 같거든."
　다이애너도 감격하며 말했다.
　"정말 아름다운 저녁놀이야. 그런데 앤, 좋은 소식이 있어. 맞춰봐. 세 번까지 봐줄게."
　앤은 외쳤다.
　"샬럿 길리스가 결국 교회에서 결혼식을 올리게 돼서 앨런 부인이

─────────
*2 월터 스콧의 시《마미언》제6편 '전투'의 제34장, 첫머리로부터 1033행과 1034행. 잉글랜드군과 스코틀랜드군이 필사적인 전투를 벌였지만, 스코틀랜드 병사들은 용감하여 달아나지 않았으며, 쓰러지면 곧 다시 다른 병사들에 의해 사람 방어벽이 보강되었음. 그러나 마침내 스코틀랜드군은 크게 패하고 피비린내 나는 살육전 끝에 잉글랜드군의 마미언도 전사함. 이 숨막히도록 비극적인 전투장면을 음미하기 위해 앤은 멈춰서서 눈을 스르르 감고 마음속에 그려봄. '매슈의 놀라움' 5 참조.★

우리에게 장식하는 것을 도와달라고 했지?"

"아니야, 샬럿의 약혼자가 그런 일을 찬성할 리 없어. 아무도 교회에서 결혼식을 올리지 않았고, 그렇게 한다면 장례식 같다고 했지.[3] 틀려. 더 멋있는 일이야."

"제인 어머니가 생일 파티를 열어도 좋다고 했니?"

다이애너는 고개를 저었다. 다이애너의 검은 눈이 초롱초롱 빛나고 있었다.

앤은 절망적으로 말했다.

"무슨 일인지 도저히 모르겠어. 설마 무디 스퍼존 맥퍼슨이 어제 저녁기도회를 마치고 너를 집까지 바래다주었다는 것은 아니겠지? 아니면 정말 바래다주었니?"

다이애너는 뾰로통하여 큰소리로 말했다.

"천만에. 그 애가 바래다준다 해도 조금도 기쁘지 않아. 맞추지 못하는구나. 오늘 조지핀 할머니로부터 편지가 왔는데, 너와 내게 다음주 화요일에 샬럿타운으로 놀러오지 않겠느냐고 했어. 공진회(共進會)[4]를 구경한 다음 자고 가라는 거야. 어때?"

무엇에라도 몸을 의지하지 않고는 쓰러질 것만 같아 앤은 단풍나무에 기댔다.

"아, 다이애너! 정말이니? 하지만 머릴러가 허락해 주지 않을 것 같아. 나돌아다니는 것은 나쁘다고 할 거야.

---

[3] 그즈음 북미의 프로테스탄트는 대개 집에서 결혼식을 올렸음. 앤과 길버트도 나중에 결혼할 때 그린게이블즈로 목사를 불렀음(《웨딩드레스》). 또 몽고메리도 프린스 에드워드 섬에 있는 친척집 '은빛 숲 저택' 응접실에서 결혼식을 올렸음.

[4] 지방도시에서 열리는 박람회. 특히 가을철 수확이 끝난 뒤의 품평회. 샬럿타운의 공진회는 1879년 시작, 1890년부터 프린스 에드워드 아일랜드 주 전체의 품평회가 대규모로 개최되었음. 말과 가축의 퍼레이드, 출신자가 많은 스코틀랜드의 춤, 농산물·유제품·수예품의 품평, 새로운 농기구 소개 등의 행사가 벌어졌음. 수확 뒤의 농한기이므로 수많은 사람들이 모여들었고, 그 기간 동안 프린스 에드워드 섬의 철도·배 운임이 할인되며 임시편까지 생겼음. 지금도 가을이면 같은 행사가 북아메리카 각지에서 열림.★★

지난주 화이트 샌즈 호텔에서 미국사람들이 여는 콘서트에 큰 마차를 타고 가지 않겠느냐고 제인에게 권유받았을 때도 그렇게 말했단다. 나는 가고 싶었지만 머릴러는 집에서 공부하는 편이 훨씬 더 좋다고 말했거든. 절망한 나머지 너무 슬퍼서 자기 전에 기도드리고 싶은 생각마저 없어지더라. 하지만 나중에 잘못을 깨닫고 한밤중에 일어나 두 손 모아 기도했지."

다이애너가 말했다.

"좋은 생각이 있어. 우리 어머니에게 부탁해 머릴러에게 허락받아 달라고 하자. 아마 틀림없이 너를 보내줄 걸?

만일 가게 된다면 평생 잊지 못할 추억이 될 거야. 다른 아이들은 공진회에 갔다왔는데 나는 아직 가보지 못했거든. 아이들이 거기에 갔다온 이야기를 하면 나도 모르게 화가 나지 뭐니. 제인과 루비는 두 번이나 다녀왔는데 올해 또 간대."

앤은 도리질을 치며 딱 잘라 말했다.

"확실히 갈 수 있게 될 때까지 그 일은 생각하지 않겠어. 기대를 걸었다가 못 가게 되면 견딜 수 없을 거야.

하지만 갈 수 있게 된다면 새로 짓는 코트가 그때까지 완성될 테니 참 다행이야. 머릴러는 내게 코트는 더이상 필요없다고 말했지. 헌코트도 아직 이번 겨울은 충분히 더 입을 수 있고, 원피스를 한 벌 새로 만들어줄 테니 그것으로 만족해야 한다고 했어.

그 코트는 아주 멋있단다. 짙은 감색으로 최신 유행 스타일이야. 머릴러도 이젠 유행에 맞춰서 옷을 지어줘. 매슈가 린드 아주머니에게 부탁하는 건 질색이래. 나는 굉장히 기뻐.

옷이 최신형이면 착한 아이가 되는 것도 문제없어. 적어도 나는 그래. 천성이 훌륭한 사람은 사소한 옷 같은 것은 그리 상관하지 않겠지만 말이야. 아무튼 매슈가 코트를 새로 지어줘야겠다고 해서 머릴러는 고급 나사 지를 사다가 카모디의 근사한 양장점에 맡겼어. 토요일이면 다 만들어질 거야.

일요일에 새로 지은 옷과 모자를 쓰고 교회에 가는 나 자신의 모습을 생각지 않으려 애쓰고 있어. 그런 것은 좋지 않거든. 그래도 자꾸만 상상하게 돼. 모자도 꽤 멋있어. 매슈가 카모디에서 사다줬어. 요즘 한창 유행하는 금줄과 술이 달린 하늘색 벨벳 모자란다.

너의 새 모자도 아주 우아하더구나, 다이애너. 그리고 무척 잘 어울려. 지난 일요일 네가 교회에 들어오는 것을 보고 나는 네가 내 친구라는 게 자랑스러워 가슴이 뿌듯했단다.

옷에 대해 너무 신경쓰는 것은 나쁘겠지? 머릴러는 몹시 질색을 했어. 하지만 옷이야기는 너무도 재미있는 걸 어떡하니."

머릴러는 앤이 샬럿타운에 다녀오는 것을 허락했다. 배리 씨가 다음 화요일에 두 소녀를 데려가게 되었다.

샬럿타운까지 30마일 거리였고 배리 씨는 그날 안으로 돌아와야 하므로 일찍 떠날 필요가 있었다. 앤에게는 그것조차도 즐거운 일이어서 화요일 이른 새벽에 일어났다.

창문 밖을 흘끗 내다보고 날씨가 좋다는 것을 금방 알았다. '도깨비숲'의 전나무 뒤에 펼쳐진 동녘 하늘은 은통 은빛으로 반짝였고, 구름 한 점 없었다.

나뭇가지 사이로 '언덕의 과수원' 서쪽 방에 불이 켜진 게 보였다. 다이애너도 벌써 일어나 준비하는 것이리라.

앤은 매슈가 불을 피울 때까지 얼른 옷을 갈아입었고, 머릴러가 일어나기 전에 아침식사준비를 다 해놓았지만, 부푼 기대감에 지나치게 흥분하여 자신은 아무것도 먹을 수 없었다.

식사가 끝나자 최신유행 모자와 코트를 걸치고 시냇물을 건너고 전나무숲을 지나 '언덕의 과수원'으로 서둘러 걸어갔다. 배리 씨와 다이애너가 모든 준비를 끝내고 기다리고 있었으므로 세 사람은 곧 큰길로 나갔다.

갈길이 멀었지만 앤과 다이애너는 그 순간을 즐겼다. 갈무리를 마친 밭에 비쳐드는 새벽녘의 햇빛을 받으며, 아침이슬이 촉촉히 내린 길을 마차에 몸을 맡겨 흔들리며 가는 기분은 굉장히 유쾌했다.

공기는 차가웠다. 엷은 안개가 골짜기로부터 올라와 언덕 쪽으로 감돌았다. 조그마한 깃발을 내건 듯한 빨간 잎이 돋아나기 시작한 단풍나무숲을 지나고, 시냇물에 가로놓인 다리를 건너기도 하며 앤은 오래 전 어린 날에 맛보았던 기쁨과 두려움*5이 엇갈리는 기분에 다시금 젖어들었다.

큰길은 항구의 해안을 따라 비바람에 시달려 잿빛으로 바랜 어촌을 지나기도 하고, 또는 언덕을 올라가 저 멀리 꿈틀거리는 고지대며 안개낀 푸른 하늘을 마음껏 볼 수 있도록 뻗어나가기도 했다. 어디를 지나가든지 흥미를 끌 만한 화제가 끊이지 않았다.

샬럿타운에 닿아 '너도밤나무집'으로 향한 것은 정오가 가까워서였다. '너도밤나무집'은 오래된 훌륭한 저택으로 큰길에서 깊숙이 들어간 곳에 있었으며, 초록빛 느릅나무와 큰 가지가 엇갈린 커다란 너도밤나무들로 둘러싸여 있었다.

미스 배리는 검고 날카로운 눈을 반짝이며 그들을 현관에서 맞이했다.

"아, 드디어 와주었구나, 앤. 어쩌면 이렇듯 컸니! 나보다도 키가 크구나. 얼굴도 전보다 훨씬 예뻐졌어. 너도 그것을 잘 알고 있겠지?"

"아뇨, 전혀 몰랐어요."

앤은 방긋 웃었다.

"다만 전보다 까뭇까뭇한 주근깨가 적어졌다는 것은 알고 있어요. 그래서 무척 행복해요. 그밖에는 전과 다름없다고 생각해요. 예쁘다고 칭찬하시니 정말 기뻐요, 배리 할머니."

---

*5 '매슈의 놀라움'에서 어린 앤은 마차로 다리를 건너며 덜커덩거리는 바퀴소리를 좋아했지만 한가운데서 다리가 접혀 그 사이에 끼여 버리지 않을까 무서워하기도 했었음.

미스 배리네 저택 안의 가구는 집에 돌아가 앤이 머릴러에게 말했듯 '참으로 으리으리했다'. 식사준비가 어떻게 되었는지 보기 위해 미스 배리가 나가자 응접실에 남겨진 두 시골소녀는 실내의 웅장함에 그만 넋을 잃고 말았다.

다이애너가 소곤소곤 속삭였다.

"마치 궁전 같지? 조지핀 할머니댁은 이번이 처음이야. 이토록 훌륭한 줄은 몰랐어. 줄리어 벨에게 보여주고 싶어. 줄리어 벨은 자기 어머니 응접실을 굉장히 자랑하거든."

앤은 크게 한숨을 쉬었다.

"온통 벨벳을 깔았구나. 게다가 비단 커튼! 나는 이런 것을 늘 꿈에 그리고 있었어. 도저히 믿어지지 않을 정도지만, 이런 멋진 가구들에 둘러싸여 있으니 그리 좋을 것 같지는 않아. 이 방에는 모든 게 갖춰져 있고, 저마다 훌륭하니 더 이상 상상을 펼칠 여지가 없어. 가난하다는 것도 위안이 될 때가 있구나. 얼마든지 희망을 꿈꿀 수 있으니까."

앤과 다이애너에게 이 도시에서의 추억은 여러 해 동안 잊을 수 없게 되었다. 처음부터 끝까지 즐거운 일들뿐이었다.

수요일에 미스 배리는 두 소녀를 공진회장으로 데려가 온종일 그곳에서 지냈다.

집으로 돌아온 뒤 앤은 머릴러에게 말했다.

"정말 굉장했어요. 그렇게 재미있을 줄은 상상도 못했어요. 어느 부분이 가장 재미 있었다고 꼬집어 말하기는 어려워요. 굳이 고른다면 말과 꽃과 수예부문이 좋았던 것 같아요.

조지 파이가 레이스 뜨기에서 1등상을 탔어요. 나는 무척 즐거웠어요. 그리고 내가 기뻐하는 게 또한 좋았어요. 왜냐하면 조지 파이의 성공을 진심으로 축하할 수 있다는 것은 내가 착해졌다는 증거가 아니겠어요, 머릴러?

하면 앤드루스 씨는 그라벤슈타인 사과[6] 재배로 2등상을 탔고, 벨 씨는 돼지로 1등상을 탔어요. 다이애너는 주일학교 교장선생님이 돼지로 입상하다니 우습다고 했지만 나는 그렇게 여기지 않아요. 머릴러는 어떻게 생각해요? 다이애너는 앞으로 벨 씨가 엄숙하게 기도드릴 때마다 떠오를 거래요.

클래러 루이즈 맥퍼슨은 그림으로 입상했고, 린드 아주머니는 손수 만든 버터와 치즈로 1등상을 받았어요. 애번리 사람들이 꽤 성적을 올렸다고 할 수 있죠. 린드 아주머니를 그곳에서 만났는데 모르는 사람들 틈에서 낯익은 아주머니를 보니까 너무나 반가웠어요. 몇천 명의 사람들이 구름처럼 가득 있었거든요. 어쩐지 나 자신이 보잘것없는 존재가 된 느낌이 들었어요.

그 다음에 배리 할머니는 경마[7]를 구경시켜 준다면서 특별석으로 데려갔어요. 그런데 린드 아주머니는 가지 않았어요. 아주머니는 경마를 좋아하지 않을 뿐 아니라 신자는 그런 곳에 가지 않는 훌륭한 모범을 보여야 할 의무가 있다고 했어요. 그 많은 사람들 속에서 린드 아주머니가 간다 해도 아무도 알아주지 않겠지만 말예요.

내 생각에도 경마는 자주 갈 곳이 아닌 것 같아요. 왜냐하면 너무도 매력이 있어서 푹 빠지기 쉽거든요. 다이애너는 흥분한 나머지 빨간 말이 이길 테니 10센트 걸지 않겠느냐고 했어요. 나는 이길 거라는 생각이 들지 않아서, 내기는 안했어요.

앨런 부인에게 모든 일을 하나도 빠짐없이 말하고 싶은데 내기 이

---

[6] 독일사과라고도 함. 열매가 크고 빨강과 주황색 줄무늬가 있음. 그라벤슈타인은 생산지 이름으로 옛 독일령. 지금은 덴마크 영토.

[7] 하니스 레이스. 샬럿타운의 마차경기장은 1889년 10월 문을 열었으며, 그즈음 캐나다에서 가장 설비가 좋은 경마장으로 평가받았음. 지금처럼 사람이 말 위에 타서 경주하는 방식이 아니고 말이 사르키(한 사람이 타는 이륜마차)를 끌고 가는 방식이었음. 섬에서는 경주마 사육이 성했고 20군데 넘는 경마장이 있었음. 린드 부인은 종교적 이유에서 반대했지만, 경마는 그즈음 이미 공식적으로 인정된 도박이었음.★★

야기는 할 게 못되니까요. 목사님 부인에게 차마 말할 수 없는 것은 틀림없이 나쁜 짓이겠죠. 목사님 부인을 친구로 삼는 일은 양심을 또 하나 갖는 거나 다름없어요. 그러고 보니 내기하지 않기를 참 잘한 것 같아요. 빨간 말이 정말로 이겼거든요. 다른 말에 10센트 걸었더라면 몽땅 잃을 뻔했어요. 착한 일을 하면 반드시 보답이 오나봐요.[8]

그리고 우리는 어떤 사람이 기구를 타고 둥실둥실 떠오르는 것을 봤어요. 나도 한번 타보고 싶어요, 머릴러. 무척 스릴 있을 거예요. 그리고 부적을 파는 사람을 봤어요. 10센트 내면 작은 새가 부적을 물어다 줘요.

배리 할머니가 부적을 뽑으라고 다이애너와 내게 10센트씩 줬어요. 내 것에는 돈 많고 살빛이 거무스름한 남자와 결혼해 해외에 나가 산다고 씌어 있었어요. 그래서 거무튀튀한 사람을 만나면 모두 주의깊게 쳐다봤어요. 하지만 마음에 드는 사람은 한 명도 없었어요. 지금부터 결혼상대자를 구하는 것은 너무 이르다고 생각해요.

아, 평생을 두고 고이 간직하고 싶은 하루였어요. 나는 너무 고단했지만 밤새도록 잠을 이룰 수 없었죠.

배리 할머니는 약속대로 우리를 손님용 침실에서 자게 해줬어요. 우아한 방이었어요. 하지만 손님용 침실에서 잔다는 건 이제까지 내가 기대했던 것과 좀 달랐어요. 이런 게 어른이 되어가는 일의 가장 나쁜 점인가봐요.

이제야 알 것 같아요. 어린시절 그토록 가지고 싶었던 것도 커서 보면 그리 좋아 보이지 않으니까요."

목요일에 소녀들은 공원으로 드라이브했다.

그리고 저녁에는 미스 배리가 음악학교에서 여는 음악회에 소녀들을 데려갔다. 유명한 여가수가 흥겹게 노래를 불렀다. 앤에게 있어 그

---

[8] 그대로 옮기면 '미덕은 그 자체가 보답'이라는 의미로, 예로부터 있는 속담.

날 밤은 환희의 꿈을 꾸는 듯한 빛나는 밤이었다.

"아, 머릴러, 뭐라고 설명해야 좋을지 모르겠어요. 매우 감동해서 말을 할 수가 없었어요. 어느 정도였는지 짐작할 수 있겠죠. 너무 황홀해 말 한마디 못하고 가만히 앉아 있었어요. 여주인공 셀리키는 굉장한 미인이었어요. 새하얀 비단옷을 입고 번쩍거리는 다이아몬드로 장식을 했죠. 하지만 노래가 시작되자 다른 생각은 전혀 할 수 없었어요.

아, 어떤 감정이었는지 뚜렷이 설명할 수가 없어요. 그저 착한 아이가 되는 게 그리 힘들지 않을 거라는 느낌이 들었어요. 별을 바라보고 있을 때의 기분과 비슷했어요. 눈물이 나왔지만 물론 기쁨의 눈물이었어요.

음악회가 끝나자 맥이 쑥 빠져 배리 할머니에게 다시 평범한 생활로 돌아갈 수 있을 것 같지 않다고 말했어요. 배리 할머니는 길 건너 레스토랑에 가서 아이스크림을 먹으면 기분이 나아질 거라고 하셨죠.

참으로 무미건조한 대답이라고 생각했는데, 놀랍게도 그 말이 딱 맞았어요. 아이스크림은 정말 맛있었거든요. 더구나 밤 11시에 거리의 레스토랑에서 아이스크림을 먹고 있으니 기분이 좋아지고 해방감마저 느껴졌어요.

다이애너는 자기가 도시생활에 어울리는 사람이라고 말했어요. 배리 할머니가 너는 어떻게 생각하느냐고 나에게 물었어요. 하지만 나는 대답하기 전에 곰곰이 생각해 봐야 알겠다고 했죠. 그래서 잠자리에 들어가 상상해 보았어요. 가장 알맞은 시간이니까요.

이윽고 나는 도시생활에 어울리지 않고, 전원생활을 하는 편이 훨씬 더 좋다는 결론을 얻었어요. 밤 11시에 밝은 레스토랑에서[9] 아이

---

[9] 프린스 에드워드 섬에 전등이 처음으로 들어온 것은 1885년. 앤이 사는 농촌에는 아직 전등이 없었고, 밤에 주로 등유램프를 켰음. 섬 전지역에 전기가 보급된 것은 제2차세계대전 뒤. 몽고메리의 집에 처음 전기가 들어온 것은 1926년 토론토 서쪽에 있는 노바르 목사관으로 이사한 뒤였음.

스크림을 먹는 것도 좋지만, 여느 때라면 동쪽 방에서 숨쉬는 나무들과 깊이 잠들어 있을 테고 그것이 더 좋다고 생각됐어요. 그곳에서 자면서도, 하늘에는 별이 반짝이고 시냇물 건너편 전나무 가지 사이로 바람이 불어오는 소리가 들리는 듯했어요.

다음날 아침식사 때 배리 할머니에게 그 이야기를 했더니 마구 웃으셨어요. 배리 할머니는 내가 무슨 말을 하든 대개 웃어요. 아무리 진지한 이야기도 웃으시니 그리 좋은 느낌이 들지는 않았어요. 나는 웃기기 위해 말한 게 아니니까요. 하지만 배리 할머니는 매우 상냥하게 잘 대해 주셨어요."

금요일, 집으로 돌아갈 시간이 되었다. 배리 씨가 마차로 두 소녀를 데리러 왔다.

작별할 때 미스 배리가 물었다.

"두 사람 다 재미있었니?"

다이애너는 배시시 웃으며 대답했다.

"네, 너무나 재미있었어요."

"앤, 너는?"

"처음부터 끝까지 즐거움의 연속이었어요."

앤은 말하며 노부인의 목을 두 팔로 꼬옥 끌어안고 주름진 볼에 입맞춤했다. 다이애너는 도저히 그럴 수 없었으므로 앤의 허물없는 행동을 눈을 동그랗게 뜨고 말똥말똥 쳐다보았다.

미스 배리는 매우 기뻤고 베란다에 서서 마차가 보이지 않게 될 때까지 손을 흔들어주었다. 그리고 아쉬워하며 웅장한 집안으로 들어갔다. 활기찬 두 소녀의 모습이 사라지자 집안이 텅 빈 듯 몹시 쓸쓸했다.

실제로 미스 배리는 자기중심적인 사람이어서 남에게 깊이 마음이 끌린 적은 한 번도 없었다. 남을 평가할 때에는 늘 상대가 자기에게 쓸모가 있는지, 자기를 즐겁게 해주는지 여부를 따지는 게 가장 중요했다.

앤은 지난번에 미스 배리를 즐겁게 해주었으므로 노부인 마음에 쏙 들었다. 그러나 미스 배리는 이제 앤의 특이한 표현법이며 그 남다른 열의며 꾸밈없는 모습과 귀여운 몸짓, 눈과 입술의 아름다움에 이끌리고 있었다.

미스 배리는 혼잣말을 했다.

"머릴러 커스버트가 고아원에서 여자아이를 데려다 기른다는 이야기를 들었을 때 정말 별일도 다 있다고 생각했었지. 지금 와서 보니 실패는 아닌 것 같아. 앤 같은 아이가 내 곁에 늘 있어준다면 나도 좀 더 행복하게 살 수 있을 텐데."

앤과 다이애너는 갈 때와 마찬가지로 역시 즐거운 마차여행을 했다. 아니, 집으로 돌아간다는 기쁨 때문에 한층 더 즐거웠다.

화이트 샌즈를 지나 바닷가길로 접어들자 해가 저물었다. 저녁놀 붉게 지는 하늘 저멀리 애번리의 언덕이 검게 가로누워 있었다.

뒤쪽 바다에서는 이제 막 달이 떠오르고 있었다. 바다는 달빛을 받아 주위가 온통 성스럽게 바뀌었다. 구불구불한 길이 바다 쪽으로 모퉁이를 돌 때마다 조그만 후미가 나타났으며 잔물결이 찬란하게 반짝이고 있었다. 길 아래쪽에서는 바위에 파도가 하얗게 부딪쳐 철썩이는 소리가 들렸고, 코를 찌르는 짠내가 물씬 감돌았다.

크게 숨을 쉬며 앤은 말했다.

"아, 살아 있다는 게 이렇듯 멋있고, 집으로 돌아간다는 게 정말 기분 좋아."

시냇물에 걸린 통나무다리를 폴짝폴짝 건너자 그린게이블즈 부엌에서 새어나오는 불빛이 앤을 정답게 맞이했다. 열린 문으로 싸늘한 가을 밤공기 속에 빨갛게 타오르는 난롯불이 따뜻하게 보였다.

앤은 기운차게 언덕을 뛰어올라 부엌으로 들어갔다. 식탁 위에는 푸짐한 저녁식사가 준비되어 앤을 기다리고 있었다.

머릴러는 뜨개질하던 것을 치우며 물었다.

"어머나, 이제 오니?"

앤은 기쁨에 벅차서 말했다.

"네, 지금 돌아왔어요, 머릴러. 집으로 돌아온다는 것은 정말 즐거워요. 여기저기 마구 입맞추고 싶은 심정이에요. 시계에도 말예요. 어머나, 통닭구이잖아요!*10 나를 위해 만들었군요!"

"그래, 긴 여행 끝에는 몹시 배가 고픈 법이니 뭔가 맛있는 걸 마련하는 게 좋겠다고 생각했지. 어서 웃옷을 벗거라. 매슈 오라버니가 돌아오는 대로 식사하도록 하자. 돌아와 기쁘구나. 정말이야. 네가 없으니 쓸쓸해 견딜 수 없었어. 나흘이 이렇듯 길게 느껴진 건 처음이었단다."

저녁식사 뒤, 앤은 난롯가에서 매슈와 머릴러 사이에 앉아 시시콜콜 모든 일을 말했다.

마지막으로 앤은 만족스러운 듯 이야기를 끝맺었다.

"아무튼 마냥 행복했어요. 내 평생 잊을 수 없는 추억으로 남을 거예요. 하지만 그 무엇보다 기쁜 것은 집으로 돌아온 일이에요."

---

*10 닭고기는 돼지고기보다 귀한 것으로 여겨졌음. 소는 우유를 얻는 게 목적이므로, 식육으로는 사용되지 않았음. 돼지는 해마다 몇 번 도살해, 소금에 절여 보관하므로 신선한 고기가 없었지만, 닭은 농장에서 기르는 것을 특별한 때 잡아 요리하므로 사치스러운 것에 속했음. 이를테면 '진통제 향료'에서 목사부부를 그린게이블즈에 초대했을 때, 머릴러는 채소에 닭고기 젤리를 곁들여 대접했음. 그 귀중한 닭을 통째로 구워 나흘만에 집으로 돌아오는 앤을 환영한 머릴러의 애정이 느껴지고, 또 식탁을 본 앤의 기쁨도 충분히 헤아려 알 수 있음.

수험준비

머릴러는 무릎 위에 뜨개질감을 놓고 의자에 등을 기댔다.

눈이 피로했다. 머릴러는 다음에 읍내로 나가면 안경을 바꿔야 할지 알아봐야겠다고 멍하니 생각했다. 요즘은 눈이 자주 아프고 쓰라렸기 때문이었다.

날이 거의 저물어 흐릿한 11월의 땅거미가 그린게이블즈를 에워싸고 있었다. 난로에서 타오르는 빨간 불빛만이 부엌 안을 비추어 주었다.

앤은 난롯가 바닥에 터키 사람처럼 책상다리를 하고 앉아 그 활활 타오르는 불길을 바라보고 있었다. 마치 긴 세월을 묵묵히 견딘 여름날의 태양이 불꽃이 되어 타오르고 있는 것 같았다.

읽다 만 책이 손에서 미끄러져 바닥에 떨어지는 것도 모르고 반쯤 벌린 입가에 미소를 띠며 앤은 몽상에 젖어 있었다. 스페인의 화려한 성*1이 안개와 무지개 속에 또렷이 모습을 보였고, 그 꿈 속에서 조

---

*1 본디 '스페인의 성'이라는 말은 프랑스어 표현으로, 상상 속의 즐겁고 황홀한 장소, 꿈의 세계를 뜻함. 앤이 몽상에 빠져 느닷없이 스페인 성을 꿈에 보는 까닭도 여기에 있음. 예를 들면 프랑스 시인 장 드묑(1250무렵-1305)의 《장미이야기(1270무렵)》에 '그대는 스페인에 성을 짓고 기쁨의 꿈을 꿀 것이다. 그러나 모든 것은 허무에 지나지 않는다.★★

마조마한 대모험을 하고 있었다—모험은 모두 승리로 끝났으며, 현실세계에서처럼 앤을 갖가지 곤경에 빠뜨리지도 않았다.

머릴러는 애정어린 눈으로 상상에 잠긴 앤을 바라보고 있었다. 그 눈길은 난로 불빛과 그림자가 부드럽게 어우러져 어두컴컴하지 않으면 머릴러가 좀처럼 드러내지 않는 것이었다. 머릴러는 결코 말이나 표정으로 사랑하는 마음을 쉬이 보이는 일은 할 수 없었다. 그러나 겉으로 드러내지 않는 만큼 한층 더 열렬하게 이 가냘픈 잿빛 눈의 소녀를 머릴러는 깊이 사랑하고 있었다.

사실 머릴러는 앤에 대한 자기의 애정이 정도를 넘어서게 될까봐 두려워하고 있었다. 앤에 대해 느끼는 강렬한 애정을 사람에게 쏟는다는 건 때로는 신에 대한 모독이 아닌가 여겨져 머릴러를 불안하게 했다. 어쩌면 머릴러는 앤이 사랑스러울수록 더 엄하게 힐책하여 무의식중에 속죄하고 있는 셈인지도 몰랐다.

확실히 앤 자신은 머릴러가 자기를 그토록 깊이 사랑하는 줄 몰랐다. 머릴러는 늘 까다로웠고 아무리 보아도 동정심과 이해심이 부족한 느낌이 들었다. 그러나 앤은 자기가 머릴러에게 얼마나 크게 신세지고 있는가를 깨닫고 그런 생각을 해서는 안 된다고 스스로 타이르곤 했다.

머릴러는 별안간 말했다.

"앤, 오후에 너와 다이애너가 나간 뒤 스테이시 선생님이 오셨었다."

앤은 퍼뜩 제정신으로 돌아오며 한숨을 쉬었다.

"어머나, 정말이에요? 나가지 말 걸 잘못했어요. 부르지 그랬어요, 머릴러. 다이애너와 나는 바로 '도깨비숲'에 있었거든요.

숲은 요즘 한결 아름다워요. 고사리도 새틴 리브즈도 크래커베리[2]도 고요히 잠들어버렸어요. 마치 누군가가 봄이 올 때까지 커다

---

*2 먹을 때 파삭파삭하는 소리가 나는 데서 붙여진 이름. 일반적인 영어이름은 dwarf cornel.

란 낙엽을 담요로 덮어씌운 것 같아요. 아마 무지갯빛 스카프를 두른 조그만 잿빛 요정이 지난번 달빛이 은은히 비추던 밤에 살짝 와서 그렇게 했을 거예요.

다이애너는 이제 그런 상상을 하지 않으려고 해요. '도깨비숲'에 유령이 있다고 상상했다가 어머니에게 꾸중들은 일을 결코 잊지 않아요. 그것은 다이애너의 상상력에 나쁜 영향을 주었어요. 피기도 전에 시들어버리고 말았거든요.

린드 아주머니가 머틀 벨*³은 시든 사람이라고 했어요. 나는 루비 길리스에게 어째서 머틀 벨이 시든 사람이냐고 물었죠. 루비는 애인에게 배반당했기 때문일 거라고 말했어요.

루비는 애인 일밖에 생각하지 않아요. 자라면서 점점 심해져요. 애인도 좋은 점이 있지만, 모든 일에 애인을 끌어들이는 것은 좀 우스워요.

다이애너와 나는 둘 다 결혼 같은 건 하지 말고 평생 독신으로 지내겠다고 약속하는 일에 대해 깊이 생각하고 있어요.*⁴

다이애너는 아직 결심하지 못하고 있어요. 어쩌면 거칠고 성질이 나쁜 악당과 결혼해 새 사람으로 만드는 것도 숭고한 일이 아닐까 한대요.

---

*3 여자이름. 본디 식물이름(한국명 금매화). '머틀 벨은 시든 사람(본디 시든다는 의미의 blight)'이라고 한 것은 본디 식물이름이기 때문임. 향기로운 흰 꽃이 피며 사랑의 상징, 비너스의 신목(神木)으로도 유명. 따라서 사랑의 상징이어야 할 머틀 벨이 연인에게 배신당하여 실연했다는 대사도 색다른 맛이 있음. 식물을 여자이름에 붙이는 것은, 이 이야기 무대인 19세기 끝무렵부터 유행. 머틀은 성서에도 나무이름으로 아홉 번 등장.

*4 18–19세기 끝무렵까지 북미에서는 중산계급(특히 고학력) 여성이 결혼하지 않고 여자끼리 살며 평생 함께하는 것을 지금처럼 동성애자로 여기지 않았고, 가슴 설레는 우애이며 지적이고 도덕적인 인생설계로 보았음(《레즈비언의 역사》 릴리안 페더먼 저). 또 그즈음에는 결혼해야만 한다는 사회의 억압도 현대처럼 강하지 않아, 평생 독신으로 지내는 사람들이 적지 않았음. 《앤》시리즈에서는 결혼하지 않은 사람들이 여럿 그려져 있음. 《빨강머리 앤》의 머릴러와 매슈, 미스 배리 등.

우리는 요즘 여러 가지로 진지한 이야기를 주고받아요. 우리도 이제 자랐으니 어린아이 같은 이야기는 어울리지 않는 것 같아요. 이제 곧 14살이 된다는 것은 매우 중대한 일이잖아요, 머릴러.

스테이시 선생님은 지난주 수요일에 13살 된 여자아이들을 시냇가로 데려가 그런 말을 해줬어요. 우리 나이에는 어떤 습관을 붙이고 어떤 이상을 가져야할지 절대적으로 주의를 기울여야 한다고요. 20살이 될 때까지는 몸과 마음이 서서히 형성되어 장래 인생을 위한 기초가 탄탄히 굳혀진다고 했어요. 만일 그 기초가 흔들리면 그 위에 온전한 것을 하나도 세울 수 없대요.

다이애너와 나는 학교에서 돌아오면서 이것저것 많은 이야기를 했어요. 우리는 매우 엄숙한 기분이었죠. 우리는 열심히 좋은 습관을 많이 기르고, 되도록 분별있는 사람이 되기 위해 노력하자고 약속했어요.

그렇게 하면 20살 무렵에는 어엿한 어른이 되겠죠. 20살이 될 것을 생각하니, 어쩐지 겁이 나요. 몹시 나이든 노인이 되는 기분이에요. 그런데 스테이시 선생님은 무슨 일로 오셨어요?"

"그 말을 이제부터 하려는 참이다, 앤. 말할 기회를 줘야 이야기하지. 선생님은 너에 대해 말씀하셨어."

"나에 대해서요?"

앤은 좀 겁먹은 표정을 지었다. 그리고 얼굴을 붉히며 외쳤다.

"아, 무슨 이야기인지 알겠어요. 나는 말하려고 했었어요, 머릴러. 정말로 그랬었는데 그만 잊어버렸어요.

어제 오후 학교에서 캐나다 역사 시간에 《벤허》*5를 읽다가 선생님

---

*5 미국 군인·소설가 루 월리스(1827–1905)의 소설. 부제는 '그리스도 이야기'. 1880년, 미국에서 출판되자마자 대 베스트셀러가 되었음. 예수가 살았던 로마제국시대 베들레헴에서 태어난 젊은 유대인 귀족 벤허가 온갖 고난 끝에 그리스도교도가 되는 이야기. 앤이 열중한 마차경주는 두 번의 영화화 작품에서도 클라이맥스.

에게 들켰어요. 제인 앤드루스가 빌려주었거든요.

　점심시간에 읽기 시작했는데 전차경주장면에 이르렀을 때 오후 수업이 시작됐어요. 그 뒤가 궁금해 견딜 수 없어서—하지만 나는 벤허가 틀림없이 이기리라는 걸 알고 있었어요. 그렇지 않으면 인과응보의 원칙에 들어맞지 않으니까요—책상 위에 역사책을 펴놓고 책상과 무릎 사이에 《벤허》를 놓았어요. 그렇게 하면 캐나다 역사를 읽는 것 같이 보이면서 《벤허》를 읽을 수 있으니까요.

　나는 완전히 책에 열중해 있었어요. 너무나 재미 있어서 스테이시 선생님이 통로를 걸어오는 것을 전혀 몰랐어요. 문득 고개를 드니 선생님이 무서운 얼굴로 나를 내려다보고 있었죠. 부끄러워 견딜 수 없었어요. 특히 조지 파이가 킥킥 비웃는 소리가 들렸을 때는 몹시 싫었어요.

　스테이시 선생님은 《벤허》를 빼앗았어요. 선생님은 그때까지도 아무 말씀 하지 않았어요. 그리고 쉬는 시간에 나를 남게 해서 많이 꾸중하셨어요.

　내가 두 가지 나쁜 짓을 했다고 했죠. 첫째는 열심히 공부해야 할 시간을 낭비했고, 둘째는 역사책을 읽는 척하며 소설책을 읽어 선생님을 속인 점이라고요.

　그 말을 들을 때까지 나는 내가 한 짓이 남을 속이는 일인 줄 전혀 몰랐어요. 무언가 얻어맞은 듯 큰 충격을 받았죠. 그래서 무척 울었어요. 그리고 스테이시 선생님에게 다시는 이런 짓을 하지 않을 테니 용서해 달라고 했어요. 그리고 벌로 꼬박 1주일 동안 《벤허》를 손에 잡지 않고 전차경주가 어떻게 되었는지 알아보지도 않겠다고 말했어요.

　스테이시 선생님은 그럴 필요는 없다고 하시며 너그러이 나를 용서해 주셨어요. 그런데 집까지 오셔서 머릴러에게 이야기하다니 좀 너무했어요.”

"스테이시 선생님은 그런 말씀을 하지 않았어, 앤. 공연히 네가 그 책을 받아 제멋대로 그렇게 여긴 거지. 학교에 소설책을 가져가다니 좋지 않아. 너는 소설을 너무 많이 읽는구나. 내가 어렸을 때는 소설을 보지도 못하게 했다."

앤은 항의했다.

"어머나, 《벤허》같이 훌륭한 종교적인 책을 어떻게 소설이라고 할 수 있어요? 그야 일요일에 읽을거리로는 좀 자극이 심하다*6고 할 수 있겠죠. 그래서 평일에 읽고 있어요.

그리고 지금 스테이시 선생님이나 앨런 부인이 13살 9개월 된 여자아이가 읽어도 좋다고 한 책 말고는 읽지 않고 있어요. 선생님과 약속했거든요.

선생님은 어느 날 내가 《유령 집의 무서운 비밀》이라는 책을 읽는 것을 보았어요. 루비 길리스가 빌려준 그 책은 소름이 오싹 끼칠 만큼 재미있었어요. 정말 온몸의 피가 얼어붙는 것 같았다니까요.

하지만 스테이시 선생님은 보잘것없는 해로운 책이라며 그 책뿐 아니라 그와 비슷한 책도 일체 읽지 말라고 하셨어요.

앞으로 읽지 않는 것은 상관없었지만, 끝이 어떻게 되는지 모르는 채 그 책을 돌려줘야 하니 무척 괴로웠어요. 하지만 나는 스테이시 선생님을 몹시 좋아해서 겨우 참을 수 있었어요. 소중한 사람을 기쁘게 해주기 위해서는 어떤 어려운 일이라도 할 수 있나봐요."

머릴러가 말했다.

"그럼, 나는 램프에 불을 켜고 일이나 시작해야겠다. 너는 스테이시 선생님이 한 이야기를 들을 생각이 없는 듯하니까. 어쩌면 너는 그토록 네 입에서 나오는 소리에만 관심이 있니."

앤은 후회하며 외쳤다.

---

*6 모세의 십계에서 일요일은 안식일로 노동과 오락이 금지되었음.

"어머나, 아니에요, 머릴러. 제발 말해주세요. 이제부터는 아무 말도 하지 않을게요. 한 마디도요. 나도 내가 너무 지껄인다는 것을 잘 알고 있어요. 그러지 않으려 노력하지만 잘 되지 않아요. 내가 하고 싶은 말을 얼마나 많이 참는지 안다면 조금은 칭찬해 줄 거예요. 어서 알려 줘요."

"스테이시 선생님은 공부 잘하는 아이들 가운데 퀸즈아카데미 입학시험준비반을 만들어야겠다고 하셨어. 방과 뒤 한 시간씩 보충수업을 시키려는 것 같더라. 선생님은 매슈 오라버니와 내가 너를 그 반에 넣을 생각이 있는지 물으러 오셨어. 너는 어떻게 생각하니? 퀸즈아카데미에 다녀서 선생님이 되고 싶은 생각 없니?"

"아, 머릴러!"

바닥에 앉아 있던 앤은 자세를 고쳐 무릎을 꿇고 두 손을 꼭 마주 잡았다.

"그거야말로 내 일생의 크나큰 꿈이에요. 지난 여섯 달 동안 루비와 제인이 입학시험준비에 대한 이야기를 시작한 다음부터 내내 그랬어요. 하지만 나는 아무 말도 하지 않았어요. 말해봐야 소용없을 것 같아서였죠.

나는 선생님이 되고 싶어요. 하지만 돈이 무척 많이 들겠죠? 앤드루스 씨는 프리시를 보내는 데 150달러나 든다고 했어요. 게다가 프리시는 기하를 잘하거든요."

"그 점에 대해서는 걱정할 것 없다. 매슈 오라버니와 내가 너를 맡을 때 우리는 할 수 있는 일이라면 무엇이든 해주기로 했고, 교육을 소홀히 해선 안 된다고 마음먹었지.

여자는 그럴 필요가 있건 없건 스스로 힘으로 살아갈 능력을 지니고 있어야 한다고 생각한다. 물론 매슈 오라버니와 내가 있는 한 그린게이블즈는 네 집이야. 그러나 이 세상 일이란 뜻대로 될 수 없는 것이니 무슨 일이 생길지 누가 알겠니. 대비를 해두는 게 좋아. 그러니 네가 정말 바란다면 퀸즈아카데미 수험반에 들어가도 좋다, 앤."

"아, 머릴러, 고마워요!"

무릎을 꿇은 채 앤은 두 팔을 벌려 머릴러의 허리를 감싸 안으며 올려다보았다.

"두 분에게 진심으로 감사해요. 열심히 공부하겠어요. 두 분의 자랑거리가 되도록 최선을 다하겠어요. 기하만은 그리 기대를 걸 수 없지만 다른 학과는 열심히 하면 누구에게도 뒤지지 않을 거예요."

"너라면 틀림없이 잘 할 수 있어. 스테이시 선생님은 네가 머리도 좋고 공부도 열심히 한다고 했으니까."

머릴러는 스테이시 선생님이 앤을 칭찬하는 말을 그대로 전해줄 생각은 없었다. 앤의 허영심을 불러일으키는 결과가 된다고 여겼기 때문이다.

"하지만 지나치게 공부해서 병나지 않도록 조심해라. 그리 서두를 것은 없어. 입시까지는 아직 1년 반이나 남았으니까. 다만 스테이시 선생님은 지금부터 슬슬 시작해 기초를 단단히 해두는 게 좋을 거라고 말했지."

앤은 기뻐하며 말했다.

"앞으로는 지금보다 더욱더 열심히 공부하겠어요. 인생에 뚜렷한 목표가 생겼으니까요. 앨런 목사님이 말씀하셨죠. 사람은 반드시 자기 인생의 목표를 세우고, 그것을 향해 충실히 나아가야 한다고요. 다만 그 목표가 가치있는 것인지 처음에 잘 확인할 필요가 있다고 했어요. 스테이시 선생님처럼 되려는 것은 훌륭한 목표가 될 수 있겠죠? 선생님이란 직업은 아주 고귀한 것 같아요."

드디어 퀸즈아카데미 수험반이 만들어졌다. 길버트 블라이스, 앤 셜리, 루비 길리스, 제인 앤드루스, 조지 파이, 찰리 슬론, 그리고 무디 스퍼존 맥퍼슨이었다.

다이애너 배리는 부모님이 다이애너를 퀸즈아카데미에 보낼 생각이 없다고 해서 들어오지 못했다.

이 일은 앤에게 비극 그 자체였다. 미니 메이가 후두염에 걸렸던 그 날 밤 뒤로, 앤과 다이애너는 모든 행동을 함께 했었다.

퀸즈아카데미 수험반이 시작된 첫날, 다이애너는 다른 학생들과 함께 무거운 걸음으로 터덜터덜 돌아가고 있었다. 앤은 그 뒷모습을 멀리서 바라보고 있었다. 다이애너 혼자서 '자작나무길'이며 '제비꽃 골짜기'를 지나 돌아가리라고 생각하니 앤은 자리를 박차고 나가 친구 뒤를 따르고 싶은 충동을 느꼈다.

커다란 무언가가 목구멍으로 울컥 솟구쳐 올랐다. 흐르는 눈물을 감추기 위해 앤은 다급하게 손에 든 라틴어 문법책으로 얼굴을 가렸다. 길버트 블라이스와 조지 파이에게 절대로 눈물을 보이고 싶지 않았기 때문이다.

앤은 그날 밤 슬픈 얼굴로 말했다.

"머릴러, 다이애너가 혼자 돌아가는 것을 보고 나는 지난주 일요일 설교 때 앨런 목사님이 말했듯 죽음의 고통을 맛보는 듯한 느낌이었어요. 다이애너도 함께 수험 준비를 하게 된다면 얼마나 좋을까요.

하지만 린드 아주머니는 이 세상에 완전한 것은 있을 수 없다고 했어요. 린드 아주머니 말 가운데는 사람 마음에 거슬리는 것도 있지만 맞는 말씀도 꽤 많아요.

퀸즈아카데미 수험반은 무척 재미있을 것 같아요. 제인과 루비는 선생님이 되기 위해 공부해요. 그것이 그 애들 최대 희망이래요.

루비는 졸업 뒤 2년 동안만 가르치고 결혼할 작정이라고 했어요. 제인은 생애를 교직에 바치며 무슨 일이 있어도 결혼하지 않겠대요. 가르치면 월급을 받을 수 있는데, 남편은 달걀이나 버터를 팔아 들어온 수입을 나눠 달라고 하면 투덜거리며 화내기 때문이래요. 아마 제인은 그런 슬픈 일을 겪었나봐요. 린드 아주머니가 말하는데, 제인 아버지는 심술궂고 유지방을 두 번이나 떠낸 묽은 우유보다도 더한 구두쇠*⁷래요.

조지 파이는 그저 교양을 쌓기 위해 학교에 간대요. 자기는 돈을 벌 필요가 없다나요. 남의 신세를 지며 살고 있는 고아와는 처지가 다르대요. 고아는 그런 태평스러운 생각을 하고 있을 수 없다는 거죠.

무디 스퍼존은 목사가 되고 싶대요. 린드 아주머니가 그 이름에 어울리는 사람이 되려면 목사가 되는 길밖에 없다*⁸고 했어요.

하지만 머릴러, 이런 말 하면 나쁘겠지만 무디 스퍼존이 목사가 된다고 생각하니 나는 자꾸만 웃음이 나와요. 무디는 통통한 얼굴에 작고 파란 눈을 가진데다 귀가 이상스레 툭 튀어나왔거든요. 자라면 좀더 지적인 얼굴이 될지도 모르지만요.

찰리 슬론은 정치계로 나가 국회의원이 되겠대요. 하지만 린드 아주머니가 찰리는 그렇게 되기 힘들 거래요. 슬론 집안은 모두 정직한 사람들뿐인데 요즘 정치에서 성공하는 건 나쁜 사람들뿐이라고요."

앤이 《시저》*⁹를 펼치는 것을 보고 머릴러가 물었다.

"길버트 블라이스는 무엇이 되겠다고 하든?"

앤은 경멸하는 듯한 목소리로 말했다.

"길버트의 야심 따윈 관심 없어요. 그런 게 비록 있다 할지라도 말예요."

요즘 길버트와 앤의 경쟁의식은 누구 눈에나 뚜렷했다. 이제까지는 앤이 일방적으로 맞서 싸워 이기려 했지만, 지금은 길버트도 분명 앤

---

*7 그즈음에는 각 가정에서 짠 우유에서 유지방을 모아 버터를 만들었음. 지방을 두 번이나 빼고 나면 묽은 탈지유가 되어 풍부한 풍미가 남지 않게 되는데, 그보다 더한 구두쇠라는 뜻. 버터와 치즈를 직접 만들었던 생활이 아니고는 나올 수 없는 표현. '또 하나의 결심'에서 머릴러가 우유를 크림분리기에 넣어 유지방을 걸러내는 묘사가 있음.

*8 무디 D 라이먼(1837-99)이라는 미국의 복음전도사와 스퍼존 C 하더(1834-92)라는 영국의 침례교과 설교사, 이 두 명의 유명한 성직자가 있었기 때문.

*9 로마 장군 율리우스 카이사르(줄리어스 시저, 기원전 100무렵-44)의 《갈리아 전기》를 라틴어로 읽고 있었거나, 라틴어 텍스트 전반을 가리키는 것으로 여겨짐.

에게 지지 않고 1등 하겠다고 결심했음을 의심할 바 없었다.

길버트는 앤에게 더할 나위 없이 좋은 경쟁상대*[10]였다. 학급의 다른 아이들은 성적이 뛰어난 두 사람을 묵인하는 형태로 그들과 겨루어볼 생각조차 하지 않았다.

앤이 호숫가에서 용서를 바라는 길버트의 애원을 물리친 다음부터 길버트는 경쟁의식을 불태우는 것 말고는 앤 셜리의 존재를 완전히 무시하는 태도로 나왔다.

다른 여자아이들과는 농담을 주고받으며 이야기하고, 책이나 문제집을 바꿔보기도 하고, 학과며 여러 계획에 대해 토론하기도 했다. 때로는 기도회며 토론클럽이 끝나 돌아가는 길에, 특별히 어느 누구라고 정해져 있지는 않지만 집까지 바래다주기도 했다.

그러나 앤 셜리만은 외면했다. 그리고 앤은 자기가 무시당하는 것이 그리 즐겁지 않다는 사실을 깨달았다. 아무려면 어때, 고개를 쳐들며 스스로에게 말해도 소용없었다. 앤의 마음은 굳건했지만, 한편으로 마음 깊숙한 곳에서 그것을 가슴 아프게 여기고 있었던 것이다.

만일 그 '빛나는 호수'에서와 같은 기회가 다시 찾아온다면 자기는 틀림없이 그때와는 다른 대답을 하리라고 생각했다. 길버트에 대해 품고 있던 적개심이 그야말로 흔적없이 사라져버린 것을 깨닫고 앤은 당혹감을 느낄 정도였다. 바로 그 적개심이야말로 앞으로 공부를 해나가는 데 가장 필요한 것인데도 앤의 섬세하고도 여자같이 여린 마음은 나 몰라라 했다.

그 잊을 수 없는 '당근'사건의 한 가닥 한 가닥에 깊이 새겨진 모든

---

*10 스콧의 대표적인 시 《호수 위의 미인》 제5편 10절에서 인용. 《호수 위의 미인》은 '지난 이야기'에서도 앤이 암송할 줄 아는 시로 나와 있음. 그 줄거리는 영주 제임스 더글러스의 딸 일레인은 귀공자 맬컴 그레임과 서로 사랑하지만, 호족의 족장 로더릭도 일레인을 연모해 둘 사이에 끼어들어, 왕에게 모반을 일으킴. 그래서 스코틀랜드왕 제임스 5세가 신분을 숨기고 피츠제임스라는 이름으로 나타나 일레인을 구하고 맬컴과의 사랑을 비호해 준다는 내용.★

감정의 기복을 들여다보고 옛날처럼 돌이켜 격심한 노여움에 몸을 내맡기려 해도 잘 되지 않았다. 그날 호숫가에서의 일은 노여움의 마지막 불길이 순간적으로 타오른 것에 지나지 않았다. 앤은 자기도 모르는 사이에 그를 용서하고, 그 사건을 잊고 있었음을 깨달았다. 그러나 이미 때는 늦어버렸다.

그러나 길버트를 비롯한 다른 사람들, 아니, 다이애너조차도 앤 자신이 오만하고 밉살스러웠던 태도를 얼마나 후회하는지 모르고 있었다. '마음속 번민을 저 먼 망각의 나라로 보내 감춰두어야겠다*[11]'고 앤은 결심했던 것이다.

그것을 아주 훌륭하게 해치웠기 때문에 길버트는 자기가 앤을 일부러 무시하고 있는 게 전혀 보복으로 통하지 않는다고 생각했다. 그래서 조금도 마음이 후련하지 않았다. 다만 앤이 찰리 슬론을 언제나 무자비하리만큼 매정하게 대하는 데 얼마쯤 위안을 받았다.

그밖의 모든 점에서는 즐거운 일과 공부의 나날로 그 겨울은 그럭저럭 지나갔다. 앤에게 있어 그즈음 하루하루는 1년이라는 목걸이에 꿰어진 금구슬이 실에서 미끄러지듯 유유히 흘러가고 있었다.

앤은 몹시 행복했다. 배울 게 너무나 많았고, 쟁취해야 할 영예도 있었다. 읽고 싶은 책도 산더미처럼 쌓였고 주일학교 성가대에서는 새로운 노래 연습도 했다. 토요일 오후는 앨런 부인과 목사관에서 즐겁게 보냈다.

그러는 동안 앤이 알아차리지 못하는 사이 그린게이블즈에는 또다시 봄이 다가와 이 세상을 온통 화려한 꽃으로 감쌌다.

그맘때 방과 뒤에도 남아 공부하는 퀸즈아카데미 수험반 아이들은 공부에 좀 싫증이 나기 시작했다. 다른 아이들이 싱그러운 초록빛 길이며 어린 잎이 무성한 숲속 지름길, 그리고 목장을 지나는 오솔길

---

*11 헤먼즈의 시《제노바의 밤의 한 장면》83행에서. '간호' 12 참조.★★

로 저마다 자유롭게 흩어지는 것을 부러운 듯 수험반 아이들은 창문으로 물끄러미 내다보았다.

추운 겨울 동안 라틴어 동사며 프랑스어 문제에 대해 품고 있었던 흥미와 열의가 차츰 식어지는 것은 어쩔 수 없었다. 앤과 길버트조차도 마음이 느슨해졌다.

6월이 되어 학기가 끝나고 즐거운 방학이 되었다. 장밋빛으로 펼쳐질 앞으로의 화창한 나날에 선생님도 학생도 매우 기뻐했다.

방학하는 날 스테이시 선생님은 아이들에게 말했다.

"여러분은 지난 1년 동안 열심히 잘했어요. 부디 즐거운 방학을 보내도록 해요. 밖에서 실컷 뛰어놀아 새학년에 대비할 활력을 유지할 건강과 큰 희망을 듬뿍 간직하고 와요. 드디어 결전의 시기, 입시에 대비하는 마지막 한 해가 되니까요."

조지 파이가 물었다.

"스테이시 선생님, 새학년에도 가르쳐주실 거예요?"

조지 파이는 무슨 질문이건 머뭇거리는 법이 없었는데, 이 경우만은 아이들 모두 조지 파이에게 감사했다. 왜냐하면 얼마 전부터 스테이시 선생님에게 다른 학교에서 와달라는 교섭이 있었던 것이다. 그런데 선생님은 그것을 받아들일 작정이므로 새학년부터는 가르치지 않을 거라는 놀랍고도 안타까운 소문이 돌고 있었다.

퀸즈아카데미 수험반 학생들은 숨을 죽이고 선생님 대답을 잠자코 기다렸다.

"가르치고말고요. 다른 학교로 옮길까 생각했었지만, 애번리에 머무르기로 결정했어요. 솔직히 말하면 이 학교 학생들이 걱정되어 갈 수가 없었어요. 여러분이 졸업할 때까지 함께 있겠어요."

무디 스퍼존이 외쳤다.

"만세!"

무디 스퍼존은 지금까지 그토록 정신없이 외칠 만큼 흥분한 일이 없었으므로 그 뒤 1주일 동안 그 일을 생각할 때마다 얼굴을 붉히며 안절부절못했다.

앤은 두 눈을 반짝이며 말했다.

"아, 나도 정말 기뻐요. 사랑하는 스테이시 선생님, 선생님이 돌아오시지 않으면 큰일이라고 걱정했어요. 만일 선생님이 계시지 않는다면 나는 공부를 계속할 열의를 완전히 잃을지도 모르니까요."

그날 밤, 집에 돌아온 앤은 교과서를 모두 지붕밑 다락방의 낡은 트렁크 속에 넣고 자물쇠를 채운 다음 그 열쇠를 담요상자 속에 던져 넣었다.

앤은 머릴러에게 말했다.

"방학 기간에는 교과서를 보지 않겠어요. 학기 중에 열심히 공부했고, 기하도 제1권 정리를 완전히 욀 만큼 했으니 기호가 바뀌어도 상관없어요. 이젠 머리 쓰는 일에 진력났으니 이번 여름 동안은 상상의 날개를 한껏 펼쳐 보겠어요.

어머나, 머릴러, 그렇게 놀라지 마세요. 알맞은 선에서 그칠 테니까요. 어쨌든 올여름은 마음껏 유쾌하게 놀아보고 싶어요. 소녀로서 지내는 마지막 여름일지도 모르니까요.*¹²

린드 아주머니는 내가 내년에도 올해와 같이 키가 쑥쑥 큰다면 스커트를 더 길게 해야 한다고 했어요.*¹³ 내가 다리와 눈만으로 만들어진 사람 같을 거래요. 그리고 어른처럼 긴 스커트를 입게 되면 그 옷에 어울리는 의젓한 행동을 해야 한다고도 했어요.

그때는 요정의 존재를 믿을 수 없게 되는 게 아닐까요. 그래서 올

---

*12 이 문장의 의미를 오랫동안 알 수 없었는데, '시내와 강이 만나는 곳'의 1과 8을 합쳐서 생각하여 겨우 알아냈음.

*13 얌전한 여성은 다리가 모두 가려질 만큼 긴 치마를 입어야 했음. 그러나 어린이는 다리가 드러나 보이는 치마라도 상관없었음. 머리도 소녀는 늘어뜨리고 성인여성은 뒤로 묶어올렸음. 그러나 20세기 첫무렵부터 머리형이 개인의 자유가 되어, 겉으로 보아 결혼한 어른인지 아이인지, 미혼인지 기혼인지 나타내는 습관이 없어졌음.

여름은 실컷 믿기로 했어요. 이번 여름방학은 무척 재미있을 거예요. 루비 길리스가 곧 생일 파티를 연다고 했고, 주일학교에서는 소풍을 갈 예정이고, 다음달에는 선교사를 위한 음악회가 있어요.

그리고 배리 씨가 얼마 뒤 다이애너와 나를 화이트 샌즈 호텔에 데려가 저녁을 사주시겠다고 했어요. 제인 앤드루스는 지난 여름에 한 번 갔는데 전등이 대롱대롱 달려 있고, 꽃으로 가득 꾸며졌으며, 예쁘게 차려입은 여자들을 보니 눈이 부셨대요. 제인은 상류사회 사람들을 본 건 그때가 처음이고, 영원히 잊을 수 없을 거래요."

다음날 오후, 머릴러가 목요일의 교회후원회 모임에 출석하지 않았다. 린드 부인은 참다못해 무슨 일인지 알아보러 왔다. 머릴러가 결석하는 것은 그린게이블즈에 뭔가 심상치 않은 일이 일어났기 때문임을 모두들 눈치채고 있었다. 지친 머릴러는 설명했다.

"어제 매슈 오라버니가 심장발작을 일으켰어요. 오라버니를 혼자 두고 갈 수 없었지요. 네, 지금은 기운을 되찾았지만, 전보다 발작을 일으키는 횟수가 늘어서 걱정이에요. 의사선생님이 흥분하는 일을 피하도록 조심하라고 하셨지만, 그 문제는 그리 어렵지 않아요. 오라버니 스스로 흥분할 일을 찾아다니는 사람이 아니니까요.

그런데 힘든 일을 하지 말라는 거예요. 오라버니에게 일을 하지 말라는 것은 숨을 쉬지 말라는 거나 다름없으니 큰일이에요. 자, 어서 이리 와 앉아요. 차나 한 잔 들고 가세요."

린드 부인은 처음부터 그럴 작정으로 왔지만, 점잔을 빼며 이렇게 말했다.

"말씀하시니, 그렇게 할까요?"

린드 부인이 머릴러와 응접실에서 이야기하는 동안 앤은 차를 끓이고 비스킷*14을 구웠는데, 린드 부인도 흠잡을 수 없을 만큼 노릇

---

*14 일반적인 비스킷보다 부드럽고 두꺼운 것. 금방 구운 것을 먹음. 영국에서 홍차에 곁들이는 스콘과 비슷한 것으로 추정됨.

노릇 바삭하게 구워졌다.

해질녘이 되어서야 머릴러는 오솔길을 걸어가 린드 부인을 큰길까지 배웅했다. 린드 부인은 고개를 끄덕이며 흐뭇하게 말했다.

"앤은 정말 좋은 아이가 되었어요. 앤이 있어서 무척 도움되겠어요."

"그렇답니다. 제법 믿음직스러워졌어요. 함부로 덤비는 그 애의 버릇이 고쳐지지 않을까봐 몹시 걱정했는데, 이젠 무슨 일이건 마음놓고 맡길 수 있어요."

"3년 전 처음 보았을 때는 이렇게 좋은 아이가 되리라고 생각지 못했어요. 그때 그 애가 버럭 화냈던 일은 한평생 잊지 못할 거예요. 그날 밤 집에 돌아가 나는 토머스에게 말했답니다.

'여보, 머릴러 커스버트는 머지않아 틀림없이 후회할 거예요'라고요.

하지만 내 말이 맞지 않아서 정말 다행이에요. 나는 내 잘못을 인정하지 않는 사람은 아니에요. 하지만 고맙게도 이제까지 그런 일은 없었어요.

나는 분명 앤을 잘못 보았어요. 하지만 그건 마땅하죠. 세상에 그토록 별나고 뜻밖의 일을 잘 저지르는 아이가 또 어디 있겠어요. 다른 아이들과 같은 방식으로는 다룰 수 없는 아이예요.

지난 3년 동안 놀랍게 변했어요. 참으로 예쁜 아가씨가 되었죠. 나는 그 애처럼 핼쑥하고 눈이 큰 아이는 본디 그리 좋아하지 않아요. 다이애너 배리나 루비 길리스처럼 좀더 활기 있고 혈색도 발그레한 아이를 좋아하죠. 특히 루비 길리스의 얼굴은 눈에 확 띄지요.

그런데 어쩌된 셈인지 도무지 알 수 없지만, 그 애들이 함께 있으면 앤이 훨씬 못생겼는데도 그 두 아이가 오히려 평범하고 칙칙해 보여요. 그 두 아이가 모란이라면, 앤은 마치 2월의 고결한 백합 같아요. 그래요, 앤이 수선화라고 부르는 그 꽃 말이에요."

시내와 강이 만나는 곳*1

멋진 여름이었다.

앤과 다이애너는 거의 밖에서 지냈고, '연인의 오솔길', '드라이어드 샘', '윌로미어', '빅토리아 섬'을 거닐며 그 아름다움을 한껏 즐겼다.

머릴러는 앤이 나돌아다녀도 잔소리하지 않게 되었다. 미니 메이가 후두염을 앓은 날 밤 왔던 스펜서베일의 의사가 애번리로 이따금 왕진오는 길에 앤을 바라보았다. 그는 날카로운 눈으로 앤을 요모조모 관찰하고 입을 굳게 다문 채 고개를 젓고는 인편으로 머릴러 커스버트에게 전했다.

"댁의 빨강머리 아가씨는 여름내내 밖에서 지내도록 해야겠습니다. 활발히 뛰어다니게 하고 책은 절대로 못 보도록 하십시오."

이 전갈은 머릴러를 두렵게 했다. 그 말대로 하지 않으면 앤이 폐결핵으로 죽을지도 모른다는 의미로 받아들였던 것이다. 그래서 앤은

---

*1 미국시인 헨리 워즈워스 롱펠로의 시 《소녀》의 1절에서 인용한 것. 시내와 강의 합류점은 무엇일까? 그리고 몽고메리는 왜 이 구절을 제목으로 사용했을까? 《소녀》의 시에서는 '시내와 강이 만나는 곳'이라는 구절 다음에 '여자다움과 소녀다움이 앞다투어 달려나간다.'라고 이어짐. 즉 합류점이란 소녀와 여성의 합류점임. 다음의 8 참조.

마음껏 자유롭게 뛰어놀며 생애 최고의 여름을 보내게 되었다.

앤은 마음껏 산책하고, 보트를 저었으며, 딸기를 따고 몽상에 젖기도 했다.

9월이 되자 앤의 눈은 다시 반짝거리고, 발걸음도 민첩해졌다. 이제 스펜서베일의 의사도 마음을 놓을 수 있으리라. 앤은 희망과 열의에 넘쳐보였다.

앤은 지붕밑 다락방에서 교과서를 꺼내오며 말했다.

"이제부터 다시 열심히 공부해야지. 아, 나의 소중한 옛친구여, 너희들의 훌륭한 모습을 다시 보니 반갑구나. 오, 기하여, 너도 마찬가지야.

머릴러, 참으로 멋진 여름이었어요. 지난주 앨런 목사님이 설교에서 말했듯 나는 이제부터 용사가 되어 기꺼이 싸움터에 나가는 거예요.*² 앨런 목사님 설교는 정말 훌륭하지 않아요?

린드 아주머니는 앨런 목사님이 나날이 좋아져 언젠가는 큰 도시 교회에서 모셔갈 거래요. 그 뒤에 남은 우리들은 어쩔 수 없이 서투른 목사님을 새로 모셔다 훈련시켜 드려야 한다고 한탄했어요.

하지만 그런 걱정까지 할 필요는 없다고 여겨요. 머릴러는 어떻게 생각해요? 앨런 목사님이 계시는 동안 기쁜 마음으로 설교를 들으면 그만이죠.

내가 남자라면 목사가 되고 싶어요. 확고한 신학을 익히면 신자들에게 좋은 영향을 줄 수 있으니까요. 그리고 훌륭한 설교를 해서 신자들을 감동시키는 것은 감격스러운 일이거든요.

여자는 왜 목사가 될 수 없을까요,*³ 머릴러? 내가 린드 아주머니

---

*2 구약성서 《시편》 제19편 5절에 '해는 그 방에서 나오는 신랑과 같고 그 길을 달리기 기뻐하는 장사 같다'라는 대목이 있음. 여기서의 인용. 인용 원전의 의미를 아는 사람이라면, 신학기를 맞이한 앤이 해와 같다고 표현한 것임을 알 수 있음.
*3 감리교, 침례교 등의 종파에서는 18세기에 이미 여성도 목사가 될 수 있었음. 그렇지만

에게 물었더니 아주머니는 펄쩍 뛰며 큰일날 소리라고 하셨어요. 미국은 어쩌면 여자 목사가 있을지 모르죠. 아마도 있겠지만, 캐나다에는 다행히 그런 일이 없고 앞으로도 없기를 바란다고 했어요.

내 생각으로는 여자도 멋진 목사가 될 수 있을 것 같아요. 교회의 친목회며 다과회며 기부금을 걷어들이는 일 등으로 부인후원회에 많이 의존하고 있잖아요. 린드 아주머니는 이미 벨 씨 만큼 기도를 훌륭하게 드릴 줄 알고 연습만 하면 설교도 잘할 것 같아요."

머릴러는 못마땅한 듯 비아냥거리며 말했다.

"그건 그래. 지금도 교회 밖에서 늘 설교 비슷한 것을 하고 있잖니. 그 레이철이 감시하고 있는 한 애번리에서는 아무도 나쁜 길로 빗나갈 염려가 없을 게다."

갑자기 목소리를 죽이며 앤은 말했다.

"머릴러에게 할 이야기가 있어요. 늘 마음에 걸리는 일이어서 머릴러의 의견을 듣고 싶어요. 스스로를 반성하는 일요일 오후에 그런 생각이 머리에 떠오르면 특히 그랬어요.

나는 착한 아이가 되고 싶어요. 진심으로 그렇게 생각하고 있어요. 머릴러나 앨런 부인이나 스테이시 선생님과 함께 있으면 여느 때보다 더 그렇게 되고 싶은 마음이 간절해요. 그리고 무엇보다 머릴러가 기뻐할 일, 칭찬할 일을 하고 싶어요.

그런데 린드 아주머니와 함께 있으면 나는 아주 나쁜 아이가 되는 것 같고, 아주머니가 하지 말라는 일은 더욱 하고 싶은 마음이 들어요. 도저히 참을 수 없는 유혹을 느껴요.

어째서 그런 기분이 들까요? 내가 나쁜 사람이고 죄가 많은 탓일까요?"

1888년 무렵까지 미국에는 겨우 20명쯤의 여성목사밖에 없었던 듯하고, 몽고메리가 소속되어 있던 장로파 교회와 영국국교회에서는 더 늦었음. 캐나다의 장로파 교회에서는 1936년까지 정규적으로 임명된 여성 전권목사는 없었음.

머릴러는 잠시 당황하는 듯싶었지만, 곧 웃기 시작했다.

"네가 나쁜 사람이라면 나도 마찬가지일 게다, 앤. 네가 지금 말한 그런 기분을 나도 레이철에 대해 곧잘 느끼니까. 레이철이 지금처럼 만나는 사람마다 올바른 일을 하라고 귀찮게 설교하지 않는다면 아마 더 좋은 감화를 줄 수 있을지도 몰라. 모세의 십계처럼, '지나친 잔소리를 하지 마라'라는 열한 번째 계율이라도 있었으면 좋으련만. 하지만 이런 이야기는 그만두자. 레이철은 훌륭한 크리스천이고 모두 잘되라고 하는 말이니까. 애번리를 두루 뒤져보아도 그처럼 친절한 사람은 없고, 자기가 해야 할 일을 게을리하는 법도 결코 없지."

앤은 또렷이 말했다.

"머릴러도 나와 같은 생각을 하고 있다니 마음이 놓여 매우 기뻐요. 앞으로는 이 문제로 고민하지 않겠어요.

여러 가지 문제가 줄줄이 일어나요. 그리고 틀림없이 또 다른 걱정거리가 생길 거예요. 내게는 언제나 새로운 근심거리가 꼬리를 물고 떠오르거든요. 머릿속이 어수선해질 만큼 걱정거리가 많아요. 한 가지 해결되었다고 생각하면 그 다음 것이 떡하니 기다리고 있으니 말예요.

어른이 되어가니 이것저것 고민해야 할 일이 잔뜩 쌓여 있어요. 늘 깊이 생각하고 올바른 결정을 내려야 하니 무척 바빠요. 어른이 된다는 건 그리 쉬운 일이 아닌가봐요, 머릴러. 하지만 내게는 머릴러와 매슈, 앨런 부인과 스테이시 선생님 같은 좋은 분들이 계시니 훌륭한 어른이 될 수 있을 거라고 생각해요. 잘 안 된다면 그것도 모두 내 탓이죠. 기회는 단 한번뿐이라고 생각하면 책임이 무겁게 느껴져요. 온전한 어른이 못되었다고 해서 다시 아이로 되돌아갈 수는 없으니까요.

올여름에 키가 2인치 컸어요. 길리스 씨가 루비의 생일 파티 때 재줬어요. 새옷을 좀 길게 만들어줘서 고마워요, 머릴러. 저 짙은 녹색 옷은 아주 예쁘고, 그리고 단에 주름장식*⁴이 달려 있어 마음에 쏙 들어요. 없어도 상관은 없지만 이번 가을 유행을 따라 조지 파이는 모든 옷에 여러 겹 주름을 달았대요. 내 치마에도 주름이 촘촘히 달렸다고 생각하면 공부가 저절로 잘 될 것 같아요. 유행에 뒤처지지 않은 것 같아 마음이 편안해지거든요."

머릴러는 흐뭇해하며 맞장구쳤다.

"그렇다면 주름장식을 달기 정말 잘했구나."

새학기가 시작되자 스테이시 선생님이 애번리 학교로 다시 돌아와 학생들은 전보다 더 열심히 공부하려는 의욕에 불탔다.

특히 퀸즈아카데미 수험반은 마음을 다지고*⁵ 시험에 대비할 자세를 갖추고 있었다. 올해 끝무렵 치뤄지는 입학시험은 우리들의 운명을 결정짓는다. 그것은 이미 무서운 모습으로 어두운 그림자를 드리우고 있었기 때문이다.

시험에 대한 생각을 하면 누구나 마음이 무거워진다. 시험에 떨어진다면! 앤은 겨울 동안 내내 그런 부정적인 생각에 시달렸다.

일요일 오후에도 그 걱정은 사라지지 않아 윤리적 문제며 신학상의 문제는 거의 소홀히 하게 되었다. 앤은 악몽도 꾸었다. 풀이 죽어 입학시험 합격발표를 보니 길버트 블라이스의 이름은 첫번째로 씌어 있는데 자기 이름은 아무 데도 없는 꿈이었다.

그러나 여러 모로 즐겁고 바쁜 겨울이 눈깜짝할 사이에 지나갔다. 수업은 전과 마찬가지로 흥미진진했고 학생들 사이의 경쟁 또한 치열했다. 의욕적인 앤의 눈앞에는 처음으로 알게 되는 새로운 지식에 대한 세계가 사상·감정·야심면에서 매력적으로 폭넓게 펼쳐지는 느낌

---

*4 스커트천 위에 프릴을 여러 겹 다는 장식.
*5 성서에서 따온 표현. 그대로 옮기면 '허리띠를 졸라맨다'가 되며, '마음을 다져먹다, 정신을 바짝 차리다'라는 뜻으로 사용됨. 구약성서 〈열왕기 하〉 제4장 29절의 '네 허리를 묶고 내 지팡이를 손에 들고 가라' 등에 같은 표현이 있음.

이었다.

　　산 너머에 또 산이 이어지고
　　알프스 위에 또 알프스가 솟아 있다*6

　공부를 하면 할수록 목표는 점점 높아져 갔다.
　이것은 스테이시 선생님의 주의 깊으며 넓은 시야에 의한 지도 덕분이었다.
　스테이시 선생님은 학생들이 스스로 생각하고 해답을 탐구하며 진실을 발견하도록 이끌었다. 예로부터 알려져온 평범한 길에서 되도록 벗어나게 지도했으므로 린드 부인을 비롯한 학교 이사들은 큰 충격을 받았다. 이런 사람들은 이제까지 써온 방법을 개혁하는 것에 대해 회의적이고 불신감을 품고 있었기 때문이다.
　앤은 공부 이외에 젊은이들과의 사교에도 적극적으로 나서게 되었다. 머릴러가 스펜서베일의 의사 말을 명심하여 때로 앤이 외출하는 것을 너그럽게 봐주었기 때문이었다.
　특히 토론클럽의 활동이 활발했고, 발표회도 가끔 열렸다. 어른들 모임과 같은 파티도 한두 번 있었다. 썰매를 타고 멀리 나가거나 스케이트를 타러 가는 유쾌한 놀이도 흔히 있었다.
　그러는 동안에도 앤은 자꾸 자랐다. 너무 눈에 띄게 키가 훌쩍 자라 어느 날 머릴러는 옆에 서 있는 앤의 키가 자기보다 큰 것을 알고 깜짝 놀랐다.

---

*6 영국 시인·비평가 알렉산더 포프(1688–1744)의 《비평론(1711)》 제2부 1장에서 인용. 앤이 공부를 하면 할수록 목표가 자꾸 높아져 간다는 뜻으로 사용. 포프는 호메로스의 《일리어스》《오디세이》를 완역한 것으로 유명. 이 경구도 작품 속에 남아 있음. '소풍' 3에서 인용한 '아무것도 기대하지 않는 사람들은 행복하다. 실망하는 일이 없기 때문이다'도 이 포프가 성서의 '산상수훈'을 패러디한 구절.

머릴러는 믿을 수 없다는 듯이 말했다.

"아, 앤, 굉장히 컸구나!"

그리고 머릴러는 한숨을 쉬었다. 앤의 키가 자신보다 훌쩍 크게 자랐다는 사실에 아쉬운 듯한 쓸쓸함을 느꼈던 것이다. 머릴러에게 사랑을 가르쳐준 어린아이는 눈 깜짝할 새 사라지고 그대신 눈앞에 진지한 눈길의 15살 된 처녀가 생각에 잠긴 얼굴로 조그만 머리를 젖히고 서 있었던 것이다. 머릴러는 그 어린아이에게 기울였던 애정을 이 처녀에게도 주고 있긴 하지만 무언가를 잃어버린 듯한 기묘한 슬픔을 느꼈다.

그날 밤 앤이 다이애너와 함께 기도회에 나간 다음 머릴러는 땅거미지는 겨울 어스름 속에 홀로 앉아 있었다. 그러자 마음이 약해지며 눈물이 흘러나와 하염없이 흐느껴 울었다.

일을 끝낸 뒤 등불을 들고 집에 돌아온 매슈는 깜짝 놀라며 그런 머릴러를 보고 눈을 크게 떴다. 머릴러는 얼른 눈물을 닦고 억지로 웃음을 지어보였다.

"앤에 대해 생각하고 있었어요. 그 애가 어느새 훌륭한 아가씨가 되어서. 내년 겨울에는 이 집에서 떠날 생각을 하니 쓸쓸한 기분이 들었어요."

매슈는 위로하는 목소리로 말했다.

"하지만 자주 돌아올 텐데 뭘."

매슈에게 있어 앤은 지금도 여전히 4년 전 6월 어느 날 저녁 브라이트 리버에서 데려온 작고 꿈많은 소녀에 지나지 않았다.

"그때쯤에는 철도 지선(支線)이 카모디까지 이어져 깔릴 거야."[7]

---

[7] 19세기 끝무렵 캐나다의 동쪽과 서쪽을 잇는 대륙 횡단철도가 비약적으로 뻗어갔음. 몽고메리는 15살 때 아버지가 사는 중서부의 서스캐처원 주 프린스 앨버트로 열차를 타고 갔는데, 섬에도 이 이야기의 배경이 되는 시대에 노선이 뻗어 있었음을 알 수 있음. 지금은 자동차에 밀려 프린스 에드워드 섬에서 모든 철도가 폐지되었음.

"하지만 늘 집에 함께 있던 때와는 다르겠지요."

머릴러는 무거운 한숨을 내쉬었다. 위로받을 수 없는 슬픔이라면 한껏 그 속에 잠겨보고 싶었다.

"남자들이란 이런 기분을 이해하지 못할 거예요."

앤이 달라진 것은 겉모습만이 아니었다. 뚜렷한 변화가 분명히 있었다.[8] 그 가운데 하나는 전보다 말이 적어진 사실이었다. 무엇을 생각하는 버릇은 전보다 더했고, 몽상에 젖는 것도 여전했지만, 말수만은 뚜렷이 적어졌다.

머릴러는 그 사실을 깨닫고 말했다.

"전의 절반도 말하지 않는구나, 앤. 그리고 과장해서 말하는 버릇도 훨씬 줄어들었어. 왜 그러니?"

앤은 얼굴을 붉히며 살며시 웃더니 책을 덮고 꿈꾸듯 창 밖을 내다보았다. 봄빛을 받아 창가의 담쟁이덩굴에서 새빨간 새싹이 금방이라도 터질 것처럼 부풀어오르고 있었다.

앤은 생각에 잠기며 집게손가락을 턱에 갖다댔다.

"나도 모르겠어요. 전처럼 이야기하고 싶지 않아요. 중요하고 은밀한 생각은 보물처럼 마음속에 깊이 간직하고 싶어져요. 말을 해서 남에게 놀림받거나 이상하게 여겨지고 싶지 않아요. 그리고 과장된 표현도 이제 더이상 하고 싶지 않고요.

좀 섭섭하기도 해요. 내가 이만큼 컸으니 얼마든지 어려운 표현을 해도 좋을 텐데 굳이 그렇게 하고 싶지 않으니까요. 어른이 되어간다는 건 어떤 뜻에서는 즐겁기도 하지만 내가 생각했던 것과는 좀 달라요. 공부 말고도 해야 할 일이 너무 많아져 과장된 이야기를 할 틈도 없어요.

---

[8] '수험준비'의 12와 앞의 1, 그리고 이 '겉모습의 변화'를 종합해 생각하면, 이 장에서 앤이 월경을 처음으로 했다는 것이 롱펠로의 《소녀》 시를 알고 있는 사람만 알아볼 암호로 숨겨져 있는 게 아닐까?

게다가 스테이시 선생님은 간결한 말이 훨씬 설득력 있고 알기 쉽다고 했어요. 논문을 쓸 때는 되도록 간결하게 쓰라고 했죠. 지금까지 머리에 떠오르는 그대로 말을 늘어놓는 버릇이 있어 처음에는 어려웠어요. 하지만 지금은 익숙해져서 짧게 표현하는 게 나름 묘미가 있음을 알게 되었어요."

"너희들의 이야기클럽은 어떻게 됐니? 그 이야기를 요즘 통 하지 않는구나."

"이미 없어졌어요. 시간이 없는 걸요. 그리고 모두 싫증났어요. 사랑이니 살인이니 도망이니 비밀이니 하는 꾸며낸 이야기를 쓴다는 게 어리석게 느껴졌어요.

스테이시 신생님은 작문을 연습삼아 때로 이야기를 쓰게 하지만 애번리의 일상생활에서 실제로 일어날 듯한 일만이에요. 그리고 매우 엄격한 비평을 해주시고, 스스로도 가치평가를 해야만 돼요.

내 작문의 결점을 찾아내고는 그토록 부족한 점이 많은데 놀라지 않을 수 없었어요. 너무 부끄러워 다시는 쓰지 말아야겠다고 생각했었죠. 하지만 스테이시 선생님은 자신에 대해 따끔하게 비판할 수 있도록 훈련하는 것만으로도 좋은 글이 나온다고 하셔서 지금 열심히 하고 있어요."

"입학시험이 이제 두 달밖에 남지 않았구나. 합격할 자신 있니?"

그러자 앤은 몸을 와들와들 떨었다.

"모르겠어요. 문제없다는 생각이 드는 적도 있지만—아무래도 안 될 거라고 두려워지는 때도 있어요. 하지만 모두들 열심히 공부하고, 스테이시 선생님도 철저하게 가르쳐주셔요.

그래도 모두 합격할 수는 없겠죠. 저마다 잘하지 못하는 학과가 있으니까요. 나는 물론 기하이고, 제인은 라틴어, 루비와 찰리는 대수, 조지는 계산이에요. 무디 스퍼존은 영국 역사에서 실패할 것 같대요. 6월에는 스테이시 선생님이 모의고사를 치르시겠대요. 진짜 입시만큼 어려운 문제를 내고 마찬가지로 꼼꼼하게 채점하시겠대요. 그러면 우리 실력을 대개 짐작할 수 있으니까요. 아, 머릴러, 빨리 끝났으면 좋겠어요. 이 고민이 언제나 머리에서 떠나지 않아요. 때때로 한밤중에 깨어나 떨어지면 어쩌나 하는 걱정이 들어요."

그러자 머릴러는 태평스럽게 말했다.

"그렇게 되면 다시 1년 공부해서 다음 기회를 기다리면 돼."

"어머나, 그럴 용기는 없어요. 떨어지면 비참할 거예요. 특히 길—아니, 다른 아이는 합격했는데 나만 떨어진다면 말예요. 그런데 나는 시험을 치를 때면 흥분해서 꼭 실수를 저질러요. 제인 앤드루스같이 둔한 신경의 소유자였으면 좋겠어요. 그 애는 무슨 일이 있어도 꿈쩍하지 않아요."

앤은 한숨을 푹 쉬었다. 그리고 아쉬운 듯 봄경치에서 눈을 돌리고 굳은 결의로 다시 교과서에 온 정신을 쏟았다.

창밖은 마법에 걸린 봄의 세계였다. 푸른 하늘과 산들바람이 놀러 오라고 앤을 손짓하고, 뜰에 돋아나기 시작한 푸른 초목에는 파란 새싹이 파릇파릇 돋아나고 있었다.

봄은 해마다 돌아오지만, 입학시험에 떨어지면 두 번 다시 마음껏 봄을 즐길 수 없다는 생각이 들었다.

합격발표

Chang-kye

6월이 끝남과 더불어 학년말이 다가왔다. 그것은 스테이시 선생님이 애번리 학교를 떠날 때가 되었다는 슬픈 이야기이기도 했다.

그날 저녁, 앤과 다이애너는 숙연한 마음으로 집에 돌아오고 있었다. 빨갛게 부은 눈과 젖은 손수건은 스테이시 선생님의 작별인사가 3년 전 필립스 선생님의 작별인사 못지않게 학생들의 마음을 울렸다는 증거였다.

다이애너는 가문비나무 언덕 아래 멈춰서서 학교를 돌아보며 깊은 한숨을 쉬었다. 그리고 쓸쓸하게 말했다.

"이젠 모든 게 끝났다는 생각이 들어."

"그래도 너는 나보다 나은 편이야."

앤은 손수건의 젖지 않은 부분을 찾았지만 헛수고였다.

"너는 9월에 새학년이 시작되면 다시 올 수 있잖니. 하지만 나는 정든 모교와 영원히 작별해야 할지도 몰라. 물론 운이 좋을 때의 이야기지만."

"학교로 돌아간다 해도 지금까지와는 전혀 다를 걸. 스테이시 선생님도 안 계시고, 너도 루비도 없을 테니까. 이제부터는 나 혼자 앉기로 하겠어. 너와 나란히 공부했던 생각을 하면 다른 아이와 앉을 마음이 생기지 않아. 그동안 정말 즐거웠어, 앤. 이젠 모든 것이 끝났다고 생각하니 참을 수 없어."

눈물이 다이애너의 뺨을 타고 주루룩 흘러내렸다.

앤은 애원하듯 말했다.

"네가 울음을 그치지 않는 한 나도 그칠 수 없어. 가까스로 손수건을 집어넣으려 했는데 네 눈에 눈물이 흐르니 나도 또 흐느끼게 된단다. 린드 아주머니 말대로 명랑해질 수 없을 때라도 그렇게 되도록 노력하는 수밖에 없겠어. 하지만 새학년이 어김없이 다시 돌아오게 될 거야. 도저히 합격하지 못할 거라는 기분이 자꾸 들거든. 요즘 마음에 걸리는 일들이 많아."

"어머나, 모의시험에서 좋은 성적을 받았잖니?"

"응. 하지만 그때는 흥분하지 않았거든. 진짜 시험은 생각만 해도 가슴이 서늘해지고 두근거려. 더구나 내 수험번호는 13번이야. 조지가 아주 운나쁜 숫자라고 했어. 나는 미신 같은 건 믿지 않고 어떤 번호든 아무 상관 없다고 여기지만, 그래도 13번이 아니면 좋겠어."

"나도 함께 샬럿타운으로 갈 수 있으면 좋겠다. 무척 즐거울 텐데. 하지만 입시 동안은 매일 밤 온 힘을 기울여 공부해야 할 테니 안 되겠지?"

"그렇지 않아. 이제 교과서는 보지 말라고 스테이시 선생님이 말씀하셨어. 이제 교과서를 펼쳐봐야 머리만 지치고 오히려 혼란을 느낄 터이니 시험 생각은 하지 말고 산책이나 한 뒤 일찍 자야 한다고 했어. 그렇게 해야 한다는 것은 알지만 지켜질 것 같지 않아. 충고란 그런 것 아니니?

프리시 앤드루스는 시험기간 동안 내내 한밤중까지 필사적으로 공부했대. 그러니 나도 프리시만큼은 일어나 있을 작정이야. 너네 조지핀 할머니가 시험을 치르는 동안 '너도밤나무집'에 머물게 해주셔서 정말 다행이야."

"거기에 가 있는 동안 편지 쓸 거지?"

"시험 첫날은 어떨지 모르지만 화요일 밤에는 꼭 써 보낼게."

앤은 약속했다.

"그럼, 수요일에 우체국에서 기다릴게."

다음 월요일, 앤은 샬럿타운으로 떠났다.

그리고 약속대로 수요일에 우체국 가까이에서 서성거리던 다이애
너는 편지를 받았다.

다이애너에게

지금은 화요일 밤이야. 나는 지금 '너도밤나무집' 서재에서 이 편지
를 쓰고 있어. 어젯밤 방에 혼자 있으니 무척 쓸쓸하더라. 네가 있으
면 얼마나 좋을까 생각했지.

역사교과서를 보고 싶었지만, 스테이시 선생님과 한 약속 때문에
공부를 할 수 없었어. 그 일은 전에 숙제가 끝날 때까지 소설을 읽지
못했던 만큼이나 괴로웠어.

오늘 아침에 스테이시 선생님이 데리러 와주셔서, 가는 도중 제인
과 루비와 조지가 있는 곳에 들러 함께 학교에 갔어.

루비가 자기 손을 만져보라고 해서 만져보니 얼음처럼 차가웠어.
조지는 나더러 한잠도 못 잔 사람 같다고 했지. 그리고 시험에 합격
한다 해도 교원양성코스의 심한 공부에 몸이 견뎌내지 못할 거라고
하더구나. 조지 파이를 아무리 좋아하려 해도 그것은 참 어려운 일이
야! 아직도 때때로 그렇게 여겨져.

학교에 도착하니 섬 곳곳에서 온 학생들이 잔뜩 모여 있었어. 맨
먼저 무디 스퍼존을 만났는데, 층계에 혼자 앉아 중얼거리고 있어서
제인이 뭘 하느냐고 물었어. 그랬더니 마음을 가라앉히려 구구단을
외고 있으니 방해하지 말라며, 도중에 그만두면 마음이 산란해져 이

제까지 외웠던 것도 몽땅 잊어버릴 것 같다고 했지. 그래도 구구단을 외고 있으면 머릿속 어딘가 공부한 것이 제자리에 있을 거라면서 말이야.

우리들이 교실로 들어간 다음 스테이시 선생님은 돌아가셨어. 제인과 나는 함께 앉게 되었는데, 제인이 너무나 침착해서 부러웠어. 똑똑하고 침착하고 분별있는 제인에게는 구구단 같은 게 필요없지!

다른 사람 눈에 내 긴장된 모습이 보이지 않을까, 교실 저 끝에서도 내 가슴의 고동소리가 들리지 않을까 걱정되었어.

드디어 한 남자가 들어와 국어시험지를 나눠주었어. 그것을 받아 들었을 때 두 손이 차가와지고 머리가 어지러워지더구나. 두려운 한 순간이었단다.

그 기분은 4년 전 머릴러에게 그린게이블즈에 있게 해줄 것인지 아닌지 물어볼 때와 똑같았지. 하지만 차츰 머리가 맑아지고 심장의 고동도 정상으로 돌아갔어. 그때까지는 완전히 멎어 있었단다! 문제를 보니 그 시험은 그럭저럭 치를 수 있다는 것을 알았기 때문이야.

점심식사 때 일단 돌아왔다가 오후에 역사시험을 치르러 다시 학교에 갔어. 역사는 꽤 어려웠고 연대를 뒤바꾸어 써 버렸어. 하지만 오늘은 그런대로 제법 잘 치른 것 같아.

아, 다이애너, 내일은 기하시험을 치러야 해. 기하책을 펴보지 않기 위해서는 굉장한 노력이 필요하단다. 도움이 된다면 무디 스퍼존처럼 구구단을 외워서 내일 아침까지 그렇게라도 하고 싶은 심정이야.

저녁에는 다른 아이들을 만나러 갔었어. 도중에 무디 스퍼존이 안절부절못하며 서성거리고 있는 것을 보았어. 자기는 역사에 전혀 자신이 없으며 부모님을 실망시키기 위해 태어난 사람이다, 내일 아침에는 기차를 타고 돌아가야겠다, 목사가 되는 것보다 목수가 되는 편이 훨씬 더 간단할 것 같다고 또 중얼거리더구나.

나는 무디를 격려해 주고 마지막까지 버텨야 한다고 설득했어. 그렇지 않으면 애쓰신 스테이시 선생님에게 죄송하다고 말이야. 나는 남자로 태어났으면 좋겠다는 생각을 한 적도 있지만, 무디 스퍼존을 보면 내가 여자이고 또 무디의 누이동생이 아닌 게 다행으로 여겨져.

여자아이들이 묵고 있는 집에 가보니 루비가 히스테리를 일으키고 있었어. 국어시험에서 큰 실수를 저지른 것을 그때 알았기 때문이래.

루비의 발작이 멎은 다음 함께 나가 아이스크림을 먹었어. 너도 같이 있으면 얼마나 좋을까 모두들 이야기했단다.

아, 다이애너, 기하시험만 끝나면 얼마나 좋겠니? 린드 아주머니 말대로 내가 기하에서 실패하건 안하건 태양은 여전히 뜨고 지겠지. 그럴 것임이 틀림없지만 그리 위안은 되지 않아. 실패하면 태양이 차라리 어떻게 되어버렸으면 좋겠다는 심정이야!

진심으로 너를 그리워하는

앤 셜리

모든 시험이 끝나고 앤은 금요일 저녁에 집으로 돌아왔다. 얼마쯤 피로해 보였으나 고난을 헤치고 온 승리의 빛이 앤을 감돌고 있었다.

다이애너는 그린게이블즈에서 앤이 돌아오기를 손꼽아 기다리고 있었다. 두 소녀는 마치 몇 년 동안이나 헤어져 있었다가 다시 만난 것처럼 이 순간을 몹시 기뻐했다.

"아, 보고 싶어 혼났어. 네가 돌아오기를 무척 기다렸어. 네가 떠난 지 굉장히 오래된 것 같아. 앤, 시험은 잘 치렀니?"

"기하만 빼놓고 그럭저럭 잘한 것 같아. 기하는 아무래도 자신이 없어. 떨어지지 않을까 불길한 예감이 들어. 아, 돌아오니 정말 기뻐. 그린게이블즈는 이 세상에서 가장 소중하고 사랑스러운 곳이야."

"다른 아이들은 어떻게 됐니?"

"여자아이들은 말로는 엄살을 피우지만 실제로는 그렇지도 않나봐. 조지는 기하가 너무 쉬워서 10살 난 아이도 할 수 있을 거라고 말했어! 무디 스퍼존은 여전히 역사가 자신없다고 말하고, 찰리는 대수를 망쳤다고 하더라.

하지만 모두들 합격될지 어떻게 될지는 아무도 몰라. 앞으로 2주일이나 있어야 해. 이런 불안한 기분으로 2주일이나 기다려야 하다니! 차라리 그때까지 계속 잠들어 깨어나지 않았으면 좋겠어."

다이애너는 길버트 블라이스에 대해 물어보고 싶었지만 소용없다는 걸 잘 알기에 다만 이렇게 말했다.

"걱정없어. 너는 반드시 합격할 거야."

앤은 얼굴을 살짝 붉히며 말했다.

"좋은 성적으로 합격하지 못하면 오히려 떨어지는 편이 나아."

그것은 길버트 블라이스보다 성적이 좋지 못하면 합격해도 그리 기쁘지 않을 뿐더러 오히려 괴롭다는 뜻이었다. 다이애너도 그 뜻을 잘 알고 있었다.

길버트보다 좋은 점수를 받아야 한다는 목표를 염두에 두고 앤은 시험에 온 힘을 기울였었다. 길버트도 마찬가지였다. 두 사람은 샬럿 타운에서 오가면서 여러 번 마주쳤지만 모르는 척 휙 스쳤다.

그럴 때마다 앤은 쌀쌀한 얼굴로 머리를 꼿꼿이 쳐들고 지나갔지만, 마음속으로는 길버트가 사과했을 때 화해할 걸 그랬다는 후회가 한층 더 강해지는 것을 어쩔 수 없었다. 한편으로는 시험에서 길버트를 꼭 이겨야겠다는 결의를 더욱 굳혔다.

앤은 애번리 학생들이 두 사람 가운데 어느 쪽이 좋은 성적을 올리느냐는 데 관심을 모으고 있다는 걸 알고 있었다. 뿐만 아니라 지미 글로버와 네드 라이트가 이 문제에 내기를 걸고 있으며, 길버트 블라이스가 틀림없이 이긴다고 조지 파이가 주장한 사실도 알고 있었다. 그러니 만일 불합격이라도 한다면 부끄러워서 어떻게 해야하나 걱정했다.

그러나 앤이 좋은 성적을 올리고 싶어하는 또 다른 훌륭한 동기가 있었다. 앤은 매슈와 머릴러를 위해—특히 매슈를 위해—좋은 성적으로 합격하기를 바랐다. 매슈는 앤이 '온 섬 안의 수험생을 물리치고 1등할 것'이라고 확신하고 있으며, 앤에게도 그렇게 말했었다.

앤은 아무리 큰 희망을 품는다 해도 1등까지는 될 수 없을 거라고 생각했다. 그러나 10등 안에라도 들어서 매슈의 부드러운 갈색 눈동자가 앤을 자랑스럽게 여기며 빛나는 것을 보고 싶다고 진심으로 바랐다. 그것이야말로 이제까지 좋아하지 않는 학과며, 재미도 없는 방정식이며, 동사의 활용 등을 잘 참고 공부한 데 대한 가장 큰 보답으로 느꼈다.

그럭저럭 2주일이 지나자 제인, 루비, 조지 등 안절부절못하는 친구들과 함께 앤도 역시 우체국에 자주 드나들기 시작했다. 그리고 시험 치르는 동안 겪었던 것과 같은 땅 속으로 끌려 들어가는 듯한 기분을 느꼈다. 그리고 떨리는 손으로 샬럿타운 데일리 신문*¹을 펼쳐 보았다.

찰리와 길버트도 우체국에 나왔지만 무디 스퍼존만은 고집스럽게 집안에 들어박혀 있었다.

그는 앤에게 말했다.

"우체국에 가서 당당하게 신문을 들여다볼 용기가 없어. 붙었는지 떨어졌는지 누군가가 와서 가르쳐줄 때까지 가만히 기다리겠어."

그러나 3주일이 지나도 여전히 합격발표가 없었으므로 앤은 이러한 긴장 상태를 더 이상 견디어낼 수 없게 되었다. 식욕이 떨어지고 애번리에서 일어나는 여러 일에도 관심을 둘 수 없게 되었다.

---

*1 몽고메리가 퀸즈아카데미의 모델로 삼은 대학에서 입학시험을 친 결과도 신문에 발표되었음. 일기에 의하면 섬 전체의 수험자 가운데 다섯 번째로 좋은 성적으로 합격했다고 함. 샬럿타운에서는 18세기 끝무렵에 최초의 일간신문, 19세기 끝무렵에는 여러 개의 신문이 발행되었음. 그즈음의 신문은 우편물과 마찬가지로 각 지역의 우체국에 배달되었고, 사람들은 앤처럼 우체국으로 가지러 갔음.

린드 부인이 보수당 계열의 교육감이 하는 일이니 그럴 수밖에 없다고 말했기 때문에, 앤의 핼쑥한 얼굴이며 기운 없는 모습과 날마다 오후 우체국에서 느릿느릿 걸어오는 모습을 보다못한 매슈는 다음 선거에서는 자유당에 표를 던져야 할 것 같다고 진심으로 생각하기 시작했다.

그러던 어느 날 내내 기다리던 소식이 마침내 들려왔다.

앤은 활짝 열린 창가에 앉아 잠시 동안 입시에 대한 것이나 그밖에 세상의 시름을 잊고 창 아래 뜰에서 풍겨오는 꽃향기에 감싸여 바람에 나부끼는 포플러 잎의 소리를 들으면서 여름날 저녁 풍경의 아름다움에 도취되어 있었다.

전나무 우듬지 위에 펼쳐진 동쪽 하늘은 저녁놀을 비추어 엷은 핑크빛으로 물들었다. 앤이 요정 같다고 멍하니 생각하고 있는데, 다이애너가 손에 신문을 펄럭이며 전나무숲을 지나 통나무다리를 건너 날아갈 듯이 언덕을 달려오는 게 보였다.

앤은 벌떡 일어섰다. 그 신문에 무엇이 실려 있는지 곧 깨달았기 때문이었다. 합격 발표가 나와 있을 것이다! 머리가 빙글빙글 돌고 가슴은 두방망이질하며 바짝바짝 죄어들었다.

앤은 못박힌 듯 그 자리에 우뚝 섰다. 다이애너가 현관 홀을 지나 흥분한 나머지 노크도 하지 않고 방 안으로 뛰어들어올 때까지 한 시간도 넘게 걸린 듯한 느낌이었다.

다이애너가 외쳤다.

"앤, 축하해! 1등으로 합격했어—너와 길버트 둘이—동점이래—하지만 네 이름이 먼저 나와 있어. 아, 나는 정말 기뻐!"

다이애너는 탁자 위에 신문을 내던지고 앤의 침대로 몸을 던졌다. 숨이 끊어질 것 같아 가까스로 말했던 것이다.

앤은 손이 바들바들 떨려 성냥갑을 뒤엎었고 여섯 개비의 성냥을 긋고야 비로소 램프에 불을 켤 수 있었다. 그리고 앤은 급히 신문을 집어들었다.

사실이었다. 2백 명의 합격자 맨 위에 앤의 이름이 보란 듯이 있었다! 그 순간 앤은 살아 있는 보람을 느껴 가슴이 뿌듯했다.

헐떡이던 숨이 가라앉자 다이애너는 몸을 일으키며 말했다.

"정말 장해, 앤!"

어찌할 바 모르는 앤은 한 마디도 할 수가 없었다.

"아버지가 브라이트 리버역에서 신문을 가지고 돌아오셨어. 아직 10분도 채 안 되었을 걸. 오후 기차로 오셨으니까 우체국에는 내일에나 도착할 거야. 합격 발표가 나와 있는 것을 보고 정신없이 달려왔어.

너희들 한 사람도 빠짐없이 모두 합격이야. 무디 스퍼존도 포함해서 말이야. 하지만 그 애는 역사가 조건부로 되어 있어. 제인과 루비는 성적이 꽤 좋은 편이야. 중간보다 위니까. 찰리도 마찬가지야. 조지는 3점 차이로 겨우 합격했지만 아마 1등으로 합격하기라도 한 듯이 으스댈 걸. 스테이시 선생님도 틀림없이 기뻐하시겠지?

앤, 1등으로 합격한 기분이 어떠니? 나 같으면 너무 기뻐서 머리가 돌아버릴지도 몰라. 지금도 머리가 좀 이상해지는 것 같은데 너는 어쩌면 봄날의 해질녘처럼 차분한 표정을 짓고 있니?"

앤은 눈을 반짝거리며 말했다.

"마음속에서는 현기증이 나고 가슴이 두근거리고 있어. 하고 싶은 말이 산더미처럼 있는데 말이 나오지 않아. 정말 뜻밖이야—아니, 상상은 해본 적 있어. 단 한 번! 단 한 번 '만일 1등이라면' 전율하면서 생각했지. 섬 안에서 1등한다는 건 너무나 거만하고 건방진 생각이기 때문이야.

잠깐만 기다려줘, 다이애너. 빨리 밭에 가서 매슈에게 알리고 올게. 그리고 큰길에 가서 다른 사람들에게도 이 소식을 알려주자."

두 소녀는 매슈가 마른풀을 쌓고 있는 헛간 뒤쪽 들판으로 달려갔

다. 마침 린드 부인이 오솔길의 울타리에 기대어 머릴러와 이야기하고 있었다.

앤이 외쳤다.

"아, 매슈! 합격했어요. 1등으로! 또 한 사람 1등이 있지만요. 자랑하는 것은 아니지만 굉장히 기뻐요."

매슈는 합격자 명단을 들여다보며 대견스러워 말했다.

"그럴 테지. 내가 말한 대로 되었구나. 너라면 문제없이 다른 아이들을 거뜬히 이겨낼 줄 알았다."

머릴러는 앤에 대한 자랑스러움을 린드 부인이 알아차리지 못하도록 조심하며 말했다.

"정말 장하구나, 앤."

하지만 사람좋은 린드 부인은 진심으로 말했다.

"정말 훌륭해. 진심으로 축하한다, 앤. 너는 우리 모두의 명예며 자랑이야."

그날 밤, 앤은 목사관에서 앨런 부인과 짧게나마 진지한 이야기로 즐거운 밤의 마지막 시간을 장식하고 돌아왔다. 그러고는 환한 달빛이 비쳐드는 활짝 열린 창가에 다소곳이 무릎을 꿇고 가슴 속 깊은 곳에서 우러나오는 감사와 희망의 기도를 드렸다. 그 기도에는 과거에 대한 감사와 미래에 대한 경건한 소망이 담겨 있었다.

그리고 새하얀 베개에 머리를 묻었을 때, 앤의 꿈은 품어온 소망 그대로 소녀처럼 고결했으며 빛나는 아름다움에 넘실거리고 있었다.

호텔 콘서트

"앤, 하얀 오건디 옷이 가장 좋겠어."

다이애너는 단호한 목소리로 권했다.

두 소녀는 앤의 조그만 방에 있었다. 밖은 아직 완전히 어두워지지 않았다. 구름 한 점 없는 맑은 하늘에 황혼이 깃들고 있었다. 크고 둥근 달은 희끄무레한 빛에서 선명한 은빛으로 그 광채를 더해 '도깨비 숲' 위에 걸려 있었다.

졸린 듯한 작은 새의 지저귐, 이따금 희미하게 들려오는 산들바람 소리, 멀리서 웅성거리는 목소리며 웃음소리 등, 주위에는 여름 저녁 날의 술렁거림이 감미롭게 녹아들고 있었다.

그러나 앤의 방에는 블라인드가 드리워지고 램프에 불이 켜져 있었다. 지금 한창 몸단장을 하고 있는 중이었다.

이 동쪽 방은 4년 전과는 완전히 다른 모습이었다. 처음 그린게이블즈에 왔던 날 밤 그때 이 방의 아무 장식 없이 텅 빈 모습은 앤으로 하여금 사람을 떠다미는 듯한 싸늘함을 뼛속까지 느끼게 했었다. 그런데 유유히 흐르는 세월과 더불어 많은 변화를 일으켰다. 깔끔한 것을 좋아하는 머릴러가 체념하고 못본 척해 주는 동안 지금 그곳은 앳된 처녀의 아름답고 우아한 보금자리로 바뀌어 있었다.

앤이 어렸을 때 꿈꾸던 핑크빛 장미무늬 벨벳 카펫이며 비단 커튼 등은 실현되지 않았지만, 앤의 꿈도 그 성장과 더불어 발걸음을 맞춰 그것들이 이루어지지 않았다고 해서 서운하게 생각하지 않았다.

바닥에 귀여운 깔개가 깔렸고, 높은 창문을 부드럽게 장식한 산들바람에 팔랑이는 커튼은 연초록 모슬린이었다.

금실과 은실로 짠 타피스트리는 없었지만 귀여운 사과꽃무늬 벽지를 바른 벽에 앨런 부인이 선물한 몇 장의 아름다운 그림이 걸려 있었다. 애번리를 떠난 스테이시 선생님 사진이 걸린 곳을 가장 좋은 장소로 여기는 앤은 그 밑의 선반에 늘 신선한 꽃을 꽂아 감사의 뜻을 나타냈다. 오늘은 새하얀 백합이 그윽한 향기를 온 방안에 풍기고 있었다.

'마호가니 가구'는 없지만 책이 가득 꽂힌 책장, 쿠션이 얹혀 있는 버드나무로 짠 흔들의자, 주름이 잡힌 하얀 모슬린으로 장식한 화장대, 전에 손님용 침실에 걸려 있던 귀여운 핑크빛 큐핏과 보랏빛 포도송이가 아치 형 꼭대기에 그려진 금테두른 낡은 거울, 그리고 낮은 침대가 놓여 있었다.

앤은 지금 화이트 샌즈 호텔에서 열리는 콘서트에 가기 위해 몸단장을 하고 있는 중이었다. 호텔 손님이 샬럿타운의 병원을 돕기 위해 개최하는 콘서트로, 그 성공을 위해 이 부근에 있는 아마추어 음악가들도 모두 출연할 예정이었다.

화이트 샌즈 침례교*¹ 성가대원인 버서 샘프슨과 펄 클레이는 이 중창을 하게 되어 있었다. 뉴브리지의 밀턴 클러크는 바이올린 독주를, 카모디의 위니 애딜러는 스코틀랜드 민요를 부르기로 했다. 그리고 스펜서베일의 로러 스펜서와 애번리의 앤 셜리는 암송을 할 예정

---

*¹ 청교도 칼뱅파 계열. 유아세례를 인정하지 않고, 성인이 된 뒤 신앙고백을 한 사람에게만 온 몸을 물에 담그는 세례를 함.

이었다.

지난날 앤은 이렇게 말하였다. 이것은 '일생에 잊을 수 없는 큰 사건'이라고 말이다. 앤은 한껏 그 설레임을 맛보고 있었다.

매슈도 귀여운 앤에게 주어진 이 명예에 자랑스러움과 기쁨을 한없이 느껴 어쩔 줄 몰라했고, 머릴러 역시 그 점에서는 동감이었다. 다만 머릴러는 그런 기색을 내비치고 싶지 않았으므로, 젊은 아이들이 저희들끼리 우르르 몰려 호텔에 가는 것은 좋은 일이 아니라고 한 마디 했다.

앤과 다이애너는 제인 앤드루스와 그녀의 오빠 빌리가 끄는 마차를 타고 갈 예정이었다.

그리고 그밖에도 애번리 젊은이들이 몇 사람 더 가게 되어 있었다. 호텔 손님 말고도 읍내에서 사람들이 구름처럼 몰려와 콘서트가 끝난 뒤 출연자에게 저녁식사를 대접하게 되어 있었다.

앤은 걱정스러운 듯 물었다.

"정말 이 오건디 옷이 가장 좋다고 생각하니? 파란 꽃무늬 모슬린옷이 더 좋을 것 같기도 한데…… 게다가 유행에 좀 뒤떨어져 있는것 같거든."

"하지만 이 옷이 너에게 훨씬 어울려. 날아갈 듯하고 주름이 많으면서 몸에 착 감기는 맛이 있어. 모슬린은 뻣뻣해서 지나치게 차려입은듯한 느낌이 들지. 오건디는 몸의 일부처럼 자연스러워 보여."

앤은 한숨을 쉬며 다이애너의 의견에 따르기로 했다. 다이애너는옷에 대한 안목이 매우 세련됐다는 평을 듣고 있고, 이런 문제에 대하여 도움을 청해 오는 사람이 많았다.

이 특별한 밤을 위해 다이애너는 사랑스러운 들장미꽃 무늬의 옷을 입어 눈부시게 아름다웠다. 더구나 그러한 핑크빛 옷은 빨강머리의 앤이 아무리 원해도 도저히 입을 수 없는 것이었다.

다이애너는 콘서트에 출연하지 않으므로 자신의 옷차림은 아무래도 상관없었다. 그래서 친구인 앤의 몸단장을 위해 온 정성을 기울였다. 애번리의 명예를 위해서도 오늘 밤 앤은 옷차림도 머리모양도 액세서리도 여왕에 비길 만한 것이어야 한다고 주장했다.

"주름을 좀더 부풀게 해야지. 옳지, 됐어. 그럼, 허리띠를 맬 차례야. 그리고 구두를 신어야 해.

머리는 두 가닥으로 땋아 늘어뜨리고 중간쯤에 하얀 큰 나비 리본을 달아. 어머나, 머리가 이마에 조금이라도 흩어지면 안 돼. 사뿐히 갈라놓기만 하면 그만이야. 이런 머리모양이 너에게 가장 잘 어울리거든. 앨런 부인도 네가 그런 식으로 머리를 빗으면 마돈나 같다고 했어.

귀 밑에 이 작은 흰 장미를 꽂아줄게. 뜰에 꼭 한 송이 피었는데 네게 주려고 가져왔어."

앤은 말했다.

"진주목걸이를 해도 좋을까? 매슈가 지난 주 읍내에 나갔다가 사다줬어. 내가 이것을 걸면 좋아할 거야."

다이애너는 입을 뾰족이 내밀고 검은 머리를 갸우뚱하더니 목걸이를 해도 좋다고 말했으므로 곧 앤의 가냘픈 우윳빛 목에 진주목걸이가 감겨졌다.

다이애너는 조금도 질투하는 기색이 아닌 감탄하는 투로 말했다.

"너는 어딘지 우아한 분위기가 있어. 고개를 꼿꼿이 세우고 있는 모습이 기품있어. 아마 네가 날씬하기 때문일 거야. 나는 얼굴이 동글동글해서 틀렸어. 전부터 이렇게 되리라고 짐작했지만 역시 그대로 되어버렸지 뭐니. 체념하는 수밖에 없지."

앤은 다이애너의 귀엽고 명랑한 얼굴을 향해 애정어린 미소를 지으며 말했다.

"하지만 너는 예쁜 보조개가 폭 파이잖니. 굉장히 예쁜 보조개야. 마치 손가락으로 크림을 살짝 찍어낸 것 같아. 나는 보조개에 대해서는 깨끗이 단념했어. 그 꿈은 결코 실현될 것 같지 않으니까. 대신에 다른 꿈이 많이 실현됐으니까 불평은 없어. 이젠 다 됐겠지?"

"완벽해."

다이애너가 대답했을 때 머릴러가 문가에 모습을 나타냈다. 흰 머리가 전보다 많아지고 뼈가 앙상해 보였지만 표정은 훨씬 부드러워져 있었다.

"어서 안으로 들어와 우리의 친애하는 낭독자를 봐주세요, 머릴러. 아름답죠?"

머릴러는 코웃음치는 듯하기도 하고 끙끙 신음소리 같기도 한 목소리로 말했다.

"산뜻한 게 나쁘지 않구나. 그 머리 모양이 마음에 퍽 든다. 하지만 먼지를 뒤집어 쓰며 마차를 타고 거기까지 가면 옷이 엉망이 될 거야. 이런 습기찬 밤에 그 옷은 너무 얇구나. 오건디란 도무지 쓸모없는 천이야. 매슈가 그 옷감을 사왔을 때도 그렇게 말했지.

요즘은 매슈에게 무슨 말을 해도 소용이 없어. 전에는 내 말을 잘 들었는데 요즘은 앤의 것이라면 덮어놓고 무조건 사오거든. 그래서 카모디의 점원들이 매슈에게 무엇이든 팔려고 몽땅 내놓지. 예쁘고 유행하는 것이라고 말하기만 하면 매슈 오라버니는 돈을 척척 내놓으니까. 스커트가 바퀴에 닿지 않도록 조심해야 해. 그리고 따뜻한 겉옷을 입고 가거라, 앤."

그리고 머릴러는 천천히 아래층으로 내려갔다. '한 줄기 달빛이 이마에서 머리 위로 흘렀다*²라는 구절과도 같이 앤이 무척 아름답다고 생각하며 머릴러는 자랑스러움을 느꼈다. 자신도 콘서트에 가서

---

*2 엘리자베스 버렛 브라우닝의 장편시 《오로라 리》 4권 1013행에서. 이 시는 이탈리아 태생 영국인 시인 오로라가 예술과 여성의 인생, 결혼에 대해 사색하며 여행하는 이야기 시로, 페미니즘의 원전으로서 오랫동안 읽혀졌음. 몽고메리가 인용한 이 구절은, 은끈으로 머리를 가른 처녀의 아름다움에 남자가 보내는 찬사로 시에 나와 있음.★★

앤의 암송을 들을 수 없는 게 매우 유감스러웠다.

앤은 걱정스러운 듯 말했다.

"오늘 밤은 이 옷을 입을 수 없을 만큼 추울까?"

"그렇지 않을 거야."

다이애너는 말하며 창문의 블라인드를 걷어 올리고 밖을 내다보았다.

"더할 나위 없는 포근한 밤이야. 이슬도 내리지 않고. 저 밝은 달빛을 봐."

앤은 창가의 다이애너 쪽으로 다가갔다.

"나는 이 방의 창문이 동쪽으로 나있어 해돋이가 보여 참 좋아. 저 멀리 가로누운 언덕에서 아침해가 떠올라 뾰족뾰족한 전나무 가지 사이로 반짝이기 시작하지. 참으로 멋진 광경이야. 태양은 날마다, 아침마다 달라.*³ 이제 막 떠오른 아침 햇살을 받고 있으면 내 영혼이 속속들이 맑아지는 것 같아. 아, 다이애너, 나는 이 작은 방이 너무너무 좋아. 다음달부터 샬럿타운에 살게 되면 이 방이 그리워 어떡하지?"

다이애너는 부탁했다.

"오늘 밤은 샬럿타운 이야기를 하지 말자. 그 일은 생각하고 싶지 않아. 슬퍼지거든. 오늘 밤은 한껏 즐겁게 보내고 싶어. 앤, 무엇을 암송하니? 떨리지 않니?"

"조금도 떨리지 않아. 사람들 앞에서 여러 번 암송해서 이젠 익숙해졌어. '소녀의 맹세'*⁴를 암송할 작정이야. 아주 슬픈 시란다. 로러

---

*3 영국시인 존 키블(1792–1866)이 작사한 찬미가에서 따온 표현. '날마다 사랑은 새로워지고／아침마다 우리는 잠에서 깨어난다, 그것이 사랑의 증거'. 《그리스도교회력(1827)》에서.★★

*4 스코틀랜드 시인 캐럴라인 올리펀트(1766–1845)의 시 《소녀의 맹세》. 아마도 신대륙을 향해 배타고 떠나는 듯 보이는 젊은이에 대한 사랑을 지키기 위해, 소녀가 '평생 결혼하지 않을 거예요' 하고 맹세하지만 젊은이는 항해 도중 배가 침몰해 바다 속에 가라앉는

스펜서는 희극적인 것을 암송한대. 하지만 나는 사람들을 웃기는 것보다 울리는 게 더 좋아."

"앙코르를 받으면 또 무엇을 암송할 거야?"

"그럴 리가 있니?"

앤은 웃어넘겼지만 마음속으로는 그렇게 되기를 은근히 바랐고, 다음날 아침 식탁에서 매슈에게 그 이야기를 하는 자기 모습을 잠시 마음속에 그렸다.

"빌리와 제인이 왔나봐. 마차 소리가 났어. 어서 나가자."

빌리 앤드루스는 앤에게 자기와 함께 앞자리에 앉도록 고집했으므로, 앤은 하는 수 없이 그렇게 했다. 앤은 다이애너와 제인과 함께 뒷자리에 앉아 실컷 웃으며 이야기하고 싶었다. 빌리는 그리 잘 웃거나 말하지 않았기 때문이었다.

그는 몸집이 크고 뚱뚱하며 신경이 무딘 20살 된 젊은이로, 둥근 얼굴이 무표정했으며 대화가 서툴렀다. 그는 앤을 매우 숭배해 이 늘씬한 모습의 아름다운 소녀와 나란히 앉아 화이트 샌즈까지 마차로 달릴 것을 생각만 해도 어깨가 으쓱했다.

앤은 어깨 너머로 뒷자리의 소녀들과 이야기를 주고받고 때로 빌리에게도 정중하게 말을 건네며—빌리는 싱글거리거나 쿡쿡 웃음을 터뜨릴 뿐 제대로 된 대답을 때맞춰 하지 못하고 늘 시기를 놓쳐버렸다—갖가지 어려움에도 불구하고 드라이브를 나름 즐기려 했다.

다는 비극적 내용. 그리고 97년에 나온 《Annotated Anne of Green Gables》에는 올리펀트의 시도 제시되어 있지만 올리펀트의 시가 너무 짧으므로, 다른 작가 스태포드 맥그리거(캐나다인으로 영국 부영사, 독일 부영사 등을 지냄)가 1883년 자비로 출판한 시 《마르스 라 트루, 소녀의 기도》가 아닌가 싶기도 함. 맥그리거는 성으로 짐작컨대 스코틀랜드계나 아일랜드계인 듯. 시 내용은 젊은 프랑스 처녀 레네트가 연인인 병사 모리스가 프로이센과의 싸움에서 무사히 귀환하기를 기원하고 다른 남자와 결혼하기 위해 제단에 무릎을 꿇는 일은 없을 거라고 맹세. 하지만 병사는 전사하고, 그 젊은 무명병사를 위한 기념비조차 없다는 전쟁의 비극을 노래하고 있음.

참으로 즐거운 밤이었다. 큰길은 호텔을 향해 달리는 마차로 가득했다. 맑은 웃음소리가 여기저기에서 울려 퍼졌다.

호텔은 위에서 아래까지 온통 전등이 켜져 휘황찬란했다.

그들은 콘서트 위원인 여성들의 마중을 받았다. 그 가운데 한 사람이 앤을 출연자 대기실로 안내해 주었다. 거기는 샬럿타운 교향악단 클럽회원*5들로 붐비고 있었다. 그 많은 사람들 속에서 앤은 갑자기 주춤해지고 겁이 났으며 자기가 시골뜨기라는 기분이 들기 시작했다.

방에서 보았을 때 그토록 우아하던 앤의 옷도 여기서는 단순하고 보잘것없어 보였다. 화려하고 사각사각 소리내는 비단이며 레이스로 멋을 부린 옷에 비하면 지나치게 초라하게 여겨졌다.

앤의 진주 목걸이는 옆에 있는 키 크고 아름다운 귀부인의 번쩍거리는 다이아몬드에 비하면 아무것도 아니었다. 그리고 앤의 작은 흰 장미는 다른 부인들이 달고 있는 온실에서 탐스럽게 핀 꽃과 비교해 볼 때 참으로 소소했다.

앤은 모자와 웃옷을 벗고 비참한 기분으로 구석에 몸을 움츠리고 있었다. 그린게이블즈의 자기 방으로 돌아가고 싶은 마음마저 들었다.

이윽고 드넓은 호텔 대연회장으로 안내되어 무대에 오르자 사태는 더욱 나빠졌다. 눈부신 전등빛에 현기증이 나고 향수 내음과 사람들의 웅성거림이 앤을 당황하게 만들었다.

앤은 자기가 다이애너며 제인과 함께 저 밑의 청중석에 앉아 있으

---

*5 교향악단을 만들거나 지원해 문화수준을 높이는 것을 목적으로 하는 도시 상류계층이 조직하는 클럽. 샬럿타운에도 다른 도시와 마찬가지로 19세기 끝무렵부터 20세기 첫무렵까지, 도시의 위상을 높이기 위해 교향악단을 만들 필요성을 느꼈을 것이며, 앤이 나온 이날 밤 콘서트에 오케스트라 연주는 없었지만 클럽 사람들이 문화행사로 주최했으므로 대기실에 있었던 듯 여겨짐. 교양과 재력있는 사람들로, 그들에게 에워싸인 앤이 얼어 있는 모습이 상상됨.★★

면 얼마나 좋을까 생각했다. 두 소녀는 뒤쪽 좌석에서 충분히 즐기고 있는 것 같았다.

앤은 핑크빛 비단옷을 입은 뚱뚱한 부인과 하얀 레이스 옷으로 몸을 감싸고 사람을 깔보는 듯한 표정을 짓고 있는 소녀 사이에 끼어 있었다. 뚱뚱한 부인은 이따금 몸을 돌려 안경 너머로 앤을 지그시 내려다보았다. 요모조모 뜯어보는 듯한 시선이 너무나 따갑게 느껴져 앤은 그만 큰 소리로 고함을 지르고 싶은 충동마저 느낄 정도였다.

하얀 레이스 옷을 입은 소녀는 옆에 있는 친구에게 큰 소리로 청중 속의 '시골뜨기'며 '시골처녀'들에 대해 들으라는 듯이 떠들었다. 그러면서 프로그램 속의 이 고장 토박이들이 출연하는 항목은 '그야말로 볼 만할 거야'라며 처음부터 앤을 얕보며 무시하는 말을 했다. 앤은 저 하얀 레이스 옷의 소녀를 죽을 때까지 미워하리라 생각했다.

운 나쁘게도 때마침 호텔에 전문적인 낭독가가 묵고 있어 암송을 하게 되었다. 그녀는 호리호리한 몸집에 검은 눈동자를 하고 있었다. 마치 달빛으로 자아낸 듯한 반짝이는 멋진 회색 옷을 입었으며, 목과 검은 머리에서 보석이 빛나고 있었다.

그녀는 놀랄만큼 자유자재로 변화하는 목소리에 기막힌 표현력을 갖추고 있었다. 청중은 그녀가 하는 시낭독에 기립박수를 보내며 열광했다.

앤 역시 그 뒤의 자기 차례를 기다리는 걱정마저 잊고 황홀하게 바라보며 귀기울였다. 그러나 암송이 끝나자 갑자기 앤은 두 손으로 얼굴을 가려버렸다.

저 훌륭한 낭독 뒤에 어떻게 자기가 나가서 암송을 하겠는가! 도저히 할 수 없다. 자기가 암송을 잘한다는 생각을 이제까지 어떻게 하고 있었을까. 아, 그린게이블즈로 돌아갈 수만 있다면!

그 최악의 순간에 앤의 이름이 불려졌다. 앤은 가까스로 일어섰다.

하얀 레이스 옷의 소녀가 좀 움찔하며 놀랐지만 그것도 알지 못한 채—비록 알았다 해도 얼마쯤 부러워하는 듯한 미묘한 표정까지는 도저히 알아차리지 못했을 것이다—비틀거리며 앞으로 나아갔다.

앤의 얼굴빛이 너무도 핼쑥하여 청중 속에 있던 다이애너와 제인은 걱정스러워 서로 두 손을 꼭 잡았다.

앤은 바짝 긴장하고 있었다. 이제까지 사람들 앞에서 여러 번 암송했지만 이토록 많은 청중 앞에서 해본 적은 한번도 없었으므로 그저 그 앞에 서 있는 것만으로도 온몸의 힘이 빠지는 것 같았다.

여러 줄로 서 있는 야회복의 부인들, 비판적인 차가운 얼굴로 바라보는 사람, 앤을 둘러싸고 있는 이 부유하고 교양있는 분위기—이 모든 게 낯설고 화려하며 앤을 꼼짝 못하게 했다. 토론클럽의 소박한 긴 의자에 나란히 앉아 따뜻하고 호의적인 친구와 이웃사람들을 마주하고 있을 때와는 너무나 동떨어진 세계였다.

여기 모인 사람들은 저마다 사정을 봐주지 않고 용서함이 없는 비평가처럼 여겨졌다. 저 하얀 레이스 옷의 소녀와 마찬가지로 '시골뜨기'의 정성을 다한 애쓴 노력을 일시의 위안거리로 삼으려 기다리고 있다.

앤은 절망했고, 무기력한 자신이 부끄러워 비참한 기분을 되씹었다. 무릎이 떨리고 가슴이 두방망이질치며 곧 기절할 것 같았다. 앤은 한 마디도 입 밖에 낼 수 없었다. 그리고 영원히 굴욕 속에 빠지게 될지라도 지금 이 무대 위에서 달아나려 했다.

겁을 잔뜩 집어먹은 채 눈을 크게 뜨고 청중을 바라보던 앤은 갑자기 저 뒤쪽에 길버트 블라이스가 얼굴에 미소를 띤 채 이쪽으로 몸을 내밀고 있는 것을 보았다. 하지만 앤에게는 그 미소가 의기양양한 비웃음으로 보였다.

실제로 겉으로 보기에는 결코 그런 게 아니었다. 길버트는 이곳 분위기가 매우 마음에 들었고, 특히 하얀 옷에 감싸인 앤의 가냘픈 모습과 청초한 얼굴이 종려나무를 배경으로 잘 어우러져 미소를 지었을 뿐이었다.

그가 마차에 함께 태워 데려온 조지 파이는 길버트 옆에 앉아 있었는데, 그녀야말로 승리의 비웃음을 입가에 머금고 있는 듯했다. 그러나 조지는 앤의 눈에 들어오지도 않았다. 조지의 존재는 대수로운 게 아니었다.

앤은 깊이 숨을 내쉬고 당당하게 머리를 쳐들었다. 용기와 결의가 번개처럼 앤의 온몸을 스쳐갔다. 무슨 일이 있어도 길버트 블라이스의 눈앞에서 실수해서는 안 된다. 길버트의 웃음거리가 되어서는 결코 안 된다.

그러자 두려움과 불안이 흔적도 없이 사라졌다. 앤은 암송을 하기 시작했다. 아름답게 울리는 맑은 목소리가 전혀 떨리지 않고 끊어짐도 없이 대연회장 곳곳마다 울려 퍼졌다. 앤은 완전히 차분함을 되찾고 있었다. 그 두렵고 무기력한 순간으로부터 빠져나온 앤은 지난날의 어느 낭송보다도 훌륭하게 해냈다.

암송을 끝내자 터질 듯한 박수소리가 여기저기서 들려왔다. 부끄러움과 기쁨에 얼굴을 붉히며 자리로 돌아가니 핑크빛 비단옷의 뚱뚱한 부인이 앤의 손을 꼭 잡고 크게 흔들었다.

그녀는 칭찬했다.

"참으로 훌륭했어요. 나는 어린애처럼 울었답니다. 어머나, 앙코르예요. 모두들 아가씨가 다시 한번 암송하기를 바라고 있어요!"

앤은 당황했다.

"아, 어떡하죠. 하지만 하겠어요. 안하면 매슈가 무척 실망할 테니까요. 틀림없이 앙코르를 받을 거라고 말했거든요."

핑크빛 옷을 입은 부인은 웃으며 말했다.

"그렇다면 매슈를 실망시켜서는 안 되죠."

앤은 선홍빛으로 상기된 얼굴로 미소를 지으며 맑은 눈동자를 동그렇게 뜨고 다시 무대 위로 올라갔다. 익살스럽고 짤막한 옛날 시를 암송했는데 이것은 더욱 청중의 마음을 사로잡았다. 그 다음부터는 모든 것이 성공적이었다.

콘서트가 끝나자 핑크빛 옷을 입은 뚱뚱한 부인—미국 백만장자의 부인이었다—은 앤을 옆에 데리고 다니며 여러 사람에게 소개했다. 모두들 친절히 대해 주었다.

낭독 전문가 에번스 부인도 다가와 앤이 매력적인 목소리를 가졌을 뿐만 아니라 작품도 잘 이해하고 있다고 칭찬했다. 하얀 레이스 옷을 입은 소녀조차도 공손한 찬사를 늘어놓았다.

모두들 화려하게 꾸며진 넓은 식당에서 저녁식사를 들었다. 다이애너와 제인도 앤과 함께 왔으므로 다 같이 식사하게 되었는데, 빌리는 이런 초대에 기가 죽어 멀리 숨어버려 끝내 찾을 수 없었다.

식사가 끝나고 세 소녀가 웃고 즐거워하며 하얀 달빛이 비치는 밖으로 나오니 빌리는 마차 위에서 묵묵히 기다리고 있었다. 앤은 숨을 깊이 들이마시며 어두컴컴한 전나무숲 저쪽의 맑은 하늘을 올려다보았다.

아, 맑고도 고즈넉한 밤의 세계에 다시 돌아온 이 기쁨! 모든 것이 번듯하고 고요하며 멋있지 않은가! 밤의 정적을 헤치고 파도소리가 들려왔다. 그리고 맞은편에 거무스레 우뚝 솟은 절벽은 마치 마법에 걸려 바닷가를 지키고 있는 위엄을 갖춘 거인처럼 보였다.

마차가 덜커덩 움직이기 시작하자 제인이 한숨 쉬며 말했다.

"정말 멋진 밤이었어. 나도 백만장자 미국사람처럼 호텔에서 여름을 보내고, 보석으로 몸을 단장하고, 가슴이 파인 옷을 입고 싶어. 그리고 날마다 아이스크림과 닭고기 샐러드를 먹으며 즐겁게 지낼 수 있었으면 좋겠어. 학교 선생님이 되는 것보다 훨씬 재미있을 거라 생각해.

앤, 너의 암송은 참 좋았어. 처음에는 안 하고 그냥 들어가는 게 아닌가 걱정했지만 말이야. 에번스 부인보다 더 훌륭하게 했어."

앤은 당황하여 말했다.

"설마, 제인, 그런 말은 믿을 수 없어. 어떻게 내가 에번스 부인보다 잘했겠니. 그분은 전문가지만 나는 그저 암송을 조금 할 줄 아는 학생에 지나지 않는 걸. 사람들 마음에 들었다면 그것으로 충분히 만족해."

다이애너가 함박웃음을 지으며 말했다.

"너를 칭찬하는 사람들이 있었어, 앤. 호감이 듬뿍 담긴 말투였어. 입에 침이 마르도록 칭찬하고 있었어. 제인과 내 뒤에 미국사람이 앉아 있었는데 새카만 머리와 눈을 한 꽤 낭만적인 남자였어. 조지 파이의 말로는 그 사람이 유명한 화가인데 동창생이 보스턴에 살고 있는 조지 어머니의 사촌과 결혼했다고 했어. 아무튼 똑똑히 그 사람이 말하는 것을 들었어. 그렇지, 제인? '저 무대 위에서 암송하는 아름다운 티티안*6 머리를 한 아가씨는 누구지? 저런 얼굴을 한번 그려봤으면 좋겠군' 이렇게 말이야. 티티안 머리라는 게 뭐니, 앤?"

앤은 샐쭉 웃으며 말했다.

"그저 빨강머리를 뜻하는 말이겠지, 뭐. 빨강머리 여자를 즐겨 그렸던 티티안이라는 유명한 화가가 있었어."

제인이 또 땅이 꺼져라 한숨 지으며 말했다.

"거기에 온 여자들은 온통 다이아몬드를 달고 있었어. 번쩍번쩍 눈부시더라. 모두들 부자가 되고 싶지 않니?"

앤은 고개를 절레절레 흔들며 단호하게 말했다.

"우리들도 부자야. 지금까지 16년 동안이나 이렇게 잘 살아왔고 여왕님처럼 행복해. 게다가 크건 작건 나름대로의 상상력을 지니고 있거든.

---

*6 이탈리아 화가 베첼리오 티치아노(1477?–1576). 베네치아파 전성기 르네상스 대표자의 한 사람. 빨강머리 여성을 즐겨 그려 빨강머리 여성을 티티안이라고 부르게 되었음.

저 바다를 봐. 온통 넘실거리는 은빛물결과 보이지 않는 환상으로 가득차 있어. 백만금의 돈이 있고 다이아몬드 목걸이가 몇 개나 있다 해도 이 바다의 아름다움을 즐기는 데 있어서는 모두 평등해. 그 사람들과 내 삶을 바꾸고 싶은 생각은 조금도 없어.

그 하얀 레이스 옷을 입은 여자아이처럼 이 세상을 멸시하기 위해 태어난 것 같은 찌푸린 얼굴로 일생을 살고 싶지는 않아. 그 핑크빛 옷의 여자도 친절하고 좋은 사람인 듯하지만 키가 작고 그렇게 뒤룩뒤룩 살이 쪄서야 어디 볼품이 있겠니? 에번스 부인만 해도 쓸쓸함이 깃든 가련한 눈을 하고 있었어. 틀림없이 불행한 일을 겪었기 때문일 거야. 그래서 그런 얼굴이 된 거야. 그렇게 되고 싶은 생각은 없겠지, 제인 앤드루스!"

"잘 모르겠어."

제인은 쉽사리 판단하기 어려운 듯 머뭇거렸다.

"하지만 다이아몬드는 슬픈 마음에 꽤 위안을 줄 것 같아."

앤은 딱잘라 말했다.

"그러니. 나는 다른 사람이 되고 싶지 않아. 다이아몬드를 평생 가질 수 없다 해도 말이야. 진주목걸이를 한 그린게이블즈의 앤으로 있는 것에 진심으로 만족하고 있어. 그 핑크빛 옷을 입은 부인의 보석에 결코 뒤떨어지지 않는 매슈의 애정이 여기에 담겨진 것을 잘 알거든."

퀸즈아카데미 입학

그 뒤 3주일 동안, 그린게이블즈에서는 팽이가 돌아가듯 바쁜 나날이 이어졌다. 앤이 퀸즈아카데미에 입학하는 준비 때문에 바느질할 것이 많고 서로 의논하여 결정해 두어야 할 일도 산더미 같았다.

앤의 옷은 아름다운 것들로만 넉넉히 마련되었다. 매슈가 꼼꼼히 마음써 주었기 때문이었다. 머릴러도 이번만은 매슈가 무엇을 사오든 무슨 말을 꺼내든 조금도 반대하지 않았다.

그뿐만이 아니었다.

어느 날 저녁, 머릴러가 연녹색 옷감을 한아름 안고 앤의 방에 나타났다.

"앤, 너를 위해 멋진 드레스를 만들 옷감이야. 예쁜 옷을 여러 벌 준비했으니 이제 충분할지도 모르지만 읍내에서 야회(夜會)인가 뭔가에 초대받을 때는 맵시 있는 옷이 좋을 것 같구나. 제인과 루비와 조지도 이브닝드레스인지 뭔지를 만들었다더라. 너만 혼자 뒤져서야 되겠니. 지난 주에 앨런 부인과 함께 읍내에서 이것을 골랐어. 에밀리 길리스에게 만들어달라고 부탁하자. 에밀리는 취미가 고상하고 바느질 솜씨도 뛰어나니까."

앤은 기뻐하며 말했다.

"어머나, 머릴러, 정말 멋진 옷감이네요. 고마워요. 이렇게까지 친절히 신경을 써 주시다니 집을 떠나는 게 더욱 괴로워져요."

드디어 화사한 연녹색 드레스가 완성되었다. 에밀리는 자기의 감각을 한껏 살려 주름을 촘촘히 많이 잡고 수를 가득 놓아 옷을 만들어 왔다.

어느 날 밤, 앤은 매슈와 머릴러를 위해 그 옷을 입고 부엌에서 《소녀의 맹세》를 암송했다. 그 밝고 고운 얼굴과 우아한 몸짓을 바라보던 머릴러는 앤이 처음 그린게이블즈에 온 날 밤이 되살아났다.

이상야릇하고 누르스름한 갈색 무명옷을 입은 겁먹은 아이가 눈에 눈물을 가득 머금고 가슴이 터질 듯한 표정을 짓고 서 있었다……그 모습이 기억 속에 선명하게 떠올랐다. 그런 추억이 머릴러의 눈에 눈물을 괴게 했다.

"어머, 내 암송을 듣고 울어주는군요, 머릴러."

앤이 기쁜 듯 말하며 머릴러의 의자 위로 몸을 굽히고 그 뺨에 가볍게 키스했다.

"내가 암송을 너무 잘했나봐요."

"아니야, 그것을 듣고 우는 게 아니다."

시 따위로 그런 마음 약한 모습을 보인다는 것은 머릴러로서 용납할 수 없는 일이었다.

"네가 어릴 적 일이 생각났단다, 앤. 말썽을 부리든 말든 할 수만 있다면 그냥 조그만 여자아이인 채로 있어주었으면 했지. 이젠 이렇게 커서 집을 떠나게 되다니…… 게다가 키도 이렇듯 크고 의젓해 보여서…… 어쨌든 그 옷을 입으니 다른 사람 같구나. 전혀 애번리 사람 같지 않아. 이것저것 생각하니 왠지 쓸쓸한 마음이 드는구나."

"머릴러!"

앤은 머릴러의 깅엄옷 무릎에 앉아 머릴러의 주름진 얼굴을 두 손으로 감쌌다. 그리고 머릴러의 눈을 걱정스러운 듯 다정하게 들여다보았다.

"나는 조금도 달라지지 않았어요. 정말 아무것도 변하지 않았어요. 그저 조금 가지를 다듬고 또 다른 가지를 뻗었을 뿐이에요. 진실한 나는 그 아래 뿌리에 있고, 언제나 똑같아요. 내가 어디로 가든 어떤 겉모습을 하고 있든 아무것도 달라진 게 없어요. 마음속의 나는 앞으로도 내내 머릴러의 어린 앤이에요. 머릴러와 매슈와 이 그린게이블즈를 앞으로 더욱더 사랑할 거예요."

앤은 자신의 부드러운 뺨을 머릴러의 눈물로 얼룩진 뺨에 비볐다. 그리고 매슈에게도 한 손을 뻗어 그 어깨를 어루만졌다.

머릴러는 이때야말로 앤처럼 자신의 기분을 마음껏 표현하고 싶었을지도 모른다. 그러나 머릴러의 성격과 지금까지의 습관 때문에 쉽게 되지 않았다.

머릴러는 다만 두 팔로 앤의 몸을 안으며 마음속으로 이 아이를 멀리 보내지 않을 수만 있다면 얼마나 좋을까 바랄 뿐이었다.

두 볼이 젖어오는 것을 깨닫고 매슈는 소매로 눈물을 훔치며 일어나 밖으로 나갔다. 푸르른 여름 밤하늘의 별빛 아래에서 가슴이 파도치는 것을 느끼며, 매슈는 뜰을 가로질러 포플러가 늘어선 문쪽으로 걸어갔다.

그는 가슴을 펴며 중얼거렸다.

"암, 그렇고말고. 저 아이를 그리 버릇 없이 키우지는 않았어. 이따금 내가 간섭한 것도 나쁘지 않은 듯싶군. 저 아이는 영리하면서도 예쁘고, 무엇보다 다행스러운 것은 정이 많다는 점이야. 하느님이 우리에게 주신 은총이지. 스펜서 부인이 착오를 일으키길 정말 잘했어. 이것이 운명일지도 몰라. 아니, 하느님 뜻이었겠지. 전능하신 하느님이 우리에게 저 아이가 필요한 것을 알고 보내주신 거야."

드디어 앤이 샬럿타운으로 떠나야 할 날이 왔다. 맑게 갠 9월 어느

날 아침, 앤은 다이애너와 눈물을 흘리며 작별했고 머릴러와는 담담한 이별을 한 다음—적어도 머릴러는 그러했다—매슈와 함께 마차를 타고 떠났다.

앤이 가버리자 다이애너는 눈물을 닦고 카모디의 사촌들과 화이트 샌즈 바닷가로 소풍을 가서 어떻게든 기분을 바꿔보려고 무던히도 애썼다.

한편 머릴러는 가슴이 미어지는 것 같아, 하지 않아도 될 일까지 온종일 맹렬히 계속했다. 가슴이 아프고 찢어질 듯해 우는 정도로는 가라앉지 않을 것 같은 고통이었다.

그날 밤, 잠자리에 누운 머릴러는 복도 끝에 있는 조그만 동쪽 방에 이미 활발한 소녀의 모습이 사라지고 텅 비어 부드러운 숨소리로 부푼 공기가 감도는 일도 없다고 생각하니 슬픔이 북받쳐 베개에 얼굴을 묻고 격렬하게 흐느껴 울었다. 이윽고 마음이 가라앉아 여느 때처럼 자신처럼 본디부터 죄를 짓고 태어난 인간에게 이렇듯 집착하는 게 얼마나 큰 죄인가를 깨닫고 두려운 생각마저 들었다.

앤과 애번리에서 온 다른 학생들은 읍내에 닿자 쉴 겨를도 없이 퀸즈아카데미로 달려갔다. 입학 첫날은 모든 신입생이 모여 서로 인사하고 교수 소개, 학급편성 등으로 흥분의 도가니 속에 그럭저럭 즐겁게 보냈다.

앤은 스테이시 선생님 권고에 따라 제1과정에 들어가기로 했다. 길버트 블라이스도 마찬가지였다. 이 반은 2년 걸리는 일급교원 자격을 1년 만에 마칠 수 있다. 그 대신 남달리 열심히 공부해야 한다.

제인, 루비, 조지, 찰리, 무디 스퍼존 등은 이루고자 하는 목표에 쫓겨 괴로움 겪는 일 없이 제2과정에 들어가는 것으로 만족했다.

50명의 낯선 학생들과 함께 교실에 들어가자 앤은 날카로운 창으로 찔린 듯한 고독에 휩싸였다. 아는 얼굴이라곤 한 사람도 없다. 교실 저쪽에 키 큰 갈색 머리 소년이 앉아 있지만, 그를 알고 있다고 해서 아무 도움도 되지 않으리라 앤은 비관적으로 생각했다.

그래도 그와 같은 반이 되어서 다행이라 여겼다. 이제까지처럼 앞으로도 경쟁을 계속할 수 있기 때문이다. 그 일마저 없었다면 앤은 어찌해야 좋을지 난처했을 것이다.

'길버트와 선의의 경쟁이 없어지면 재미없을 거야. 길버트는 꽤 긴장한 것 같아. 아마 지금 메달을 꼭 따야겠다는 결심을 하고 있는지도 모르지. 하지만 그의 턱은 정말 잘생겼군! 처음 알았어.

제인과 루비도 제1과정에 들었으면 좋았을 텐데. 하지만 앞으로 익숙해지면 남의 집 지붕 밑에 숨어들어간 고양이 같은 기분으로 있지 않아도 되겠지.

어느 여자아이와 친해질 수 있는지 살펴보는 것도 괜찮겠어. 물론 다이애너와 약속했듯 퀸즈아카데미에서 친구를 사귄다 해도 다이애너만큼 소중한 친구는 있을 수 없지. 하지만 다이애너 다음으로 친하게 지내는 것은 상관없을 거야.

저 갈색 눈의 빨간 웃옷을 입은 여자아이가 괜찮아 보이는데. 발랄해 보이고 마치 장미꽃 같아. 창 밖을 내다보고 있는 창백한 금발 소녀도 좋은 걸. 머리털이 아름답고 꿈 많은 소녀 같아. 저 두 아이와 친해졌으면 좋겠어. 어깨동무하면서 함께 산책하고 별명도 부르며 친하게 지내고 싶어. 하지만 지금은 저 아이들에 대해 아무것도 모르고 저쪽에서도 나를 알지 못할 테지. 게다가 나에 대해 특별히 알고 싶은 마음이 없을지도 몰라. 아, 쓸쓸해!'

그날 저녁, 해가 저문 뒤 하숙방에 혼자 남게 되자 그 외로움은 한층 더했다. 다른 아이들은 저마다 읍내에 보살펴 줄 친척이 있어 그곳에 묵었지만 앤은 낯선 남의 집에 머물고 있었다.

미스 배리는 앤을 자기 집에 있게 하고 싶어했지만 '너도밤나무집'은 학교에서 꽤 멀어 그럴 수 없었다. 그래서 미스 배리가 직접 하숙집을 구하고, 매슈와 머릴러에게 앤을 위한 가장 좋은 곳이라고 안심시켜 주었다.

미스 배리는 이렇게 설명했다.

"경영하는 부인은, 본디 부유한 양가집 사람인데 집안이 기울어 하숙을 하고 있는 거예요. 주인은 영국장교였고 하숙인을 구할 때도 무척 신중하죠. 바람직하지 못한 인물이 앤과 한지붕 아래에서 지내게 될 염려는 전혀 없어요. 식사도 나름 괜찮고 학교에서 가깝고 조용한 곳이지요."

그 말은 모두 틀림없었다. 실제로 그대로였지만, 그렇다고 해서 앤이 처음으로 경험하는 향수를 달래주지는 못했다.

앤은 길쭉한 작은 방을 불안한 듯 둘러보았다. 거무스름한 벽지를 바른 액자 하나 없는 텅 빈 벽, 작은 철제 침대와 덩그러니 놓인 책꽂이 등을 보자 그린게이블즈의 하얀 자기 방이 생각나 울컥 무언가가 치밀어 올라왔다.

그곳에는 한 발자국만 밖으로 나가면 초록빛 대자연이 펼쳐져 있는 게 느껴져 마음이 부드러워졌다. 밤의 뜰에는 스위트피가 손 내밀 듯 줄기를 뻗고, 과수원에 달빛이 은은히 내리비치며, 언덕 아래에는 시냇물이 졸졸 흐르고, 건너편에는 가문비나무가 밤바람에 살랑이고 있다. 까만 밤하늘에 별이 반짝이고, 다이애너의 방 창문에서 새어나오는 불빛이 숲 사이로 보이리라.

그러나 이곳에는 그런 게 하나도 없었다. 창 밖은 포장된 딱딱한 도로로 전화선이 그물처럼 하늘에 걸려 있고,[1] 누구인지도 모를 사람의 발소리가 쿵쿵 들려왔으며,[2] 수없이 많은 전등이 비춰 주는 것

---

[1] 1885년에 '프린스 에드워드 섬의 전화회사를 법인화하는 법률'이 주의회를 통과. 1890년 샬럿타운에서 전화가 개통되고, 1894년에는 '전화선 연장에 관한 법률'이 통과, 중심도시 샬럿타운에서 다른 읍면으로 네트윅을 확장하는 움직임이 추진되어, 1898년에는 가입자가 200호에 이르렀음. 그 뒤 1900년대에는 섬 곳곳으로 전화망이 확대. 참고로 그린게이블즈에 전화가 들어온 것은 제5권 《웨딩드레스》부터.★★

[2] 영국 웨일즈 지방의 시인·변호사인 루이스 모리스(1833~1907)의 《자유 로마에 보내는

은*³ 낯선 얼굴뿐이었다.

앤은 소리내어 울고 싶은 충동을 꾹 참았다.

'울어선 안 돼. 운다는 건 어리석은 짓이고 마음 약하다는 증거야. 세 번째 눈물방울이 코 옆을 또 굴러떨어졌어. 자꾸만 눈물이 흘러내리네. 좋았던 일이라도 생각해서 울음을 그쳐야 할 텐데. 하지만 유쾌한 일은 모두 애번리와 관계있는 것이니 더욱 슬퍼질 뿐이야. 넷— 다섯—이번 금요일이면 집에 갈 수 있는데, 1백 년이나 기다려야 할 것 같은 느낌이야. 아, 지금쯤 매슈가 밭에서 집으로 돌아오겠지. 여섯, 일곱, 여덟, 아, 눈물 방울은 세다니 무슨 소용이람! 그러는 동안에 홍수처럼 흘러넘쳐 버릴 텐데. 기운을 내야겠지만 그러고 싶은 마음이 들지 않아. 차라리 슬픔에 한껏 젖어야겠어.'

그 순간 조지 파이가 나타나지 않았다면 앤은 틀림없이 눈물로 범벅이 되어 괴로움에 휩싸였을 것이다. 앤은 낯익은 얼굴을 만난 기쁨에 조지와 그리 친밀하지 않았다는 사실도 까맣게 잊어버렸다. 그래도 애번리 생활의 일부였으므로 파이네 사람조차 두 팔 벌려 환영하고 싶었다.

앤은 진심으로 기뻐하며 말했다.

"참 잘 왔어."

조지가 가엾은 듯이 말했다.

"너 울고 있었구나."

그런데 조지에게 동정을 받으니 왜 울컥하는 기분이 드는 걸까.

"향수병에 걸렸나보지? 그런 점에 자제심이 모자라는 사람이 있어. 나는 향수병 같은 건 결코 걸리지 않아. 그런 숨막힐 듯한 지루한 애

시(1870)》의 제8절 9행에 '로마는 이국에서 온 자의 발에 짓밟혀' 라는 비슷한 표현이 있음.★★

*3 샬럿타운에는 1854년에 이미 거리에 가스등이 설치되고, 그 뒤 1885년 12월에 전기 가로등이 등장했음.

번리에서 벗어나 얼마나 즐거운지 몰라. 따분한 시골에서 어떻게 그토록 오래 살아올 수 있었는지 이상할 정도야.

울지 마, 앤. 꼴사나워. 머리는 물론이고 코도 눈도 새빨개져서 온통 붉으락하잖니.

오늘 퀸즈아카데미에서의 첫날은 무척 재미있었어. 프랑스어 교수님이 마음에 들어. 콧수염이 아주 멋지거든.

앤, 먹을 것 없니? 배고파 죽겠어. 머릴러가 케익을 들려 보냈겠지? 그래서 온 거야. 그렇지 않았으면 프랭크 스톡리와 밴드 연주를 들으러 공원에 갔을 텐데.

프랭크는 같은 하숙에 있어. 다행히 싹싹한 사람이야. 그런데 그가 오늘 교실에서 너를 보고 나에게 물었어. 저 빨강머리 소녀는 누구냐고 말이야. 그래서 그 애는 커스버트네에서 길러주는 고아로, 그전에는 어떻게 지냈는지 아무도 모른다고 가르쳐줬어."

앤은 결국 고독의 눈물을 흘리는 편이 조지와 함께 있는 것보다 훨씬 낫다는 생각을 하고 있는데 제인과 루비가 찾아왔다. 두 사람은 퀸즈아카데미를 뜻하는 색깔인 1인치 길이의 보랏빛과 빨강 리본을 자랑스럽게 핀으로 코트에 꽂고 있었다. 조지는 마침 제인과 말하지 않고 있는 참이라 독설을 거두었다.

제인은 한숨 쉬며 말했다.

"여기 온 지 몇 달이나 된 것 같은 느낌이야. 실은 베르길리우스*⁴의 시를 라틴어로 읽어두어야 해. 그 무서운 노교수가 내일부터 스무 줄 읽을 테니 예습해 오라고 했거든. 하지만 오늘 밤은 도저히 차분히 앉아 공부할 수가 없어.

앤, 이거 눈물자국 아니니? 울고 있었다면, 그렇다고 솔직히 고백

---

*4 고대 로마 최고의 시인. 트로이 영웅 아이네아스가 로마를 건국하기까지 그린 시를 서리 백작이 영문으로 번역. 제인의 말처럼 몽고메리도 대학에 입학한 다음날부터 베르길리우스를 20행 배우게 되었다고 일기에 적고 있음.

해. 그러면 마음이 한결 편해질 것 같아. 루비가 올 때까지 나도 울고 있었거든. 다른 사람도 울었다면 나만 마음이 약한 게 아니었구나 하고 위로가 될 것 같아.

어머나, 이 케익 좀 먹어도 괜찮니? 고마워, 이거야말로 애번리의 맛이로구나."

루비는 퀸즈아카데미의 일년 행사표가 책상 위에 놓인 것을 보고 앤에게 금메달을 목표로 하고 있느냐고 물었다.

앤은 얼굴을 붉히며 나직이 그렇다고 대답했다.

그러자 조지가 말했다.

"아, 이것을 보니 생각나는구나. 퀸즈아카데미에서도 이제 한 사람 에이브리 장학금을 받게 되었대. 오늘 통지를 받았다고 프랭크 스톡리가 말해줬어. 프랭크의 삼촌이 이사래. 내일 학교에서 정식 발표가 있을 예정이라더구나."

에이브리 장학금!

앤의 가슴은 한층 더 높이 뛰었다. 그리고 야심의 지평선이 마법에 걸린 듯 저 멀리 펼쳐져 있었다.

조지의 이야기를 듣기 전까지 앤이 목표한 최고봉은 1년 뒤 학년 말에 주(州)에서 인정하는 제1급 교원자격증을 따고, 할 수만 있다면 금메달을 획득하는 것이었다! 그러나 지금 이 순간 조지가 한 말의 여운이 채 사라지기도 전에, 자기가 에이브리 장학금을 받아 레드먼드 대학*5 문과에 입학해 가운과 학사모를 쓰고 학위 수여식에 참석하는 모습이 눈앞에 그려졌다.

---

*5 캐나다 동해안 노바 스코샤 주 중심도시 핼리팩스에 있는 댈하우지대학교가 모델. 몽고메리는 교사생활을 경험한 뒤 1895년 21살 때 이곳에서 영미문학을 공부하고, 남편 맥도널드 목사는 이 대학에서 문학사 학위를 받았음. 캐나다 동해안에 있으며 오랜 역사를 지닌 대규모 대학. 지금은 우수한 아시아계 학생이 많고 근대적인 교사도 많음. 그러나 안쪽에 오래된 석조건물도 있어 몽고메리가 다녔던 날들을 상상할 수 있게 해줌.

에이브리 장학금은 영문학을 전공하는 학생에게 주어지는 것이었다. 영문학을 잘 하는 앤은 태어난 고향 히스의 언덕에 서 있는*6 듯한 든든함을 느끼며 슬픔을 힘차게 떨치고 일어섰다.

이 장학금은 뉴브런즈윅에서 공장을 경영하던 돈 많은 실업가가 세상을 떠난 뒤 유산의 일부가 여러 장학금으로 기부되었다. 그것을 바탕으로 캐나다 대서양 연안의 세 주*7에 있는 다양한 고등학교와 전문학교에 저마다 규모에 따라 알맞게 나뉘어지고 있었다.

퀸즈아카데미에도 그것이 지급될지 어떨지 알 수 없었지만, 결국 그해 학년말 영어학과 영문학 최고득점 졸업생에게 장학금이 주어진다. 즉, 4년 동안 1년에 250달러의 장학금이 지불되며 레드먼드 대학에 다닐 수 있는 것이다.

그날 밤, 앤이 부푼 꿈으로 흥분되어 볼을 화끈거리며 자리에 누운 것도 무리가 아니었다!

앤은 결심했다.

'열심히 공부해서 꼭 그 장학금을 타야지. 내가 문학사가 된다면 매슈가 얼마나 자랑스럽게 여길까. 아, 꿈을 품는다는 것은 참으로 가슴 설레는 일이야. 이토록 많은 목표를 가질 수 있으니 정말 기뻐. 더구나 그것은 끝이 없어, 바로 이 점이 가장 중요해. 하나의 꿈이 이루어지면 이내 다른 꿈이 좀더 높은 곳에서 빛나고 있거든. 그래서 인생은 재미있나봐.'

---

*6 월터 스콧이 쓴 역사소설 《롭로이(1817)》의 제34장에서, 스코틀랜드 의적 롭로이(본명 로버트 맥그리거)가 얘기하는 대사에서 인용. '태어난 고향 히스의 언덕에 서 있는, 내가 바로 맥그리거'에서. 롭로이의 모델이 된 맥그리거(1671~1734)는 12세기 영국에 출몰해 부자로부터 재물을 빼앗아 가난한 사람들에게 나눠준 전설적인 의적 로빈훗 같은 인물.

*7 노바 스코샤 주·뉴브런즈윅 주·프린스 에드워드 아일랜드 주.

꿈꾸는 겨울

앤은 주말마다 그린게이블즈로 돌아갈 수 있었다. 그러는 동안 향수병도 차츰 나아졌다.

아직 눈이 쌓이지 않아 걸어다닐 수 있는 한, 애번리 출신 학생들은 매주 금요일 저녁마다 새로 깔린 철도를 이용해 카모디까지 갔다.

다이애너와 몇몇 젊은이들은 그곳까지 마중나와 그들을 맞았다. 모두들 왁자지껄 웃고 떠들며 애번리까지 걸어갔다.

앤은 금요일 저녁을 맞을 때마다, 황금빛으로 물든 하늘 아래 애번리의 집집마다 등불이 저 멀리서 반짝이는 것을 바라보며, 가을 언덕을 넘어 평화롭게 걸어가는 이때가 1주일 가운데 가장 소중한 시간이라고 생각했다.

길버트 블라이스는 대개 루비 길리스와 나란히 걸으며 루비의 가방을 들어주었다.

루비는 매우 아름다운 아가씨가 되어 있었다. 이제 완전히 어른이 되었다고 여기고 있었으며 또 사실 그러했다. 스커트도 어머니가 허락하는 한 길게 입었다. 집으로 돌아갈 때는 머리를 내리지 않을 수 없었지만, 샬럿타운에 있는 동안은 풍성하게 올렸다.

루비는 반짝이는 크고 파란 눈, 눈부시게 흰 피부, 포동포동한 몸집이 관심을 끌었다. 그녀는 언제나 잘 웃고, 명랑했으며, 인생의 즐거운 일은 무엇이든 꾸밈없이 아이처럼 기뻐하였다.

제인이 앤에게 작은 목소리로 속삭였다.

"하지만 루비 같은 여자는 길버트가 좋아할 타입이 아니라고 생각해."

앤도 그렇게 생각되었지만, 에이브리 장학금을 준다 해도 그것을 말할 수는 없었다.

그러나 앤은 길버트와 친구가 되어 농담도 하고 이야기를 주고받으며 책이나 공부에 대한 의견도 나눌 수 있다면 얼마나 즐거울까 생각하지 않을 수 없었다.

길버트도 앞날에 꿈을 품고 있음을 앤은 알고 있었다. 루비는 그런 문제를 놓고 진지하게 토론할 만한 상대로 여겨지지 않았다.

길버트에 대한 앤의 마음에는 반했다든가 좋아한다든가 하는 이성적으로 들뜬 그 무엇이 섞여 있지 않았다. 앤도 남학생에 대해 생각할 때가 있었지만, 단지 그 젊은이가 좋은 친구가 될 것인지 아닌지 하는 것뿐이었다. 그러므로 길버트와 친해진다 해도 그에게 친구가 몇 명이 있든 누구와 함께 걷든 상관할 바 아니었다.

앤에게 여자친구들은 많았다. 우정을 키워나가는 친밀함이 있었던 것이다. 그러나 남자친구와 사귀는 것도 나쁘지 않으리라고 막연히 느끼고 있었다. 인간관계가 원숙해져 넓어지고, 좀더 넓은 시야를 지녀 사물을 잘 판단하고 비교할 수 있게 되리라 여겼다.

물론 앤이 이 문제에 대한 자기 기분을 이토록 명확하게 정의내리고 있었던 것은 아니다. 다만 기차에서 내려 상쾌한 들판을 넘고 고사리가 무성한 오솔길을 따라 길버트와 나란히 집까지 걸어간다면 주위에 펼쳐진 새로운 세계와 그 속에서 자라나는 두 사람의 희망에 대해 유쾌하고 흥미 깊은 이야기를 얼마든지 주고받을 수 있을 거라고 생각했을 뿐이었다.

길버트는 총명한 젊은이로 무슨 일에나 자기 나름의 의견을 가지고 있었다. 인생에서 최선의 것을 끌어내어 거기서 풍성한 수확을 거두어 자기 인생에 불어넣으려 결심하였다.

루비 길리스는 제인 앤드루스에게 말했다.

"길버트 블라이스와 이야기하고 있으면 절반도 알아들을 수가 없어. 그는 무언가에 열중해 있을 때 앤 셜리처럼 이야기하거든. 하지만 나는 책에 대해서든 다른 일에 대해서든 굳이 그럴 필요가 없을 때 머리 쓰는 건 딱 질색이야. 여기에 비하면 프랭크 스톡리가 훨씬 활기 있어 좋지만 길버트의 절반도 잘생기지 못했잖니. 그래서 어느 쪽이 더 좋은지 결정지을 수가 없어!"

이윽고 퀸즈아카데미에서 앤 주위에 원만한 교우관계가 펼쳐지게 되었다. 모두 앤과 마찬가지로 사려깊고 상상력이 풍부하며 앞날의 꿈을 품은 학생들이었다.

'빨간 장미' 같은 아가씨 스텔러 메이너드와 '꿈꾸는 처녀' 프리실러 그랜트와 곧 친해졌다. 뽀얀 얼굴의 지적인 아가씨 프리실러는 장난기 많고 농담을 잘했으며, 쾌활하고 눈동자가 검은 스텔러는 앤처럼 걷잡을 수 없는 무지개 같은 온갖 꿈과 공상으로 가득차 있었다.

크리스마스 휴가가 끝나자 애번리 출신 학생들은 금요일마다 집으로 돌아가던 것을 단념하고 공부에 열중했다. 그 무렵 퀸즈아카데미 학생들은 저마다 자기 자신의 위치를 찾아갔고, 미묘한 개성의 차이도 드러내기 시작했다.

몇 가지 사실이 학급생들에게 자연스레 받아들여지게 되었다. 메달 후보는 길버트 블라이스, 앤 셜리, 루이스 윌슨 세 사람이라는 게 분명해졌다. 그러나 에이브리 장학금 후보자는 그리 뚜렷하지 않아 여섯 학생에게 가능성이 있으며 그 가운데 누군가가 받을 거라고 추측하는 정도였다. 수학 최고득점자에게 주어지는 동메달은 이마가 튀어나오고 웃옷을 기워입은 뚱뚱하고 우스꽝스럽게 생긴, 섬 안쪽에서 온 조그만 소년에게 돌아갈 것이라고들 말했다.

루비 길리스는 학년에서 미스 퀸으로 뽑혔다. 제1과정에서는 스텔러 메이너드가 미인의 영광을 차지했으며, 몇몇 안목있는 학생들 가운데에는 앤 셜리를 지지하는 이도 있었다.

에설 머는 모두의 의견일치로 머리 모양이 가장 멋지다는 칭찬을 받았다. 그리고 겉모습에는 마음 쓰지 않고 꾸준히 공부하는 진지한 제인 앤드루스는 가정과에서 우수생이라는 평판을 받았다. 조지 파이조차도 퀸즈아카데미 재학생 가운데 가장 뛰어난 독설가로 인정을 받았다.

즉 스테이시 선생님의 옛 제자들은 보다 넓은 무대에서 저마다 두각을 두루 나타냈다고 할 수 있었다.

앤은 목적을 이루기 위해 착실히 공부했다. 길버트에 대한 경쟁심은 학급아이들에게 그리 알려지지 않았지만 애번리 학교에 있을 때 못지 않았다. 그러나 그 속에 이미 옛날처럼 가시돋친 데는 없었다.

앤은 다만 길버트를 이기기 위해, 좋은 성적을 얻기 위해 노력하는 것이 아니었다. 더할나위없이 좋은 경쟁상대[1]와 마음껏 겨루어 승리를 얻으려는 생각뿐이었다. 이기는 게 좋은 일이기는 해도 그전처럼 이기지 못하면 분하고 살 가치가 없다는 생각은 없었다.

학생들은 맹렬히 공부에 쫓기면서도 틈틈이 시간을 내어 잘 놀았다. 앤은 대개 '너도밤나무집'으로 갔다. 일요일에는 거의 그곳에서 점심을 먹고 미스 배리와 함께 교회를 다녔다.

미스 배리는 자신도 인정하듯 비록 나이는 먹었지만 검은 눈이 여전히 흑진주처럼 광채를 잃지 않았고, 능란한 말솜씨도 여전했다. 그러나 그 독설이 앤에게로 결코 돌려지는 일은 없었다. 앤은 지금도

---

*1 스콧의 시 《호수 위의 미인》에서. '수험준비' 10과 같음.

이 까다로운 노부인의 마음에 들었다.

　미스 배리는 말했다.

　"저 앤이라는 아이는 나날이 좋아지고 있어. 나는 다른 여자아이에 겐 곧 싫증나 버리지. 답답할 만큼 달라지지 않으니까. 그런데 앤은 무지개처럼 여러 빛깔이 어우러져, 어느 색이 나타나든지 말할 수 없 이 아름다워. 더욱이 그 아이가 어릴 때처럼 귀엽다고 할 수는 없지 만, 나도 모르는 새 사랑하게 되고 말아. 아끼고 사랑한다는 건 좋은 거야, 이쪽에서 일부러 애쓰지 않아도 되니까."

　이윽고 물씬 새로운 봄이 돌아왔다. 애번리에는 아직 눈이 군데군 데 남은, 황량한 풍경 속에 메이플라워가 핑크빛 꽃을 피우기 시작하 고, 숲이며 골짜기에는 초록빛 아지랑이*2처럼 어린잎이 돋아나고 있 었다.

　그러나 샬럿타운에서는 학년말이 다가와 학생들은 자나깨나 시험 에 대한 걱정뿐이었다.

　앤은 말했다.

　"벌써 한 학년이 지나가다니 믿어지지 않아. 지난해 가을에는 먼 앞날의 일처럼 여겨졌었는데. 겨울 동안 꼬박 공부만 했어. 드디어 다 음주부터 시험이 시작돼. 이번 시험에서 모든 게 결판나는 기분이 들 지만, 저 밤나무에는 어린 잎이 크게 부풀어 오르고 거리 저쪽에는 푸른 봄안개가 어려 있어. 그것을 바라보노라면 시험 같은 것은 아무 래도 좋다는 기분이 들어."

　그 자리에 있던 제인과 루비와 조지는 그런 태평스러운 이야기를 할 수 없었다. 그녀들에게는 눈앞에 다가온 시험이 무엇보다도 중요 한 것—밤나무 잎이나 5월의 봄안개와는 비교도 할 수 없을 만큼 중 요한 것이었다.

---

*2 테니슨의 시 《시냇물》에서. '잎이 무성한 계절이 찾아오기 전에/나무는 초록빛 아지랑 이로 뒤덮인다(제2절 13-14행)' ★★

앤은 적어도 낙제는 하지 않을 테니 시험을 가볍게 생각할 수도 있을지 모른다. 그러나 자신의 미래가 온통 이 시험에 걸려 있는—세 소녀는 진심으로 그렇게 생각했다—사람은 그런 철학적인 달관(達觀)을 가질 수 없었다.

제인은 한숨 지었다.

"지난 2주일 동안 몸무게가 7파운드나 줄었어. 떨쳐내려 해도 소용없어. 도저히 마음놓을 수 없으니까. 걱정한다는 것도 조금은 쓸모가 있어. 어쨌든 뭔가 하고 있는 듯한 성취감이 들거든. 집에도 못가고 겨우내 퀸즈아카데미에 다니며 돈을 많이 썼는데 교원자격증을 딸수 없게 된다면 큰일이야."

뚱한 얼굴로 조지가 말했다.

"나는 아무렇지도 않아. 올해 안 되면 내년에 다시 하지, 뭐. 우리 아버지는 그만한 돈이 있으니까. 앤, 프랭크 스톡리가 말했는데, 트러메인 선생님이 길버트 블라이스가 틀림없이 금메달을 딸 거고 에밀리 클레이가 아마 에이브리 장학금을 받을 거라고 했대."

앤은 웃으며 말했다.

"그것을 들은 나는 내일 실망하겠구나, 조지. 하지만 지금 제비꽃이 그린게이블즈 밑의 저지대를 온통 보랏빛으로 물들이고, 가냘픈 고사리가 '연인의 오솔길'에서 고개를 빼꼼히 들고 있을 걸 생각하면, 장학금을 타든 못타든 그리 문제가 아닌 것 같다.

나는 최선을 다했고, '건투(健鬪)하는 기쁨*³'이 무엇인지도 알았어.

---

*3 영국시인 펠리시아 도로시아 헤먼즈의 시 《전장의 여인》 제12절과 13절에 '건투(씩씩하게 잘 싸움)하는 기쁨'이 있음. 헤먼즈는 자연·순진무구한 어린이들·조국애·신앙·역사적 사건·전설 등의 테마를 평이하고 감상적으로 그려 대중의 인기를 누렸고, 워즈워스와 스콧의 지지도 얻었음. 앤(곧 몽고메리)은 비극적인 죽음을 그린 비장한 시를 좋아하여 종종 인용했는데, 《전장의 여인》도 전장에서 장렬한 최후를 마치고 애도도 받지 못한 채 누워 있는 여인을 그린 작품. '건투하는 기쁨'은 《빨강머리 앤》에서는 앤이 공부에 몰두하면서 '건투하는 기쁨'을 알게 되었다고 긍정적으로 사용되었지만, 《전장의 여인》

최선의 노력으로 얻은 승리 다음으로 좋은 것은 최선의 노력을 했으나 아쉽지만 패배했다는 거야.

애들아, 시험 이야기는 그만하자! 지붕 너머로 펼쳐진 푸른 하늘을 봐! 그리고 저 하늘이 애번리의 어둡고 짙은 너도밤나무숲 위에서는 어떻게 보일지 상상해 보렴!"

하지만 루비는 앞으로 일어날 질문을 했다.

"제인, 졸업식에 무슨 옷을 입을래?"

제인과 조지가 곧 이 대화를 나누며 화제는 최신 유행하는 옷으로 자연히 옮겨갔다.

앤은 창틀에 팔꿈치를 짚어 두 손으로 갸름한 얼굴을 괴고 앉아, 수많은 꿈들이 어린 눈망울로 멍하니 밖을 바라보았다. 도시의 지붕과 뾰족탑 저쪽에 펼쳐진 저녁놀진 하늘이 밝게 빛나는 돔처럼 펼쳐져 있었다. 앤은 젊음만이 가질 수 있는 가능성이 무한하고 아름다운 미래의 꿈을 낙천주의라는 황금실로 자아내고 있었다.

내일은 장밋빛으로 빛나는 모든 가능성이 보석처럼 숨겨져 있었다. 한 해 한 해가 희망이라는 붉은 열정의 꽃이며, 그것을 찾아 영원한 화환을 엮어나가는 것이다.

을 읽으면 평화롭고 조용한 생활을 무료하게 여기고 피비린내 나는 싸움을 좋아하는 호전적인 사람을 부정적으로 묘사한 구절임.★

영광과 꿈*1

퀸즈아카데미 게시판에 최종시험결과가 발표되는 날 아침, 앤과 제인은 함께 학교로 가고 있었다.

제인은 생글생글 웃는 명랑한 표정이었다. 시험이 모두 끝났고 적어도 합격은 확실하므로 안심하고 있었다. 그밖의 일은 관심없었다. 원대한 꿈을 품고 있지 않은 그녀는 목표에 따르는 불안을 느낄 필요도 없었다. 왜냐하면 사람이란 이 세상에서 얻는 모든 일에 대가를 치러야 하며, 꿈은 품을 가치가 있긴 하나 손에 넣기 쉽지 않으므로 노력과 극기심과 근심과 절망이 뒤따르기 때문이다.

그러나 앤은 창백한 얼굴로 아무 말도 하지 않았다. 앞으로 10분 뒤면 누가 메달을 따고 누가 에이브리 장학금을 받을 것인지 뚜렷해진다. 앤으로서는 그 10분이 지나가버리면 '시간'은 돌처럼 굳어버려

---

*1 영국 호반시인 윌리엄 워즈워스(1770–1850)의 《영혼불멸송(1807)》에서 인용. 제4절에 '그 꿈 같은 광채는 어디로 사라졌는가? 그 영광과 꿈은 지금 어디에?'가 나옴. 제1–4절은 어린 시절에 무엇을 보든지 느꼈던 설레임과 기쁨, 꿈과 광채가 어른이 되어 사라진 것을 노래함. 곧 여기서 앤이 거머쥐는 영광(대학 장학금)과 꿈(문학사 학위)이, 그뒤 사라지는 순간적 광채임을 애절한 무상(無常)함을 담아 암시하고 있음.

존재하지 않을 듯한 기분마저 들었다.

제인이 당당히 말했다.

"어쨌든 둘 중 하나는 네게로 올 거야."

제인은 다른 결정을 내릴 만큼 교수회가 불공평하다고는 도저히 생각할 수 없었다.

앤은 말했다.

"에이브리 장학금은 단념하고 있어. 에밀리 클레이가 탈 거라고 모두들 말하고 있는 걸. 나는 게시판 앞으로 걸어가 여러 사람 앞에서 발표를 볼 용기가 없어. 여학생 휴게실로 곧장 가 있을 테니 네가 먼저 가서 보고 나에게 알려줘. 오랜 우정의 이름을 걸고 부탁하는데, 되도록 빨리 알려줘. 만일 안 되었더라도 우물우물하지 말고 똑똑히 말해줘. 그리고 어떤 결과가 되어도 나에게 동정하지 말아줘. 약속해 주겠지, 제인?"

제인은 기묘한 표정을 지으며 약속해 주었다. 그러나 그럴 필요가 없었다. 그녀들이 퀸즈아카데미 입구 층계를 올라가는데 홀 가득히 모여 있던 남학생들이 길버트 블라이스를 공중으로 던져 올리며 큰 소리로 외치고 있었다.

"길버트 만세! 메달 수상자 만세!"

그 순간 앤은 패배감과 실망으로 심장이 멎는 것 같았다. 그렇다면 자기가 지고 길버트가 이긴 것이다! 아, 그토록 앤이 이기리라 믿고 있었는데 매슈가 얼마나 실망할 것인가.

그때였다!

누군가가 큰 소리로 외쳤다.

"셜리 양을 향해 만세 삼창. 에이브리 장학금 수상자 만세!"

제인이 헐떡이며 말했다.

"아, 앤! 앤, 정말 기뻐! 진심으로 축하해."

두 사람은 우렁찬 환성 속에 여학생 휴게실로 달려 갔다.

이번에는 수많은 여학생이 앤을 에워싸고 웃으며 축하의 말을 건넸다. 여러 사람이 어깨를 치고 손을 잡아 마구 흔들었다. 밀쳐지고 끌리고 안기면서 앤은 제인에게 속삭였다.

"아, 매슈와 머릴러가 무척 기뻐할 거야! 곧 편지를 써야겠어."

그 다음의 중대한 행사는 졸업식이었다. 졸업식은 대강당에서 거행되었다. 간단한 인사말을 시작으로 논문이 낭독되고, 축가가 불려졌으며, 모두들 앞에서 졸업증서와 상장과 메달 수여식이 행해졌다.

물론, 매슈와 머릴러도 참석했다. 두 사람의 눈과 귀는 단 위에 서 있는 오직 한 학생에게만 못박혀 있었다. 어렴풋이 볼을 발갛게 물들이고 별 같은 눈을 하고서 초록색 드레스를 입은 키 큰 여학생이 최우수논문을 읽고 있었던 것이다. 그리고 청중석에서는 그녀를 손짓하며 저 아이가 에이브리 장학금 수상자래, 속삭이는 목소리가 여기저기서 들려왔다.

앤이 논문을 다 읽자 강당에 들어온 뒤 줄곧 묵묵히 있던 매슈가 처음으로 입을 열었다.

"저 애를 우리가 맡아 기르기 정말 잘했지, 머릴러?"

머릴러는 기쁘면서도 삐죽거리며 되받았다.

"그렇게 생각하는 것은 이번이 처음이 아니잖아요. 매슈 커스버트, 그렇듯 생색내는 말은 이제 그만해 주세요."

두 사람 뒤에 앉아 있던 미스 배리가 몸을 앞으로 쑥 내밀며 양산 끝으로 머릴러의 등을 쿡 찔렀다.

"두 사람 다 앤이 자랑스럽지요? 나도 콧대가 높아졌어요."

그날 밤 앤은 매슈와 머릴러와 함께 애번리의 집으로 돌아갔다. 4월부터 오지 못했으므로, 이제는 하루도 더 기다리고 싶지 않았다.

흰 사과꽃이 활짝 핀 언저리 곳곳마다 싱그러운 젊음이 넘쳐흐르고 있었다. 들뜬 다이애너는 그린게이블즈에서 앤을 내내 기다리고 있었다. 머릴러가 활짝 핀 장미꽃을 창가에 장식해 놓은 방에서 앤은 주위를 둘러보며 가슴 벅찬 행복의 한숨을 내쉬었다.

"다이애너, 집에 돌아오니 정말 행복해. 노을이 물든 저녁하늘이 저 뾰족한 전나무 꼭대기에 걸쳐 있는 모습이 아주 멋져. 그리고 하얀꽃이 만발한 과수원과 옛친구 '눈의 여왕'도 말이야. 그리고 코끝을 간질이는 티로즈*² 향기도 박하 냄새도 좋구나. 노래와 희망과 기도가 모두 하나로 뭉쳐진 것 같아. 그 가운데에서도 너를 다시 만난 기쁨이 가장 커, 다이애너."

다이애너는 뾰로통해서 말했다.

"나는 네가 스텔러 메이너드를 더 좋아하는 줄 알았어. 네가 그 애에게 흠뻑 빠졌다고 조지 파이가 그러더구나."

앤은 배시시 웃으며 꽃다발 속에서 시든 '6월의 흰 백합'을 뽑아 다이애너에게 던졌다.

"스텔러 메이너드는 이 세상에서 단 한 사람을 빼고는 가장 사랑하는 친구야. 네가 바로 그 사람이야, 다이애너. 나는 전보다 더욱 너를 사랑하고 있어. 할 이야기가 산더미처럼 많지만 지금은 여기 앉아 너를 바라보는 것만으로 충분히 행복해. 아마 피곤한 탓일 거야. 공부하고 목표를 추구하느라 지쳤나봐. 내일은 적어도 두 시간쯤 과수원의 풀밭에 누워 아무 생각도 하지 말아야겠어."

"정말 장해, 앤. 에이브리 장학금을 받았으니 이제 선생님이 되지는 않겠구나?"

"응, 9월에 레드먼드 대학으로 갈 거야. 멋지겠지? 이제부터 석 달 동안의 황금 같은 휴가가 끝나면 다시 새로운 꿈을 듬뿍 키워나가게 될 걸. 하지만 제인과 루비는 선생님이 될 거야. 무디 스퍼존과 조지 파이도 모두 합격했으니, 정말 잘됐어."

다이애너가 말했다.

---

*2 홍차 향기와 비슷한 방향이 있는 장미. 오늘날 흔한 장미는 티로즈와 하이브리드 퍼페추얼 로즈를 교배한 것. 미국에 '티로즈'라는 백장미 향수가 있음.

"뉴브리지의 학교 이사회가 제인을 초빙하기로 결정했대. 길버트 블라이스도 선생님이 된다고 했어. 그렇게 하지 않을 수가 없었대. 아버지가 그 애를 내년에 대학에 보낼 여유가 없어서 자기가 벌어야만 한다는 거야. 지금 애번리 학교를 맡고 있는 에임즈 선생님이 그만두면 길버트가 가르치게 될 거래."

뜻밖의 이야기에 앤의 가슴은 기묘하게 술렁거렸다. 이것은 전혀 예기치 못한 일이었다. 앤은 길버트도 역시 레드먼드 대학에 가는 줄 알고 있었기 때문이다.

둘이서 경쟁하며 알게 모르게 서로 북돋아주고 있던 셈이었는데 그것이 사라지면 어떻게 하지? 본격적인 학위취득을 위한 남녀공학 대학에서 앤의 호적수가 없어진다면 열심히 공부하고 싶은 마음이 들까?

다음날 아침 식사 때 앤은 매슈가 늙고 기운없어 보이는 것을 문득 알아차리고 깜짝 놀랐다. 1년 전보다 흰 머리가 부쩍 늘어나 있다.

매슈가 밭일하러 나가자 앤은 망설이며 말을 건넸다.

"머릴러, 매슈가 어디 편찮으세요?"

머릴러는 걱정스러운 목소리로 말했다.

"그렇단다. 이번 봄에 심한 심장 발작을 일으켰지. 그런데도 전혀 쉬지 않고 일만 해. 나도 염려스럽구나. 요즘은 좀 나아진 것 같고 일할 사람도 구했으니 앞으로는 좀 쉬도록 해야겠어. 네가 돌아왔으니 아마 기운을 차릴 게다."

앤은 식탁 너머로 몸을 내밀어 두 손으로 머릴러의 얼굴을 감쌌다.

"머릴러도 그리 기운 있는 것 같지 않아요. 피로해 보여요. 틀림없이 일을 너무 많이 했나봐요. 내가 돌아왔으니 머릴러도 좀 쉬어요. 나는 오늘 하루 추억이 깃들어 있는 장소를 오랜만에 산책하고 옛날에 꾸었던 꿈을 되새겨보고 싶지만, 내일부터는 내가 일할 테니 머릴러는 편안히 쉬세요."

머릴러는 딸에게 사랑스럽고 다정한 미소를 지어 보였다.

"일을 해서 그런 게 아니야. 두통 때문이지. 요즘은 눈 속 깊숙이 자주 아파. 스펜서 선생님이 안경을 여러 번 조절해 주셨지만 도무지 소용이 없단다.

유명한 안과의사가 6월 끝무렵에 섬에 오신다니 그때 진찰을 받도록 하라더구나. 아마 그래야 할까봐. 책을 읽는 것도 바느질도 요즘은 힘들어 못하겠어.

그건 그렇고, 앤, 너는 퀸즈아카데미에서 정말 잘했다. 1년 동안에 1급교사자격증을 땄을 뿐 아니라 에이브리 장학금마저 받았으니 정말 대단해.

어쨌든 레이철 린드는 '거만한 자는 멸망한다'*3든가 뭐라고 하며 여자가 고등 교육을 받으면 좋지 않고 여성 본디의 사명을 소홀히 하게 된다고 하지만, 나는 그렇게 생각하지 않아. 레이철 린드 이야기를 하니 생각나는데, 요즘 애비 은행에 대한 무슨 소문을 듣지 못했니, 앤?"

"파산한다는 소문을 들은 것 같은데, 왜 그러세요?"

"레이철도 그렇게 말했어, 지난 주 여기에 와서 그런 소문이 나돈다더구나. 매슈 오라버니가 무척 걱정하고 있어. 한푼 남김없이 우리집 예금이 몽땅 그 은행에 들어 있거든, 나는 처음부터 저축은행에 맡기는 편이 좋다고 했었는데, 조상 대에 애비 씨가 우리 아버지와 친구였기 때문에 아버지가 늘 그 은행에 맡기고 계셨지. 그래서 매슈도 애비 씨가 우두머리로 있는 은행이라면 걱정없다고 말해 왔어."

"하지만 애비 씨는 몇 해 전부터 실제적으로는 손떼고 있잖아요? 워낙 나이가 많아 그 조카가 은행을 맡아서 한다는 말이 있었어요."

"어쨌든 레이철로부터 그 이야기를 듣고 곧 예금을 찾아오라고 오

---

*3 성서에서 유래한 속담. 구약성서 〈잠언〉 제16장 18절 '교만은 패망의 선봉이요, 거만한 마음은 넘어짐의 앞잡이니라'.

라버니에게 부탁했지만 좀 생각해 보자고 하더라. 그러더니 어제는 러셀 씨가 그 은행은 끄떡없다고 했다더구나.”

그뒤 앤은 들판과 숲으로 나가 굉장히 기분 좋은 하루를 보냈다. 앤은 그날의 추억을 언제까지나 결코 잊을 수 없었다. 화창하고 밝은 금빛 태양이 내리비치는 아름다운 하루였다. 땅에는 온통 꽃이 만발해 있었다. 앤은 과수원에서 풍요로운 한때를 보내고 ‘드라이어드 샘’과 ‘윌로미어’와 ‘제비꽃 골짜기’를 둘러보았다.

목사관에 가서 앨런 부인과 마음껏 이야기도 했다.

그리고 하루의 마무리로서 저녁때 소를 몰고 돌아오면서 매슈와 함께 ‘연인의 오솔길’을 지나 목초지까지 걸었다. 숲은 깊은 안쪽까지 저녁해가 비쳐 모든 것이 금색으로 물들어 있었다. 서쪽 언덕과 언덕 사이로 따스한 황혼빛이 고요히 흘러들고 있었던 것이다.

등이 굽은 매슈는 느릿느릿 걸었다. 키 크고 자세가 반듯한 앤은 그 종종걸음을 늦추어 매슈와 보조를 맞추었다.

앤은 나무라듯 말했다.

“매슈, 오늘도 일을 많이 했죠? 좀 쉬면서 할 수 없으세요?”

매슈는 울타리문을 열고 소들을 뒤뜰로 몰아넣으며 말했다.

“글쎄다, 하지만 그렇게 할 수가 없구나. 모두 나이 탓이야, 앤. 그런데 언제나 그것을 자꾸 잊어버리는구나. 어쨌든 지금까지 늘 일하며 살아왔으니까. 일하다 죽는다면 그것도 좋겠지.”

앤은 슬픈 듯이 말했다.

“만일 매슈가 처음에 부탁한 대로 남자아이였다면 지금쯤 여러 모로 도와 편하게 해드릴 수 있을 거예요. 그 생각을 하면 내가 남자아이였다면 얼마나 좋을까 싶어요.”

매슈는 앤의 손을 잡고 어루만지며 말했다.

“나는 말이다, 앤. 열두 명의 남자아이보다 너 하나가 더 좋단다. 알겠니? 열두 명의 남자아이보다도 말이다. 에이브리 장학금을 탄 것은 남자아이가 아니었잖니? 여자아이이지. 바로 내 딸이었어. 나의 자랑스러운 딸이었단다."

매슈는 뒤뜰로 들어가며 수줍은 미소를 던졌다.

그날 밤 자기 방으로 들어간 뒤에도 앤의 가슴에는 그의 미소가 깊이 새겨져 있었다. 앤은 활짝 열어젖힌 창가에 오래도록 앉아 지난날을 돌이켜보고 미래를 꿈꾸었다. 창 밖에는 '눈의 여왕'이 달빛을 받으며 흰 안개 같은 벚꽃을 소복하게 두르고 있었다. '언덕의 과수원' 건너편 늪에서 개구리 합창이 개굴개굴 들려왔다.

앤은 은빛으로 내리는 달빛 속에 꽃내음은 은은하게 향기롭고 정적에 잠겨 있던 그날 밤의 평화롭고 아름다운 일을 언제까지나 기억하고 있었다. 그것은 슬픔으로 물든 손이 앤의 인생에 닿기 전 마지막 밤이었다.

그 차갑고 뿌리치기 어려운 슬픔의 손에 닿으면 다시는 옛날의 즐거운 인생으로 돌아가지 못하는 것이다.

죽음*1

"매슈! 매슈! 왜 그래요? 어디 아파요?"

머릴러의 목소리였다. 바들바들 떨리는 목소리로 부르는 한 마디 한 마디에서 두려움이 절절히 스며나오고 있었다.

앤은 두 팔에 하얀 수선화를 가득 안고 현관으로 들어오고 있었는데—그 뒤 얼마 동안 앤은 하얀 수선화의 모습도 향기도 싫어했다—머릴러의 목소리가 나는 쪽을 보니 매슈가 접은 신문을 손에 들고 창백하게 일그러진 얼굴로 부엌문에 서 있는 것을 보았다.

앤은 저도 모르게 꽃을 떨어뜨리고 부엌을 가로질러 머릴러와 거의 동시에 매슈 곁으로 달려갔다. 그러나 두 사람이 와 닿기 전에 매슈는 문가에 쓰러지고 말았다.

머릴러가 헐떡이며 말했다.

"기절했어. 앤, 마틴을 불러라. 빨리, 빨리. 헛간에 있을 테니까."

---

*1 본디 제목은 '죽음이라는 생명의 수확인'. 일반적으로 긴 손잡이의 낫을 든 죽음의 신을 의미함. 롱펠로의 시 《수확인과 꽃들(1839)》에 같은 구절을 사용해 보리와 꽃을 베어 풀의 목숨을 빼앗는 사람으로 표현되어 있음. '죽음이라는 생명의 수확인이／날카로운 낫으로／단숨에 베어낸다／주렁주렁한 보리이삭과 그 사이에 피어 있는 꽃들을.'

고용인 마틴은 우체국에서 막 돌아오는 참이었으므로 곧 의사를 부르러 갔다. 도중에 '언덕의 과수원'에 들러 배리 부부에게 도움을 청했다.

때마침 일이 있어 그 집에 있던 린드 부인도 함께 왔다. 세 사람이 와 보니 앤과 머릴러가 미친 듯이 매슈의 의식을 회복시키려 애쓰고 있었다.

린드 부인은 두 사람을 살며시 밀어내고 매슈의 맥을 짚어보았다. 그리고 가슴에 자기 귀를 갖다대더니 앤과 머릴러의 불안한 얼굴을 올려다보았다. 그 슬픈 눈에는 눈물이 어려 있었다.

부인은 엄숙하게 말했다.

"아, 머릴러. 이젠…… 아무래도 어쩔 수 없는 것 같아요."

"린드 아주머니, 설마…… 설마 매슈가……"

앤은 무서운 말을 차마 입에 담을 수 없었다. 얼굴에서 핏기가 사라지고 정신이 아득해졌다.

"유감스럽게도 그렇단다, 앤. 매슈의 얼굴을 보렴. 나는 저런 얼굴을 몇 번 본 일이 있어서 알아."

앤은 꼼짝도 하지 않는 매슈의 조용한 얼굴을 바라보았다. 그리고 거기에서 아무도 원치 않는 죽음의 방문을 읽었다.

이윽고 의사가 와서 매슈의 죽음은 순간적으로 엄습해, 고통이 거의 없었으며, 모든 점으로 미루어 어떤 갑작스러운 충격 때문일 것이라는 진단을 내렸다.

충격의 원인은 매슈가 손에 들고 있던 신문에 있음을 알았다. 마틴이 그날 아침 우체국에서 가져온 것으로, 애비 은행 파산 기사[2]가 실려 있었다.

─────────────

[2] 1873년 빈에서 일어난 증권거래소 공황에서 발단한 유럽의 금융공황이 뒤늦게 북미에도 미쳐, 실제로 19세기 끝무렵 캐나다에서 작은 은행들이 파산하고 1893년에는 섬 바로 북쪽의 뉴펀들랜드 섬에서도 금융공황이 일어났음.

이 소식은 눈 깜짝할 사이에 온 애번리 마을에 퍼졌다. 하루 종일 친구며 친지들이 그린게이블즈에 찾아와 고인과 유족을 위해 여러 가지로 친절하게 도와주었다. 말수가 적고 수줍음 잘 타던 매슈 커스버트가 이토록 사람들 관심을 끈 일은 이것이 처음이자 마지막이었다. 싸늘한 죽음의 위엄이 매슈 위에 뒤덮여, 그는 왕관을 쓴 낯선 사람처럼 다른 존재가 되어버렸던 것이다.

밤의 정적이 그린게이블즈에 찾아왔을 때, 낡은 집은 인기척도 사라지고 한층 더 조용해졌다.

긴 백발의 매슈 커스버트는 즐거운 꿈을 꾸는 듯 부드러운 미소를 짓고 응접실에 안치된 관 속에 누워 있었다. 매슈는 꽃 속에 묻혀 있었다. 매슈의 어머니가 시집올 때 뜰에 심은 것으로, 매슈는 입 밖에 내지 않았지만, 이 달콤한 향기나는 고풍스러운 꽃에 남몰래 애정을 쏟고 있었다.

앤은 이 꽃을 꺾어와 매슈에게 바쳤다. 앤은 울고 있지 않았다. 창백한 얼굴에서 비통한 눈빛을 띠고 있었다. 매슈를 위해 할 수 있는 일이라고는 이제 이것밖에 없었다.

그날 밤, 배리 부부와 린드 부인이 밤이 되어도 함께 있어 주었다. 동쪽 방으로 찾아간 다이애너는 창가에 서 있는 앤에게 조용히 말을 걸었다.

"앤, 나도 오늘 밤 여기서 잘까?"

앤은 친구의 얼굴을 물끄러미 보며 말했다.

"고마워, 다이애너. 혼자 있고 싶어한다고 언짢게 생각하지 말아줘. 이해해 주겠지. 이 일이 일어난 뒤 아침부터 내내 혼자 있을 틈이 없었어. 말없이 조용히 앉아 납득될 때까지 차분히 생각해 보고 싶어.

나는 아직 실감이 나지 않아. 매슈가 죽다니 도저히 있을 수 없는 일 같기도 하고, 한편으로는 오래 전에 죽어버린 듯한 느낌이 들기도 해. 아침부터 줄곧 불길한 통증이 가슴에 느껴지고 있어."

다이애너에게는 앤의 말이 잘 이해되지 않았다. 머릴러는 여느 때의 조심성이며 오랜 세월 동안의 습관을 버리고 봇물이 터진 듯 목놓아 울었는데, 앤처럼 눈물을 감추고 고통을 참는 것보다 그편이 훨씬 더 이해하기 쉬울 것 같았다. 그러나 다이애너는 앤이 혼자 슬픔에 잠겨 하룻밤을 지내도록 조용히 그 자리를 떠났다.

앤은 혼자 있게 되면 울음이 터져나오리라고 생각했다. 그토록 자기를 사랑하고 온갖 정성을 다해 준 매슈를 위해 한 방울의 눈물도 흘리지 않는다는 것은 두려운 일이었다. 어제 저녁 앤과 함께 어깨를 나란히 걷던 매슈는 이제 어두컴컴한 아래층 방에서 죽음으로 스며 나온 평온을 이마에 떠올리고 관 속에 누워 있다.

그런 생각을 해도 눈물은 나오지 않았다. 어둠 속에서 창가에 무릎꿇고 언덕 저편의 별을 올려다보며 기도해도 헛일이었다. 눈물 대신 무어라 말할 수 없는 처절한 아픔과 애절한 슬픔이 솟구쳐올라와, 그날 하루 종일 겪은 고통과 흥분으로 지쳐 잠에 빠져들 때까지 앤을 괴롭혔다.

한밤중 어둠과 적막 속에서 앤은 문득 눈을 떴다. 낮의 기억이 슬픔의 밀물처럼 앤에게 밀려왔다. 어제 저녁 문가에서 헤어지며 자기에게 미소를 던지던 매슈의 얼굴이 앤의 눈앞에 뚜렷이 떠올랐다. '내 딸…… 나의 자랑스러운 딸'이라고 말하던 매슈의 목소리가 들리는 것 같았다. 순간 눈물이 복받쳐 올라 앤은 가슴이 찢어질 듯이 울었다.

그 울음소리를 듣고 머릴러가 앤을 위로하려고 조용히 방으로 들어왔다.

"앤, 이제 그만 울어라, 착한 아이니까. 울어도 매슈가 다시 돌아올 리 없잖니. 그래, 아무리 울어도 소용없어. 그것을 알면서도 자꾸 눈물이 나와. 어쩔 수 없지만 말이야. 매슈 오라버니는 나에게 정말 잘해준 세상에 둘도 없는 오라버니였지. 하지만 이것도 모두 하느님 뜻이야."

앤은 흐느껴 울며 말했다.

"아, 머릴러. 지금은 실컷 울게 해주세요. 차라리 우는 편이 나아요. 그 둔한 가슴의 통증은 나를 괴롭게 하거든요. 잠시 내 곁에 머물러 주세요. 나를 안고…… 네, 그렇게요. 다이애너는 친절하고 다정하지만 함께 있어달라고 할 수 없었어요. 이것은 그 애의 슬픔이 아니거든요. 다이애너는 슬픔의 자리 밖에 있어요. 그러니 내 마음에 다가와 결코 위로해 줄 수가 없어요. 이것은 우리―머릴러와 나의 슬픔이니까요. 아, 머릴러. 매슈가 없으니 앞으로 우리는 어떡하죠?"

"우리 둘이 서로 의지하며 살아야지. 아, 앤, 네가 없었다면―네가 이 집에 오지 않았다면 나는 어떻게 해야 할지 몰랐을 게다. 지금까지 너에게 완고하고 엄격하게 대했는지도 모르지만, 그렇다고 매슈보다 너를 덜 사랑한 것은 아니다. 그저 겉으로 나타내지 않았을 뿐이지.

이런 때가 아니면 그런 말을 차마 입 밖에 낼 수 없는 성격이란다. 나는 너를 피를 나눈 내 친자식처럼 사랑하고 있어. 그린게이블즈에 온 뒤로 줄곧 너는 내 기쁨이고 마음의 위안이었어."

이틀 뒤 매슈 커스버트는 정든 집을 떠나 지금까지 자기 손으로 갈던 밭과, 애써 가꾸던 과수원과 손수 심은 나무들을 뒤로 하고 실려나갔다.

애번리는 다시 평정을 되찾았다. 그린게이블즈에서도 모든 일이 본래의 일상생활로 돌아가 규칙적인 일과가 이루어지고 있었다. 그러나 '눈에 익은 무엇을 바라보아도 전과 달리 뭔가 빠져 있는*³ 듯한 괴

---

*3 미국 시인 휘티어의 시 '눈에 갇혀《겨울의 목가〈1866〉》에 수록)'에 똑같은 구절이 있음. 이 시는 휘티어가 사랑하는 여동생 엘리자베스 허시 휘티어를 잃은 뒤 쓴 작품. '그러나 내 눈과 귀는 지금도 여전히 찾고 있네/옆에 있어야 하는데도 사라져버린 무언가를/ 아무리 꽃피고 새가 지저귀어도/눈에 익은 모든 게 허무하게 느껴지네'(419─422행). 매슈를 잃은 앤의 상실감을 한층 더 깊이 느낄 수 있는 인용.★★

롭고 허전한 심정은 어쩔 수 없었다.

매슈가 없어도 지금까지와 변함없이 날이 지나가고 살아갈 수 있다는 사실이 앤에게는 새로운 서글픔으로 느껴졌다.

전나무 너머로 떠오르는 태양이나 뜰의 엷은 분홍빛 봉오리가 조금씩 부풀어오르는 것을 보면 옛날과 마찬가지로 기쁨을 느꼈다. 그리고, 다이애너가 오면 즐겁고 그 명랑한 말투며 몸짓에 저도 모르게 미소 지을 수 있다는 사실, 꽃이며 사랑이며 우정에 찬 아름다운 세계는 앤에게 상상력을 불러일으키고 가슴 울렁이게 하는 힘을 잃지 않았다는 사실, 인생은 여전히 온갖 신비하고도 흥미로운 목소리로 앤을 강렬하게 부르고 있다는 사실을 알았을 때 앤은 부끄러움과 후회 비슷한 감정을 느꼈다.

앤은 어느 날 밤, 목사관 뜰에서 앨런 부인에게 말했다.

"매슈가 없는데도 세상일이 여전히 즐겁게 느껴지니 어쩐지 매슈를 배반하는 듯한 기분이 들어요.

매슈가 안 계시니 너무나 쓸쓸해요. 그런데도……여전히 이 세상이며 인생이 모두 아름답고 재미있게 느껴져요. 아까도 다이애너가 어떤 우스운 이야기를 해서 해서 그만 웃음을 터뜨렸어요. 문득 정신을 가다듬고 다시는 웃지 말아야겠다고 다짐했어요. 무엇보다도 나는 웃고 싶은 기분이 아니에요."

그러자 앨런 부인은 상냥하게 말했다.

"매슈는 살아 있을 때 앤의 웃음소리를 참 좋아했었지? 그러니 네가 주위 세계의 즐거운 일에 행복해 한다면, 오히려 기뻐할 거야.

매슈는 잠시 먼 곳에 있을 뿐이야.[4] 네가 좋아하는 모습을 그전처럼 보고 싶어할 테지. 마음의 상처를 낫게 하는 자연의 힘에 우리는

---

*4 목사 부인이 매슈의 죽음을 슬퍼하는 앤을 위로하는 말. 이것과 같은 표현을 제임스 위트컴라일리(1849·1916)의 시 〈먼 곳으로(1884)〉에서 볼 수 있음. '그가 죽어버렸다고 나는 말할 수 없다, 말하고 싶지도 않다. 그는 잠시 먼 곳에 있을 뿐!' ★★

마음을 닫으면 안 돼. 하지만 앤, 나는 네 기분을 충분히 이해해. 누구나 같은 경험을 하게 되지. 사랑하는 사람이 세상을 떠나 함께 기쁨을 나눌 수 없게 되면 즐거운 기분이 들게 되는 모든 걸 멀리하게 돼. 그리고 인생에 대한 흥미가 되살아나면 그 사람을 잃은 슬픔에 충실치 못한 것 같은 생각이 들게 마련이야."

앤은 꿈꾸듯 말했다.

"아까 매슈의 무덤에 장미를 한 그루 심으러 갔었어요. 매슈의 어머니가 스코틀랜드에서 옛날에 가져온 흰 장미예요. 매슈는 그 장미를 아주 좋아했죠. 가시돋친 가지에 작고 예쁜 꽃이 피어요.

무덤 옆에 그것을 심었더니 마음의 짐을 덜 수 있었어요. 매슈가 틀림없이 기뻐할 것 같아서요. 천국에도 그런 장미가 있었으면 좋겠어요. 해마다 여름이면 매슈에게 그토록 사랑받은 조그만 흰 장미의 영혼들이 매슈를 반갑게 맞아들일지도 모르니까요.

이제 그만 가봐야겠어요. 머릴러가 혼자 기다리고 있고, 특히 해질 녘에는 쓸쓸해 해요."

앨런 부인이 말했다.

"네가 대학에 들어가면 더욱 쓸쓸하시겠구나."

앤은 아무 대답도 하지 않았다. 인사하고 무거운 걸음으로 그린게이블즈로 돌아갔다.

머릴러는 현관 층계에 앉아 있었다. 앤도 그 옆에 나란히 앉았다. 현관문은 열어놓은 채 닫히지 않도록 두 사람의 뒤에 커다란 핑크빛 조가비로 받쳐두었다. 소용돌이치며 말려들어간 조가비 안쪽은 마치 바다에 가라앉는 저녁해처럼 아름다워 보였다.

앤은 옅은 노란 인동덩굴 작은 가지를 몇 개 꺾어 머리에 꽂았다. 그 은은한 향기가 좋았기 때문이다. 그 달콤한 내음은 앤이 머리를 움직일 때마다 마치 신의 축복처럼 감돌아 머리 위 둘레를 향기롭게 했다.

머릴러가 말했다.

"네가 없는 동안 스펜서 선생님이 다녀가셨다. 내일 안과 전문의가 오니 꼭 가서 진찰받으라고 하더구나. 한번 진찰받아보는 편이 좋다고 나도 생각해. 눈에 맞는 도수의 안경을 받게 된다면 고마운 일이지. 내가 외출하고 혼자 있어도 괜찮겠니? 마틴더러 마차를 몰아달라고 해야겠어. 너는 다림질을 하고 빵도 구워다오."

"염려마세요. 다이애너가 와서 도와줄 거예요. 다림질도 빵도 잘해놓을게요. 손수건에 풀을 먹이거나 케익향료로 바르는 진통제를 넣는 실수는 이제 안해요."

머릴러는 웃었다.

"그 무렵의 너는 정말 실수덩어리였어. 늘 말썽만 일으켰으니까. 이러다가 나중에는 어떻게 되려고 저러나 하는 걱정이 들었지. 머리를 물들였을 때의 일을 기억하니?"

앤은 풍성한 머리털로 손을 가져가며 말했다.

"네, 물론이에요. 결코 잊을 수 없어요. 그때는 어째서 그토록 머리에 신경썼는지 이따금 생각하면 우스워요. 하지만 웃어넘길 수만은 없었어요. 나로서는 큰 문제였으니까요. 빨강머리와 주근깨가 중대한 문제였어요.

주근깨는 깨끗이 없어지고 머리털은 이제 금갈색이 되었다고 모두들 말해요. 조지 파이만은 빼고요. 아무튼 어제도 내 머리털이 전보다 더 빨개졌다고 했어요. 검은 상복을 입으니*⁵ 더 붉어 보인다구요. 게다가 빨강머리인 사람은 그것에 익숙해져 신경 쓰이지 않게 될 때가 있느냐고 물었어요. 머릴러, 조지를 좋아하려고 애쓰는 일을 이제

---

*5 19세기 끝무렵 캐나다에서 상복은 장례날 뿐 아니라 가족이 죽은 뒤 한참 동안 입게 되어 있었음. 배우자가 죽었을 때는 3년, 부모는 1년, 조부모는 반년, 검정·회색·보라·흰색 등의 상복을 입었음. 검은 상복은 1861년 영국 빅토리아 여왕이 남편 앨버트공이 세상떠난 뒤 늘 검은 드레스를 입고 있었던 영향으로, 영미에서는 비교적 새로운 역사.

그만 두어야 할까봐요. 예전의 나였다면 영웅이라고 부를 만큼 노력해왔는데도 도저히 좋아할 수 없어요."

머릴러는 날카롭게 말했다.

"조지도 파이 집안사람이기 때문일 테지. 그집 사람들은 남의 마음을 상하게 하는 데는 명수거든. 그런 사람들도 사회에서 쓸모없지는 않겠지만 고작해야 엉겅퀴 정도의 효용에 지나지 않을 게다. 조지도 선생이 된다더냐?"

"아뇨, 1년 더 퀸즈아카데미에서 공부한대요. 무디 스퍼존과 찰리 슬론도 그렇게 한다더군요. 제인과 루비는 이미 가르칠 학교가 결정되었어요. 제인은 뉴브리지고 루비는 서쪽 어디인가봐요."

"길버트 블라이스도 교직을 맡겠지?"

"네."

앤의 대답은 그뿐이었다.

머릴러는 생각에 잠기듯 말했다.

"잘생긴 젊은이로 자랐더구나. 지난 주 일요일 교회에서 보았는데, 키가 훤칠하고 남자다워 보였지. 그 애 아버지가 젊었을 때와 똑같아. 존 블라이스도 굉장히 멋진 젊은이였지. 그 사람과 나는 꽤 다정한 사이였단다. 사람들은 그를 내 연인이라고 했었지."

놀란 앤은 호기심을 느꼈다.

"어머나, 머릴러! 그래서 어떻게 되었나요? 어째서 지금 머릴러는……"

"싸웠어. 그가 사과했는데 내가 용서해 주지 않았지. 조금 지나면 용서해 줄 생각이었어. 하지만 그때는 혼을 내줘야겠다 싶어 몹시 화냈었지. 그는 두 번 다시 사과하러 오지 않았어. 블라이스네 사람들은 모두 자존심이 강하니까. 나는 내내 내가 잘못했다고 후회했었지. 지금도 이따금 존이 사과했을 때 용서해 주었더라면 좋았을 거라고 생각하곤 해."

앤은 조용히 말했다.

"머릴러의 인생에도 젊은 시절 추억이 있었군요."

"물론 있지. 지금의 나를 보아서는 생각도 못할 일일 테지만. 사람은 겉모습만으로 알 수 없단다. 모두들 나와 존에 대한 일은 잊어버렸을 테고 나도 마찬가지야. 그런데 교회에서 길버트를 본 순간 옛날 생각이 나더구나."

길모퉁이

다음날 머릴러는 읍내에 나갔다가 저녁때 돌아왔다.

다이애너를 '언덕의 과수원'으로 바래다주고 앤이 돌아오니 머릴러는 부엌에 있었다. 식탁에 두 손으로 턱을 괴고 앉아 있는 풀죽은 머릴러의 모습을 보고 앤은 가슴이 철렁했다. 이토록 기운 없고 풀죽은 모습을 한 번도 본 적이 없었기 때문이다.

"머릴러, 고단하세요?"

머릴러는 얼굴을 들며 우울하게 말했다.

"응, 아니, 잘 모르겠구나. 피곤하다고 생각하니 그런 것 같기도 하지만, 원인은 다른 데 있단다."

앤은 근심스러운 듯 말했다.

"안과 선생님의 진찰을 받았어요? 뭐라고 하세요?"

"진찰을 받았지. 선생님은 앞으로 독서나 바느질은 물론 눈을 피로하게 하는 일을 결코 해서는 안 되고 울어서도 안 된다고 하더구나. 선생님이 처방한 안경을 끼면 눈도 더 이상 나빠지지 않고 두통도 가라앉을 거라고. 하지만 시키는 대로 하지 않으면 반 년 안에 완전히 실명한다고 했어. 눈이 보이지 않게 된다는 거야. 앤, 생각만 해도 끔찍하구나."

앤은 너무 놀라 비명을 질렀지만, 그뒤 한참 동안 잠자코 있었다. 말이 나오지 않았던 것이다. 이윽고 용기내어 가까스로 입을 열었지만, 목이 메어왔다.

"머릴러, 부디 그런 생각은 하지 마세요. 오히려 선생님은 희망을 준 거예요. 조심만 하면 아무 일 없어요. 더구나 새로운 안경을 써서 두통이 낫는다면 그보다 더 좋은 일이 어디 있겠어요."

머릴러는 씁쓸하게 말했다.

"무엇이 희망이란 말이냐? 책을 읽지 마라, 바느질도 하지 말라고 하니 무슨 재미로 살지? 차라리 장님이 되든지 아예 죽어버리는 편이 낫겠다. 울지도 말아야 한다지만 혼자 있으면 외롭고 슬픈 걸 어떡하니. 이런 이야기는 아무리 해봐야 소용없어. 차나 한 잔 끓여주면 고맙겠다. 맥이 탁 풀리는구나. 어쨌든 이 일은 당분간 아무에게도 말하지 말거라. 모두들 와서 이러니저러니 물어보는 것도 싫고, 동정 받는 것은 더더욱 질색이니까."

저녁 식사 뒤 앤은 머릴러에게 푹 쉬도록 권했다. 자기도 방으로 가서 창가에 앉았다. 불도 켜지 않고 어둠 속에 혼자 있으니 눈에 눈물이 괴고 마음은 납처럼 무거웠다. 졸업식을 끝내고 집으로 돌아온 날 밤 이 자리에 앉았을 때에 비하면 얼마나 슬픈 일인가! 그날 밤의 앤은 희망과 기쁨 그리고 꿈에 넘쳐 장밋빛 미래가 펼쳐져 있었는데!

몇 해나 지난 듯한 느낌이었다. 그러나 잠자리에 들 무렵 앤의 입가에 미소가 감돌고 마음에도 평온을 되찾았다. 앤은 자기가 갈 길을 용기를 가지고 똑바로 바라보며 나아가려는 것이었다—의무라는 것도 마음을 열고 받아들이면 좋은 벗이 되는 것이다.

그로부터 며칠 지난 늦은 오후, 뒤뜰에서 손님과 이야기를 나누고 있던 머릴러는 천천히 집안으로 들어왔다. 손님은 앤도 본 적 있는, 카모디에서 온 존 새들러라는 사람이었다. 앤은 머릴러의 표정이 이상해서 무슨 일인지 궁금했다.

"새들러 씨가 무슨 일로 왔어요?"

머릴러는 창가에 앉아 앤의 얼굴을 보았다. 안과의사가 금지했는데도 불구하고 머릴러의 눈에서 눈물이 흘러내리고 말조차 더듬었다.

"그린게이블즈를 판다는 이야기를 듣고 사러 왔단다."

"산다고요? 그린게이블즈를 산다고요?"

앤은 자기 귀를 의심했다.

"아, 머릴러, 설마 그린게이블즈를 팔 생각이 있는 것은 아니겠죠?"

"앤, 어쩔 수 없잖니. 나도 여러 가지로 생각해 봤는데, 내 눈이 온전하다면 언제까지나 여기 살며 믿을 만한 사람을 고용해 이 농장을 그럭저럭 꾸려나갈 수 있겠지만 그렇게 할 수 없잖니. 장님이 될지도 모르고, 그렇지 않다 해도 이젠 온전하게 일할 수 없으니까.

아, 집을 팔아야 할 정도인 줄은 생각지도 못했어. 하지만 이렇게 나쁜 일만 계속 겹치니 나중에는 사겠다는 사람마저 없을 것 같아. 우리집 돈은 모조리 그 은행에 예금되어 있었는데다 지난 가을 매슈 오라버니가 떼어준 어음도 두세 장 있단다.

레이철 린드가 집을 팔고 어디 셋방이라도 들면 된다고 권유하더라만…… 아마 자기집에 와 있으라는 말이겠지. 집을 팔아도 얼마 남지 않는단다. 땅이 그리 넓지 못하고 건물도 낡았으니까. 그래도 나 한 사람 먹고 살 만큼은 될 게다.

네가 그 장학금을 타게 되어 정말 다행이야. 방학 때 돌아올 집이 없어서 안됐지만 너는 똑똑하니까 어떻게든 잘해나가리라 믿어."

머릴러는 엎드려 흐느껴 울었다.

앤은 마음을 정한 듯 단호히 말했다.

"그린게이블즈를 팔아서는 안 돼요."

"팔지 않는 게 가장 좋은 일인 줄은 나도 알아. 하지만 너도 알겠지만 나 혼자 여기서 살 수는 없잖니? 걱정거리가 한둘이 아니고 외로움 때문에 아마 머리가 돌아버리고 말 게다. 눈도 언젠가는 보이지 않게 될 테고. 이것은 틀림없어."

"혼자 계실 필요 없어요, 머릴러. 내가 함께 있겠어요. 레드먼드에 가지 않겠어요."

"대학에 가지 않는다고? 그게 무슨 말이냐?"

머릴러는 두 손을 떼고 눈물 젖은 얼굴을 들어 앤을 보았다.

"지금 말한 그대로예요. 장학금은 받지 않겠어요. 안과선생님의 진찰을 받고 온 날 밤 그러기로 결정했어요. 머릴러가 어려운 처지에 놓여 있는데 내가 내버려둘 줄 알았어요? 나를 위해 얼마나 정성을 다해주었는데요.

앞으로의 일은 그날부터 죽 생각했고 나름 계획도 세웠어요. 내 계획을 말씀드릴게요. 배리 씨가 내년에 우리 밭을 빌려 달라고 했어요. 그러니 그 걱정은 없어졌어요. 그리고 나도 선생님이 되겠어요. 애번리 학교에 신청해 놓았지만…… 아마 힘들 것 같아요. 이미 길버트 블라이스를 채용하겠다고 약속했다나봐요.

하지만 카모디의 학교에서 가르칠 수 있을 거예요. 어제 블레어 상점에 갔었는데 그런 말을 하더군요. 그야 애번리에서 가르치는 것보다 불편하겠지만, 눈이 내리지 않는 동안은 여기에 살며 직접 마차를 몰고 다니겠어요. 겨울이 되면 매주 금요일에 그린게이블즈로 돌아오면 돼요. 그러니 마차는 그냥 두어야겠어요. 자, 어때요, 머릴러. 준비는 다 되어 있어요. 머릴러에게 책도 읽어드리고 힘이 되어줄 테니 지루해 할 것도 쓸쓸해 할 것도 없어요. 머릴러와 나, 앞으로도 여기서 함께 즐겁고 행복하게 살 수 있어요."

머릴러는 꿈꾸는 듯한 얼굴로 잠자코 듣고 있었다.

"앤, 그야 네가 곁에 있어준다면 아무 걱정 없지. 하지만 나 때문에 너를 희생시킬 수는 없다. 그런 큰일날 소리는 하지 마라."

앤은 명랑하게 웃었다.

"그렇지 않아요. 희생이 아니에요. 그린게이블즈를 내놓는 것보다 더 큰 희생은 없어요. 나에게는 가장 괴로운 일인 걸요. 이 집은 무슨 일이 있어도 둘이서 지켜야 해요. 나는 이미 결심했어요. 레드먼드에 가지 않고 여기 남아서 아이들을 가르칠 테니 내 걱정은 마세요."

"하지만 네 장래의 꿈은……"

"장래의 꿈을 버린 건 아니에요. 다만 목표가 달라졌을 뿐이에요. 훌륭한 선생님이 되고 머릴러의 눈을 소중히 지키는 일이에요. 또 교편을 잡으면서 대학과정을 독학으로 공부하는 일이죠.

아, 내게는 계획이 너무 많아요. 1주일 동안 내내 생각해 봤어요. 여기서 온 힘을 다하면 틀림없이 그만큼 이루어질 거예요. 퀸즈아카데미를 졸업할 때는 내 미래에 똑바로 뻗은 길이 오직 하나만 있는 줄 알았어요. 그래서 앞쪽에 멋진 이정표가 여러 개 보이는 듯한 기분이 들었죠. 하지만 지금은 그 길모퉁이에 이르렀어요.

길모퉁이를 돌아서면 무엇이 기다리고 있을지 모르지만, 아마도 멋진 세계가 있으리라고 믿어요. 게다가 머릴러, 길모퉁이라는 것에도 마음이 끌려요. 길모퉁이란 그 앞이 어떻게 뻗어 나가는지 모르는 데 매력이 있는 것 아니겠어요? 초록빛으로 빛나는 아름다운 숲을 빠져나가 나뭇잎 사이로 부드럽게 반짝이는 햇살이 있을 수도 있어요. 아니면 한번도 본 적 없는 풍경과 눈이 번쩍 뜨이는 아름다운 곳이 있을지도 모르고, 에움길이나 언덕 또는 골짜기가 있을지도 몰라요."

머릴러는 장학금에 대한 이야기를 했다.

"네가 포기하도록 내버려둘 수 없을 것 같구나."

"나는 이제 16살 반이에요. 게다가 나는 린드 아주머니 말대로 '노새처럼 고집쟁이'거든요."

앤은 웃었다.

"그러니 머릴러, 나를 가엾게 여기지 마세요. 나는 동정받는 게 싫고, 그럴 필요도 없어요. 내가 가장 좋아하는 그린게이블즈에서 살 수 있다는 것이 그 무엇보다도 기뻐요. 머릴러와 나만큼 여기를 좋아하는 사람이 또 어디 있겠어요. 그러니 둘이서 반드시 여기를 지켜야 해요."

머릴러는 마침내 설득당했다.

"아, 얼마나 어여쁘고 고마운 아이인지! 네 덕분에 다시 살아난 기분이다. 무슨 일이 있어도 여기서 버티며 대학에 보내야 하지만—나로서는 그 일이 불가능하니 무리할 수가 없구나. 앤, 그 대신 언젠간 꼭 이 보답을 해주마."

앤 셜리가 대학진학을 포기하고 자진하여 집에 남아 교편을 잡게 되었다는 사실이 온 애번리에 알려지자*¹ 갖가지 소문과 억측이 들끓었다. 머릴러의 눈에 대해 미처 알지 못한 선량한 마을 사람들은 대부분 앤을 어리석다고 했다.

그러나 앨런 부인은 달랐다. 칭찬받은 앤의 눈에 기쁨의 눈물이 반짝였다. 친절한 이웃사람 린드 부인도 마찬가지였다.

어느 날 저녁, 앤과 머릴러가 향기로운 여름 황혼 속에 싸여 문간에 앉아 있는데 린드 부인이 나타났다. 두 사람은 저녁놀이 질 무렵 촉촉한 대기 속에 감도는 박하 향기를 맡으며 그곳에 앉아 있기를 좋아했다.

린드 부인은 현관 옆 키큰 분홍과 노란색 접시꽃들 앞에 놓인 돌의자에 뚱뚱하게 살찐 몸을 맡기며, 피로와 안도가 뒤섞인 한숨을 크게 쉬었다.

"아이고, 편해라. 하루 종일 2백 파운드나 되는 몸무게를 이 두 다리가 지탱하고 뛰어다닌다는 것은 그리 쉬운 일이 아니에요. 날씬한 게 얼마나 고마운 일인지 머릴러는 알아야 해요.

---

*1 신약성서 〈누가복음〉 제1장 65절에 있음. '그 근처에 사는 자가 다 두려워하고 이 모든 말이 온 유대 산중에 두루 퍼지매'에서. 좀 고풍스러운 표현임.

앤, 대학에 가는 것을 포기했다는 말을 들었는데 참 잘했다고 생각한다. 여자로서 필요한 교육은 이미 충분히 받았으니 그만하면 됐어. 여자가 남자와 똑같이 대학에 가서 라틴어니 그리스어니 하며 쓸데없는 것을 머릿속에 집어넣는 건 좋지 않아.”

앤은 웃으며 말했다.

“하지만 린드 아주머니, 대학에 가는 것과 마찬가지로 나는 라틴어며 그리스어를 계속 공부할 거예요. 그린게이블즈에 살면서 문과 과정을 선택하여 대학에서 하는 공부를 모조리 할 작정이에요.”

린드 부인은 어이없는 듯 두 손을 들었다.

“앤 셜리, 그러면 몸이 배겨나지 못해.”

“염려없어요. 그것이 내 삶의 보람이니까요. 무리하지는 않겠어요. '조새이어 앨런 부인'의 입버릇처럼 ‘알맞게’ 하겠어요.*² 겨울에는 일찍 해가 지고 밤이 기니까 시간은 얼마든지 있어요. 나는 바느질 같은 것은 좋아하지 않거든요. 아시겠지만, 아마 카모디에서 가르치게 될 거예요.”

“아니, 애번리에서 가르치는 게 아니냐? 이사회에서 그렇게 결정했다던데.”

“린드 아주머니!”

화들짝 놀란 앤은 외치며 벌떡 일어섰다.

“길버트 블라이스로 결정되어 있었는데!”

---

*2 As 'Josiah Allen's Wife' says, I shall be 'mejum'. 조새이어 앨런 부인이란 미국 작가 마리에타 홀리(1836~1926)가 쓴 인기소설의 주인공 사만다를 가리킴. 《사만다, 인간문제를 생각하다(1892)》, 《베들레헴의 사만다(1890)》, 《유럽의 사만다(1895)》 등의 방언희극이 시리즈로 나와 큰 인기를 끌었음. 홀리는 여성의 권리와 금주·노동자의 착취·인종대립에 대해 유머와 방언을 섞어 소설을 썼는데, 그녀 자신 조새이어 앨런 부인·사만다 앨런이라는 필명으로 집필했음. 앤도 사만다를 흉내내어 사투리를 써본 것이리라. mejum이라는 단어는 어떤 사전에도 나와 있지 않았지만, 어감에서 medium의 방언이 아닌가 여겨 ‘적당히’라고 옮겼음.★

"그랬었지. 그런데 네가 신청했다는 말을 듣고 길버트는 곧 이사회에 나갔어. 바로 어제 저녁 학교에서 이사회가 열렸단다. 거기서 길버트는 자신은 취소할 테니 네 신청을 받아들여 달라고 말했다더구나. 길버트는 너를 위해 여기 학교를 양보하고 화이트 샌즈에서 가르칠수 있도록 수속을 밟았다더라. 네가 머릴러와 함께 있고 싶어하는 것을 알았기 때문이지. 길버트는 참으로 친절하고 사려깊은 아이야. 희생정신이 풍부하다고 할 수 있어. 화이트 샌즈에서 가르치려면 하숙해야 하고, 더욱이 그 아이는 대학갈 학비를 벌어야 하는데도 말이야. 그래서 이사회에서는 너를 채용하기로 결정했다더구나. 토머스가 돌아와 그 이야기를 들려주었을 때 얼마나 감격했는지 모른다."

앤은 작은 목소리로 말했다.

"그럴 수는 없어요. 길버트에게 그런 희생을 치르게 하다니…… 더욱이 바로 나 때문에……"

"이젠 어쩔 수 없게 됐어. 길버트는 화이트 샌즈의 이사회와 이미 계약했으니까. 네가 사퇴한다 해도 그 애에게 도움되지는 못할 거다. 마음놓고 여기서 가르치도록 해.

이젠 파이네 아이들도 없으니 잘해나갈 수 있을 게다. 조지가 마지막이어서 참 다행이야. 지난 20년 동안 애번리 학교에는 언제나 파이네 아이들이 다녔지. 그 집 아이들은 이 세상이 안식처가 아니라는 것을 학교 선생님에게 알려주는 역할이었나봐.

아니, 저게 뭐냐? 배리네 창문에서 반짝반짝하는 것 말이다."

"다이애너가 오라고 신호보내고 있어요."

앤은 웃었다.

"전부터 해오던 신호예요. 잠시 가서 무슨 일인지 알아보고 오겠어요."

앤은 클로버 언덕을 사슴처럼 달려내려가 '도깨비숲'의 전나무 그늘 사이로 사라졌다. 그 뒷모습을 린드 부인은 정다운 눈으로 바라보왔다.

"아직 어린아이 같은 데가 많이 남아 있군요."

머릴러는 옛날의 팔팔한 성격을 잠시 되찾은 듯이 말했다.

"하지만 여성스러운 점도 얼마나 많다고요!"

그러나 이젠 그런 당찬 구석이 머릴러의 특징이 될 수는 없었다.

린드 부인은 그날 밤 남편 토머스에게 씁쓸하게 말했다.

"머릴러 커스버트는 이제 완전히 풀이 죽고 말았어요."

다음날 저녁 앤은 애번리 묘지에 가서 매슈의 무덤에 신선한 꽃을 바치고 스코틀랜드 장미에 물을 주었다. 앤은 이 작은 묘지의 평화스럽고 조용한 분위기가 마음에 들어 어두워질 때까지 그 주위를 거닐었다. 포플러 잎이 바람에 흔들려 다정하게 이야기하듯 살랑거렸다. 제멋대로 무덤에 돋아난 잡초도 흔들리며 속삭였다.

이윽고 앤이 그곳을 떠나 '빛나는 호수' 쪽으로 긴 언덕을 내려온 무렵에는 완전히 해가 지고 눈 아래로 애번리가 어렴풋한 빛 속에 꿈꾸듯 가로누워 있었다. 마치 '태고부터 평화가 감도는 낙원'[*3]과 같은 풍경이었다. 클로버 들판에서 불어오는 바람은 벌꿀처럼 달콤하고, 대기는 상쾌했다. 집집마다 새어나오는 전등불빛이 나무숲 사이

---

*3 테니슨의 시《예술의 궁전(1832)》88행에서 인용. '그리고 다음의 한 장은, 영국의 집의 그림/잿빛 땅거미가 밀려온다/저녁이슬에 젖은 덤불과 숲에/잠드는 것보다 더 고요하고 부드럽게/모든 것은 있어야 할 곳에 있어/태고로부터의 평화가 감돈다'고, 목가적이고 조용한 전원의 해지는 풍경을 노래한 장면. 앤이 매슈의 무덤에 갔다가 돌아오는 길에 언덕에서 바라본 섬의 풍경 역시 먼 태고로부터의 조용함과 평화로 가득했다는 뜻. 그러나《예술의 궁전》의 내용은 평화롭지도 목가적이지도 않음. 인생의 고뇌와 저속한 세상에서 도피하기 위해 예술의 궁전을 지어 왕이 되어, 그곳에 자연과 인생의 각 장면을 그린 그림을 장식해 상상의 세계에서 산다는 은둔사상이 있음. 이 장면에서 앤은 대학진학의 야심을 버리고 시골에 남는다는, 일종의 체념으로 가득한 평온을 느끼고 있음. 하지만 그 바로 뒤 앤은 길버트를 만나 화해하고, 그와의 우정에 의해 다시 새로운 인생이 전개되어 나감. 그리고《예술의 궁전》의 주인공 역시 왕궁을 떠나 오두막으로 옮겨감. 예술은 사람을 떠나 저 높은 곳에 있는 게 아니라 사람과 더불어 있어야 한다는 23살 테니슨의 사상이 보임.★★★

로 반짝였다.

저 멀리 바다가 보랏빛으로 흐려지고 찰싹찰싹 파도소리가 영원한 속삭임을 되풀이하며 희미하게 들려왔다. 서쪽 하늘은 멀어져 가는 햇빛으로 아직 밝고, 부드러운 색상이 미묘하게 뒤섞여 있었다. 호수는 저녁하늘을 되비추어 엷게 스며든 빛깔로 물들어 있다. 이 모든 아름다움에 앤의 가슴은 벅차 숨을 깊이 들이마시며, 영혼의 문을 기꺼이 활짝 열었다.

앤은 중얼거렸다.

"나를 길러준 그리운 세계여, 얼마나 아름다운가. 여기서 산다는 게 나는 너무나 기뻐!"

언덕을 반쯤 내려왔을 때 블라이스네 집 문에서 키 큰 젊은이가 휘파람을 불며 나왔다. 길버트였다. 앤을 보자 휘파람을 멈추고 정중하게 모자를 벗고 인사했다. 만일 앤이 멈춰서서 손을 내밀지 않았다면 그는 그대로 지나쳐 가버렸을 것이다.

앤은 얼굴을 붉히며 말했다.

"길버트, 나를 위해 학교를 양보해 줘서 고마워. 너의 친절한 마음 정말 고마워…… 깊이 감사하고 있다는 걸 알려주고 싶었어."

길버트는 앤의 손을 꼭 쥐었다.

"뭐 대단한 일도 아니야, 앤. 조금이나마 도움되기를 바랐을 뿐이지. 이제부터 우리는 친구가 될 수 있을까? 예전에 내가 놀려댔던 일을 용서해 주겠어?"

앤은 웃으며 손을 빼려고 했지만 그는 아직 쥐고 있었다.

"그날 나루터에서 이미 용서하고 있었어. 다만 나 자신이 깨닫지 못했을 뿐이었지. 나는 참으로 어리석은 고집쟁이였어. 그때부터 내내 후회하고 있었어."

길버트는 기뻐하며 말했다.

"너와 나는 좋은 친구가 되도록 태어났는데 네가 이제까지 그 운명

에 거스르고 있었지, 앤. 우리는 여러 가지로 도울 수 있을 거야. 넌 앞으로도 공부를 계속하겠지? 나도 그래. 우리는 서로 훌륭한 친구가 될 거야. 자, 집까지 바래다줄게."

앤이 부엌으로 들어가자 머릴러는 호기심 어린 눈빛으로 앤을 쳐다보았다.

"지금 오솔길을 함께 걸어온 사람이 누구냐?"

"길버트 블라이스예요."

앤은 얼굴이 붉어지는 것을 느끼며 당황했다.

"배리 씨네 언덕에서 만났어요."

머릴러는 놀리듯 웃으며 말했다.

"너와 길버트가 문간에 서서 30분이나 이야기할 만큼 친한 줄은 미처 몰랐구나."

"친하기는커녕 지금까지 우리는 적이었어요. 하지만 이제부터 다정하게 지내기로 했어요. 우리가 정말 30분이나 이야기했나요? 2, 3분밖에 안 된 것 같았는데요. 하지만 머릴러, 우리는 지난 5년 동안의 이야기를 해야 했거든요."

앤은 그날 밤 깊은 만족감에 젖어 오랫동안 창가에 앉아 있었다. 바람이 벚나무 가지를 살랑살랑 흔들고 박하 향기가 물씬 풍겨왔다. 골짜기의 뾰족한 전나무숲 위에 별이 반짝이고, 늘 보던 곳으로 눈을 돌리자 커다란 나무들 사이로 다이애너 방의 불빛이 아른거렸다.

앤의 지평선은 퀸즈아카데미에서 돌아와 여기에 앉아 있었던 날 밤을 경계로 부쩍 좁혀졌다. 그러나 앤은 이제부터 나아갈 길이 아무리 좁고 구불구불해도, 그 길을 따라 행복이라는 꽃망울이 톡톡 터지리라는 것을 알고 있었다.

성실히 일하는 보람, 훌륭한 포부, 믿음직스러운 우정을 갖는 기쁨이 거기에는 있다. 그 누구도 앤이 태어나면서부터 지니고 있는 상상력과 꿈꾸는 이상의 세계를 앗아갈 수는 없었다. 그리고 길에는 언제나 모퉁이가 있고, 그 너머에는 새로운 세계가 펼쳐져 있는 법이다!
  앤은 나직이 중얼거렸다.
  "하느님은 하늘에 계시니 이 세상이 평화롭도다."*4

---

*4 로버트 브라우닝의 극시 《피파는 간다(1841)》의 '아침의 시' 마지막 2행. 이 구절은 인간
에 대한 신뢰와 낙천주의라는 브라우닝의 특질을 잘 표현한 것으로 유명하며, 애거서
크리스티의 《ABC 살인사건》, 반 다인의 《승정 살인사건》 등 현대의 추리소설에도 인용
되었음. 《피파는 간다》라는 작품은, 이탈리아 북부의 도시 아솔로의 제사공장에서 일
하는 순진한 소녀 피파에 대한 이야기. 1년에 단 하루밖에 없는 휴일 아침이 오자, 기쁨
으로 가득차 노래하는 게 이 '아침의 시'임. 모든 것은 하늘에 계시는 하느님이 지키고
보살펴주실 거라는, 신에 대한 신뢰와 미래에 대한 희망으로 《만남》은 막을 내린다.

김유경

숙명여자대학교 미술대학 서양화 전공(부전공 영문학) 졸업
창작미협전 「정월」 특선 목우회전 「주왕산」 입상
지은책 「조선 열두달 이야기」 옮긴책 「잉걸스·초원의 집」
「몽고메리·앤스북스」 10권

Lucy Maud Montgomery
ANNE OF GREEN GABLES

ANNE

1
만남
루시 모드 몽고메리/김유경 옮김
1판 1쇄 발행/2002. 1. 1
2판 1쇄 발행/2004. 6. 1
3판 1쇄 발행/2014. 5. 5
3판 5쇄 발행/2021. 1. 1
발행인 고정일
발행처 동서문화사
창업 1956. 12. 12. 등록 16-3799
서울 중구 마른내로 144(쌍림동)
☎ 546-0331~6 (FAX) 545-0331
www.dongsuhbook.com

＊

＊

사업자등록번호 211-87-75330
ISBN 978-89-497-0845-4 04840
ISBN 978-89-497-0844-7(전10권)

한국독서대상수상

올컬러 **ANNE** 총10권

그린 게이블즈 빨강머리 앤 | 루시 모드 몽고메리 | 김유경 옮김 | 동서문화사

1 만남 큰 눈에 주근깨투성이 빨강머리 앤이 꿈에 그리던 따뜻한 보금자리 그린게이블즈에서 지내는 소녀시절. 아름다운 마을에서 펼쳐지는 우정, 갈등, 행복, 사랑 이야기.

2 처녀시절 초등학교 신임교사로서 바쁜 나날을 보내는 열여섯 살 앤의 가을부터 이야기는 시작된다. 소녀에서 한 여성으로 성장해가는 앤의 정겨운 나날이 펼쳐진다.

3 첫사랑 앤의 즐거운 학창시절. 하지만 괴로움으로 마음이 요동치는 밤도 있었다. 꿈에 그리던 대학에서 공부하며 진정한 사랑에 눈떠가는 과정이 아름답게 펼쳐진다.

4 약속 서머사이드 중학교의 교장으로 부임한 앤을 맞이하는 사람들의 적의 시선. 타고난 유머와 인내로 곤경을 헤쳐 나가는 젊은 여성의 개성 넘치는 모습을 그리고 있다.

5 웨딩드레스 앤과 길버트는 해변 '꿈의 집'에서 달콤한 신혼생활을 보낸다. 특별한 이웃에 둘러싸여 행복하게 살아가는 둘에게 드디어 귀여운 아이도 태어나는데……

6 행복한 나날 의사인 남편 길버트를 도와 여섯 아이를 기르게 되고 친구를 맞으면서 바쁜 나날을 보내는 앤. 삶을 사랑하며 행복하게 살아가는 것은 더없이 멋진 일이다.

7 무지개 골짜기 '무지개 골짜기'에서 황홀한 나날, 순수한 꿈과 바람은 어른들에게 천사의 목소리로 울려온다. 자연과 인간 마음을 아름답게 그려낸 주옥같은 스토리.

8 아들들 딸들 세계대전이 일어나 아들과 딸의 연인들이 잇따라 출정을 하게 된다. 전쟁에서 사랑하는 사람을 잃은 슬픔을 견뎌내는 어머니 앤과 막내 릴러의 의연한 모습.

9 달이 가고 해가 가고 15년 만에 이루어진 사랑, 말 못하는 소녀를 구원하는 젊은 교사의 헌신적 애정 등, 앤 주위 사람들이 만들어가는 마음 따뜻한 주옥같은 이야기들.

10 언제까지나 신시어 숙모의 고양이는 어디로? 샬럿의 옛 애인은 누구? 언뜻 평온하면서도 뜻 깊은 애번리 여러 사건들, 그리고 감동적인 크리스마스 이야기가 펼쳐진다.